雷电科学系列教材

中国气象局　南京信息工程大学共建项目资助精品教材

雷电灾害风险评估与管理基础

杨仲江　编著

气象出版社
China Meteorological Press

内容简介

本书介绍了自然灾害风险、风险评估基础、风险控制等尤其是雷电灾害风险评估的理论与方法，内容包括风险与风险管理、风险评估数理基础、风险控制、自然灾害风险评估的基本理论与方法、雷电灾害风险评估方法、IEC62305-2 风险管理、雷电灾害风险评估实例等。

本书可以作为高等院校雷电科学与技术以及相关专业的教材，也可作为专业雷电灾害研究机构、雷电灾害风险评估机构或从事雷电防护工作的技术人员培训与参考用书。

图书在版编目(CIP)数据

雷电灾害风险评估与管理基础/杨仲江编著. —北京：气象出版社，2009.11

ISBN 978-7-5029-4880-1

Ⅰ.雷… Ⅱ.杨… Ⅲ.①雷击火-气象灾害-风险分析 ②雷击火-气象灾害-风险管理 Ⅳ.P427.32

中国版本图书馆 CIP 数据核字(2009)第 214221 号

Leidian Zaihai Fengxian Pinggu yu Guanli Jichu

雷电灾害风险评估与管理基础

杨仲江　编著

出版发行：气象出版社

地　　址：北京市海淀区中关村南大街 46 号	**邮政编码**：100081
总 编 室：010-68407112	**发 行 部**：010-68409198
网　　址：http://www.cmp.cma.gov.cn	**E-mail**：qxcbs@263.net
责任编辑：李太宇　章澄昌	**终　　审**：周诗健
封面设计：燕　彤	**责任技编**：吴庭芳
印　　刷：北京昌平环球印刷厂	
开　　本：750 mm×960 mm　1/16	**印　　张**：22.5
字　　数：404 千字	
版　　次：2010 年 1 月第 1 版	**印　　次**：2010 年 1 月第 1 次印刷
印　　数：1～5000 册	**定　　价**：45.00 元

前　言

雷电灾害是一种严重的自然灾害，它威胁人身安全和财产安全，危害公共服务。雷电灾害已被联合国确定为十大自然灾害之一。

随着我国现代化事业的快速发展，雷电灾害对各项事业的危害越来越大，社会对防雷减灾工作的要求也越来越高。灾害是一种风险，防治灾害就是管理并降低或者消除风险。风险的本质到底是什么？它有哪些特征？它的发生有无规律？人们应建立怎样的风险观才能科学预测风险、准确评估风险、有效防范风险、成功化解风险呢？这些都是需要我们认真思考和研究的。为此，需要正确认识和评估风险。

风险评估是认识和评价风险的有效方法，也是风险控制和风险管理的前提和基础，准确的灾害风险评估是风险管理的决策依据。如果人类能够客观地认识风险，并及时采取有效的措施积极防范和化解风险，那么就能化险为夷；反之，如果我们无视风险的存在，坐视风险的发生，采取“听天由命”的态度或“祈求老天保佑”免除风险，那么将会陷入被动，从而酿成苦果。

对于防雷减灾而言，应首先开展雷电灾害风险评估工作。雷电灾害风险评估是正确评价雷电灾害风险，科学地提出防雷对策的必经之路，也是目前国内外防雷工作中亟需加强的环节。尤其是针对重大系统、重点行业的雷电灾害风险评估显得尤为重要。应能够从安全、高效以及经济合理性等方面出发，为建筑物或装置、系统决定是否需要提供雷电防护措施，以及如何选择适当的防护措施，进而实施合理的雷电防护。雷电灾害风险评估工作应该是各级防雷减灾机构的主要任务之一。

雷电灾害风险评估的研究现在还处于初级阶段，评估方法还不很完善。IEC62305-2《雷电灾害风险管理》是国际电工委员会提出的评估方法。IEC62305-2 的适用范围是雷击大地对建筑物（包括其服务设施）造成损害的风险评估。ITU－T K.39 是由国际电信联盟发布的标准，其名称为通信局站雷电损坏危险的评估，适用范围是通信局站雷电过电压（过电流）造成的设备危害和人员安全危害的风险评估。此外，国内有《中华人民共和国国家标准（GB50343-2004）建筑物电子信息系统防雷技术规范》，涉及一部分建筑物电子信息系统的雷电灾害风险评估。QX3-2000是气象信息系统雷击电磁脉冲防护规范，其中包含有雷击电磁脉冲（LEMP）对气象信息系统造成损失的风险的评估方法。

尽管雷电灾害风险评估的方法还不太成熟，但我们还是有一些相对成熟的其他行业灾害风险评估体系（如地质灾害风险评估体系）可供借鉴。

目前，国内许多防雷机构都开展了雷电灾害风险评估工作，社会急需这方面的技术人才。为适应这种需求，南京信息工程大学结合校教改项目“防雷专业教学改革、课程建设”，对雷电科学与技术专业课程设置进行了改革，学校从2005年起率先在全国开设“雷电灾害风险评估”本科专业和研究生课程。

近年来，作者为多家国内大中型企事业单位或重要系统成功实施了雷电灾害风险评估，承担了科技部国家公益性行业专项防雷科研项目以及江苏省气象灾害重点实验室防雷科研项目，其中包括了雷电灾害风险评估的研究。

本书是由作者在五届雷电科学与技术本科专业、两届防雷研究生专业和该课程多届成人教育的教学基础上，结合多年从事雷电灾害风险评估研究、实践等工作积累的经验，对雷电灾害风险评估教案进一步修改、补充而成。

限于作者的能力和水平，本书难免出现错误、疏漏和不当之处，敬请读者批评指正。

本书是中国气象局与南京信息工程大学局校合作共建精品教材建设项目。本书的编写得到了中国气象局雷电防护办公室、中国气象学会、南京菲尼克斯电气有限公司、温州共好防雷科技（智能）有限公司以及南京信息工程大学领导的关心和支持，在此一并表示感谢！

作　者

2009年12月

目　录

前言
绪论 …………………………………………………………………… (1)
第一章　风险评估的基础知识 ………………………………………… (5)
1.1　灾害学常识 ………………………………………………………… (5)
1.2　风险的基本概念 …………………………………………………… (8)
1.3　风险管理 …………………………………………………………… (17)
1.4　风险评估的主要内容 ……………………………………………… (28)
第二章　风险评估数理基础及其应用 ………………………………… (38)
2.1　随机事件及其运算 ………………………………………………… (39)
2.2　条件概率和独立事件 ……………………………………………… (42)
2.3　随机变量与概率分布 ……………………………………………… (46)
2.4　大数定律和风险系数 ……………………………………………… (57)
2.5　因子分析法与聚类分析法 ………………………………………… (59)
2.6　风险评估数理统计应用举例 ……………………………………… (68)
本章附表　标准正态分布表 …………………………………………… (72)
第三章　风险处理 …………………………………………………… (73)
3.1　处理风险的一般步骤 ……………………………………………… (73)
3.2　消除、替代风险 …………………………………………………… (75)
3.3　工程控制 …………………………………………………………… (78)
3.4　程序(行政)控制 …………………………………………………… (80)
3.5　应急程序、风险分离和风险转移 ………………………………… (83)
第四章　自然灾害风险评估的理论与方法 …………………………… (90)
4.1　自然灾害风险分析主要内容 ……………………………………… (90)
4.2　自然灾害风险分析例:雷电灾害风险分析 ……………………… (92)
4.3　自然灾害分析的其他方面 ………………………………………… (148)
第五章　雷电灾害风险评估方法 ……………………………………… (151)
5.1　雷电放电模型及特性分析 ………………………………………… (151)
5.2　雷电灾害风险评估的相关概念、术语和名词解释 ……………… (163)

5.3 雷电灾害风险评估的基本原则及基本程序 …………………… (173)
5.4 雷电灾害风险评估的常用方法 ………………………………… (176)
5.5 风险评估所需基础数据及其获得方法 ………………………… (186)
第六章 IEC62305-2 雷电灾害风险评估方法 …………………… (195)
6.1 雷击损害类型、损失类型及对应的风险 ……………………… (196)
6.2 IEC62305-2 雷电灾害风险评估体系 …………………………… (198)
6.3 年平均雷电风险事件次数 N 的评估 ………………………… (206)
6.4 建筑物内损害概率 P_X 的评估 ……………………………… (216)
6.5 建筑物损失量 L_X 的评估 ……………………………………… (223)
6.6 服务设施损害概率 P'_X 的评估 ……………………………… (229)
6.7 服务设施损失量 L'_X 的评估 ………………………………… (232)
6.8 雷击风险分量的评估 …………………………………………… (235)
6.9 雷电防护的必要性、合理性及损失费用的计算 ……………… (242)
6.10 雷击损害风险评估实例 ……………………………………… (245)
6.11 雷电灾害风险评估软件的开发应用 ………………………… (284)
第七章 雷电灾害风险的预防、控制与管理 ……………………… (303)
7.1 雷电灾害风险控制措施之躲避——雷电监测预警 …………… (303)
7.2 雷电灾害风险控制措施之——工程控制 ……………………… (315)
7.3 雷电灾害风险管理 ……………………………………………… (321)
7.4 雷电灾害风险控制措施案例 …………………………………… (332)
参考文献 …………………………………………………………… (341)
附录 1 "金相法"对雷灾提取物的检测 ………………………… (344)
附录 2 剩余磁场强度的测量 ……………………………………… (351)

绪 论

"天有不测风云，人有旦夕祸福"，这句话在中国几乎是妇孺皆知。伴随着人类社会的产生，灾害风险便存在了。

自然灾害是一种复杂的自然—社会现象。它是由自然的或人为的因素引起，通过自然作用于人类社会，并对人类社会造成损害或影响的一种破坏性现象。中国是一个自然灾害频发的国家。洪水、干旱、风暴潮、海啸、地震、台风、滑坡、沙尘暴、雪暴、雷电等地球上几乎所有的自然灾害在中国都有发生，每年给国家造成的损失高达上千亿元。随着社会经济的发展和人口增多，自然灾害造成的损失逐年增加，社会经济对自然灾害的敏感性越来越强，自然灾害已经构成了影响我国乃至全球的一大社会问题，严重地制约着我国社会经济的发展。

例如，过去雷电灾害主要威胁人畜安全及对建筑物和各种线路造成安全影响。但现在，随着电子信息时代的迅猛发展，现代社会的生产和生活几乎已经离不开计算机。由于计算机信息系统的高速化、高灵敏化、高密度集成化、多功能以及其广泛的应用领域，使计算机信息系统具有微电子芯片耐过电压水平低（抗毁能力低）和信息系统网络化的特点，它们极易受雷击的侵害。因此，雷电灾害的发生频率及波及面大大增加，严重影响了社会生产和生活，雷电灾害已成为了联合国"国际减灾十年委员会"公布的十种最严重自然灾害之一。

在地球上任一时刻平均有 2000 多个雷暴在进行着，平均每秒有 10 次闪电，每个闪电强度可高达数十到数百千安，产生的危害很大。全球平均每年因雷电灾害造成的直接经济损失就超过几十亿美元，每年雷击伤亡人数均超过 1 万，其中死亡 3000 多人。

美国国家雷电安全研究所对雷电所造成的经济影响进行了调查，报告综合了保险公司、消防协会、联邦航空局、电力研究所、石油部门、国家公园、能源系统、计算机安全的雷电灾害数据，所调查的结果认为每年美国因雷电引起的损失约为 40 亿～50 亿美元。

1989 年震惊中外的黄岛油库雷击火灾，直接经济损失 3400 多万元，死伤 140 多人。

2000 年 10 月 4 日凌晨 23 时 50 分，佛山环市镇东升工业区永新综合加工厂遭雷击引起火灾。1002 m^2 厂房被夷为平地，伤 3 人，损失近百万元。

2001 年 5 月 8 日 16 时 30 分，惠阳市秋长镇元翔制品厂遭雷击，引发化学物品爆炸，造成 7 人死亡 6 人重伤，占地 4200 m^2 的厂房被夷为平地，直接损失 1000 多万元。

2002 年 7 月，内蒙古大兴安岭北部因雷击引发森林大火，火灾涉及 19 个火场，过火面积达 4 万 hm^2，原始森林遭到严重损毁。

2004 年 6 月 26 日下午 14 时左右，浙江临海市发生强雷暴，杜桥镇杜前村有 30 位农民在 5 棵大水杉树下避雨，不幸惨遭雷击，全部被击倒在地，当场击死 11 人，死者被强大的气流推出 3 m 多远，有 6 人抢救无效死亡；另有 13 人不同程度受伤。

2004 年 7 月 23 日下午 2 时多，北京市居庸关长城地区遭雷击，烽火台上有数十人被震倒在地，一些游客瞬时失去了知觉，有 15 人因伤住进了医院。

2005 年 5 月 23 日下午 4 时 34 分。重庆开县义和镇兴业小学正在上课的教室突遭强雷电袭击，一声惊天巨响后，教室里腾起一团黑烟，烟雾中两个班共 95 名学生和上课老师几乎全部被击倒在地，衣服、鞋子和课本碎屑撒了一地。此次雷击事件共造成兴业村小学四年级和六年级学生 7 人死亡、19 人重伤、20 人轻伤。

据不完全统计，我国 1998—2001 年雷击死亡人数每年分别为 421、227、451 和 417 人，四年共死亡 1516 人，平均每年 379 人；同期雷击受伤分别为 192、194、372 和 483 人，四年共受伤 1241 人，平均每年 310 人。下图反映的是 1997 年到 2005 年全国因雷击造成的人员伤亡不完全统计数据。显然，加强雷电灾害防御的管理工作成为了一项紧迫的任务。

风险的存在是客观的，是不以人的意志为转移的，人只要生存就会面临各种各样的风险。人类社会就是在与各种各样的风险斗争中发展起来的。由于日常生活和社会经济活动中普遍存在着灾害风险的事实，使得人们不得不正视它，并与之斗争，以便保障人类的安全与生存，促进社会和经济发展。

面对风险，应正视它并认识它，寻找有效的措施来降低风险。毕竟风险不是不可知的。任何风险的存在都有其原因和前兆，只要我们能居安思危，增强忧患意识和风险意识，切实了解风险的本质和特性，深刻准确地探究发生风险的原因，监测风险动态，对风险所造成的损失和为降低风险所需付出的代价作出评估，采取切实有效的办法来处理风险，对风险加以管理。当我们做好防范和应对风险的各种准备工作时，就可以在人类与风险的抗争中处于主动，就能

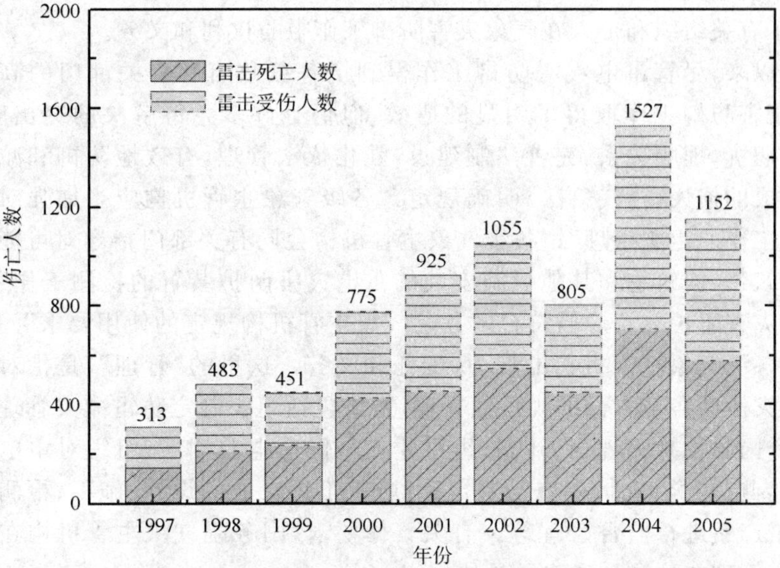

1997—2005 年度全国雷电灾害造成的人员伤亡(据不完全统计)

化险为夷。

最令人担心的是由于知识缺乏而不知道风险的存在,或对风险存在侥幸心理(冒险)。例如,有些雷电灾害是因人们的疏忽及无知造成的。因为,雷电灾害对某一人或某一建筑物而言,发生的损害概率极低,往往是几十年一遇、百年一遇或更少,大多数人往往不在意,加上许多人对雷电知识不甚了解,这就加大了雷电风险隐患。这也正是必须提高大众风险意识以及加强风险管理的意义所在。

提高抗灾能力,减轻灾害带来的损失的活动一般称为"减灾",人类的减灾活动可以减少这些灾害事件发生的频率,减小其危害及影响范围,减轻生命财产的受灾损失率,增强抗灾能力。为减轻自然灾害的影响,联合国将 20 世纪最后十年定为"国际减灾十年",其目的就是希望通过国际社会的共同努力,为各国的社会发展创造更为良好的自然环境。

在气象灾害防御方面,为了加强气象防灾减灾工作,提高全社会和全民气象防灾减灾意识,增强气象防灾减灾的能力和效果,最大限度地实现防御和减轻气象灾害的目的,国家在《气象法》中专门设置了气象灾害防御一章。该章明确了各级人民政府及其有关部门、有关单位在气象灾害防御工作中的权利和义务；明确了各级气象主管机构及其所属气象台站在气象灾害防御中的权利和义务；明确了有关组织和个人在气象灾害防御工作中的权利和义务。

长期以来，尽管雷电灾害防御工作得到了各级政府和有关部门的高度重视，雷电灾害防御工作取得了明显的成效，但仍有许多急待解决的突出问题。为了明确职责，理顺关系，完善法制建设，强化依法管理，有效地防御和减轻雷电灾害造成的损失。《气象法》明确规定："各级气象主管机构应当加强对雷电灾害防御工作的组织管理"；"各级气象主管机构会同有关部门指导对可能遭受雷击的建筑物、构筑物和其他设施安装的雷电灾害防护装置的检测工作"；"安装的雷电灾害防护装置应当符合国务院气象主管机构规定的使用要求"。这是法律赋予各级气象主管机构的权力、责任和义务。这里的"管理"，是指对全社会防雷减灾活动各个方面的规范性管理，主要包括组织制定防雷减灾管理的法规；制定全国防雷减灾规划、计划；组织建立全国雷电监测网；组织对雷电灾害的研究、监测、预警、灾情调查与鉴定；对防雷工程专业的设计、施工、检测的管理；对防雷产品进行监督管理等。有关具体要求，国务院气象主管机构在制定《防雷减灾管理办法》时，做出了具体规定。

实践证明，减灾也是生产力。不能仅仅依靠灾后救援，而应把大量的人力物力和财力放在灾前的风险识别、预测、预警、预报、预防措施等的综合研究上。做到对区域内影响重大的灾情风险心中有数，有针对性地制定综合区划对策。

减灾是涉及经济社会发展的大事。减灾工作是涉及自然科学、工程技术和社会科学各领域的系统工程。防灾、减灾能力的大小，不但取决于单位、部门乃至地区经济实力的大小，更重要的是取决于是否存在一个综合有效的防灾减灾社会机制。这个社会机制需要全社会范围内都应具有防灾减灾知识、防灾基础设施和突发性灾害应急机制作为保证，同时必须建立完善的社会保障体系。只有充分发挥综合减灾各大环节的社会功能，发挥减灾系统工程的综合作用，才能达到以最小的投入取得最大限度地减轻灾害的目的。

第一章　风险评估的基础知识

1.1　灾害学常识

灾害是一种突发的，带来极大的人员伤亡、物质损坏、财产损失与精神打击，给生存环境，社会、经济发展带来危害的事件。

灾害分为自然灾害和人为灾害。

1.1.1　自然灾害

自然灾害的定义：自然界中引起人类生命财产的损失并对人类生存环境、社会经济发展产生不利影响的异常事件。

自然灾害包括干旱、洪水、台风、龙卷风、暴雨、雷电、寒潮、沙尘暴、雪暴、冰雹、霜冻等气象水文灾害；地震、海啸、火山爆发、滑坡与泥石流等地质灾害；陨石与太阳黑子爆发（太阳风）等天文灾害；病虫害与瘟疫等生物灾害。这些自然灾害都给人类带来巨大的人身伤亡与经济损失。

自然灾害与人口膨胀及老龄化、资源短缺、环境恶化、全球气候变化等是人类面临的最重大的全球性问题。

例如，国人一定不会忘记，2008 年年初，我国大部分地区尤其是南方出现了几十年一遇甚至百年一遇的罕见低温雨雪冰冻极端天气，持续时间长，影响范围大，给受灾地区生产生活，特别是交通运输、能源供应、农业、林业、旅游业等带来了严重的影响。低温雨雪冰冻灾害造成中国 21 个省（区、市、兵团）不同程度受灾，因灾死亡 129 人，失踪 4 人，紧急转移安置 166 万人，累计救助铁路公路滞留人员 192.7 万人；农作物受灾面积 1.78 亿亩①，绝收 2530 万亩；森林受损面积近 2.6 亿亩，占全国森林总面积的 1/10，损失达 573 亿元；倒塌房屋 35.4 万间。雨雪冰冻灾害造成全国旅游业直接经济损失约 69.7 亿元。据不完全统计，这场灾害仅直接经济损失就高达 1516.5 亿元。雨雪冰冻灾害给广大群众

① 1 亩 $=1/15\ hm^2$

的生产和生活带来了严重困难，给社会造成了巨大损失。

同样是2008年，四川汶川突发8.0级大地震。截至2008年7月28日12时的统计数据表明，四川汶川地震已确认69200人遇难，374216人受伤，失踪18195人。巨大的地震灾害造成房屋倒塌。直接损失高达近万亿元。不可计价和间接损失不计其数。

1.1.2 人为灾害

人为灾害是人类自身不恰当活动引起的人类生命财产的损失，并对人类生存环境、社会经济发展产生不利影响的异常事件，属于人祸。

人为灾害包括以下几种：

政治灾害：如战争、犯罪与社会动乱等；

经济灾害：如人口爆炸、能源危机与经济危机等；

技术灾害：如计算机病毒、交通事故、空难、海难与火灾等；

文化灾害：如社会风气败坏与文化技术落后等；

环境灾害：如重大环境污染事故、酸雨、水土流失、土壤沙化、温室效应、资源枯竭、物种灭绝等。

其实，一些灾害表面上看起来是自然灾害，但实际上是人为诱发的人为灾害。比如，有一部分地震、滑坡、泥石流与地面沉降等地质灾害，是由于人类活动引起的，例如乱采乱挖、乱垦乱伐等。

人类活动可以改变这些事件发生的频率，扩大或减小其危害及影响范围，改变生命财产的受灾损失率及其抗灾性能。

1.1.3 自然灾害的分级

依据自然灾害事件本身的强度及破坏程度，可以将自然灾害程度划分为特大灾害、重大灾害和一般灾害等。

也有学者将自然灾害按灾度来分类，所谓灾度是指将自然灾害按损失绝对度量来分级。以人口的直接死亡人数和社会财产损失值做双因子判定为分级标准，将灾害损失划分为微灾(E)、小灾(D)、中灾(C)、大灾(B)、巨灾(A)5个等级。

1.1.4　自然灾害的主要特征

(1)潜在性

自然灾害一般都有一个能量积累、能量转换的过程,其能量积累过程的时间可能是几天、几年、几十年甚至是几百年。地震、沙漠化、气候变化、围湖造田、砍伐森林、水土流失等自然灾害或人类不恰当活动造成的自然灾害是典型的事例。

(2)骤发性、突发性

当能量积累到一定的临界状态,由某些因素的触发(急剧运动、洪水决堤、地震、火山释放巨大的能量)会引起突发的自然灾害。大多数自然灾害都属于突发性灾害,其原因十分复杂,涉及诸多自然因素。

(3)破坏性

这些自然界发生的事件之所以叫灾害,就是因为自然灾害通常都会给人类带来巨大的人身伤亡与经济损失。自然灾害的本质就是它对人类造成破坏性影响。据统计,在20世纪,全球自然灾害造成的死亡人数高达62956275人,灾害造成的经济损失为9107.88亿美元。

(4)偶发性、不确定性

单个灾害事件的发生时间、事件本身的强度以及破坏性常常是偶然的、不确定的。洪水、冰雹、龙卷、台风、雷电等灾害由于其过程的复杂性,涉及的连续变化的要素太多,其发生具有一定的随机性和不确定性。因而要想做到完全的预警预报是有很大难度的。

(5)部分可控性

虽然灾害事件具有偶然性、不确定性,但任何灾害事件的发生都有其原因,都有一定的规律(比如灾害发生时间可能有一定的周期性。火山爆发如果有规律,它的活动周期也许是能量积累至爆发所需的时间)。只要我们了解和掌握灾害的本质和特性,准确地找出灾害发生的原因,采取合理的应对措施,就可以在一定程度上降低灾害带来的损失,使得灾害具有部分可控性。

1.1.5　自然灾害链

灾害作为一个系统可以分为并发性灾害系统和串发性灾害系统。并发性灾害系统是指某地区同时发生的多种灾害的组合。串发性灾害系统是指一种原生灾害发生后,诱发产生其他相关灾害的组合。自然灾害发生后,爆发并再发生一连串的其他自然灾害,形成自然灾害链。例如,台风灾害(图 1.1)可引起以下一连串其他自然灾害:

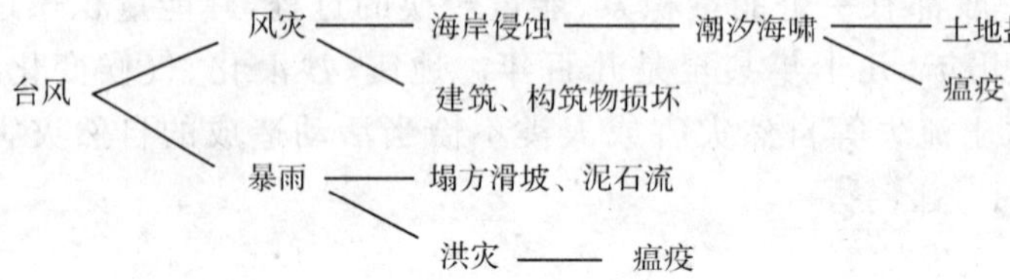

图 1.1 串发性灾害系统例

又如,2008 年初在我国南方发生的低温雨雪冰冻灾害也是典型的串发性灾害系统。其特点是:低温天气和冰雪造成房屋倒塌导致人员伤亡,低温天气和冰雪还造成大面积农作物减产或绝收、森林受损;雨雪冰冻气象灾害引发公路交通拥堵。同时,冻雨造成高压输电线路中断,并引发电气化铁路瘫痪,进一步造成人员滞留(适逢中国传统节日——春节)和物资供应不畅、旅游业受损;由于高压输电线路的受损导致大面积长时间停电停水,造成工厂停工、停产和社会保障体系运转不正常,从而给灾区群众的生活带来了极大的困难。虽然国家及时采取了许多强有力措施,保障社会基本稳定,但毕竟这场灾难给国家造成了巨大损失,有许多得失和经验值得好好总结。中南大学陈长坤等人给出了冰雪灾害危机事件的具体演化过程(图 1.2)。

1.2 风险的基本概念

风险无处不在,无时没有。在日常生活中,人们对风险直观而且很现实的感觉,是随时可能发生的自然灾害和意外事故。过去,由于人类对自然界不甚了解,所以人们对自然灾害十分困惑和恐惧,只能听天由命或祈天求神以求避险。然而,随着社会发展,人们对自然界和社会生活认识不断加深,对风险的恐惧大为减少,也逐渐掌握了一些规避风险的方法。

随着灾害科学研究的兴起和不断深入,防灾减灾理论研究和应用成果已经进入社会领域和各项经济领域,为社会和谐稳定和经济建设服务。自然灾害风险评估作为一门新型学科,近年来得到了迅速发展。这是灾害科学及经济建设

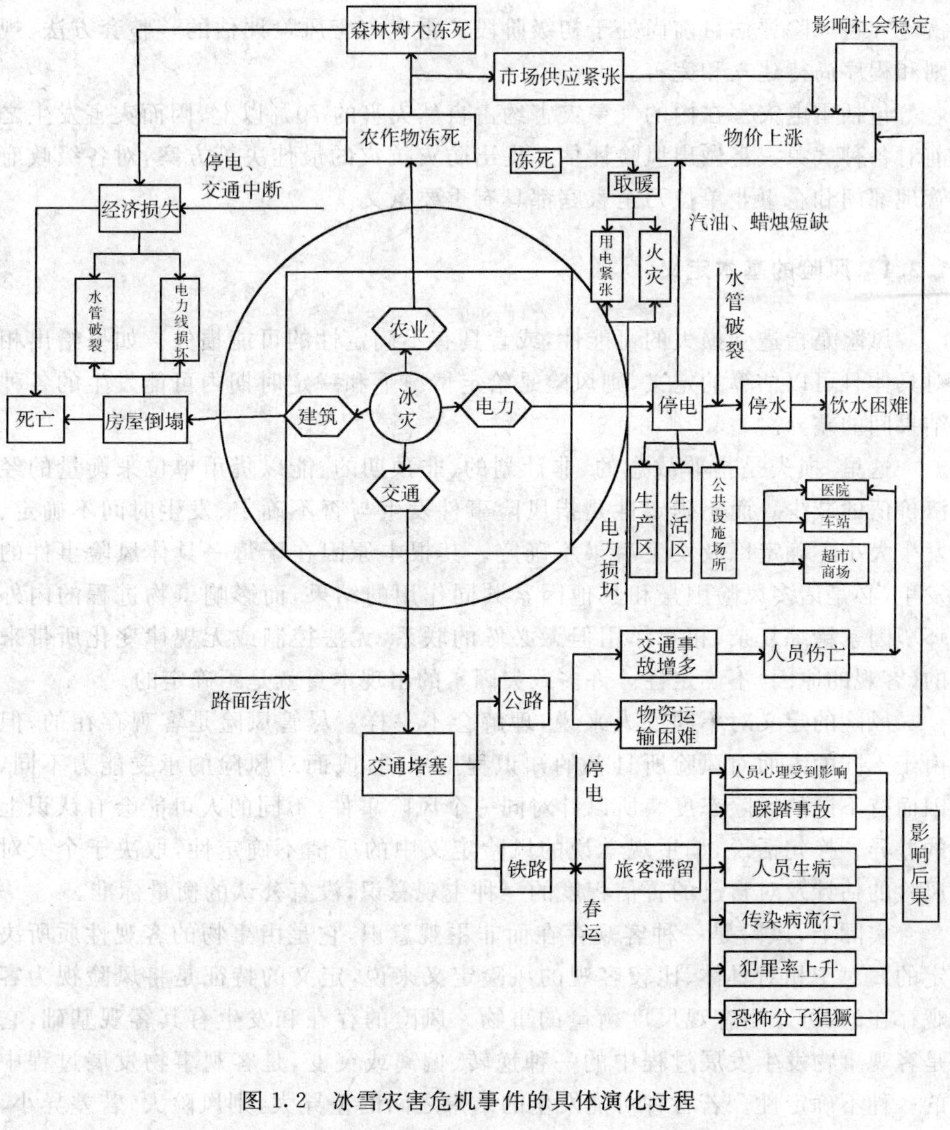

图 1.2　冰雪灾害危机事件的具体演化过程

发展所需要的必然结果，是防灾减灾、重大项目建设、金融投资、灾害风险管理与经营等领域的基础性工作，在社会经济建设中有着重要的科学和应用价值，也是科学决策、管理、规划的重要依据之一。

尽管灾害风险评估作为一门学科已经发展多年,但仍然不很成熟。尤其是雷电灾害风险评估目前尚处于初级阶段。雷电灾害风险评估的一整套方法、规则和程序尚待建立和完善。

包括雷电灾害在内的气象灾害约占自然灾害的70%以上,因而灾害发生之前对各种气象灾害做出风险评估并提出防灾抗灾的最佳决策方案,对各级政府管理部门和企事业单位乃至家庭都具有重要意义。

1.2.1 风险的基本定义

风险是指遭受损失的可能性,或者具有不确定性的可能损失。如果给出相对具体且可以估算的定义,则风险是给定情况下和一定时期内可能发生的各种结果间的差异。

这里,损失是指非故意的、非计划的、非预期的、能以货币单位来衡量的经济价值的减少。而不确定性是指风险事件发生与否不确定、发生时间不确定、发生大小不确定以及发生后果不确定。其根本原因在于每一具体风险事件的发生,必是诸多风险因素和其他因素共同作用的结果,而影响事物进程的内外环境因素错综复杂、相互作用但无必然的联系、无法控制或无规律变化所带来的(客观的原因)不确定性。许多致灾因素的出现本身就是不确定的。

风险的定义对不同的人来说,理解会不一样。尽管风险是客观存在的,但由于不同的人面对风险所具备的知识程度不同,或面对风险的承受能力不同,因而持不同的风险态度。所以针对同一个风险事件,不同的人可能会有认识上的差异。换句话说,偏主观学说的风险定义中的所谓不确定性,取决于个人对风险的估计及对自己的置信程度的一种主观意识,没有公认的衡量标准。

实际上,风险是一种客观存在而非主观意识,它是由事物的客观性质所决定的。对于相对具体、比较客观的风险定义来说,定义的特征是将风险视为客观存在的、可以用客观尺度衡量的事物。风险的存在和发生有其客观基础,它是客观事物发生发展过程中的一种逆转、偏离或突变,是客观事物发展过程中的一种不确定性。若各种可能发生的结果之间的差异大,则风险大;若差异小,则风险小。若只有一种结果,因为结果完全可以预测,则不存在风险。若不止一种可能结果,则每一种可能发生的结果有其相应的概率,从而有一个反映各可能结果及其对应概率的概率分布,由它可以确定各可能结果之间的差异,且在相同的情况下其结论并不因人而异。因此,在这个意义上,风险具有概率分布的特性。

在拥有大量数据资料及大数定律适用的场合，可以运用统计方法来确定概率及其分布，并据以对风险进行评估。当损失的不确定性程度用概率来描述时，概率在0至1/2时，随着概率的增加，不确定性也随之增加；概率为1/2时，不确定性最大；当概率从1/2与1之间，随着概率数值的增加，不确定性随之减少。当概率为0或1时，不确定性事件转为确定性事件，这已经不属于风险了。

若用数学公式来表示风险，即损失发生的不确定性，它应该是不利事件或损失发生概率及其后果的函数，即：

$$R = f(P, C)$$

这里，R(risk)表示风险，P(probability)表示风险事件(不利事件)发生的概率，C(consequence)表示该事件产生的后果。对于相对定量化的风险评估，常常需要按照一定的方法计算风险事件中各种可能结果(风险分量)的 P 和 C，从而确定风险值 R 的大小。

1.2.2 风险分类

对风险进行分类是认识风险的重要步骤之一，也是描述风险的常用手段。为了确定特定的风险，需要明确风险来源、风险对象(又称风险载体)、风险产生原因、风险性质和风险主体(风险的承担着)。所以也就有了以下不同的分类：

按风险的对象分为：人身风险、责任风险、财产风险和信用风险；

按风险的产生原因分为：自然风险、社会风险、经济风险和技术风险；

按风险的存在性质分为：客观风险和主观风险；

按风险的承受能力分为：可承受风险(对应有允许风险值)和不可承受风险。

例如，雷电灾害风险是指特定雷电灾害对象受到雷击时可能造成的潜在损失。雷电灾害风险若按照风险的对象来划分的话，可以分为由于雷击引起的以下风险：

R_1：人员生命损失风险(人身风险)；

R_2：公众服务损失风险(责任风险)；

R_3：文化遗产损失风险(责任风险和经济风险)；

R_4：经济损失风险(经济风险，包括雷电造成的建筑物及其内存物、服务设施损毁以及活动中断等的直接和间接经济损失)。

又如，按风险的产生原因来分，雷电灾害风险属于自然风险，但同时，它一定会有经济风险，甚至产生社会风险。雷电灾害是一种典型的自然灾害，若要按产生原因分得再细一点的话，雷电灾害风险可以分为雷电直接击中建、构筑物以及与建筑物相连的服务设施（俗称直击雷）引起的损失风险；还有雷电击中建、构筑物或服务设施附近区域（俗称直击雷）引起的各种损失风险。

1.2.3 风险具有的特征

任何单位或部门在各类风险事件发生之前必须运用各种方法对风险进行辨认和鉴别，应该首先明确作为研究对象的风险的基本特征，在识别时才可以进行正确的判定。不同的风险虽然具有自己典型的特征，但它们都具有相同的基本特征。各种风险具有的基本特征有：

(1)风险的客观及普遍性

前述风险的定义中就已经强调了风险的客观性。无论何时何地，不管人类有没有认识到，风险都客观并普遍地存在着，并时时刻刻对人类构成威胁。风险的存在是一种客观的、必然的现象。按风险哲学的观点，客观世界的不确定性是风险存在和发生的客观物质基础。

(2)风险的主体性

前述风险定义还说明了对不同的人（主体）来说，由于面对风险所具备的知识程度不同或承受能力不同，因而持不同的风险态度。它取决于个人对风险的估计（估计能力与主体的实践目的、方法、水平有关）及对自己能力的一种主观意识，此即风险的主体性。

人类对自然界的本质和规律的了解与掌握程度在风险决策中起着非常重要的作用。但由于客观世界奥妙无穷并且永恒变化，人们的认识受到社会生产力发展水平和科学技术水平的限制，无法完全掌握客观世界的规律，这也是风险存在和发生的主体方面的原因。人们在风险决策的选择中，必须承担决策可能带来的风险。人类实践的不完全可预料性正是风险发生的不确定性表现。

(3) 随机性（偶然性）

风险事件是指直接导致损失的偶发事件（即随机事件）。对全时空而言，风险是客观存在并总是威胁人类的，是必然的。但就具体的主体、具体的时空而言，风险的发生却是个偶然的现象，具有随机性。所以，风险既是必然的，又是偶然的，风险的发生是偶然性和必然性的辩证统一。使用概率统计方法去处理大量相互独立的偶发风险事故资料，可以得到风险的分布状态，其结果可以比较准确的反映风险的规律性。

值得注意的是，风险的偶然性可能会助长一些人的侥幸心理或引起一些人的冒险行为。

（4）潜在性（可能性）

一些学者给风险下的定义直接就称风险是潜在损失。这样的定义强调的就是风险的这种潜在性。正是由于风险因素太多，太复杂，风险事件的征兆不是很明显，因而不容易判断。风险可能发生也可能不发生，损失可能大也可能不大。但总之风险是可能发生的，此时不发生不代表彼时不发生，此地不发生不代表其他地方不发生。所以，风险具有潜在性，即可能性。

（5）损失性（破坏性）

风险与人类活动相伴，威胁人类生存或影响人类生活质量。风险事件发生的偶然性也意味着在时间上的突发性，往往猝不及防。风险事件一旦发生，就会具有不同强度的破坏性，造成或大或小的损失，同时给人们在精神上和心理上带来巨大的忧虑和恐惧。即便风险事件没有发生，但为了防备并战胜可能到来的风险事件，也不得不需要风险主体付出一定的人力、物力和财力作为代价，这也是损失。

风险的最大特征就是其损失性，即风险具有破坏性，会造成损失。风险的可能性和损失性是人类之所以担忧风险、防范风险的主要原因。

1.2.4 风险评估的意义

正如本书前言中所述，风险评估是认识和评价风险的有效方法，也是风险控制和风险管理的前提和基础，准确的灾害风险评估是风险管理的决策依据。面对风险，应正视它并认识它，寻找有效的措施来降低风险。风险评估就是人们管理风险的一种有效措施。

在现实生活中，面对风险，人们会采取各种管理和技术措施来减少损失，降低风险。此时，必然需有相应的投入。必须保证所采取的措施做到既高效又经济合理。

有时，减灾费用太少，使得减灾措施不得力，防灾级别达不到要求，因而减灾效果不能满足要求，风险未得到有效降低。

有时，人们不能做到具体情况具体分析，而是无原则地按灾害最高防护级别进行投入(其实可能较低的防护级别即可满足要求),虽然防灾减灾的目的达到了,但由于减灾费用太高,甚至超过减灾的效益,这就未能实现既高效又经济合理的要求,甚至得不偿失。这种情况下,其实风险并未得到有效降低。

有时,减灾措施会给公众以安全的错觉而掉以轻心,导致风险区的过度开发。

因此,针对灾害损失,采取什么样的措施,对决策者来说是一个十分复杂而又非常重要的课题。为控制灾害,风险承担者采取什么样的风险态度尤为重要。一种是积极主动防御,另一种是被迫投入人力、物力、财力的被动防御。针对后者,可能需要加强立法以强化防灾意识和明确责任。

面对社会的发展以及灾害发生的种种新情况,也许防灾技术规范、标准需要提高。例如,过去的石油化工及储运行业的储油罐容积较小,一种浮动罐顶的金属储油罐一般为数千吨至上万吨。由于体积较小,油罐直径一般为几十米以下,所以原先的这种金属储油罐的罐顶与罐壁的等电位联结主要采用浮顶与罐体用两根截面不小于 25 mm^2 的软铜绞线作电气连接方法(石油库设计规范(修订本) GBJ74-84)。而今天,浮动罐顶储油罐的容量已发展到十几万吨,油罐的直径达到上百米。如果还用原来的防雷标准来做等电位连接,显然不能满足要求。2005 年在国内某地发生的 15 万吨级浮动罐顶储油罐遭雷击起火事件,经雷灾调查和鉴定,其主要原因就是按原防雷标准设计的等电位联结措施不能解决等电位问题,在罐顶与罐壁之间发生了危险的火花放电,放电击穿橡胶密封圈而漏气并起火燃烧。这说明,原防雷标准已不能满足日新月异的行业发展需求,急需更新和提高防雷标准。

但提高防灾技术标准可能又会引起新的社会问题。这些新问题主要可能是由于提高防灾技术标准而增加纳税人负担或增加社会负担。尽管控制灾害的措施解决了眼下的问题,但可能会导致产生其他的不良后果。这一切,只有在进行了准确的风险评估后才能权衡利弊,综合考虑解决这些问题。

例如,建筑物防雷类别的判定是一项极为重要但可能较为烦琐的工作,它牵涉到防雷工程能否做到既安全高效又经济合理。目前社会对此认识不足。一些人轻视防雷工作,而另一些人盲目追求所谓高规格防雷装置。比如,不合理地选取过高性能或过多数量的 SPD,大大增加了工程成本。

选择雷电防护装置防护级别需要正确认识和评估风险。针对一般建筑物的防雷保护,中国国家标准 GB50057-94《建筑防雷设计规范》主要根据其重要性、使用性质、发生雷电事故的可能性和后果等综合考虑将建筑物防雷分为三类。但一些重要的系统若无防雷等级的明确规定，则必须首先进行雷电灾害风险评估才能实施合理的雷电防护措施。

GB50343-2004《建筑物电子信息系统防雷技术规范》也在雷电防护分级方面规定将建筑物电子信息系统的雷电防护等级按防雷装置的拦截效率划分为A、B、C、D四级。而雷电防护等级确定方法之一，就是按建筑物电子信息系统所处环境进行雷击风险评估，确定雷电防护等级。

雷电灾害风险评估是新建建筑物的防雷设计，特别是防护水平选择过程中最重要的一环。它应在新建建筑物的设计之前进行，或在防雷整改工程实施之前完成，其目的是使防雷设计建立在科学的基础上，避免盲目性，保证防雷工程安全可靠、技术先进、经济合理。

1.2.5 雷电灾害风险评估工作的现状和存在问题

目前，国际国内雷电灾害风险评估工作基本上仍然处于初级阶段。国际上，国际电工委员会(IEC)和国际电信联盟(ITU)等组织对雷电灾害风险评估做了大量的研究并提供了相应的评估标准。

IEC62305-2《雷电灾害风险管理》是国际电工委员会2006年发布的雷电灾害风险评估方法。IEC62305-2主要是针对相对简单的建筑物进行评估。对包含有大量电力设施、工业自动化控制设备、计算机网络信息系统等关系国计民生的重要系统(包括建、构筑物)还没有专门的评估方法或经验。

ITU-TK.39是由国际电信联盟发布的通信局站雷电损坏危险的评估标准，其适用范围是通信局站雷电过电压(过电流)造成的设备危害和人员安全危害的风险的评估。

国内涉及雷电灾害风险评估的规范有:《中华人民共和国国家标准(GB50343-2004)建筑物电子信息系统防雷技术规范》，它涉及一部分建筑物电子信息系统的雷电灾害风险评估。气象信息系统雷击电磁脉冲防护规范QX 3-2000，它涉及雷击电磁脉冲(LEMP)对气象信息系统造成损失的风险的评估。QX3-2000的雷电灾害风险评估方法相对比较简单，评估结构清晰，比较有针对性和实用性。

以上这些雷电灾害风险评估方法都还不尽如人意。这些雷电灾害风险的评估模型存在定量化不足和缺乏选择性等不足之处，参数的选取大多以经验为主，因而结果可能会因人而异，取值不连续而且很难达到比较高的精度，对风险的理解不够全面和准确，对评估原则和评估流程的说明不够清楚，没有重视风险承受人的参与，评估体系复杂而且可操作性差。

和其他灾种的风险评估一样，雷电灾害风险评估也面临着三个主要挑战：复杂性、不确定性和模糊性。雷电发生的物理机制及其活动规律还没有完全掌握，不仅涉及复杂多变的天气过程，还与局地形形色色的地理地貌、地质条件以及建筑物结构等有关，多个可能的诱因及观测到特定结果之间的因果关系的识别很难，定量更难。面对如此复杂的情况，数据不全面、不真实，评估方法不合理将导致风险评估缺少明确的科学与技术基础。

例如，目前国内的闪电监测网所得雷电频数及强度普遍大大超出国际上公认的值，而且不同的监测设备的观测值有较大差异，这说明这些闪电监测设备存在标定问题。

风险评估的模糊性表现为大家在多种问题上的不同观点甚至是相互竞争的观点。例如，我国电力部门根据几十年线路防雷的有效运行经验，不认同IEC提出的10/350 μs波形电涌保护器，形成了线路电涌保护器的波形之争。

又如，各种基于不同原理的避雷针（传统避雷针、多短针避雷针、少长针避雷针、提前预放电避雷针、多功能避雷针以及消雷器等）使得保护范围的确定变得困惑。其实这已经不仅仅是学术之争，可能更多的是反映了商业利益之争。

总之，国内外现有的雷击灾害风险评估工作，不管是在理论上还是在方法上，都存在着很多待深入研究之处。因此，有必要抓紧开展雷电灾害、雷电风险评估等理论和方法的创新研究，结合现行雷电灾害风险评估办法、评估参数和评估模型存在的主要问题，利用先进的风险管理理论，对常用的雷电灾害风险评估方法进行改进，创建出合理实用的雷电灾害风险评估体系。

在中国，为贯彻《国家中长期科学和技术发展规划纲要》和《国家国民经济和社会发展纲要》精神，科技部已启动“十一五”国家科技支撑计划“雷电灾害监测预警关键技术研究及系统开发”重点项目，主要研究大区域空间高精度雷电探测关键技术，针对重大工程雷电防护的雷电时空分析及仿真，雷电灾害性天气中短期预报，以及建立雷电监测的应用示范，收集并整理我国在雷电监测和雷电灾害方面的数据资料，建立面向公共服务的雷电信息管理系统，为我国雷电灾害预警、防护和防灾减灾提供重要的技术支撑。其课题之一的研究目标就是以雷电监测和气象观测数据为出发点，建立雷电计算与仿真模型，开发集新型雷电网络化观测体系、雷电监测数据共享平台、雷电放电全过程仿真平台、雷电预警预报、雷电灾害评估于一体的监测、采集、计算、分析的综合服务支撑系统,为雷电灾害风险评估和预警提供定量数据,并直接服务于国家重大工程的雷电灾害风险评估和预警。

在中国广东,气象主管机构已经开始主动针对省发展改革委员会立项的重大工程以及易燃易爆场所展开了卓有成效的雷电灾害风险评估工作。

由于各种技术和产品的更新与发展日新月异,使得滞后的风险评估方法和标准不能满足社会需求。雷电灾害风险评估方法和评估标准需要及时创新。特别是 LEMP(雷击电磁脉冲)危害逐渐占据主导地位时,通信、电子和网络等行业的发展给雷电灾害风险评估提出了很多需要解决的问题。

目前,气象部门通常将雷电灾害风险评估分为预评估、方案评估与现状评估。其内容分别是:

(1)预评估是根据建设项目的使用性质和所在地雷电活动时空分布特征及雷电流散流情况等,分析建设项目的雷电灾害易损性和所在地大气雷电环境状况,对项目的选址及功能分区布局从雷电防护的角度提出意见,为城市规划和项目选址提供重要依据。

(2)方案评估是针对建设项目初步设计,对该项目可能存在的雷电危险(有害)因素的种类、雷电危险性和危险度进行分析,提出合理科学的安全对策措施及建议,为防雷工程设计提供依据。

(3)现状评估通过对既有建设项目的防雷安全现状进行安全评价,查找其存在的雷电危险、有害因素并确定其危害程度,提出合理可行的建议及安全对策措施,为安全监督管理提供技术依据。

1.3 风险管理

1.3.1 风险管理的基本概念

风险管理是指企事业单位或部门对可能遇到的风险进行预测、识别、评估和分析,并在此基础上有效地处理风险,以最低成本实现最大安全保障的科学管理方法。它研究风险发生规律和风险控制技术。小威廉斯(C. Arthur Williams,Jr.)、史密斯(Michael L. Smith)和杨(Peter C. Young)在 1995 年出版的《风险管埋和保险》中将风险管理定义为“识别、评估和处置组织所面临的不确定性与风险之成因及影响的一般管理功能”,并指出“风险管理的目的是使组织能以最直接、最有效率和最有效的方式达到目标和完成任务”。

不仅是企业事业单位或部门，其他经济组织或部门都可能是风险对象，他们都应该是风险管理的主体。风险管理强调方法、程序和过程，以保证相关的管理措施为最佳。风险管理讲求社会效益和经济效益，其目标是要以最低成本进行风险管理，保障最大人员安全和经济安全，保证最佳社会效益和经济效益。因此，实行风险管理可以消除或减少自然灾害、生产事故等风险事件可能带来的人身伤亡和财产损失，给人带来安全感，给社会带来和谐和稳定。

为了实现风险管理目标，必须按程序进行一系列活动，这些活动是风险管理的主要内容。通常包括风险识别、风险分析、风险控制决策（风险管理决策）和风险监控（实施效果评估）。风险管理的主要内容、相互关系和过程见图 1.3。

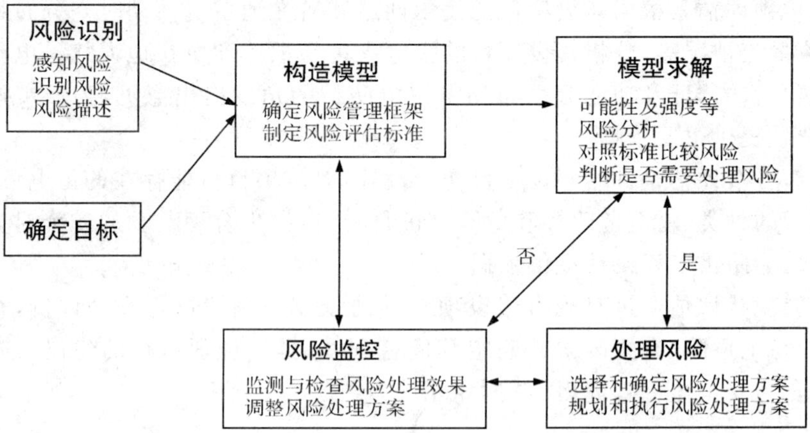

图 1.3 风险管理的主要内容、相互关系和过程

1.3.2 风险识别

风险识别是个人、家庭、经济单位或部门发现有必要采取对策予以解决的问题，对问题的可能状态及其性质进行思考与揭示，判断其所面临的风险、引发风险事件的原因，以及确认风险个体（风险分量）的综合技术。

风险识别是风险管理的第一步，是基础，是风险管理者最基本的一项工作。风险识别结论的正确与否，直接关系到风险管理的成效。

风险识别的主要任务是风险管理者或技术人员运用专业知识辨识本经济

单位或部门将面临哪些风险，通过归类、掌握风险产生的原因和条件并确定这些风险的性质，全面、系统的分析所面临的和可能发生的导致损失的风险事故及每一个体。简单地讲，风险识别着重于描述可能的问题对系统的负作用或影响。风险识别的意义在于，如果不能明确地辨明所面临的各种风险，就会失去切实地处理这些风险的机会，从而使得风险管理的职能得不到正常的发挥，自然也就不能有效地对风险进行控制和处理。

1.3.2.1　风险来源

风险识别首先必须弄清楚风险是从哪里发生的？风险的起源是什么？

不同的风险具有不同的风险来源，需要具体问题具体分析。

例如：大气中总是含有大量气体正、负离子，大气具有微弱导电性。这些带电粒子的生成、运动和不同带电离子的分离、聚集使大气显电性，尤其是在强对流天气条件下产生强大的大气电场、电流，导致大气中雷电的产生。雷击是指一部分带电的云层与另一部分带异种电荷的云层，或者是带电的云层对地之间迅猛地放电。雷击产生的雷电流幅值高达数十千安到数百千安，其破坏作用主要是雷电流的热效应、机械效应和冲击波效应引起的直接雷击破坏作用和雷击电磁脉冲以及雷电感应（包括静电感应与电磁感应）作用引起的雷电间接破坏作用。

国际电工委员会防雷技术工作委员会（TC-81）将雷电灾害风险的来源（IEC62305-2）按雷击点与建筑物以及服务实施的位置关系分为 S1、S2、S3 、S4 等四类。在第四章有关于雷电风险源中将详细介绍。

又如，汶川地震发生机理初步弄清，主要是“印度板块惹的祸”。搞清楚汶川地震发生的机理也是地震灾害风险评估的重要内容。汶川大地震发生在龙门山的主断裂上，位于我国南北地震带的中段。从区域构造背景上看，新生代早期，印度板块与欧亚大陆板块发生碰撞，形成了青藏高原。在青藏高原隆升的过程中，两侧边缘带构造应力长期积累。初步推断，在印度板块总体向东北方向的作用下，青藏高原东缘沿龙门山构造带向东挤压，并受到四川盆地的推挡，促使巨大的能量在龙门山映秀—北川地带突然释放，爆发了汶川大地震。

汶川地震的主震发生在具有右旋性质的仰冲型断层带上，震源深度为 15 km左右。通过现场地震地质构造的考察及多种观测资料的分析，现已初步认定，于中生代早期已开始逐步形成的东北向龙门山已伴生了三条近于平行的断裂，位于龙门山的映秀—北川断裂即是汶川地震的发震主断裂。从龙门山及其外围地区多年连续观测的地球物理资料来看，此次地震之前尚未能认定有显著的异常，因此也未能给出短期和临震预报。实际上这一切都是印度板块惹的祸。根据全球大地变形测量(GPS)，印度板块每年向北运动量达到40～50 mm，因为板块是刚性体，所以向北运动的量需要分配到不同的断裂的位移中去达到平衡，根据这种理论，青藏高原向东运动分配在龙门山的年运动量有4 mm，而过了四川盆地测出的向东运动量为2 mm，就是说龙门山吸收或积累了2 mm的运动量，从而成为地震的动力源。汶川地震给科学家上了一课，过去往往关注那些位移量大的地区，如鲜水河断裂等，每年位移量是龙门山的好几倍，地震也频繁，可是位移量由大变小的地区，即使位移量不大，也应当高度关注，因为应力和应变正在聚集之中，可能爆发大地震，汶川就是如此。

1.3.2.2 风险识别的常用方法

风险识别的方法可以有很多，较常用的有：

(1) 财务报表分析法

如果一个单位拥有健全的财务制度，则从其多年财务所涉及的各个方面可以在一定程度上体现出该单位可能面临的风险。利用其财务方面的详细资料和各种报表，以会计科目为风险单位，通过分析单位或部门的财务状况及相关事项就可以发现单位各种活动中的潜在损失，这应该是风险管理者识别风险的一种有效的基本手段。

(2) 损失统计记录分析法

损失统计记录分析法是一种最直接、最直观的风险识别的有效方法。这种方法是利用以往分门别类的损失统计记录来识别将来可能重复出现的类似损失。该种方法效率的高低主要取决于是否有足够数量、全面准确的历年损失的统计数据。如今，法制化建设、信息化建设使得人们可以依照损失的原因、时间、地点、频率、数量、强度、后果等来统计分析所记录的各种损失。

全面正确的损失统计记录可以使风险管理者直观的评价本单位遭受某些损失的趋势，并与社会上其他相关的损失事件进行横向或纵向的比较，从中发现问题，引起警惕，以便采取对策，甚至还可利用这些数据进行损失成本预测。

例如，自从中国将雷电灾害防御工作纳入安全生产管理的工作范畴后，通过《气象法》、《防雷减灾管理办法》等法律法规的实施，中国各级气象主管机构已经加强了雷电灾害调查和鉴定工作。中国气象局从2002年起就开始记录统计全国各地每年的各种雷电事故并编造成册。随着雷灾调查和鉴定工作的不断深入和规范化，记录的雷电灾害事件越来越全面和准确，这必将有利于雷电灾害风险的识别和评估。

有关损失资料不仅可以从类似国务院气象主管机构这样的官方机构获得，风险管理者同样也应重视比较权威的非官方机构公布的有关损失资料，也要重视网络、电视、报刊杂志上报道的有关风险事件的消息，它们都对单位或部门的风险识别有着重要的参考价值和补充作用。实际上，官方有时也是先从媒体得到风险事件消息，然后派遣专业技术人员到现场，直接考察现场的环境条件情况、各种建、构筑物及设施的使用和运行情况、现场操作的情况，风险事件中的损失情况等，从而得到较为真实的第一手灾害情况资料。

(3) 失误树(事故树)分析法

失误树(事故树)分析法也常称为分解分析法，常用于对风险事件成因的分析。这种方法多以绘制事故树的方式进行图解，使可能的风险因素一目了然，易于识别。它可将大系统分解为小系统，将复杂的事物分解成简单的易于认识的事物，从而识别风险及潜在损失。图 1.4 是建筑物及其服务设施雷击事故的故障树，从该故障树的分解分析，可以识别可能的雷击事故原因，引起的雷击风险分量，从而采取必要的应对措施防止事故发生或减轻灾害造成的损失。

(4)保险调查法

风险识别工作还可以借助由保险公司等机构编制并提供的一般识别用表，根据企事业单位或部门自身的特点，并结合有关的分析方法来进行。尤其是可以将保单与在调查分析基础上编制而成的风险分析调查表相结合，形成以问卷形式出现的保单对照分析表。由此建立起来的类似"保险人防灾档案"、"防灾防损资料数据库"、"保险标的风险资料库"等，是重要的基础性资料，它们均是进行风险识别以实现防灾减灾社会目标、进行科学化管理的重要依据。

保险公司本身就是经营风险的行业，全面进行企事业单位财产保险的风险统计分析、掌握企事业单位保险财产灾害事故发生的规律，有针对性地加强风险管理，采取相应的防灾防损对策、对保证企事业单位财产保险经营的稳定、快速、健康发展具有重要的作用。保险的本质是一种社会性的经济制度、这种制度的社会性使保险公司在取得灾害数据方面拥有得天独厚的优势。保险业发展成熟的国家都会按照行业类别、出险时间、出险部位、出险原因等项内容进行分类统计分析，进而研究分析企事业单位保险财产事故发生的基本规律，以便为今后的企事业单位防灾减损工作提供针对性的决策依据。

保险的目标是处理风险，处理风险的社会能力主要来自于社会两个方面的

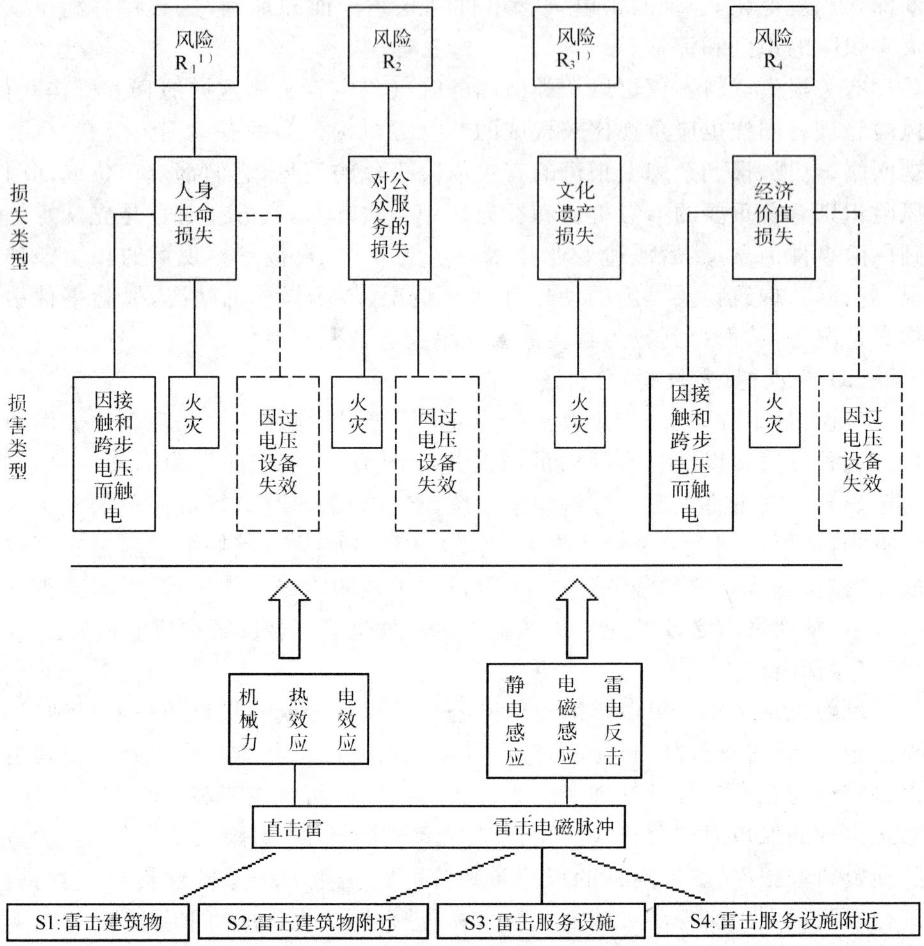

图 1.4 建筑物及其服务设施雷击事故故障树

工作。其一是动员社会力量对各灾种进行综合调查,这种综合调查能给出一个科学完整的灾情概念,容易形成统一意志,有利于克服各自为政思想束缚,改善目前各类灾害信息分散、重复、开发不足的现状,真正形成减少灾害隐患的社会合力。其二是建立年度的灾情研究制度。综合各部门专家对灾情的总结分析,充分深入地了解重大自然灾害的演化历史全过程,分析灾情发展现状,预测高风险区的部位及其发展趋势,这些社会综合研究成果成为风险识别直至防灾减灾现实的经验。

例如，表1.1是某保险公司对某省保险系统1984—1995年企业财产保险赔款金额在10万元以上的800件赔案，按照出险原因进行的分类统计分析表。展示了企业保险财产事故发生的基本规律，为今后的企业防灾防损工作提供针对性的决策依据。

表1.1　企业财产保险赔案出险原因汇总表

序号	出险原因	件数	占总件数/%	赔款/万元	占总赔款/%
1	火灾	269	33.63	9231.60	26.57
2	暴风	64	8.00	5821.64	16.75
3	龙卷风	12	1.50	192.76	0.55
4	暴雨	228	28.50	9987.12	28.74
5	洪水	59	7.4	3738.06	10.76
6	爆炸	68	8.5	2557.50	7.36
7	雷击	20	2.5	557.50	1.66
8	地面塌陷	6	0.75	200.06	0.57
9	雹灾	4	0.5	125.70	0.36
10	冰凌	8	1.0	258.68	0.74
11	空物坠落	7	0.87	180.70	0.52
12	停电停水	3	0.38	49.60	0.14
13	盗窃	2	0.25	69.50	0.20
14	机器损失	48	6.0	1627.82	4.68
15	其他	2	0.25	129.00	0.37
	合计	800	100	34746.84	100

图1.5是德国慕尼黑TELA保险公司对1978年至1994年连续17年期间由于过电压及雷击（直接、间接）造成的电气电子设备损失所占比重的统计分析图，从图中可以看出，由于过电压及雷击（直接、间接）造成的电气电子设备损失在逐年增加。这是由于电气电子设备微电子化、网络化导致抗过电压能力下降引起的结果。随着信息系统网络的快速发展，这种趋势还在进一步扩大。保险公司1997年对超过8722起电气电子设备损坏原因的分析（图1.6）充分说明了这一点。分析表明，对电气子设备而言，雷电过电压损失居水灾、火灾等灾害之首。

此外，企业常使用生产流程图法CPM（关键路线法，Critical Path Method）进行风险识别，这种方法是通过一系列流程图展示企业经营活动的全过程，对过程的每一阶段和环节逐一进行调查分析、运用潜在损失一览表来确定企业所面临的损失。

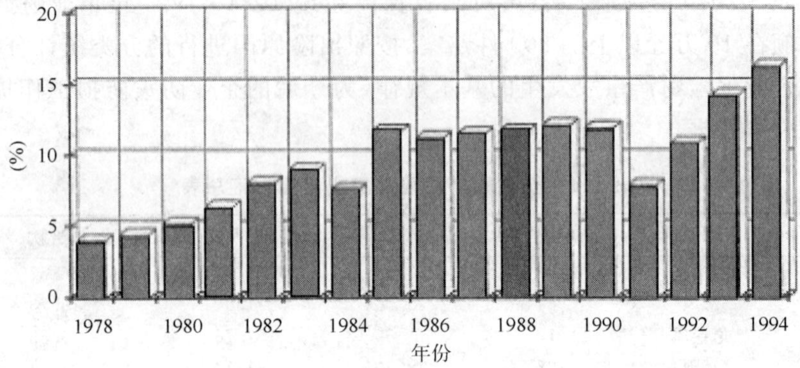

图 1.5 过电压及雷击(直接、间接)造成的损失
——慕尼黑 TELA 保险公司的损失分析

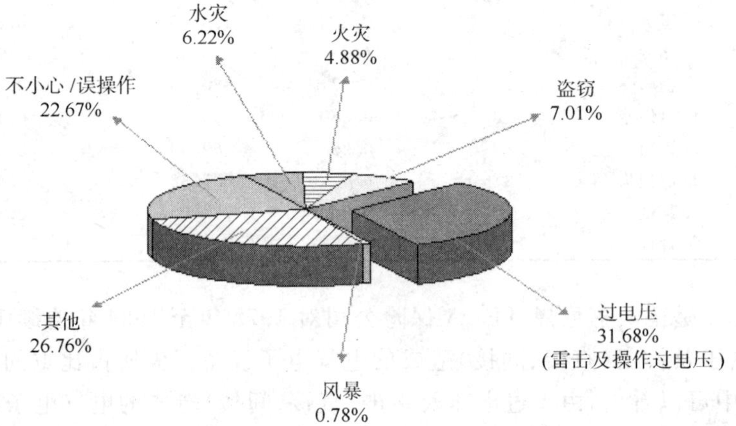

图 1.6 保险公司 1997 年对超过 8722 起电气电子设备损坏原因的分析

企业还常使用环境分析法,这是一种识别特定企业风险的方法:风险管理者通过分析企业内外环境条件对企业经营活动的作用和影响,以发现风险因素及可能发生的损失。

随着科学技术的发展、高新技术的应用以及人们实践经验的积累,风险识别的方法将日臻完善和准确。灵活应用各种方法,力求准确地识别、鉴定风险才能搞好风险管理。

1.3.3　风险分析

这里的所讲的风险分析，不同于整体意义上的风险评估，有些学者将它叫做风险衡量，实际上可以称为风险估算。在正确地进行风险识别之后，下一步的任务就是应恰当地对风险进行估算，其目的是为评估风险和处理风险提供依据和信息。其主要任务是根据已掌握的风险特征、时空分布等以往大量数据的统计资料来估算风险事件发生的频率、强度等；根据现场勘察到的有关风险主体的资料，分析各类建、构筑物及其内部财产的抗风险能力来估算损失发生的概率及严重程度；还要根据风险主体的重要性及发生风险的可能后果来估计与风险相关联的损失，可能对企事业单位、个人或家庭以及社会造成的影响。

风险估算是指为了评估风险而对特定风险做评价与估算的一个过程，风险估算侧重于对风险的定量估算，着眼于定量地描述处于风险中的人口分布、阐明事件的原因、发生的概率、相应于不同强度时的后果，并将这些不同强度事件的概率统计作为风险的定量结果。从概念上讲，风险是以下两个主要因素的函数：

(1)某一事件或一系列不同强度事件发生的概率；

(2)事件的后果。

具体地讲，就是要在具体的统计资料上进行计算和分析，对风险损失可能性及损失程度进行定量化的研究。必须根据有关资料和数据建立概率分布，寻找损失发生频率及损失程度的统计规律来确定各风险事件(风险分量)的概率分布，必须具体计算某种风险事件可能发生的次数、每次可能损失的金额及年度总的可能损失金额等。

比如，某一时段内，特定强度事件发生的概率、受事件影响的区域和人口、该地区或人口的承受能力、一定时段内，可能发生的一系列不同强度的事件给风险区人口造成的后果等。

风险估算的成果是对于处在灾害风险中的人口以概率的形式给出估算结论，例如以年期望值表示。

风险估算方法包括外推法、头脑风暴法、德尔菲法和主观评分法等定性评估方法；包括期望值优化法、计划评审技术、蒙特卡罗法、层次分析法和矩阵分析法等定量评估法。简单地说风险的定量评估一般采用两类方法，一个是相对值法，另一个是绝对值法。在风险因素错综复杂及多变的风险评估中，相对值法使用得更多一点。

风险评估的关键是在掌握了评估的基本方法后，针对具体的风险种类建立相应的风险评估体系，设计评估参数并不断的根据实践来调整这些评估参数，使得评估结果更能反映风险实际。

有关风险评估的数理基础、评估方法等详细内容在第二章中介绍。

1.3.4 风险控制决策

如何有效地控制和处理风险，是风险管理者在有效识别和正确评估了风险之后应及时考虑的事情。

无论采取什么样的风险控制对策都需要考虑经济成本和社会成本，都要考虑采取对策后带来的后果，也就是说涉及费用和后果分析。一般情况下，对于可能会形成社会风险的事件不能不计成本的采取措施。当然，涉及人身风险和社会责任风险的，一般不能过多的考虑决策成本。而仅仅是涉及财产风险的，更多地应考虑风险控制决策的经济合理性，讲求高效率。

总之，风险控制决策的原则是：在不侵害国家利益，确保社会和谐稳定的前提下，根据部门或单位面对的风险情况和和财务状况等实际情况，设计符合国家政策、符合单位或部门安全要求和经济状况的风险管理方针和目标，然后确定各种控制风险的政令、技术对策和风险财务对策，力求以最小费用开支获得满足上述风险管理方针和目标的目的。这样的风险控制决策能满足安全要求并且效率最高，避免了盲目的浪费现象，这也是风险评估的意义所在。

例如，一些防雷公司在做工程设计方案时，往往为了自身公司利益，增加一些本来并不必要的防护措施，还美其名为全方位防护。在三相电源线路的雷击电涌保护设计中，IEC 或国家有关防雷标准一般都强调共模保护，也即在相线(L 线)与保护地线(PE 线)之间、中性线(N 线)与保护地线之间安装电涌保护器，此时，一级电源电涌保护装置一般只需四个保护模块(图 1.7a)。但一些防雷公司所提供的设计方案可能不仅考虑共模保护，还考虑了差模保护，也即增加了相线之间、相线与中性线之间的保护，保护模块的数量一下增加到 10 块(见图 1.7b)，增加了成本的同时，也增加了防雷公司的利润，而防雷保护效率基本没有增加，损失的只能是用户。

要想做到符合风险控制决策的原则，必须认清风险对象。它们是人身风险？责任风险？财产风险还是信用风险？或者是几种风险的结合？

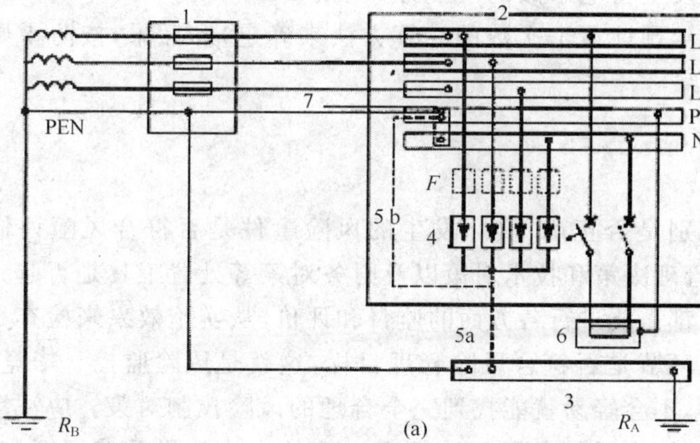

(a)

1. 装置的电源；
2. 配电盘；
3. 总接地端或总接地连接带；
4. 电涌保护器 (SPD)
5. 电涌保护器的接地连接 ,5a或 5b;
6. 需要保护的设备
7. PE与N线的连接带；
F. 保护电涌保护器推荐的熔丝，断路器或剩余电流保护器 :
R_B. 本装置的接地电阻；
R_A. 供电系统的接地电阻

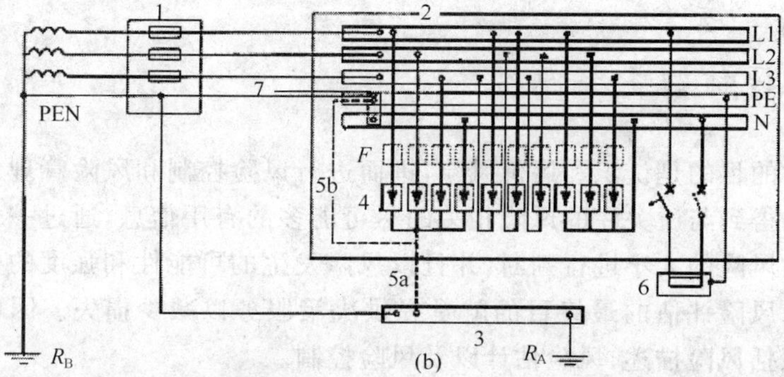

(b)

图 1.7　(a)符合 IEC 要求的 TN 系统中的电涌保护器；
(b)追求利润的 TN 系统电涌保护器安装示意图

一般来讲，应根据风险事件发生的可能性、风险主体（风险的承担者）的性质和重要性、风险事件发生后可能产生的后果等来确定风险控制对策。建筑物防雷设计规范（GB50057-94）中对建筑物的防雷分类正是根据其重要性（包括政治意义和经济意义上的重要性，所以有国家级、省部级和普通建筑物之分）、使用性质（主要看是否是具有爆炸和火灾危险环境的建筑物，还要根据通风条件提高或降低等级)、发生雷电事故的可能性(应按 GB50057-1994(2000 版)标准中附录 1 对建筑物年预计雷击次数的计算方法来确定)和后果,按防雷要求分为三类。

1.3.5 风险监控

前期的风险识别是否正确、实际发生的风险事件是否符合风险评估的结论、已选择的风险管理决策和技术对策以及财务对策等处置工具是否起到了应有的作用,这一切,都需要进行各方面的监督和评价,从实施效果来检查和评判风险管理的上述各环节是否符合风险管理目标,这就是风险监控。毕竟,由于风险事件的复杂性,不会轻易就能找到完全合理的风险控制对策。应注重从多渠道调查信息反馈,切实了解各种风险管理对策的实施效果及费用开支情况,随时根据需要作必要的调整或修正,并确定在条件改变时是否提出新的处理方案,使风险管理各对策的组合尽可能一直保持最佳状态,充分发挥其效能。对实施效果的监督、检查和评价是风险管理顺利开展并趋向预定目标的重要保证。

1.4 风险评估的主要内容

风险评估的目的是认识和评价风险,进而进行风险控制和风险管理。通过风险评估可以得到与所关注的风险相关的尽可能多的有用信息,通过一个合适的评估模式对风险的大小进行判断,并且以风险发生的可能性和强度的概率分布表现出来。风险评估的最终目的就是提供决策服务以减少损失。因而风险评估的内容包括风险描述、风险估计以及风险控制。

1.4.1 风险评估规则和内容

具体来讲,一个完整详尽的风险评估包括以下内容:

(1) 损害范围:自然单元中的反作用力。包括死亡、伤害、生产或经营损失等;

例如雷电损害范围包括:

生物伤害(雷电引起的接触和跨步过电压所导致的人员或动物伤害(包括死亡));

物理损害(雷电的机械、热力、化学和爆炸效应对建筑物(或其内存物)或服务设施造成的损害);

电气和电子系统失效(LEMP 对电气和电子系统造成的永久性损害)。

雷电灾害造成的损失可能包括人员生命损失、公众服务损失、文化遗产损失和经济损失(建筑物及其内存物、服务设施以及活动中断的损失)。

(2) 发生概率:相关频率的估计,这些频率可以是连续的或非连续的;

例如不同损害源以及不同强度损害源发生的频率、不同损失类型及不同损失严重程度的损失发生的频率等。雷电灾害风险评估一般将雷击产生的风险分量分为八种,相应的概率类型也有八种。

(3)不确定性:计算信息化中、复杂系统中或评估风险预言的不确定性;

面对错综复杂的情况,数据不全面、不可靠,评估方法不完善将导致风险评估结论的不确定性,这种不确定性也应该得到一定的评估(类似于测量工作中的误差来源分析和测量不确定度分析)。

(4) 普遍性:损害的地理分布;

例如,由于雷电主要发生在强对流天气系统中,而强对流天气系统的产生与地理位置、地形地貌有很大关系,因而雷电灾害造成的损失有着明显的地理分布差异。

(5) 持续性:损害的持续时间;

(6) 可逆性:损害的可恢复性;

(7) 延迟效应:起始时间和实际损害时间的延迟期;

(8) 潜在应用:广泛的社会影响,风险会产生社会冲突或暴行。

以雷电灾害为例,根据雷电灾害出现的先验分布和未来发生的条件概率分布以及建立的损失函数,应用统计决策理论可做以下三方面评估:

一是损失频率的评估,如针对某区域的雷击引起损失的频数、针对某行业或某系统的雷击引起损失的频数、针对某具体的建筑物引起损失的年预计雷击次数等。从防雷角度分析,地闪(雷云对地放电)发生的频数是确定雷电对人畜和建筑物安全构成威胁的最重要的参数。

二是灾害发生严重程度的可能性评估(可能造成的人员伤亡、经济损失或其他损失严重程度的评估)。利用风险分析确定风险等级,判断风险的严重性。国际上一般将风险划分为极高风险、高等风险、中等风险和低等风险四个级别。

三是如何以最少投资以换取防灾抗灾最佳社会效益和经济效益的决策手段评估。

1.4.2 损失频率的评估

损失频率是指一定时期内风险事件,即损失发生的次数,它涉及发生损失的单位、风险种类及损失类型。最基本也最简单的损失评估问题是确定一个单位因一种风险而遭受损失的概率。

例如,某建筑物在一年内因雷灾而受损的频数。在雷电灾害风险评估工作中,它与年预计雷击次数及建筑物的防雷措施(建筑物的雷击易损性)有关。而年预计雷击次数又与闪电发生的频次有关。闪电发生的频次及性质又与局地的天气、气候、地形、地貌特征等密切相关。

又如,一个啤酒生产厂家由于包装质量等问题导致爆炸,对用户造成伤害而引起责任赔偿的概率。它主要涉及玻璃瓶质量、运输环节以及使用注意事项的告知等问题。

具体的评估方法有定性分级和概率测算两种。定性分级是风险管理者根据自己对风险的观念将风险事件按发生的可能性大小分级,这种定性分级有助于灾害风险评估的基本判断。在统计资料不足或信息不准确的情况下,可以采用此类方法进行估计。如防雷技术人员按雷击风险事件发生的可能性大小将中国版图划分为(见彩图 1.8 及彩图 1.9):

少雷区:年平均雷暴日在 20 天及其以下的地区;

多雷区:年平均雷暴日大于 20 天,不超过 40 天的地区;

高雷区:年平均雷暴日大于 40 天,不超过 60 天的地区;

强雷区:年平均雷暴日超过 60 天以上的地区。

这种定性分级法主要是考虑雷击危险性环境,对判断建筑物年预计雷击次数起重要作用。这种对风险事件发生概率的定性划分虽然不太精确,但它在相关具体信息不是很充分的情况下,使多数风险管理者能够在充分考虑风险和以往经验的基础上做出必要的估计。因此,具有很好的实际意义。

又如,国际电工委员会将建筑物分为四类防雷建筑物(见表 1.2),它综合考虑了建筑物年预计雷击次数、建筑物及内存物本身的特性、重要性和发生雷击可能的后果等。我国按照中国国情将建筑物分为三类防雷建筑物。知道了建筑物应该具有和已经拥有的防雷等级,将有助于判断雷灾损失的频数甚至损失强度。

表 1.2　IEC 规定的建筑物防雷等级划分

保护级别	PI	Ⅰ	Ⅱ	Ⅲ	Ⅳ
防护效率	P(%)	99	97	91	84
最小峰值电流	I(kA)	2.9	5.4	10.1	15.7
最大峰值电流	I(kA)	200	150	100	100
滚球半径	r(m)	20	30	45	60
网格尺寸	M(m)	5×5	10×10	15×15	20×20

概率测算法则是根据历史资料应用概率统计的方法进行计算。在统计资料充足或信息准确的情况下，可以采用此类方法进行估计。实际上，从图 1.8 可以看出，目前国内雷电灾害定性分级的空间分布太过粗，这不太有利于有不同地域特点的各种局地雷电频数的统计分析，也影响风险评估准确度。

我国雷电科学研究人员当前正利用现代化的闪电监测网、多普勒雷达网、大气电场监测网以及卫星等手段，以现代大地测量理论与空间技术为基础，综合运用空间测量、卫星定位、时间系统、微波技术、GIS 等技术方法，研发适合于全国构网、可实现全能型雷电（包括地闪和云闪）定位的模型和优化数据处理技术，以及适于各种雷电应用专题的集成系统软件平台。使用雷电探测设备，建立跨省区、且满足雷电预警及重大工程雷电防护需求的雷电探测网，为雷电灾害风险评估研究提供平台和基础信息，并为雷电预警预报及重大工程防护提供综合雷电信息服务。可以肯定，雷电灾害定性分级的空间分布将做到千米量级网格的水平，使局地雷电频数的准确率大大提高，可以更有针对性的对具体的风险对象进行准确的评估。

任何单位或部门时时刻刻都面临着多种风险。因而有遭受某种损失的可能。如库房可能同时受地震、雷电、水淹、爆炸及火灾等的威胁而有潜在的财产损失。由于这类潜在损失存在多种原因，根据概率的加法法则，遭受此类损失的概率当然增大。

类似的例子还可以仅由雷电灾害风险来说明。对于有电气电子设备的建筑物而言，不同的雷电损害源都有可能威胁建筑物内电气电子设备。

当雷电直接击中建筑物时，可以导致电气电子设备失效和损毁；

而若雷电没有直接击中建筑物，但击中建筑物附近区域，也会由于雷击产生的静电感应和电磁感应引起的过电压导致电气电子设备失效和损毁等损失；

当雷电直接击中与建筑物相连的服务设施（电源线路、通信线路、信号线路、金属管道等）或雷电击中与建筑物相连的服务设施附近区域，由雷击产生的静电感应和电磁感应引起的过电压波也导致电气电子设备失效和损毁等的损失。

以上总共四种雷电损害源都会威胁建筑物内的电气电子设备。这些多种雷电损害源都威胁建筑物内的电气电子设备，根据概率的加法法则，建筑物内的电气电子设备损失的概率当然大于建筑物内人员伤亡损失的概率，因为不是所有四种雷电损害源都威胁建筑物内的人员。

除此之外，普遍的一种情况是，一个风险单位或部门因某一种风险而有遭受不止一类损失的可能。例如，若某发电厂发生火灾，可能同时遭受人员伤亡、财产损毁、电力供应中断（不可中断的公众服务）等损失。又例，某图书馆遭雷击起火可能同时造成人员伤亡损失、财产损毁等经济损失以及不可复原的文化遗产损失等。这种单一风险事件造成多类损失发生的情形，根据概率的乘法法则，其概率一定小于其中任一类损失单独发生的概率。一般而言，它的概率相对较小，然而一旦发生则损失相当严重。

再有一种情况是，许多情况相近的风险单位或部门面临同一风险而有同类损失的可能。例如，一场雷暴天气可能导致一个城市的多个单位同时或分时受损，因为一场雷暴天气通常会有许多次雷击过程，它们可能会击中不同单位的建筑物。即便是一次雷击，都有可能使不同的单位同时遭雷击受损。因为一次闪电引起的雷电感应作用可能波及数千米的地域范围。再加上城市供电、通讯、信息网络化的特点，更使得一次雷击可能使多个单位同时遭雷击受损。这时，至少一个单位遭受该类损失的概率会大于任一指定的单位遭受该类损失的概率（加法法则的作用），而这些单位同时遭受该类损失的概率则会小于任一指定单位遭受同类损失的概率（乘法法则的作用）。

如果相关信息准确而且数量大（对雷电灾害而言，应有多年的相关数据），利用计算机技术，可以分门别类的进行概率测算，使得风险损失频率的评估更加定量化，更加准确。

1.4.3 损失严重程度的评估

评估损失程度即是要估计损失究竟有多严重。它包括风险源的强度及风险对象抗灾能力的评估。灾害发生严重程度与风险对象的重要性、经济价值等有关。

在确定损失的严重程度时，应考虑每一特定风险可能造成的各类损失及其对单位或部门的财务和总体经营的最终影响。既要评估潜在的直接损失，也要评估潜在间接损失和财产修复期的净收入损失。评估时，尽管可以统计由灾害现场调查得到的在特定时期内发生的灾害损失，而更多的损失严重程度评估是通过概率统计的方法研究长时段内常发和偶发灾害序列，从中得出风险的年估计损失。这需要分别使用以下有关资料：

a. 某灾害强度下，风险区各类人员伤亡和建筑物的破坏程度；

b. 特定灾害的地理分布；

c. 在特定风险区或具有某种特色地区，发生一定强度灾害的概率。

例如，未来雷电强度是小强度（十几千安以下）、中等强度（数十千安）、大强度（上百千安）等可能出现的概率各占多少。图 1.10 是 IEC62305 给出的全球范围内的雷电强度概率分析。但各个具体的地方由于局地气候条件、地质条件、地理地貌的不同，雷电强度概率分布可能会有很大不同，需要总结出当地实际的雷电活动规律。

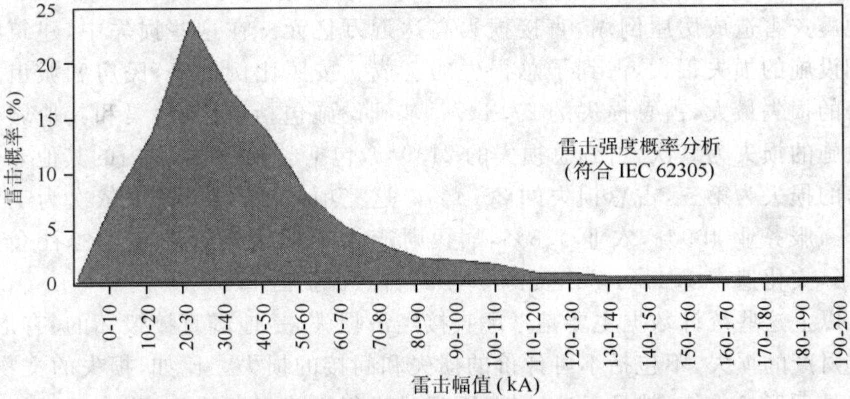

图 1.10　符合 IEC62305 的全球范围内的雷电强度概率分析图

这里举一个由灾害现场调查得到的在特定时期内发生的灾害损失例子。云南省雷电中心张腾飞等对 2007 年 5—8 月雷电活动及其灾害成因进行分析结果表明（见第四章表 4.1），雷击伤亡人数的多少不但与闪电频数有关，还与闪电强度有密切关系。通常闪电频数较高的区域发生雷击灾害的可能性较大，但有时闪电频数虽然不高，由于闪电的电流强度较大，也易引起雷击灾害。而雷电活动具有明显的地域特征，空间分布差异较大。

损失分析应注重以下几个方面：

a. 不仅要分析风险事件给生命财产造成的直接损失，还要评估次生灾害造成的间接损失（一次、二次和更高次的灾害效应），否则不能正确评估各种损失的严重程度。表 1.4 是灾害效应的较为具体的描述。

表 1.3 灾害效应分类表

一次效应	二次效应	更高次效应
1. 人员伤亡	1. 无家可归	1. 失业
2. 畜、禽死亡	2. 公共服务中断	2. 个人收入损失
3. 建筑物及其内部财产损失	3. 工商业停顿或萧条	3. 工商业收入损失
4. 公共设施及其内部设备破坏	4. 公共事业、家庭、企事业单位清理废墟及灾后重建运行支出	4. 资金转向重建和恢复
5. 农作物、森林及其观赏植被的破坏	5. 公共事业、家庭、企事业单位修缮、重建建筑物、建筑物内部及其设备的费用支出	5. 社会经济和家庭经济活力下降
6. 文化遗产和自然遗产的破坏	6. 支付保险赔偿金	6. 个人存款减少、企事业单位资本减少
7. 环境破坏		7. 社会秩序不稳

例如：2008 年，四川汶川 8.0 级大地震造成遇难和失踪 8.7 万多人。巨大的地震灾害造成房屋倒塌，直接损失高达近万亿元。在这些损失中，建筑物和基础设施的损失很大，占到了总损失的 7 成。按照比例排序，民房和城市居民住房的损失最大，占总损失的 27.4%。基础设施包括道路、桥梁和其他城市基础设施的损失为其次，占到总损失的 21.9%，包括学校、医院在内的其他非住宅用房的损失为第三，占总损失的 20.4%。这三项之后，损失排序依次为工业占 7.7%，服务业 4.9%，农业 4.5%，居民财产 4.4%，土地资源 3.3%，社会事业 3.2%，文化遗产 1.1%，矿山资源 0.7%，自然保护区 0.6%等。

以上这些统计数据主要是考虑直接经济损失，是地震直接毁坏的、有形的、物质财产的损失，不包括不可计价的损失和间接的损失。比如，损失的文物，有很多是无形的价值，就是无法计算的，很难进行准确经济损失评估，再比如失去的档案、文件，地震生态环境的破坏，灾区人民的心灵伤害等方面，都属于不可计价的损失，也不能列入直接经济损失的统计中。对于那些地震造成的间接损失，比如工厂停产、道路停运，等等，都不在统计之列。如果算上这部分未统计的损失，可能会是真正的天文数字。

b. 根据对以往灾害损失评估以及今后同类灾害的预测，确定各种灾害不同强度下生命财产的受灾特征。

c. 对造成建筑物、内存物和相关服务设施损失的各种主要灾害，在相同的成灾条件下，定量研究其规模及时间、地理分布。

d. 对政府或风险管理者而言，在确定损失程度时还应注意遭受损失的风险单位个数。涉及同一风险的单位越多则该风险的潜在损失也越大，尤其在各单位发生损失的事件不独立时更是这样。雷电灾害损失风险就属于这种情况。在绝大多数情况下，灾害效应的有关数据是通过概率统计方法推求的，表现为各省、市、县或全国的年期望值或年平均值。

e. 还要考虑的问题是权衡损失频率和损失程度的相对重要性。合理的做法是以损失的严重程度作为评估的主要依据。例如，地震灾害造成的损失评估肯定应主要考虑损失严重程度。若主要考虑地震造成的损失频率就没有太大意义了。中国四川的汶川一带处于地质断裂带，平时小级别的地震发生较多，也即损失频率较大，但损失不大。虽然大灾、巨灾不经常发生，却远比那种预期经常发生的小灾的潜在损失严重得多。2008 年 5 月 12 日汶川发生的巨大地震灾害造成了巨大的人员伤亡和财产损失。所以，大多数情况下，一种潜在损失的重要性基本上取决于这种损失的严重程度，而不取决于它的发生频率。

损失分析中还应包括各种灾害的建筑物年损失率，应包括特定地区各灾害损失的比率。建筑物损失率指该地区建筑物因灾经济损失与建筑物总价值之比。建筑物损失率确切地反映了某一特定地区的灾害风险水平。它与下列两因素密切相关，一是各种强度灾害在该地区发生的概率，另一是该地区建筑物及设备等财产的抗灾性能。

某一地区年期望损失是由该地区灾害的多年累计损失除以统计的年数得到的。经济损失包括建筑物破坏损失，建筑物内部财产损失，生产或其他经济活动中止或延缓而导致的损失。年总损失额的概率分布反映个人或单位来年可能出现的每一种损失金额及相应的概率；风险管理者如能较准确地估计出年总损失额的概率分布，就能获得可利用的有关信息，如某一损失额发生的概率、"巨额"损失的概率、年平均损失额、各可能损失额之间的差异、年总损失额在某一范围内的概率等。这些信息为损失预测、风险控制提供了相当有用的依据。

1.4.4 决策手段效益评估

决策手段效益评估就是前面 1.3.5 节风险监控中介绍的通过监控和反馈，对风险管理措施的实施结果进行检查，通过对风险管理措施实施前后的损失分析及费用分析来评估决策手段的效率，根据风险状态的变化（预期影响、非预期影响和政策影响），再次及时调整风险管理决策，对偏离风险管理目标的行为进行修正。如何以最少投资换取防灾抗灾最佳社会效益和经济效益,这是风险管理的主要目的和考核指标。

1.4.5 影响风险评估结果的因素

影响风险评估结果的因素主要有评估主体、评估对象、评估方法和评估体系与评估参数,其中评估主体的风险意识和风险态度是很重要的而又是容易被忽略的因素。尤其是,风险评估需要考虑作为评估主体之一的用户的风险态度,特别重视用户参与评估。风险态度很大程度上决定了风险评估中至关重要的风险可接受性,即确定哪些风险可接受,哪些风险不可接受或需要处置。

(1)风险意识

风险意识是作为人的风险对象,同时作为评估主体,在面对风险时的感知风险能力。

只有掌握了面对风险时风险对象的总体风险意识的强或弱,才能有比较正确的风险评估结论。实际上风险对象的风险意识也是影响抗灾能力的主要因素。

风险意识增强可以是被动的原因,主要有损失增加、损害范围扩大、社会福利意识增强和利润最大化驱动等。风险意识增强也可以是主动的原因,最好的方法就是加强风险知识的社会普及,提高公众认知风险的能力。提高公众的风险意识有助于他们正确认识风险和处理风险。

例如:雷电对人身的伤害主要发生在在户外和没有防雷设施的建筑物内。如果人身雷击危险性和人身防雷安全常识得到普及,公众雷电风险意识加强,当出现强雷电天气时,人们就会想尽办法正确防雷。比如尽可能疏散到有防雷设施的建筑物内、不要在大树下躲雨等。

(2)风险态度

风险态度是指风险主体对风险的看法和观点。尽管风险是无处不在和无时不有的,任何人、任何工程、任何项目都会不断地涉及风险,但不同的风险主体会持有不同的风险态度,这与风险主体对风险的感知能力、对风险的承受能力以及对风险的好恶程度有关。一般根据对风险的喜好程度将风险主体划分成风险爱好型、风险中庸型和风险逃避型等三种类型,对应的称呼为风险爱好者、风险中庸者和风险逃避者。

风险爱好者很喜欢风险,因为他们相信高风险会带来高收益;风险中庸者对风险持有一种不偏不倚的态度，认为适度的风险才是最佳的选择，所以面对风险他们是中庸的；风险逃避者一般会习惯性地采取逃避的态度，他们认为风险越小越好，风险越低就会越安全，在决策时会选择风险最小的方案。

最令人担心的是由于风险主体掌握知识不够而不知道风险的存在或对风险存在侥幸心理，这已经不是什么风险爱好型了，而是典型的冒险。这也正是必须加紧普及和提高大众风险教育、增强风险意识的意义所在。风险意识是作为人的风险对象，同时作为评估主体在面对风险时的感知风险能力。

影响风险评估结果的其他因素主要有：评估对象的复杂性、评估资料的缺失性和真实性问题、评估方法的科学性问题和评估参数的不合理性问题等。

第二章　风险评估数理基础及其应用

就像气体分子运动的规律一样，尽管某一气体分子的运动方向、速率大小、何时碰撞等是偶然的、杂乱无章、没有规律的，但包含有大量气体分子的一定数量的气体却有其统计规律。人们已经发现，气体的温度越高，气体分子运动杂乱无章的程度越严重，碰撞越激烈，平均速率就越大。同样，虽然个别风险事件的发生是偶然的、无序的，然而对大量风险事件的观察和综合分析，却发现它们呈现出明显的规律。运用概率论和数理统计方法来处理大量相对独立的偶发风险事件资料，就可以发现其固有的活动规律，其结果可以比较准确地反映风险的规律性。根据有关数据建立的风险概率分布，可以揭示损失发生频率及损失程度的统计规律，将使人们能更全面、更准确地评估风险并进行预测。

例如，雷电统计分析是根据大量雷电资料用概率论与数理统计中的方法，研究雷电演变的时空变化特征和规律。在此基础上，还可以进行一系列的科学综合和推断，期望通过统计方法这一重要手段对雷电变化与雷电异常及其成因做出正确判断。

雷电统计技术涉及统计学多个分支，如统计检验、时间序列分析、谱分析、多元分析、变量场展开等。

采用统计方法进行雷电灾害研究，主要包括以下几方面内容：

(1)应用统计方法了解区域性或全球性雷电变化的时空分布特征、变化规律及雷电异常的程度。主要针对月以上至几十年时间尺度的变化，即主要研究月、季、年及年代4个时间尺度的雷电变化。

(2)通过统计方法探索雷电变量之间及与其他物理因素之间的联系，以此研究造成雷电异常的原因，进而探索雷电异常形成的物理机制。

(3)对雷电数值模拟结果与实际变化状况之间的差异进行统计分析。

即使在资料不足或大数定律不适用的场合，虽然概率不易客观确定，但人们还可以借助主观估计来确定概率分布。不过，尽管此时必须尽可能使估计符合实际外，但从主观出发演绎出来的结论显然是带有主观色彩、因人而异的。

在风险评估工作中，由于相关历史数据量较大(数据量越大，统计分析出来的规律越有意义)，所以概率统计方法起着至关重要的作用。尤其是现在计算机技术广泛应用于大量数据资料的收集、分类管理和分析使用中，使得信息系统高度发展，概率统计方法又是资料分析的基本手段，普遍应用于管理领域，所以概率统计方法及相关知识是风险管理者必须掌握的基本知识和技术。

2.1　随机事件及其运算

2.1.1　随机事件

风险事件是一种偶发事件，是可能发生也可能不发生的事件，称为随机事件（简称事件）记为 A,B,C 等等。例如，南京市每年发生 100 天的闪电事件（雷暴日，按传统的人工观测数据统计）可以认为是不可能的事件，而一年中发生一次以上雷暴的情况是可以肯定的必然事件。具体到某年是不是会有 28～32 d 雷暴日的情况则是可能发生也可能不发生的事件。但从数十年来雷暴日统计的规律来看，由于南京市年平均雷暴日为 35.1 d，故某年会有 28～32 d 雷暴日的这个随机事件发生的机会较大，而某年会有 48～52 d 雷暴日的这个随机事件发生的机会较小。

事件发生机会的大小可用概率进行衡量。某事件的概率是反映该事件发生可能性大小的数量指标，是介于 0 和 1 之间的一个数值。可以将必然事件和不可能事件看作随机事件的两个极端：若某事件的概率为 1，则认为该事件必定发生而称它为必然事件。若某事件的概率为 0，则认为该事件肯定不会发生而称它为不可能事件；

即：

$$P(\Omega)=1,\ P(\phi)=0$$

而若一事件发生的概率为 0.6，另一事件发生的概率为 0.3，则表明前者较后者更有可能发生。

如果我们以字母 P(probability)表示随机事件的概率，就有 $0\leqslant P\leqslant 1$（概率的非负性）。相对于随机事件 $A,B,C,\cdots$，其发生的概率就以 $P(A),P(B),P(C),\cdots$来表示。

2.1.2　事件的关系及运算

在进行一个试验（或实验）中，或在风险评估中描述事件时，我们常常遇到不止一个事件，事件之间有一定的关系和运算如下：

(1)导致(包含)：$A \subset B$ 表示“A 发生必导致 B 发生”。或称事件 B 包含事件 A。

对任意事件一定有：$\phi \subset A \subset \Omega$

(2)相等：$A=B$ 表示“两事件 A 和 B 要么同时发生，要么同时不发生。这时，

$$A \subset B\text{，同时 } B \subset A$$

(3)事件的“和”或“并”

设事件 A 是“甲电视遭雷击损坏”，事件 B 是“乙电视遭雷击损坏”，则“甲乙两电视至少有一个遭雷击损坏”也是一个事件，我们称它为事件 A 和 B 的“并”(或“和”)，记为 $A \cup B$。也可记为 $A+B$。

(4)事件 A 和 B 的“交”

仍设事件 A 是“甲电视遭雷击损坏”，事件 B 是“乙电视遭雷击损坏”，则“甲乙电视都遭雷击损坏”也是一个事件，我们称它为事件 A 和 B 的“交”(或“积”)，记为 $A \cap B$。也可记为 AB。

显然，事件 $A \cup B$ 发生意味着或者事件 A 发生，或者事件 B 发生，或者 A、B 两者都发生；反之，不论事件 A、B 中发生一个或发生两个，都表明事件 $A \cup B$ 发生。事件 $A \cap B$ 发生意味着事件 A 与事件 B 同时发生，但两事件 A、B 中如果只有一个发生，则 $A \cap B$ 不发生。

图 2.1 直观地展示了这些事件之间的关系。

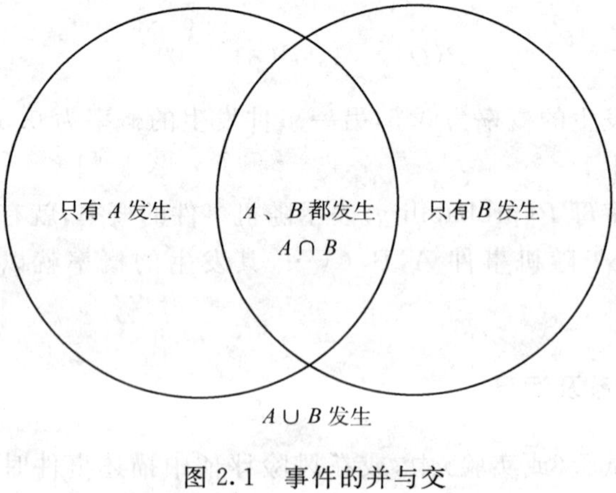

图 2.1 事件的并与交

事件的"并"和"交"可以推广到不止两个事件的情形。设有任意 n 个事件 $A_1, A_2, \cdots, A_n$，则它们的并记为 $A_1 \cup A_2 \cup \cdots \cup A_n$"它们的交记为 $A_1 \cap A_2 \cdots \cap A_n$。前者发生意味着 $A_1, A_2, \cdots, A_n$ 中至少有一个发生，后者发生则表明 $A_1, A_2, \cdots, A_n$ 同时发生。

(5)互斥(互不相容)事件

若两个事件 A 和 B 不能同时发生，则称事件 A 和 B 是互斥事件(或互不相容事件)。由于"A 与 B 同时出现"是不可能事件。因此其概率是零，即有 $P(A \cap B)=0$。或记为 $A \cap B=\phi$。

例如，假定雷击造成的可能损失程度有三种：无损失、损失 5 万元、损失 20 万元。显然，这三种结果只会发生其中一种。由于不可能既无损失又损失 5 万元，因此"无损失"和"损失 5 万元"是互斥事件。同样道理，"无损失"和"损失 20 万元"、"损失 20 万元"和"损失 5 万元"也都是互斥事件。两个事件互斥意味着两事件至多发生一个(要么都不发生，要么只发生其中一个)。

(6)对立事件

若两个事件 A 与 B 不能同时发生，但必定发生其中一个，则称事件 A 和 B 是对立事件。记为：$A \cup B=\Omega$，$A \cap B=\phi$。

例如，雷电击中了某钢质油罐，结果有可能是安然无恙，也可能是起火爆炸。其对应的损失结果只有不损失和损失 100 万元(假设是油罐及油品的价值)两种可能。由于这两个结果总要发生一个，且某一个发生另一个就不发生。故"不损失"和"损失 100 万元"就是对立事件。

两个事件对立意味着两事件中至多发生一个且至少发生一个，即二者中必出现且只出现其一。对于两个对立事件 A 和 B，由于它们不会同时发生，故有 $P(A \cap B)=0$，又由于它们之中必定要发生一个，$A \cup B$ 就是必然事件，所以又有 $P(A \cup B)=1$。

显然，"对立"是比"互斥"更强的条件。由于两个对立的事件不会同时发生，因此它们也是互斥事件；然而两个互斥的事件则因可以同时不发生(即并无"必定出现一个"的规定)而未必是对立事件。对立事件和互斥事件二者之间的这种联系和区别的概率意义是：它们都应满足 $P(A \cap B)=0$，但互斥事件不受 $P(A \cup B)=1$ 的约束。

事件的相互关系和运算结果可以用图 2.2 来直观地表示。

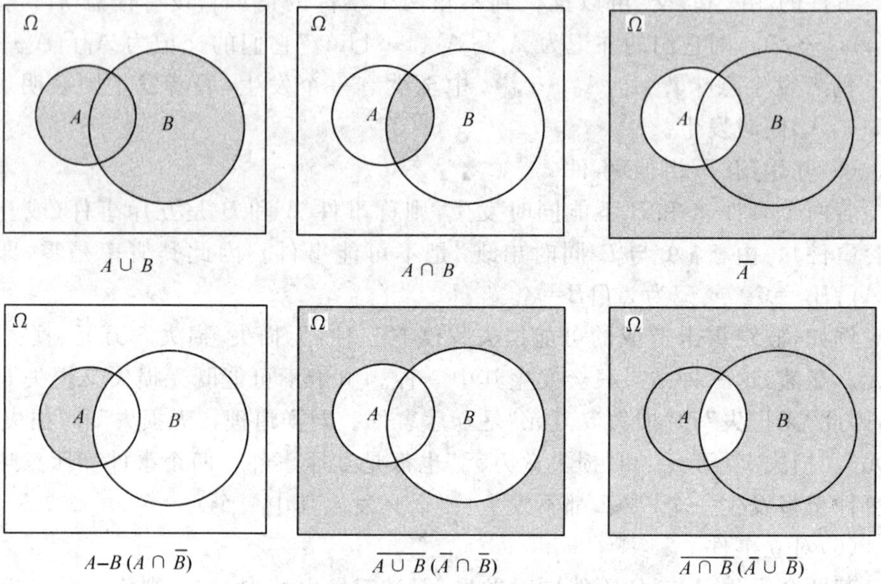

图 2.2 事件的运算结果图

2.2 条件概率和独立事件

2.2.1 条件概率

若两事件中任一个的发生与否都对另一个的发生与否没有影响，则称这两个事件是相互独立的事件，否则称为相关事件。例如，若 A、B 两油罐分处两个较远的区域，则“A 油罐雷击起火”和“B 油罐雷击起火”这两个事件就可视为相互独立的事件。但若 A、B 两油罐在一个储罐区而且相互靠近，则“A 油罐雷击起火”(记作 A)和“B 油罐雷击起火”(记作 B)就应看成是相关的而非独立的事件，因为 A 油罐雷击起火可能引发 B 油罐起火，即事件 A(或 B)的发生，可能导致事件 B(或 A)也发生。

既然事件 A 的发生可能导致事件 B 也发生，事件 B 发生的概率就与事件 A 的概率有关，这时就涉及条件概率。所谓条件概率是指在一事件已发生情况下另一事件发生的概率。

我们称在事件 A 已发生条件下事件 B 发生的概率为给定 A 下事件 B 的条件概率，记为 $P(B \mid A)$。这个概率可以通过事件 A 发生的概率和事件 A、B 同时发生的概率求得，计算公式是：

$$P(B \mid A) = P(AB)/P(A)$$

其中 $P(A) \neq 0$，即 A 不是不可能事件。当 $A = \Omega$ 时，条件概率 $P(B \mid \Omega) = P(B)$，这也正反映了条件概率与无条件概率之间的区别与联系。

以上述的油罐雷击起火问题为例；假设“A 油罐雷击起火”（事件 A）的概率是 0.02，“A、B 两个油罐都由于雷击起火”（事件 AB）的概率是 0.005，则在 A 油罐已经雷击起火情况下 B 油罐起火的概率就是：

$$P(B \mid A) = P(AB)/P(A) = 0.005/0.02 = 0.25$$

这个概率必定大于事件 B（即 B 油罐起火）本身的概率，因为 B 油罐发生火灾的因素中增加了一个很直接的因素，即毗邻的 A 油罐已燃起火。（实际上，如果 A、B 两个油罐的大小和形状完全一样的话，两油罐根据标准计算出的年预计雷击次数是一样的，也就是说，B 油罐由于雷击起火的概率与 A 油罐雷击起火（事件 A）的概率一样，都是 0.02。）

显然，对任意两个独立的事件 A 和 B，应有：

$$P(B \mid A) = P(B) \text{ 或 } P(A \mid B) = P(A),$$

即事件 A 的发生概率不影响事件 B 的发生概率，事件 B 的发生概率也不影响事件 A 的发生概率。

$P(B \mid A)$ 与 $P(AB)$ 或 $P(B)$ 的不同之处可以用图 2.3 表示。

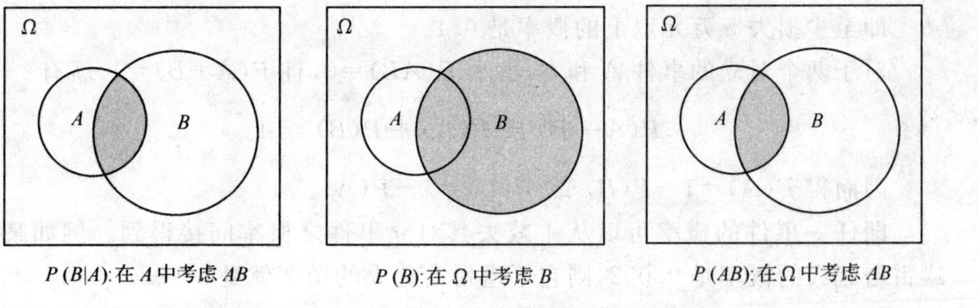

图 2.3　$P(B|A)$ 与 $P(AB)$ 或 $P(B)$ 的不同之处

2.2.2 条件概率的加法法则

两事件至少有一个发生的概率可以根据加法法则来计算：

加法法则由下式给出：

$$P(A+B)=P(A)+P(B)-P(AB)$$

即两事件至少发生一个的概率，等于它们各自发生的概率之和减去它们同时发生的概率。由于两事件中任何一个的发生概率一般总会大于它们同时发生的概率，因此上式表明：两事件至少有一个发生的概率大于其中任一事件本身的概率。仍以上述油罐问题为例，假如“B油罐雷击起火”的概率也是0.02，则可计算“A、B两罐至少有一个雷击起火”（即$A+B$）的概率如下：

$$P(A+B)=P(A)+P(B)-P(AB)=0.02+0.02-0.005=0.035$$

对于两个互斥的事件A和B，由于$P(AB)=0$，加法法则就成为：

$$P(A+B)=P(A)+P(B)$$

即两个互斥事件中至少发生一个（实际上已不含两者都发生的情形）的概率等于该两事件各自发生的概率之和。

例如，假定雷击造成的可能损失程度有三种：无损失、损失5万元、损失20万元。显然，这三种结果只会发生其中一种。且设三个事件的概率分别是0.9、0.08、0.02，则有：

$$P(A+B)=P(A)+P(B)=0.08+0.02=0.1;$$

即至少损失5万元以上的概率是0.1。

对于两个对立的事件A和B，由于$P(AB)=0$，且$P(A+B)=1$，就有：

$$P(A+B)=P(A)+P(B)=1$$

因而得$P(A)=1-P(B)$或$P(B)=1-P(A)$。

即任一事件的概率可以从1减去其对立事件之概率间接得到。例如某油罐雷击起火的概率是0.002，则它不遭雷击起火的概率就是0.998。

加法法则可以推广到不止两个事件的场合，我们只给出下面的特殊情形：

$$P(A_1+A_2+\cdots+A_n)=P(A_1)+P(A_2)+\cdots+P(A_n)$$

其中 $A_1, A_2, \cdots, A_n$ 两两互斥。

2.2.3　条件概率的乘法法则

由条件概率的定义很容易得到下面的公式：

当 $P(A)>0$ 时，$P(AB)=P(A)\cdot P(B\mid A)$；

当 $P(B)>0$ 时，$P(AB)=P(B)\cdot P(A\mid B)$；

当 $P(AB)>0$ 时，$P(ABC)=P(A)\cdot P(B\mid A)\cdot P(C\mid AB)$。

即两事件同时发生的概率可以根据乘法法则：

$$P(AB)=P(A)P(B\mid A)=P(B)P(A/B)$$

来计算。它表明：两事件同时发生的概率，等于其中任一事件的概率与给定该事件下另一事件的条件概率之乘积。例如，假定某一雷击风险事件（记作 A）发生的概率是 0.06。若该风险事件不发生则无损失，若该风险事件发生，则损失 5 万元（事件 B）与损失 20 万元（事件 C）的概率分别是 0.6 和 0.4；由这些数据容易求出“损失 20 万元”的概率：

$$P(C)=P(AC)=P(A)P(C\mid A)=0.06\times 0.4=0.024$$

注意此处有 $C=$“损失 20 万元”$=$“风险事件发生，且损失 20 万元”$=AC$。同理可算出损失 5 万元的概率是：

$$P(B)=P(AB)=P(A)P(B\mid A)=0.06\times 0.6=0.036。$$

2.2.4　独立事件

定义　如果两个事件 A 与 B 满足等式：

$$P(AB)=P(A)P(B)$$

称事件 A 与 B 是相互独立的，简称 A 与 B 独立。

从直观上讲，A 与 B 独立就是其中任何一个事件出现的概率不受另一个事件影响。两个独立事件同时发生的概率等于它们各自发生的概率的乘积。

推论：A 与 B 为两个事件. 当 $P(B)>0$ 时，A 与 B 独立的充分必要条件是：

$$P(A\mid B)=P(A)$$

当 $P(A)>0$ 时，A 与 B 独立的充分必要条件是：

$$P(B \mid A) = P(B)$$

由于随机事件的概率都是小于 1 的正数，故两事件同时发生的概率必小于它们各自的发生概率。将乘法法则推广到任意 n 个相互独立的事件，我们有：

$$P(A_1A_2\cdots A_n) = P(A_1)P(A_2)\cdots P(A_n)$$

2.3　随机变量与概率分布

2.3.1　随机变量

风险的不确定性是给定条件下和一定时期内可能发生的各种结果间的差异。每个结果都是一个随机事件。有的结果具有数量性，例如，某一雷击风险事件可能有三种损失结果："无损失"、"损失 5 万元"和"损失 20 万元"。这三个事件就分别与 0、5、20 万元三个数值相联系。

如果我们以 x 表示损失金额，这三个事件就可以分别表示为 $x_1=0$、$x_2=5$ 和 $x_3=20$。这样，就得到了数值与结果的直接对应关系，有了这种对应关系以后，我们便可以用数值来表示随机事件的结果。

有的结果不具有数量性质，如加工一件产品是合格品或不合格品，或者风险事件的"发生"与"不发生"。

对于非数量性质的随机事件结果我们可以根据情况指定数值来表示。例如加工一件产品，假如只有合格品与不合格品两种结果，我们可用数"1"表示合格品，用"0"表示不合格品。这样非数量性质的随机事件结果就数量化了。因此同样可用数值来表示这种试验结果，也可使我们很方便地研究风险事件发生次数的概率。

总之，无论是数量性质的还是非数量性质的随机事件，都可用数值来表示其结果。我们将这种可取不同数值表示结果的数值看成是变量 x 的取值，则称此变量 x 为随机变量，它是随机事件样本点的函数。下面举例说明：

例 1　某一雷击风险事件可能有三种损失结果：

"无损失"、"损失 5 万元"和"损失 20 万元"。

样本空间为 $\Omega=\{0,5,20\}$。

在一次雷击事件中发生损失的随机变量 x 为：

ω	0 元	5 万元	20 万元
x	0	5	20

由于这三个事件都有各自的发生机会，因此 x 的每一个取值都与一个概率值相联系。

例 2　某银行办理有奖储蓄，100000 张为一组，设一等奖一张，奖金 5000 元；二等奖 10 张，每张奖金 1000 元；三等奖 100 张，每张奖金 100 元；四等奖 1000 张，每张奖金 10 元；其余无奖。设某人买一张奖券，其中奖情况为一随机变量，可表示成下面三种。

(1) 得奖金额样本空间为：

$$\Omega = \{0, 10, 100, 1000, 5000\}。$$

则得奖金额随机变量可表示成：

ω	0 元	10 元	100 万元	1000 元	5000 元
x	0	10	100	1000	5000

(2)得奖等级的样本空间为：

$$\Omega = \{1\text{ 等奖}, 2\text{ 等奖}, 3\text{ 等奖}, 4\text{ 等奖}, \text{无奖}\}。$$

我们用数“5”表示无奖，则表示得奖等级的随机变量 x 为：

ω	1 等奖	2 等奖	3 等奖	4 等奖	无奖
x	1	2	3	4	5

(3)是否得奖的样本空间为：

$$\Omega = \{\text{得奖}, \text{不得奖}\}$$

我们用数“1”表示得奖，用数“0”表示不得奖，则表示得奖的随机变量 x 为：

ω	得奖	不得奖
x	1	0

随机变量的取值可能是一个一个不连续的孤立值,如发生故障的车辆数,也可能是某一特定数值范围内的连续值,如材料的抗折强度、气温、水下压强等。

对于随机变量,按其取值情况通常分两类进行讨论:

(1)如果 x 所可能取的值能够一一列举出来,称这样的 x 为离散型随机变量。例 1 和例 2 都是离散型随机变量。

(2)如果 x 所可能取的值不能一一列举出来,称这样的 x 为非离散型随机变量。

非离散型随机变量范围很广,情况比较复杂,其中最重要的,也是在实际中最常遇到的是连续型随机变量。

2.3.2 概率分布

随机变量取各可能值都有相应的概率,那么在各种取值上就有一个概率的分配,我们称之为随机变量的概率分布,它反映随机变量依机会取值的规律。根据取值的不同情形,随机变量可以分为离散型和非离散型两类,而非离散型中则以连续型随机变量最为重要,因此我们将着重讨论离散型和连续型两类概率分布。

2.3.2.1 离散型概率分布

离散型概率分布是离散型随机变量的概率分布。所谓离散型随机变量,是指那种其取值只能有限个或者一串值。这些取值总是分离地散布着。例如某地一年时间内发生雷电的天数 x 就是一个离散型随机变量。

要掌握随机变量的变化规律,首先要知道它可能取什么值,但仅仅了解这些还不够,更重要的是要了解它取可能值的概率是多大。

离散型概率分布通常可以一个概率函数 $p(x)$ 给出,它表示 x 之取值事件的概率。在无法以式子表示时,可以将随机变量的可能取值与对应概率列表而成为下列形式:

x	x_1	x_2	x_3	…
$p(x)$	p_1	p_2	p_3	…

我们称上表为随机变量 x 的概率分布。其中 p_1 是取值事件 $x=x_1$ 的概

率，p_2 是取值事件 $x=x_2$ 的概率等。

显然，概率分布必须满足下列两个条件：

(1) $0\leqslant p_i\leqslant 1(i=1,2,\cdots)$；

(2) $\sum_{i=1}^{\infty} p_i = 1$，也即，由于所有取值事件的并是必然事件，且这些取值事件两两互斥，因此必定有：

$$p_1 + p_2 + p_3 + \cdots = 1$$

概率分布的重要作用是，对任意的 $a<b$，有

$$p(a < x \leqslant b) = \sum_{a\leqslant i\leqslant b}^{\infty} p_i$$

这样，我们一旦有了随机变量 x 的概率分布，就可以求得该随机变量 X 所代表的随机事件中任何事件的概率，对整个结果了如指掌。

例如在掷骰子的试验中：

$$p(2 < x \leqslant 5) = p(x = 3) + p(x = 4) + p(X = 5) = 1/2$$

$$p(-2 < x \leqslant 2.5) = p(x = 1) + p(x = 2) = 1/3$$

有了概率分布，就可以计算随机变量 x 的期望(即平均值 $E(x)$(也记为 μ)、方差 $\mathrm{Var}(x)$(也记为 σ^2)及标准差 σ：

$$E(x) = x_1 p_1 + x_2 p_2 + \cdots = \sum x_i p_i$$

$$\mathrm{Var} = (x_1 - \mu)^2 p_1 + (x_2 - \mu)^2 p_2 + \cdots = \sum (x_i - \mu)^2 p_i$$

以前述雷击引起损失金额 x 为例，假定“无损失”、“损失 5 万元”和“损失 20 万元”的概率分别为 0.94、0.036、0.024，则它的概率分布是：

x	0	5	20
$p(x)$	0.94	0.036	0.024

损失的期望值是：

$$E(x) = 0 \times (0.94) + 5 \times (0.036) + 20 \times (0.024) = 0.66(\text{万元})$$

方差是：

$$\mathrm{Var}(x) = (0-0.66)^2 \times 0.94 + (5-0.66)^2 \times 0.036 + (20-0.66)^2 \times 0.024$$
$$= 10.07$$

标准差是：

$$\sigma = \sqrt{\mathrm{Var}(x)} = \sqrt{10.07} = 3.174(\text{万元})。$$

2.3.2.2 常见离散型随机变量概率分布

(1)两点分布

如果随机变量 x 的概率分布为：

$$P(x=1) = p;\ P(x=0) = 1-p = q(0 < p < 1)$$

则称 x 服从两点分布，也称 0-1 分布。

两点分布刻画的是一般只有两个结果的试验。例如掷硬币只有正面和反面；检验产品只有正品和次品；出生小孩只有男孩和女孩；神经细胞只有抑制和兴奋；系统电路只有通和不通等。

(2)二项分布

在风险评估中常用的离散型概率分布有二项分布和泊松分布。二项分布的概率函数为：

$$p(x) = C_n^x p^x (1-p)^{n-x}$$

其中 C_n^x 是 n 中取 x 的组合数，p 是被关注的事件 A 在一次试验中发生的概率 $(0<p<1)$，$P(x)$ 给出了在独立地重复同一试验 n 次时事件 A 发生 $x=0,1,2,\cdots,n$ 次的概率。

例如，一个篮球运动员在 100 次投篮中投中的次数；M 台相互独立的同类型的设备同时开动时出现故障的设备数；产品检验中抽得的次品数等，都是二项分布模型的具体化。两点分布是二项分布的特殊情况。

二项分布的期望和标准差分别是 np 和 $\sqrt{np(1-np)}$。应用二项分布的关键是估计事件 A 在一次试验中发生的概率 p。

(3)泊松分布

如果随机变量 x 的概率分布为：

$$p(x) = \frac{\mu^x}{x!} e^{-\mu} (x = 0,1,2,3,\cdots;\mu > 0)$$

则称 x 服从参数为 μ 的泊松分布，记为 $x \sim p(\mu)$。它表明某一时期平均发生 μ 次的稀有事件在该时期发生 x 次的概率。

可以证明，当 n 很大，p 很小，$\mu = np$ 是一个不太大的常数时，可以用泊松分布作为二项分布的近似而使计算简便，即：

$$C_n^x p^x (1-p)^{n-x} \approx \frac{\mu^x}{x!} e^{-\mu} (x = 0,1,2,\cdots,n)$$

此分布的期望和标准差分别是 μ 和 $\sqrt{\mu}$。应用泊松分布关键是估计有关事件在一定时间内发生的平均次数 μ。

在风险评估工作中，确定每年风险事件发生次数的概率分布，可以使我们了解一年内风险事件发生任一次数的可能性，也有助于确定年总损失金额的概率分布。在这方面二项分布和泊松分布起重要作用。

例如，若每年内每个风险单位至多遭遇一次风险事件，各风险单位发生风险事件是独立的，且每个单位发生一次风险事件的概率相同，则风险事件发生次数服从二项分布。假定风险单位总数是 n，发生一次风险事件的概率是 p，那么发生 x 次风险事件的概率就是：

$$p(x) = C_n^x p^x (1-p)^{n-x} (x = 0,1,2,\cdots,n)$$

当二项分布已经确定，又获知每次损失金额的有关信息，就可以求得年总损失的概率分布。

2.3.2.3　连续型概率分布

连续型概率分布是连续型随机变量的概率分布。所谓连续型随机变量是那种可以在一定数值范围内连续取值的随机变量。这类随机变量总有无限多个可能取值，这些取值是连续而不间断。例如某产品第一次出故障前的工作时间 t 就是一个连续型随机变量，因为时间单位从理论上讲总是可以无限划小的，它可以在某个区间（如 0～10000 h）内连续地取值；又如损失金额也可看成是在一定数值范围内连续变动的值。

由于连续型随机变量的取值充满一个或若干个有限或无限区间，它的取值不可能一一列出。连续型概率分布通常由概率分布密度给出，分布密度是定义在区间上的非负函数。假定随机变量 x 的分布密度是定义在 $[a,b]$ 上的函数 $f(x)$，则 x 在 $[a,b]$ 中任两点间取值的概率可由这两点做成的子区间上 $f(x)$ 的积分求出。

例如，若损失金额（万元）的概率密度函数是：

$$f(x) = \frac{1}{10} \quad (0 \leqslant x \leqslant 5)$$

则损失在 0 至 5 万元之间的概率就是：

$$p(0 \leqslant x \leqslant 5) = \int_0^5 f(x)\mathrm{d}x = \int_0^5 \frac{1}{10}\mathrm{d}x = \frac{1}{2}$$

又假定设备寿命 T（小时）的分布密度是：

$$f(t) = 0.001\mathrm{e}^{-0.001t} \quad (t > 0)$$

则设备寿命超过 800 小时的概率就是：

$$p(T > 800) = \int_{800}^{+\infty} 0.001\mathrm{e}^{-0.001t}\mathrm{d}t = -0.001 \times 800 = 0.45$$

与离散型分布各概率之和等于 1 的情形类似，对取值范围为闭区间$[a,b]$的连续型分布有：若密度函数为 $f(x)$，则$\int_a^b f(x)\mathrm{d}x = 1$

而期望和方差分别为：

$$E(x) = \int_a^b xf(x)\mathrm{d}x \quad 和 \quad \mathrm{Var}(x) = \int_a^b (x-\mu)^2 f(x)\mathrm{d}x$$

下面介绍几种常用的连续型概率密度分布函数：

(1)均匀分布：

若随机变量 x 的密度函数为 $f(x)=\begin{cases}\dfrac{1}{b-a}, & a\leqslant x\leqslant b\\ 0, & x<a 或 x>b\end{cases}$，

则称 x 服从$[a,b]$上的均匀分布，或称 x 均匀分布于$[a,b]$。$f(x)$图形如图 2.4 所示。

$f(x)$满足下述关系：

$$f(x) \geqslant 0, \int_{-\infty}^{+\infty} f(x)\mathrm{d}x = \int_a^b \frac{1}{b-a}\mathrm{d}x = 1,$$

并有下列性质：

①$p(x > b) = \int_0^{+\infty} 0\mathrm{d}t = 0$，$p(x < a) = \int_{-\infty}^{a} 0\mathrm{d}t - 0$；

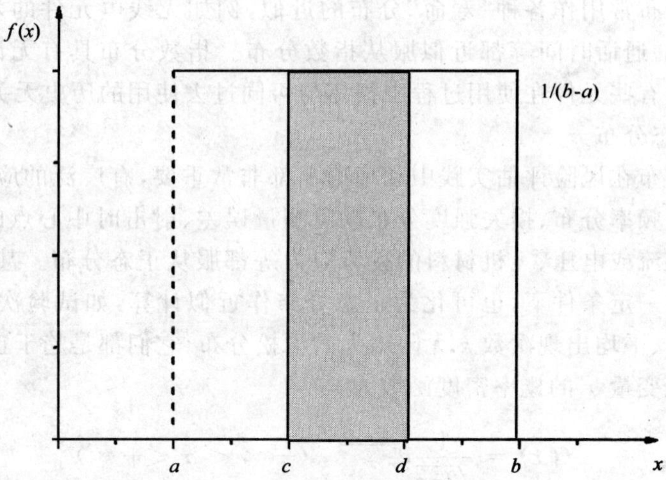

图 2.4　均匀分布密度函数图

② 若 $a \leqslant c < d \leqslant b$，则 $p(c < x < d) = \int_c^d \frac{1}{b-a} \mathrm{d}t = \frac{1}{b-a}(d-c)$。

均匀分布随机变量的物理意义：x 小于 a 或大于 b 的概率为 0；x 在 $[a,b]$ 区间取值的概率为 1，并且 x 落入区间 $[a,b]$ 任意子区间 $[c,d]$ 中的概率与区间 $[c,d]$ 的长度成正比。

(2) 指数分布：如果随机变量 x 的概率密度函数为：$f(x) = \begin{cases} \lambda e^{-\lambda x}, & x > 0 \\ 0, & x \leqslant 0 \end{cases}$，其中 $\lambda > 0$，则称 x 服从参数为 λ 的指数分布。其概率密度曲线如图 2.5 所示：

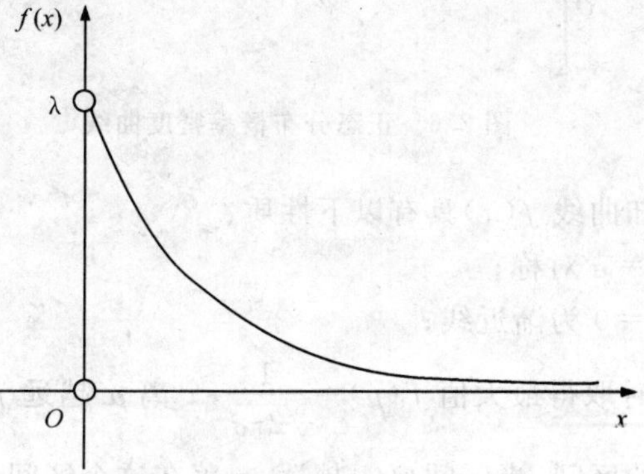

图 2.5　指数分布概率密度曲线

指数分布常用作各种“寿命”分布的近似，例如无线电元件的寿命、动物的寿命、电话的通话时间等都近似服从指数分布。指数分布具有无记忆性，它的直观意义是有些元件在使用过程中损坏与否同过去使用的历史无关。

(3)正态分布

正态分布在风险评估实践中和理论上都非常重要，有广泛的应用。如风险评估中损失频率分布、损失强度分布以及测量误差、射击时中心点的偏差、电路中的噪声电流或电压、飞机材料的疲劳应力等都服从正态分布。甚至一些离散型的分布在一定条件下，也可化为正态分布作近似计算，如试验次数无限增大的二项分布、平均出现次数 k 无限增大的泊松分布，它们都是趋于正态分布。

若随机变量 x 的概率密度函数为：

$$f(x)=\frac{1}{\sqrt{2\pi\sigma}}e^{-\frac{(x-\mu)^2}{2\sigma^2}},\ (-\infty<x<+\infty)$$

其中 $\mu,\sigma(\sigma>0)$ 为常数，则称 x 服从参数为 μ,σ 的正态分布，记作 $x\sim N(\mu,\sigma^2)$。其概率密度曲线 $f(x)$ 的图形如图 2.6 所示。

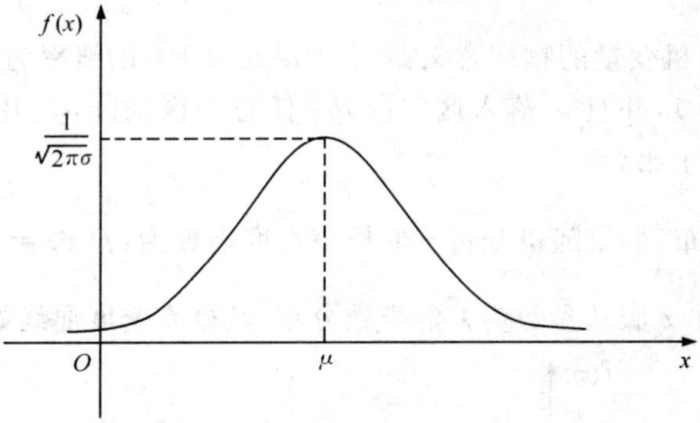

图 2.6 正态分布概率密度曲线

由图 2.6 可知曲线 $f(x)$ 具有以下性质：

(1)以直线 $x=\mu$ 对称；

(2)以直线 $y=0$ 为渐近线；

(3)当 $x=\mu$ 时取得最大值 $f(\mu)=\frac{1}{\sqrt{2\pi\sigma}}$，$x$ 离 μ 越远 $f(x)$ 的值越小，这表明对于同样长度的区间，当区间离 μ 越远，x 落在这个区间上的概率越小。

(4)如果固定σ,改变μ,图形沿x轴平移,图形的形状不变,这表明正态分布的概率密度曲线$y=f(x)$的位置完全由参数μ确定,如果固定μ,改变σ,由于最大值$f(\mu)=\frac{1}{\sqrt{2\pi}\sigma}$,可知$\sigma$越小,图形变得越尖,这表明$x$落在$\mu$附近的概率越大。

(5) $\int_{-\infty}^{+\infty} f(x)\mathrm{d}x=1$

特别地:当$\mu=0,\sigma=1$时,称x服从标准正态分布,记为$x\sim N(0,1)$,其概率密度和分布函数分别用$\varphi(x)$和$\Phi(x)$来表示,

则:
$$\varphi(x)=\frac{1}{\sqrt{2\pi}}\mathrm{e}^{-\frac{x^2}{2}},\ (-\infty<x<+\infty),$$

$$\Phi(x)=\frac{1}{\sqrt{2\pi}}\int_{-\infty}^{x}\mathrm{e}^{-\frac{x^2}{2}}\mathrm{d}x=p\ (x\leqslant \boldsymbol{x})$$

易知$\Phi(-x)=1-\Phi(x)$。

密度函数$\varphi(x)$的图形如图 2.7 所示。

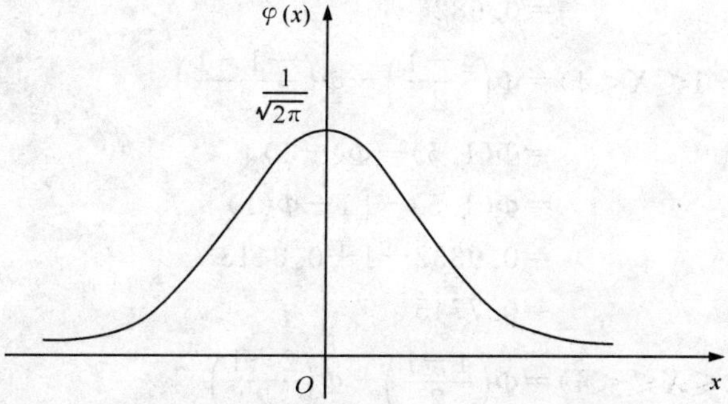

图 2.7　标准正态分布概率密度曲线

一般地,当x服从正态分布,由高等数学知识可知,通过一个线性变换就能化为标准正态分布,即$x\sim N(\mu,\sigma^2)$,则$Z=\frac{x-\mu}{\sigma}\sim N(0,1)$。

于是,若$x\sim N(\mu,\sigma^2)$,则它的分布函数为:

$$F(x)=P(X\leqslant x)=P\left(\frac{X-\mu}{\sigma}\leqslant\frac{x-\mu}{\sigma}\right)=\Phi\left(\frac{x-\mu}{\sigma}\right),$$

$$P(x_1 < X \leqslant x_2) = \Phi\left(\frac{x_2-\mu}{\sigma}\right) - \Phi\left(\frac{x_1-\mu}{\sigma}\right)$$

标准正态分布有编制好的现成分布表，该表给出了标准正态分布 Z 在区间 $[0,z_0]$ 上的概率 $P(0<X<z_0)$（见本章附表）。考虑到函数在某区间上的积分即为区间上其曲线之下所包围的面积，利用标准正态分布表，我们很容易求得一个正态变量在任意一个区间内取值的概率。例如，设 $X\sim N(1,4)$，

查表得 $P(1<X\leqslant 2)=\Phi\left(\frac{2-1}{2}\right)-\Phi\left(\frac{1-1}{2}\right)$

$$\begin{aligned}&=\Phi(0.5)-\Phi(0)\\&=0.6915-0.5\\&=0.1915\end{aligned}$$

$$\begin{aligned}P(-1<X<3)&=\Phi\left(\frac{3-1}{2}\right)-\Phi\left(\frac{-1-1}{2}\right)\\&=\Phi(1)-\Phi(-1)\\&=\Phi(1)-[1-\Phi(1)]\\&=-1+2\times 0.8413\\&=0.6826\end{aligned}$$

$$\begin{aligned}P(-1\leqslant X<4)&=\Phi\left(\frac{4-1}{2}\right)-\Phi\left(\frac{-1-1}{2}\right)\\&=\Phi(1.5)-\Phi(-1)\\&=\Phi(1.5)-[1-\Phi(1)]\\&=0.9332-1+0.8413\\&=0.7745\end{aligned}$$

$$\begin{aligned}P(2\leqslant X\leqslant<4)&=\Phi\left(\frac{4-1}{2}\right)-\Phi\left(\frac{2-1}{2}\right)\\&=\Phi(1.5)-\Phi(0.5)\\&=0.9332-0.6915\\&=0.2417\end{aligned}$$

以上各值分别是正态变量 X 在区间[1,2]，[−1,3]，[−1,4]和[2,4]取值的概率，它们的求法最终都归结为从本章附表中查表求 $\Phi\left(\frac{x-\mu}{\sigma}\right)$ 的值问题。细心的读者可能已注意到，在求这些概率时，区间端点是否包含在内并不影响计算结果。这是因为连续型随机变量取单个值的概率为0。例如，对上述第四个

概率就有：

$$P(2 \leqslant X \leqslant 4) = P(2 < X \leqslant 4) = P(2 \leqslant X < 4) = P(2 < X < 4)。$$

设正态分布变量 $X \sim N(\mu, \sigma^2)$，查表可得：

$$P(\mu - \sigma < X < \mu + \sigma) = \Phi(1) - \Phi(-1) = 68.26\%$$

$$P(\mu - 2\sigma < X < \mu + 2\sigma) = \Phi(2) - \Phi(-2) = 95.44\%$$

$$P(\mu - 3\sigma < X < \mu + 3\sigma) = \Phi(3) - \Phi(-3) = 99.74\%$$

这表明无论 μ,σ 取何值，其结果总是一样的；尽管正态分布变量的取值范围是$(-\infty, +\infty)$，但它落在区间$(-3\sigma, +3\sigma)$内几乎是肯定的事，这就是人们所说的"3σ"法则。

若是不知道 X 服从什么分布而仅知道分布的期望 μ 和标准差 σ，仍可对上述概率做出粗略估计($k=1$ 例外)。这时根据切比雪夫定理，应有：

$$P(\mu - k\sigma \leqslant X \leqslant \mu + k\sigma) \geqslant 1 - \frac{1}{k^2}$$

当 $k=2$ 时，X 在区间$[-2\sigma, +2\sigma]$上取值的概率至少是$\frac{3}{4}$，当 $k=3$ 时，X 在区间$[-3\sigma, +3\sigma]$上取值的概率至少是$\frac{8}{9}$。

2.4　大数定律和风险系数

2.4.1　大数定律

大数定律可以表述为：相同条件下独立地重复某一试验(如掷硬币)，某事件(出现正面或反面)在全部试验中发生的频率(发生次数与试验次数之比)，在试验次数很大时几乎等于该事件发生的概率。

以大数定律为理论依据，在确定某种风险事件的概率时，既可由同类风险单位在相同条件下遭遇该种风险事件的单位个数与风险单位总数的比来估计，也可由对同一风险单位在相同条件下的大量观测中观测到的该种风险事件发生次数与总观测次数之比来估计。

例如:以雷击建筑物事故为例。设发生雷击的概率为0.08,则一种解释是:在相同的条件下(雷击大地密度相同、建筑物截收面积相同等),大量此类建筑物每100栋有8栋发生雷击;另一种解释是:一栋建筑物在相同的条件下,大约每100年将发生8次雷击。两种解释实际上都是将概率视为事件发生的频率。

一般而言,损失的发生与否取决于风险事件的发生与否,损失还表现为各种不同的程度。如前面多次用到的雷击造成的损失可能有"无损失"、"损失5万元"、"损失20万元"三种;由于事先无法确定会出现何种结果,因此每一种结果都是一个随机事件。在大数定律适用的场合,它们的概率也是可以由统计资料客观地估计的。

容易看到,掌握损失额的概率分布对风险管理和决策有着重要的意义。关键在于如何求概率分布。这就需要充分利用以往的统计资料,通过观察各类、各种程度的潜在损失在长时期内已发生的次数,以便估计概率。这里提到的"长时期"相当重要,它是提供足够信息而使大数定律真正发挥作用的保证。

在自然灾害发生的一些场合,由于风险事件较少,开展的相关研究又晚,没有太多的资料积累,因而找不到客观的损失概率分布规律。这可能需要人们从主观上对概率做出估计。也许风险分析师经长期研究其他灾种的风险评估工作,这时他完全可以运用自己长期积累的各种经验、知识及相关信息,对其他类的风险事件发生可能性进行判断。主观概率也是风险分析的手段之一。

2.4.2　风险系数(变异系数)

从随机事件的各种概率分布中可以看出,期望值μ和标准差σ是概率分布的两个重要参数。同样,在风险事件中,期望值μ和标准差σ也是损失概率分布的两个重要参数。

损失期望值μ反映了未来损失的平均严重程度。而标准差σ表示了每一个损失结果间的分散性。分散性大则每一个损失结果间的差异大,也就是风险大。所以,必须将潜在损失与期望损失作比较,即必须衡量各种可能结果的差异。这种差异越大说明不确定性越大,因而风险也越大。

风险评估中损失分布常常符合正态分布规律,采用标准差方法可以确定损失额偏离期望值损失二倍(或三倍)标准差的概率至少是0.95(或0.99)。因此,对任意两个损失分布而言,在同样的置信水平下估计预期损失,标准差较大的一个将有较大的估计误差,从而预测的精确度较低。因此标准差的大小无疑反映了风险的大小。

从测量误差理论中不仅有绝对误差概念,还需要有相对误差的概念这个事实我们很容易想到,在很多场合,相对误差比绝对误差更有意义,更能直观地表达清楚误差的实际影响。显然,1 mm 的绝对误差相对于 10 mm 的真值,其误差影响要比同样是 1 mm 的绝对误差相对于 100 mm 的真值影响大很多。

同样道理,在风险评估工作中,一样的损失标准差对不同的损失期望值显然有着不同的意义。同是 100 元的损失标准差,对于 1000 元的期望损失显然比对 10000 元期望损失来得重要,故以标准差 σ 与期望值 μ 之比值来度量风险大小将比单用标准差度量更有意义。这个比值在统计学中称为变异系数,此处我们称之为风险系数,记作 δ,即有:

$$\delta = \frac{\sigma}{\mu}$$

2.5　因子分析法及聚类分析法

影响自然灾害风险评估的风险因素(变量)较多,全盘考虑这些因素进行多元数据分析常常面临较大困难,有时不太现实,因此,需要将这些因素归类变成数量相对较少的因子,再进行因子分析。

2.5.1　因子分析与其他分析的概念

(1)因子分析(factor analysis)

因子分析的基本目的就是用少数几个因子去描述许多指标或因素之间的联系,即将相关比较密切的几个变量归在同一类中,每一类变量就成为一个因子(之所以称其为因子,是因为它是不可观测的,即不是具体的变量),以较少的几个因子反映原资料的大部分信息。运用这种研究技术,我们可以方便地找出影响灾害发生、损失以及后果的主要因素是哪些,以及它们的影响力(权重)。运用这种研究技术,我们还可以为风险区划做前期分析。

(2)主成分分析

主成分分析主要是作为一种探索性的技术,在分析者进行多元数据分析之前,用主成分分析来分析数据,让自己对数据有一个大致的了解是非常重要的。主成分分析一般很少单独使用,其用法主要是:

a. 了解数据(screening the data)；

b. 与聚类分析(cluster analysis)一起使用；

c. 和判别分析一起使用，比如当变量很多，个案数不多，直接使用判别分析可能无解，这时候可以使用主成分法对变量简化(reduce dimensionality)；

d. 在多元回归中，主成分分析可以帮助判断是否存在共线性(条件指数)，还可以用来处理共线性。

(3)聚类分析(cluster analysis)

聚类分析是直接比较各事物之间的性质，将性质相近的归为一类，将性质差别较大的归入不同的类的分析技术 。

(4)判别分析(discriminatory analysis)

判别分析的任务是根据已掌握的1批分类明确的样品，建立较好的判别函数，使产生错判的事例最少，进而对给定的1个新样品，判断它来自哪个总体。根据资料的性质，分为定性资料的判别分析和定量资料的判别分析；采用不同的判别准则，又有费歇、贝叶斯、距离等判别方法。

费希尔(Fisher)判别思想是投影，使多维问题简化为一维问题来处理。选择一个适当的投影轴，使所有的样品点都投影到这个轴上得到一个投影值。对这个投影轴的方向的要求是：使每一类内的投影值所形成的类内离差尽可能小，而不同类之间的投影值所形成的类间离差尽可能大。贝叶斯(Bayes)判别思想是根据先验概率求出后验概率，并依据后验概率分布做出统计推断。所谓先验概率，就是用概率来描述人们事先对所研究的对象的认识的程度；所谓后验概率，就是根据具体资料、先验概率、特定的判别规则所计算出来的概率。它是对先验概率修正后的结果。距离判别思想是根据各样品与各母体之间的距离远近做出判别。即根据资料建立关于各母体的距离判别函数式，将各样品数据逐一代入计算，得出各样品与各母体之间的距离值，判样品属于距离值最小的那个母体。

(5)对应分析(correspondence analysis)

对应分析是一种用来研究变量与变量之间联系紧密程度的研究技术。

(6)典型相关分析

典型相关分析是分析两组随机变量间线性密切程度的统计方法，是两变量间线性相关分析的拓广。各组随机变量中既可有定量随机变量，也可有定性随机变量(分析时须说明为定性变量)。本法还可以用于分析高维列联表各边际变量的线性关系。

注意：

1)严格地说，一个典型相关系数描述的只是一对典型变量之间的相关，而不是两个变量组之间的相关。而各对典型变量之间构成的多维典型相关才共同揭示了两个观测变量组之间的相关形式。

2)典型相关模型的基本假设和数据要求

要求两组变量之间为线性关系，即每对典型变量之间为线性关系；

每个典型变量与本组所有观测变量的关系也是线性关系。如果不是线性关系，可先线性化：如经济水平和收入水平与其他一些社会发展水之间并不是线性关系，可先取对数。即 log(经济水平)，log(收入水平)。

3)典型相关模型的基本假设和数据要求

所有观测变量为定量数据。同时也可将定性数据按照一定形式设为虚拟变量后，再放入典型相关模型中进行分析。

(7)多维尺度分析(multi-dimension analysis)

多维尺度分析是灾害评估研究的一种有力手段，它可以通过低维空间(通常是二维空间)展示多个研究对象之间的联系，利用平面距离来反映研究对象之间的相似程度。由于多维尺度分析法通常是基于研究对象之间的相似性(距离)的，只要获得了两个研究对象之间的距离矩阵，我们就可以通过相应统计软件做出他们的相似性知觉图。

在实际应用中，距离矩阵的获得主要有两种方法：一种是采用直接的相似性评价，先将所有评价对象进行两两组合，然后要求被访者所有的这些组合间进行直接相似性评价，这种方法我们称之为直接评价法；另一种为间接评价法，由研究人员根据事先经验，找出影响人们评价研究对象相似性的主要属性，然后对每个研究对象，让被访者对这些属性进行逐一评价，最后将所有属性作为多维空间的坐标，通过距离变换计算对象之间的距离。

多维尺度分析的主要思路是利用对被访者对研究对象的分组，来反映被访者对研究对象相似性的感知，这种方法具有一定直观合理性。同时该方法实施方便，调查中被访者负担较小，很容易得到理解接受。当然，该方法的不足之处是牺牲了个体距离矩阵，由于每个被访者个体的距离矩阵只包含 1 与 0 两种取值，相对较为粗糙，个体距离矩阵的分析显得比较勉强。但这一点是完全可以接受的，因为对大多数研究而言，我们并不需要知道每一个体的空间知觉图。

多元统计分析是统计学中内容十分丰富、应用范围极为广泛的一个分支。在自然科学和社会科学的许多学科中，研究者都有可能需要分析处理有多个变量的数据的问题。能否从表面上看起来杂乱无章的数据中发现和提炼出规律性的结论，不仅对所研究的专业领域要有很好的训练，而且要掌握必要的统计分析工具。

2.5.2 主成分分析法与因子分析法

主成分分析通过线性组合将原变量综合成几个主成分，用较少的综合指标来代替原来较多的指标(变量)。在多变量分析中，某些变量间往往存在相关性。是什么原因使变量间有关联呢？是否存在不能直接观测到的、但影响可观测变量变化的公共因子？因子分析法(factor analysis)就是寻找这些公共因子的模型分析方法，它是在主成分的基础上构建若干意义较为明确的公因子，以它们为框架分解原变量，以此考察原变量间的联系与区别。

例如，随着年龄的增长，儿童的身高、体重会随着变化，具有一定的相关性，身高和体重之间为何会有相关性呢？因为存在着一个同时支配或影响着身高与体重的生长因子。那么，我们能否通过对多个变量的相关系数矩阵的研究，找出同时影响或支配所有变量的共性因子呢？因子分析就是从大量的数据中“由表及里”、“去粗取精”，寻找影响或支配变量的多变量统计方法。

可以说，因子分析是主成分分析的推广，也是一种把多个变量化为少数几个综合变量的多变量分析方法，其目的是用有限个不可观测的隐变量来解释原始变量之间的相关关系。

因子分析主要用于：1)减少分析变量个数；2)通过对变量间相关关系探测，将原始变量进行分类。即将相关性高的变量分为一组，用共性因子代替该组变量。

(1)主成分分析

1)主成分分析的基本理论与方法及几何意义

如果数据点是六维的，也就是说，每个观测值是 6 维空间中的一个点。我们希望把 6 维空间用低维空间表示。

先假定只有二维，即只有两个变量，它们由横坐标和纵坐标所代表，因此每个观测值都有相应于这两个坐标轴的两个坐标值。如果这些数据形成一个椭圆形状的点阵(这在变量的二维正态的假定下是可能的)，那么这个椭圆有一个长轴和一个短轴。在短轴方向上，数据变化很少，在极端的情况，短轴如果退化成一点，那只有在长轴的方向才能够解释这些点的变化了，这样，由二维到一维的降维就自然完成了。

当坐标轴和椭圆的长短轴平行，那么代表长轴的变量就描述了数据的主要变化，而代表短轴的变量就描述了数据的次要变化。但是，坐标轴通常并不和椭圆的长短轴平行。因此，需要寻找椭圆的长短轴，并进行变换，使得新变量和椭圆的长短轴平行。如果长轴变量代表了数据包含的大部分信息，就用该变量代替原先的两个变量（舍去次要的一维），降维就完成了。椭圆（球）的长短轴相差得越大，降维也越有道理。

对于多维变量的情况和二维类似，也有高维的椭球，只不过无法直观地看见罢了。首先把高维椭球的主轴找出来，再用代表大多数数据信息的最长的几个轴作为新变量。这样，主成分分析就基本完成了。

注意，和二维情况类似，高维椭球的主轴也是互相垂直的。这些互相正交的新变量是原先变量的线性组合，叫做主成分（principal component）。

正如二维椭圆有两个主轴，三维椭球有三个主轴一样，有几个变量，就有几个主成分。选择越少的主成分，降维就越好。什么是标准呢？那就是这些被选的主成分所代表的主轴的长度之和占了主轴长度总和的大部分。有些文献建议，所选的主轴总长度占所有主轴长度之和的大约 85% 即可，其实，这只是一个大体的说法；具体选几个，要看实际情况而定。

2）主成分的性质、求解方法及分析步骤

主成分分析的一般模型：

$$Y_1 = \mu_{11}x_1 + \mu_{12}x_2 + \cdots + \mu_{1p}x_p$$

$$Y_2 = \mu_{21}x_1 + \mu_{22}x_2 + \cdots + \mu_{2p}x_p$$

$$\vdots$$

$$Y_p = \mu_{p1}x_1 + \mu_{p2}x_2 + \cdots + \mu_{pp}x_p$$

一般我们取累计方差贡献率达到 85% 左右的前 k 个主成分就可以了，因为它们已经代表了绝大部分的信息 。

选取主成分的方法一般有两个：一是根据特征根≥1 来选取；另一种是用户直接规定主成分的个数来选取。

（2）因子分析

1）因子分析的基本理论与模型

因子分析是主成分分析的推广和发展。为什么要进行因子分析？

我们如果想知道每个变量与公共因子的关系，则就要进行因子分析了。因子分析模型为：

$$x_1 = a_{11}F_1 + a_{12}F_2 + \cdots + a_{1m}F_m + \varepsilon_1$$

$$x_2 = a_{21}F_1 + a_{22}F_2 + \cdots + a_{2p}F_p + \varepsilon_2$$

$$\vdots$$

$$x_p = a_{p1}F_1 + a_{p2}F_2 + \cdots + a_{pm}F_m + \varepsilon_p$$

a_{ij} 称为因子载荷（实际上是权数）。因子载荷的统计意义就是第 i 个变量与第 j 个公共因子的相关系数，即表示变量 x_i 依赖于 F_j 的份量（比重），心理学家将它称为载荷。

2）因子载荷的求解和因子分析的步骤

公因子方差表：提取出来的公因子对每个变量的解释程度到底有多大呢？

因子旋转：为了对公因子 F 能够更好地解释，可通过因子旋转的方法得到一个更好解释的公因子。所谓对公因子更好解释，就是使每个变量仅在一个公因子上有较大的载荷，而在其余的公因子上的载荷比较小。这种变换因子载荷的方法称为因子轴的旋转。因子旋转的方法很多，常用的为方差最大正交旋转。

因子得分：在分析中，人们往往更愿意用公共因子反映原始变量，这样更有利于描述研究对象的特征。因而往往将公共因子表示为变量（或样品）的线性组合，即：

$$f_1 = \beta_{11}x_1 + \beta_{12}x_2 + \cdots + \beta_{1p}x_p$$

$$f_2 = \beta_{21}x_1 + \beta_{22}x_2 + \cdots + \beta_{2p}x_p$$

$$\vdots$$

$$f_m = \beta_{m1}x_1 + \beta_{m2}x_2 + \cdots + \beta_{mp}x_p$$

称上式为因子得分函数，用它可计算每个样品的公因子得分。但是由于公因子的个数小于变量个数，无法从因子分析模型推导得到，所以因子得分是通过估计得到的，估计因子得分的方法很多。

3）主成分和因子分析的一些注意事项

可以看出，因子分析和主成分分析都依赖于原始变量，也只能反映原始变量的信息。所以原始变量的选择很重要。

另外，如果原始变量都本质上独立，那么降维就可能失败，这是因为很难把很多独立变量用少数综合的变量概括。数据越相关，降维效果就越好。

在得到分析的结果时，并不一定会都得到如我们例子那样清楚的结果。这与问题的性质，选取的原始变量以及数据的质量等都有关系。在用因子得分进行排序时要特别小心，特别是对于敏感问题。由于原始变量不同，因子的选取不同，排序可以很不一样。

(3)主成分分析和因子分析的区别

1)因子分析中是把变量表示成各因子的线性组合，而主成分分析中则是把主成分表示成各个变量的线性组合。

2)主成分分析的重点在于解释各个变量的总方差，而因子分析则把重点放在解释各变量之间的协方差。

3)主成分分析中不需要有假设(assumptions)，因子分析则需要一些假设。因子分析的假设包括：各个共同因子之间不相关，特殊因子(specific factor)之间也不相关，共同因子和特殊因子之间也不相关。

4)主成分分析中，当给定的协方差矩阵或者相关矩阵的特征值是唯一的时候的主成分 一般是独特的；而因子分析中因子不是独特的，可以旋转到得不到的因子。

5)在因子分析中，因子个数需要分析者指定，而指定的因子数量不同而结果不同。在主成分分析中，成分的数量是一定的，一般有几个变量就有几个主成分。

和主成分分析相比，由于因子分析可以使用旋转技术帮助解释因子，在解释方面更加有优势。大致说来，当需要寻找潜在的因子，并对这些因子进行解释的时候，更加倾向于使用因子分析，并且借助旋转技术帮助更好地解释。而如果想把现有的变量变成少数几个新的变量(新的变量几乎带有原来所有变量的信息)来进入后续的分析，则可以使用主成分分析。当然，这种情况也可以使用因子得分做到。所以这种区分不是绝对的。

2.5.3　聚类分析法

聚类通过把目标数据放入少数相对同源的组或“类”(cluster)里，分析表达数据。

1)通过一系列的检测将待测的一组基因的变异标准化,然后成对比较线性协方差。

2)通过把用最紧密关联的谱来放基因进行样本聚类,例如用简单的层级聚类(hierarchical clustering)方法。这种聚类亦可扩展到每个实验样本,利用一组基因总的线性相关进行聚类。

3)多维等级分析(multidimensional scaling analysis,MDS)是一种在二维Euclidean(欧几里得)"距离"中显示实验样本相关的大约程度。

4)K-means 方法聚类,通过重复再分配类成员来使"类"内分散度最小化的方法。

聚类方法有两个显著的局限:

首先,聚类结果明确就需要分离度很好(well-separated)的数据。几乎所有现存的算法都是从互相区别的不重叠的类数据中产生同样的聚类。但是,如果类是扩散且互相渗透的,那么每种算法的结果将有不同。结果,每种算法界定的边界不清,每种聚类算法得到各自最适合的结果,每个数据部分将产生单一的信息。为解释因不同算法使同样数据产生不同结果,必须注意判断不同的方式。对遗传学家来说,正确解释来自任一算法的聚类内容的实际结果是困难的(特别是边界)。最终,将需要经验可信度通过序列比较来指导聚类解释。

第二个局限由线性相关产生。上述的所有聚类方法分析的仅是简单的一对一的关系。因为只是成对的线性比较,大大减少发现表达类型关系的计算量,但忽视了生物系统多因素和非线性的特点。

从统计学的观点看,聚类分析是通过数据建模简化数据的一种方法。传统的统计聚类分析方法包括系统聚类法、分解法、加入法、动态聚类法、有序样品聚类、有重叠聚类和模糊聚类等。采用 k-均值、k-中心点等算法的聚类分析工具已被加入到许多著名的统计分析软件包中,如 SPSS、SAS 等。

从机器学习的角度讲,簇相当于隐藏模式。聚类是搜索簇的无监督学习过程。与分类不同,无监督学习不依赖预先定义的类或带类标记的训练实例,需要由聚类学习算法自动确定标记,而分类学习的实例或数据对象有类别标记。聚类是观察式学习,而不是示例式的学习。

从实际应用的角度看,聚类分析是数据挖掘的主要任务之一。就数据挖掘功能而言,聚类能够作为一个独立的工具获得数据的分布状况,观察每一簇数据的特征,集中对特定的聚簇集合作进一步的分析。

聚类分析还可以作为其他数据挖掘任务(如分类、关联规则)的预处理步骤。

数据挖掘领域主要研究面向大型数据库、数据仓库的高效实用的聚类分析算法。

聚类分析是数据挖掘中的一个很活跃的研究领域,并提出了许多聚类算法。

这些算法可以被分为划分方法、层次方法、基于密度方法、基于网格方法和基于模型方法。

(1)划分方法(PAM:partitioning method)

首先创建 k 个划分,k 为要创建的划分个数;然后利用一个循环定位技术通过将对象从一个划分移到另一个划分来帮助改善划分质量。典型的划分方法包括:

k-means, k-medoids,CLARA(clustering large application),

CLARANS(clustering large application based upon randomized search),FCM。

(2) 层次方法(hierarchical method)

创建一个层次以分解给定的数据集。该方法可以分为自上而下(分解)和自下而上(合并)两种操作方式。为弥补分解与合并的不足,层次合并经常要与其他聚类方法相结合,如循环定位。典型的这类方法包括:

第一个是:BIRCH (balanced iterative reducing and clustering using hierarchies) 方法,它首先利用树的结构对对象集进行划分;然后再利用其他聚类方法对这些聚类进行优化。

第二个是 CURE(clustering using reprisentatives) 方法,它利用固定数目代表对象来表示相应聚类;然后对各聚类按照指定量(向聚类中心)进行收缩。

第三个是 ROCK 方法,它利用聚类间的连接进行聚类合并。

最后一个 CHEMALOEN,它则是在层次聚类时构造动态模型。

(3)基于密度方法,根据密度完成对象的聚类。它根据对象周围的密度(如 DBSCAN)不断增长聚类。典型的基于密度方法包括:

DBSCAN(density-based spatial clustering of application with noise):该算法通过不断生长足够高密度区域来进行聚类;它能从含有噪声的空间数据库中发现任意形状的聚类。此方法将一个聚类定义为一组"密度连接"的点集。

OPTICS(ordering points to identify the clustering structure):并不明确产生一个聚类,而是为自动交互的聚类分析计算出一个增强聚类顺序。

(4)基于网格方法,首先将对象空间划分为有限个单元以构成网格结构;然后利用网格结构完成聚类。STING(statistical information grid) 就是一个利用网格单元保存的统计信息进行基于网格聚类的方法。CLIQUE(clustering in queest)和 Wave-Cluster 则是一个将基于网格与基于密度相结合的方法。

(5)基于模型方法,它假设每个聚类的模型并发现适合相应模型的数据。典型的基于模型方法包括:

统计方法 COBWEB:是一个常用的且简单的增量式概念聚类方法。它的输入对象是采用符号量(属性-值)对来加以描述的。采用分类树的形式来创建一个层次聚类。

CLASSIT 是 COBWEB 的另一个版本。它可以对连续取值属性进行增量式聚类。它为每个结点中的每个属性保存相应的连续正态分布(均值与方差);并利用一个改进的分类能力描述方法,即不像 COBWEB 那样计算离散属性(取值)和而是对连续属性求积分。但是 CLASSIT 方法也存在与 COBWEB 类似的问题。因此它们都不适合对大数据库进行聚类处理。

2.6 风险评估数理统计应用举例

2.6.1 应用统计决策理论建立风险评估模型

山东牛叔超等在“气象灾害风险评估方法的探讨”一文中基于数理统计方法提出了应用马尔可夫模型和统计决策理论建立风险评估数学模型、风险函数以及最优决策。本书将其内容作为风险评估数理统计应用实例来介绍。

若预报因子 X(代表一组 x_k 的向量),预报灾害对象 Y(代表一组 y_t 的向量)。在预报中可根据一定的 x_k, y_t 对应关系做出一系列的风险对策。也就是存在一个决策函数 $d(x)$,根据历史资料对每个决策行动可以计算得失比例,所以存在一个得失函数 $L(y_t, d(x_k))$,若以 $P(x_k/y_t)$表示 y_t 的条件概率分布,则平均得失为:

$$Y(y_t, d(x)) = \sum_{k=1}^{n} L(y_t, d(x_k)) P(x_k/y_t) \tag{2.6.1}$$

其中 $Y(y_t, d(x))$称为条件风险函数,若存在某种气象灾害 y_t 出现的先验概率分布函数 $q(y_t)$,则可以计算平均风险函数:

$$\overline{Y}(y_t, d(x)) = \sum_{t=1}^{h} Y(y_t, d(x)) q(y_t) = \sum_{t=1}^{h} \sum_{k=1}^{n} L(y_t, d(x_k)) \cdot P(x_k/y_t) q(y_t) \tag{2.6.2}$$

在实际风险评估中，求的平均风险达最小值，即存在某种决策 d'，使得 $Y(y_t,d')\leqslant\overline{Y}(y_t,d(x))$，则决策行动 d' 是最佳行动。

现将评估模型中三个主要参数——先验概率分布 $q(y_t)$、条件概率 $P(x_k/y_t)$、得失函数 $L(y_t,d(x_k))$ 的求解方法介绍如下：

(1)灾害天气先验概率分布 $q(y_t)$ 的计算

现以暴雨为例介绍常用的两种方法。一种是用耿贝尔分布拟合暴雨极值(牛叔超，1989)，这是用适线法将参数估计与模型检验结合的方法，使用效果颇佳，在专业服务中广泛应用。其暴雨极值分布如下：

$$q=q(y_t\geqslant y_c)=1-q(y_t<y_c)=1-\mathrm{e}^{-(\beta/y_c)^{\alpha}} \tag{2.6.3}$$

式中 α，β 表示离散水平的参数，可通过各地历年暴雨极值资料应用指数分布，用最小二乘法求得，$\alpha=2.60$，$\beta=110.78$。y_c 为某年暴雨极值，如日降雨量大于或等于 100 mm，200 mm，300 mm 等。

例如，当 $y_c=100$ mm 时，

$$q(y_t\geqslant 100)=1-q(y_t<100)=1-\mathrm{e}^{-\frac{(110.78)^{2.60}}{100}}=0.73$$

同理，$q=q(y_t\geqslant 200)=0.19$，$q=q(y_t\geqslant 300)=0.07$。

另外，用图解法求暴雨强度，虽然计算较繁琐，但精确度高，可为城市规划建设部门抗洪排涝使用。

(2)条件概率 $P(x_k/y_t)$ 的计算

用马尔克夫模型预报灾害天气，出现条件概率 $P(x_k/y_t)$，某种灾害的条件概率为：

$$P(x_k/y_t)=1-\mathrm{e}^{-BFT} \tag{2.6.4}$$

例如，我们要求某地出现日雨量 $x_k\geqslant 300$ mm 特大暴雨的条件概率为 $P(x_k\geqslant 300/y_t)$，假定暴雨极值分布具有齐次马尔克夫性，取历史资料中 $R_{24}\geqslant 300$ mm 状态为 1，50 mm$\leqslant R_{24}<300$ mm 状态为 2，目的是为了预报从今(t_0)到以后(t)年内至少发生一次 $R_{24}\geqslant 300$ mm 暴雨概率为 $P=1-\mathrm{e}^{-BFT}$，其中 $B=1/\lambda_0$，λ_0 表示两次 50 mm$\leqslant R_{24}<300$ mm 暴雨过程平均时间间隔(月)；而 $F=(R_{24}\geqslant 300$ mm 出现次数$)/(50$ mm$\leqslant R_{24}<300$ mm 出现次数)；T 为预报时效(月)，如 1 年 $T=12$(月)。

同理可求得 $P(x_k\geqslant 200$ mm)，$P(x_k\geqslant 100$ mm)。

(3)不同强度等级的得失函数 L 的计算

建立各种灾害天气，不同防灾措施下的得失函数 L，用矩阵元素表示得失比例最为方便。若 L_{11} 表示灾害天气出现并预先做了防范从而避免的损失价值；L_{12} 表示灾害天气并未出现，但预先根据预报做了防范，浪费的开支；L_{21} 表示灾害天气出现，但未做出预报，也未做出防范，造成的巨大损失价值；L_{22} 表示灾害天气并未出现，也未预报没做防范，$L_{22}=0$，则：

$$L=\begin{pmatrix} L_{11} & L_{12} \\ L_{21} & L_{22} \end{pmatrix} \tag{2.6.5}$$

例如，某地三次暴雨过程，其中有一个县（市）日雨量为 100 mm、200 mm、300 mm 以上时，用三种防灾措施，即采用三种决策预案：一是工农业全面防御，投入大量人力物力进行河道清淤加固、加强防洪工程等；二是重点防御，对重点工业区做全面防洪措施，对超标准洪水或水库重点加强抢修；三是对人口密集、经济发达的高新技术开发区进行全面防御，对直接危及下游重要煤炭基地的水库重点防御，增加坝高，提高泄洪标准。三种决策预案损失矩阵如表 2.1。

表 2.1 三种决策损失矩阵（万元）

	100～200 mm	200～300 mm	>300 mm
Ⅰ	$\begin{pmatrix} 100 & 50 \\ 300 & 0 \end{pmatrix}$	$\begin{pmatrix} 150 & 60 \\ 400 & 0 \end{pmatrix}$	$\begin{pmatrix} 200 & 65 \\ 700 & 0 \end{pmatrix}$
Ⅱ	$\begin{pmatrix} 120 & 40 \\ 300 & 0 \end{pmatrix}$	$\begin{pmatrix} 180 & 50 \\ 400 & 0 \end{pmatrix}$	$\begin{pmatrix} 210 & 50 \\ 700 & 0 \end{pmatrix}$
Ⅲ	$\begin{pmatrix} 150 & 53 \\ 305 & 0 \end{pmatrix}$	$\begin{pmatrix} 160 & 60 \\ 350 & 0 \end{pmatrix}$	$\begin{pmatrix} 220 & 60 \\ 600 & 0 \end{pmatrix}$

2.6.2 自然灾害风险函数及最优决策评估

根据式(2.6.3)、(2.6.4)、(2.6.5)得到的先验概率 $q(y_t)$、条件概率 $P(x_k/y_t)$、得失函数 L 三个参数的计算结果，此地暴雨三个等级的先验概率矩阵的转置矩阵为 $\boldsymbol{q}^T(0.73 \quad 0.19 \quad 0.07)$；条件概率矩阵为：

$$\boldsymbol{P}=\begin{pmatrix} 0.46 \\ 0.05 \\ 0.05 \end{pmatrix}$$

得失函数矩阵由表 2.1 得出：

$$\boldsymbol{L}=\begin{pmatrix}250 & 310 & 565\\220 & 270 & 540\\208 & 250 & 440\end{pmatrix}$$

$\boldsymbol{L}$ 矩阵中 $L_{11}=250$，即从表中第一行 $300+50-100=250$，也就是浪费的开支 L_{12} 和造成损失的 L_{21} 两项之和减去避免的损失 L_{11} 为实际的损失。同理，依此类推。

由式(2.6.2)
$$\overline{Y}(y_t,d(x))=\sum_{t=1}^{h}Y(y_t,d(x))q(y_t)$$
$$=\sum_{t=1}^{h}\sum_{k=1}^{n}L(y_t,d(x_k))\cdot P(x_k/y_t)q(y_t),$$

平均风险函数 $\overline{Y}=Pq^TL^T$，其中 $\boldsymbol{q}^T,\boldsymbol{L}^T$ 均为 q,L 的转置矩阵：

$$\overline{\boldsymbol{Y}}=\begin{pmatrix}0.46\\0.05\\0.05\end{pmatrix}\cdot(0.73\quad 0.19\quad 0.07)\cdot\begin{pmatrix}250 & 220 & 208\\310 & 270 & 250\\565 & 540 & 440\end{pmatrix}=\begin{pmatrix}280.95\\249.7\\230.14\end{pmatrix}\text{万元}$$

由上式风险函数矩阵得出第一种决策风险最大为 280.95 万元，第三种决策风险最小，我们把决策风险最小的风险称为最优决策。灾害风险评估程序可用下图 2.8 表示。

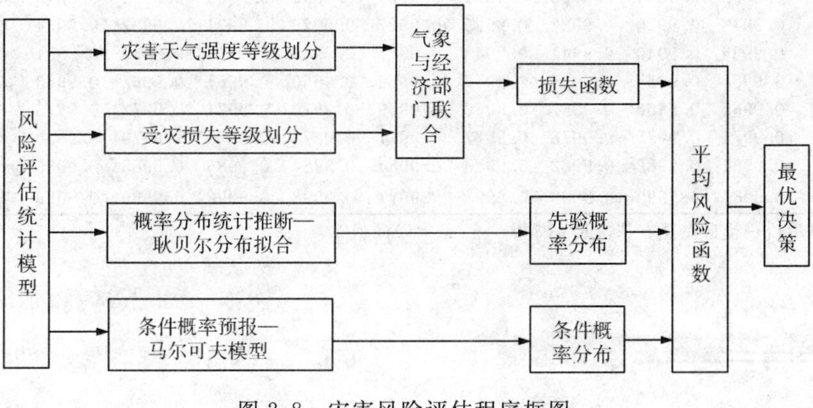

图 2.8 灾害风险评估程序框图

本章附表

标准正态分布表 $\Phi(x)=\dfrac{1}{\sqrt{2\pi}}\int_{-\infty}^{x}\mathrm{e}^{-x^{2}/2}\mathrm{d}x=P(X\leqslant x)$

X	0.00	0.01	0.02	0.03	0.04	0.05	0.06	0.07	0.08	0.09
0	0.5000	0.5040	0.5080	0.5120	0.5160	0.5199	0.5239	0.5279	0.5319	0.5359
0.1	0.5398	0.5438	0.5478	0.5517	0.5557	0.5596	0.5636	0.5675	0.5714	0.5753
0.2	0.5793	0.5832	0.5871	0.5910	0.5948	0.5987	0.6026	0.6064	0.6103	0.6141
0.3	0.6179	0.6217	0.6255	0.6293	0.6331	0.6368	0.6406	0.6443	0.6480	0.6517
0.4	0.6554	0.6591	0.6628	0.6664	0.6700	0.6736	0.6772	0.6808	0.6844	0.6879
0.5	0.6915	0.6950	0.6985	0.7019	0.7054	0.7088	0.7123	0.7157	0.7190	0.7224
0.6	0.7257	0.7291	0.7324	0.7357	0.7389	0.7422	0.7454	0.7486	0.7517	0.7549
0.7	0.7580	0.7611	0.7642	0.7673	0.7703	0.7734	0.7764	0.7794	0.7823	0.7852
0.8	0.7881	0.7910	0.7939	0.7967	0.7995	0.8023	0.8051	0.8078	0.8106	0.8133
0.9	0.8159	0.8186	0.8212	0.8238	0.8264	0.8289	0.8315	0.8340	0.8365	0.8389
1.0	0.8413	0.8438	0.8461	0.8485	0.8508	0.8531	0.8554	0.8577	0.8599	0.8621
1.1	0.8643	0.8665	0.8686	0.8708	0.8729	0.8749	0.8770	0.8790	0.8810	0.8830
1.2	0.8849	0.8869	0.8888	0.8907	0.8925	0.8944	0.8962	0.8980	0.8997	0.9015
1.3	0.9032	0.9049	0.9066	0.9082	0.9099	0.9115	0.9131	0.9147	0.9162	0.9177
1.4	0.9192	0.9207	0.9222	0.9236	0.9251	0.9265	0.9278	0.9292	0.9306	0.9319
1.5	0.9332	0.9345	0.9357	0.9370	0.9382	0.9394	0.9406	0.9418	0.9430	0.9441
1.6	0.9452	0.9463	0.9474	0.9484	0.9495	0.9505	0.9515	0.9525	0.9535	0.9545
1.7	0.9554	0.9564	0.9573	0.9582	0.9591	0.9599	0.9608	0.9616	0.9625	0.9633
1.8	0.9641	0.9648	0.9656	0.9664	0.9671	0.9678	0.9686	0.9693	0.9700	0.9706
1.9	0.9713	0.9719	0.9726	0.9732	0.9738	0.9744	0.9750	0.9756	0.9762	0.9767
2.0	0.9772	0.9778	0.9783	0.9788	0.9793	0.9798	0.9803	0.9808	0.9812	0.9817
2.1	0.9821	0.9826	0.9830	0.9834	0.9838	0.9842	0.9846	0.9850	0.9854	0.9857
2.2	0.9861	0.9864	0.9868	0.9871	0.9874	0.9878	0.9881	0.9884	0.9887	0.9890
2.3	0.9893	0.9896	0.9898	0.9901	0.9904	0.9906	0.9909	0.9911	0.9913	0.9916
2.4	0.9918	0.9920	0.9922	0.9925	0.9927	0.9929	0.9931	0.9932	0.9934	0.9936
2.5	0.9938	0.9940	0.9941	0.9943	0.9945	0.9946	0.9948	0.9949	0.9951	0.9952
2.6	0.9953	0.9955	0.9956	0.9957	0.9959	0.9960	0.9961	0.9962	0.9963	0.9964
2.7	0.9965	0.9966	0.9967	0.9968	0.9969	0.9970	0.9971	0.9972	0.9973	0.9974
2.8	0.9974	0.9975	0.9976	0.9977	0.9977	0.9978	0.9979	0.9979	0.9980	0.9981
2.9	0.9981	0.9982	0.9982	0.9983	0.9984	0.9984	0.9985	0.9985	0.9986	0.9986
3.0	0.9987	0.9990	0.9993	0.9995	0.9997	0.9998	0.9998	0.9999	0.9999	1.0000

注：本表最后一行自左至右依次是 $\varphi(3.0)$，…，$\varphi(3.9)$ 的值

第三章　风险处理

风险评估主体通过对风险的识别和了解,对风险进行描述和评价,判断风险和风险的可接受性或可忍受性,并会在风险处理方面做出种种努力。这些努力的成效决定了风险所造成的不利影响的程度。一个明智的风险管理决策者应该以风险的变化或影响的控制来评价效益,并比较费用与效益,同时要充分认识随社会技术发展而日益增长的风险控制能力的不确定性。

3.1　处理风险的一般步骤

3.1.1　风险链

风险链是描述风险从损失原因到损失后果全过程各环节及其相互联系的一个概念。它由五个环节组成,依次是:

(1) 风险因素;(2) 环境;(3) 相互作用;(4) 结果;(5) 后果。其中,“风险因素”是指可能引起损失的条件。例如没有防雷设施,但常年有人员活动及设备运行的建筑物;“环境”是风险因素据以存在的周边情况。如该建筑物及附近区域每年发生有频繁的雷暴天气,属于强雷区;“相互作用”是指风险因素与环境的相互影响过程,它可能造成损失。例如雷电直击建筑物致使建筑物的人员受伤、建筑物及其设备受损;“结果”是指风险因素与环境相互作用引起的风险事件造成的当时损失。例如雷电直击建筑物致使建筑物的人员受到伤害的程度、建筑物及其设备受损情况的严重程度;“后果”则是指风险事件发生后较长期的影响。如该雷击事故中人员、财产的保险索赔、建筑物修复、雷击事故中未按国家有关法规要求安装防雷装置的责任处罚等。

知道了风险链的几个环节,则风险处理的各种方式将围绕风险链的这些环节采取对策。例如,风险控制中的损失预防措施,比如消除、代替、工程控制和行政程序等,主要对风险链中前三个环节进行干预,即将注意力放在以下三个方面:

(1)消除或减轻风险因素;

(2)改变或改善存在风险因素的环境;

(3)抑制风险因素和环境的相互作用。

而应急程序、风险分离和风险转移等损失减少措施是一种事后的风险控制技术,它通过一系列措施来降低损失的严重程度,使发生损失的影响减到最小。主要与风险链的第四、第五这两个环节(结果和后果)有关。

3.1.2 处理风险的一般步骤

风险处理的目的是通过选择和实施风险处置措施,减少风险危害的可能性。一般有以下步骤:

(1)形成风险处理方案

首先是预防、准备、应对和恢复。一些可能成功的风险管理者在预防和准备阶段即可实现风险的有效控制。

其次是采取各种控制方法。包括:

消除风险源;

寻找一个导致更小危害的过程或事物来代替;

利用结构方法等工程控制措施减少风险因素;

建立一系列行政程序减少暴露于危险的机会;

制定紧急事态中使用的应急程序。

为了有效地对风险进行控制,风险管理者必须熟知各种风险控制技术,通过比较各种技术的成本和效益,采取最佳对策、以达到风险管理的目标。

最后是建立标准的风险管理处置方案。包括决定不去执行可能形成风险的行动以避免风险;通过减轻危险来降低风险发生的可能性;通过减轻易损性或增强抗损能力来减轻风险发生的后果;通过安排另一个或多个单位或个人承担或分担风险;也可接受风险并准备应对其后果。

(2)考虑风险处置方案的评估标准

在考虑评估标准时,既要考虑相关政策,也要考虑不同风险对象的期望。然后做出利用哪些标准的决定,而且要适时修订这些决定以适应既定的风险管理目标。

(3)评定并选择风险处理方案的最佳组合

应该利用所选定的评估标准和风险评估标准,评估每一个风险处理方案。经过评估,应选择根据这些标准鉴定为最佳的那些风险处理方案。而鉴定风险处理方案的一个方法就是按必须实施、应该实施和能够实施的分类方法将每一个方案分类，然后建议有关部门执行风险处理方案。

(4)准备并实施风险处理进度和计划

风险处置计划应该明确责任、进度，明确风险处置的预期结果、预算、执行措施、适当规定的检查程序等。成功实施风险处置计划要求有效的管理系统，该系统要详细说明选择的方案，分配职责和个人行动责任。如果在处置后有残留风险，需要进一步决定是保留这个风险还是重复实施风险处置程序以进一步降低残留风险。

举例来说，为减少风险，风险处理方案中的控制措施常有以下几种：

(1)减少或消除灾害发生的可能性，或保护某一区域及建筑物所在地免受灾害(区域防护)等的措施。

(2)着眼于建筑物保护的措施。如建筑物采用混凝土框架结构，或增加防雷实施(抑或提高建筑物防雷级别)等措施提高建筑物防雷抗灾能力。

(3)重视重要工程的选点或采取灾害预防措施。可以采取绘制风险区域地理分布图或进行风险区划的方法来躲避灾害的发生，防止或限制风险区的开发和利用。

(4)建立灾害预警预报系统和应急广播、疏散、避灾系统。例如名山风景区为防止雷击引起的人身伤害，可以建立与气象部门联动的预警机制，在雷电来临之际暂停游客上山、利用应急广播系统或短信等手段及时由工作人员通知和疏导游客下山或到已建立并符合要求的避雨避雷亭躲雨。

(5)为决策者提供信息和通信保障的指挥系统，以期做出有时效性的合理有效的灾害管理决策。

(6)加强在全社会进行防灾减灾知识的宣传、普及工作，以期提高公众防灾意识。

以上这些措施如何整合，何时、何地、多少投入，所保护对象等，构成了一个重要的社会问题。

3.2 消除、替代风险

3.2.1 消除风险

消除风险是指不愿承担风险或不愿继续承担已经承担的风险，即消除风险源。它包括了避开风险的两种方式：

(1)先期消除;(2)中途放弃。

这两种方式都是基于承担或继续承担风险的成本将大大超过消除风险的可能费用这样一种认识。

先期消除或叫先期回避是最完全彻底的风险消除方法,也是较常见的一种回避方式。例如,航天发射一般会在较早的时间确定发射日期,但技术部门在临近发射的头一天或数天(取决于中短期天气预报和能力)了解到预定发射时间内可能出现雷暴天气,严重威胁航天发射的安全,则为消除雷电灾害风险,一般的做法会另择他日发射,提前或推迟均可。可以讲,这种方法基本完全躲避和消除了航天发射的雷电事故风险源。

又如,一家庆典公司参与某单位一个大型户外庆祝活动,计划施放多个大型氢气球悬挂条幅以及数量较多的小氢气球。但管理人员发现,由于庆典场所与会人员密集且杂,火种不容易得到控制,氢气球有发生爆炸的危险,可能面临严重的人身伤害事故风险。因此,公司必须购买保险以预防这种可能性。由于涉及人身伤害且不符合国家有关规定,一般保险公司都不愿意承保,即使同意承保,也因保费大大高于公司愿意支付的数额,结果该庆典公司决定与庆典需方单位协商,或者增加庆典经费以不易爆炸的氦气球代替氢气球,或者取消放球这项庆典计划。这个例子虽然并没有完全消除大型活动中可能发生的人身安全风险源(只要有大型活动,就有人身伤害风险),但至少消除了由于氢气球爆炸引起的人身伤害这个风险因素,它是多个风险源中的一个。

消除自然灾害风险还有一种情况是主动出击消除风险源,而不是采取回避方式。例如,像北京奥运会开幕式这样的大型国际活动是无法临时改变时间的。但面对这样重大的防降雨和防雷任务,北京奥组委的气象保障部门采用大规模人工影响天气的方法,在雷雨天气过程的上游采用人工消雨的措施,成功地将雷雨截止在北京以外的位置,确保了北京奥运会开幕式精彩绝伦的演出顺利进行。随着包括人工引雷(火箭引雷、激光引雷)等各项气象工程等技术的发展和成熟,人工消雷将有望作为从源头上消除雷电灾害风险的工程技术在国家重大活动中更广泛地使用。

如何消除、回避风险并不是一个轻而易举的事情。在许多场合,一些事情必须做,如上述的庆典活动,而风险源消除的成功与否可能取决于怎样应用相应技术,同样可能取决于如何定义风险单位。

中途放弃的风险消除方式属于不得已而为之的被动方式,已经进行的活动被发现有新的风险隐患,经过仔细测算、风险衡量,权衡利弊,决定改变原计划,终止该活动。这样做时已经发生了一定的损失,但消除了更大的损失风险。例如,一家汽车公司的管理层从事故报告得知其所生产的某款产品有新发现的涉及设计缺陷的事故隐患后,立即停止该款产品的销售,并在全球范围内召回问题车。这样,不仅避免了今后陆陆续续可能发生的因设计缺陷造成的车毁人亡事故风险,还避免了丧失品牌信誉的风险。

3.2.2 消除风险的局限性

消除风险源是管理和控制风险的一种有效的、普遍应用的方法。个人、单位或部门通过消除风险,将从根本上排除风险来源和风险因素,从而避免可能产生的潜在损失和不确定性。直接回避某种风险是处置该风险的最简单易行的办法,也最具彻底性和经济性。因而在许多场合,消除风险源的方法是控制风险的首选措施。这是消除风险技术优于其他各种风险控制技术的地方。

然而,消除风险也有不利的一面,或者说消除风险源的方法有时可能施行不了,有时可能需要付出代价。人们面临的各种风险常常以某种方式联系着、消除和回避一种风险,反过来将影响"风险组合"中的其他风险。还有些风险是无法或很难消除的。

例如,三峡大坝的建设可能会带来局地地质灾害风险、局地气候变化风险、洄游鱼种消亡风险、泥沙淤积风险、战争状态下的溃坝风险等等。但若仅仅考虑这些风险而采取消除风险的方法——不建三峡大坝,则中国将失去三峡宝贵的水力发电这个巨大的清洁能源、失去三峡大坝极大地改善长江水运能力的功能、失去长江汛期调控蓄水量以防洪抗洪的巨大效能。这些利益,经过无数专家的几十年论证,被认为远远高于可能的损失,所以我们不能不建三峡大坝。也就是说,消除某种风险可能意味着同时放弃某种获利的机会。一种特定的经营活动,如生产某种产品、提供某种服务或进行某项投资,都有可能获得经济上的回报,而回报的期望值可能大大超过损失的成本。这一事实常常使消除风险成为一种不可接受的选择,即无法实施。

又如,避雷针的使用使得在避雷针保护范围内的人员、建筑物、设备等不易遭受直接雷击,消除了直击雷击风险。但由于避雷针的原理是通过尖端放电主动吸引、接闪雷电,通过"牺牲"避雷针本体保护他人或他物。由此带来的问题是,有了避雷针,本地的雷击频次可能反而会增加(避雷针相对较高,尖端电场畸变等原因导致更容易形成大气放电)。那些距避雷针较近的设备有可能遭受雷电感应的影响而降低性能或损坏。也就是说，避雷针的使用消除了直击雷击风险，但增加了间接雷击——雷电感应对设备影响的风险。这也正是那些属于第一类防雷建筑物的易燃易爆场所一般都必须设计独立避雷针的原因。所谓独立避雷针，是指不在易燃易爆的建、构筑物上直接安装避雷针，而是在与被保护物有足够距离(地上和地下距离)的地方设置独立避雷针，独立避雷针与被保护物相互独立，以防直接将雷电引到易燃易爆的建、构筑物上，足够的距离还保证不会发生旁络闪击和地电位反击。这个例子说明消除一种风险可能产生另一种风险，消除一处的风险可能使别处产生风险或加大某种已存在的风险。

总之，消除风险源有它可取的一面，但也有局限性。当某种特定风险的损失频率和损失程度相当高，或者应用其他风险控制技术的成本超过其产生的效益时，可以采用消除风险技术，否则不宜采用。

3.2.3 替代风险

替代风险是指寻找一个导致更小危害的过程或事物来代替这个危险。为了完成一个任务，可以有不同的方式，不同的方式有不同的风险，风险管理者总是应该选择风险小的方式来代替风险大的方式并完成任务。

最简单的例子是，某人从南京到上海，可以乘高速大巴，也可以乘普通火车，而且方便程度、时间、票价也相差不大。但很明显，乘火车发生交通事故的风险远远低于乘高速大巴发生交通事故的风险。因此，明智的旅行者应首选乘风险小的火车来代替风险大的汽车并顺利到达目的地。

替代风险也是管理和控制风险的一种简单有效、普遍应用的方法。替代风险道理看起来是那么简单，但风险主体首先要有风险意识才会考虑完成任务的方式，才会做出正确的选择。这种风险处理措施的本质是降低风险。

3.3 工程控制

消除风险的处理方法是避免或停止与风险有关的一切活动，远离使风险事件发生的一切因素，以从根本上消除产生损失的可能性，即将损失的概率降到是零。虽然这种对策显得消极，但从其主动避开风险而免致损失的意义上看，它可以被视为一种有效的风险控制对策。

工程控制是一种积极进取的风险控制对策。它是风险主体在愿意承担风险前提下采取各种结构工程控制措施减少风险因素，减少损失频率，降低损失严重程度的控制技术。这些技术可以通过国家、行业以及地方政府出台的政策来强制推行。工程控制是要积极改善风险单位的特性使之具备抵御风险能力，即通过减轻易损性或增强抗损能力来减轻风险发生的后果。而不是如消除风险那样消极地放弃或中止活动。

工程控制这种方法强调风险事件发生的机械原因或物理原因，如结构不合理的建筑物、绝缘等电气性能不良的电气电子设备、制动和操控性能较差的汽车等。工程控制是任何损失控制方案中不可缺少的内容。

以下是工程控制风险的两个例子：

例 1 针对地震灾害风险的结构加固及风险区建筑物保护措施

(1)结构改进，包括以下结构件基本设计的改变或加固，使达到抗震烈度要求。

①结构框架(采用钢筋混凝土框架结构、钢结构、轻钢结构)防止类似于汶川大地震时出现的粉碎性坍塌；

②建筑基础(桩基础、箱形基础、筏形基础、井格基础、条形基础等)，按岩土类型和承重要求设计；

③钢筋混凝土墙(剪力墙)和现浇钢筋混凝土楼板；

④地板、隔墙；

⑤预制板的连接或取消预制板；

(2)非结构性改进，包括以下构件的适当锚固、连接和采用分离式结构以减少地震区受震结构物的破坏。

①预制板、隔断；

②各种管道；

③电气设备及线路；

④电梯；

⑤窗户；

⑥各种金属件；

⑦建筑物安全管理结构措施，增加消防系统、应急广播系统、应急照明系统等；

⑧将某些关键的操作控制移入室内或布置在建筑物较坚固的地方；

⑨逃生通道，以保证地震发生时能安全撤离。

例 2 针对雷电灾害风险的结构改进及风险区建筑物保护措施

(1)结构改进,包括以下结构件基本设计的改变,使达到防雷等级的要求。

①结构框架(采用钢筋混凝土框架结构或钢结构)利用结构梁柱钢筋作为接闪器和引下线;

②建筑基础(桩基础、箱形基础、筏形基础、井格基础、条形基础等),利用基础钢筋体量大、埋得深因而接地电阻小且稳定等特点作为良好的自然接地体;

③钢筋混凝土墙(剪力墙)和现浇钢筋混凝土楼板,加强防侧击雷击和屏蔽效果;

④预制板与圈梁钢筋的连接或取消预制板;

⑤强电井、弱电井。

(2)非结构性改进,包括以下所有金属构件的接地、等电位连接以减少雷电感应引起的人身伤害、起火爆炸、电气电子设备损坏。

①建筑物顶敷设明装避雷带;

②楼顶所有金属构件与避雷带的连接,如旗杆、放散管、广告架、爬梯等;

③综合布线,线路采用屏蔽电缆或穿金属管,电气设备;

④各种金属管道、金属桥架;

⑤金属门窗、金属栏杆、预制板、金属隔断;

⑥金属机箱、机柜;

⑦玻璃幕墙金属龙骨、外墙干挂砖的金属龙骨;

⑧电梯;

⑨建筑物安全管理结构措施,增加消防系统、应急广播系统、应急照明系统等;

⑩逃生通道,以保证雷电引发火灾时能安全撤离。

3.4 程序(行政)控制

程序控制即建立一系列行政程序减少暴露于危险的机会。包括建立准则和标准、划分和避开风险区、安全教育、安全检查等。

3.4.1 建立准则和标准

不管是主动还是被动的原因,建立准则和标准使得风险主体抗灾能力得到强化,在法规、标准的指导或强制下,风险得到一个基本的控制。尤其是涉及人的生命损失或国家财产损失风险时，强制标准和法规起到了决定性作用。不管风险主体的风险认知能力和风险态度如何，标准和法规所规定的风险处置措施必须实施。

当然，标准和规范的建立必须符合国情，要考虑不同风险对象的期望。要与当地经济实力相适应，应避免采用建设费用昂贵导致无法实施的技术措施。适宜的规范和标准需要具备充分的灵活性，以减少对经济的影响。减少风险主体的抵触情绪。

3.4.2　划分和避开风险区

由政府指导、组织，专家研究的风险区域划分成果将为风险处理提供坚实的科学基础。重视重要工程的选点或采取灾害预防措施，可以采取绘制风险区域地理分布图或进行风险区划的方法来躲避灾害的发生，防止或限制风险区的开发和利用。

以下是两个有关的例子：

例 1　与地震灾害有关的风险区划分和避开风险区的地形学研究和土地利用规划的方法：

(1)地方地震史调查，以识别高风险区并减小风险区建筑物的密度

①当地断层地质图；

②震中图；

③断层应力或蠕变图。

(2)在可能的近代断层或活动区及其附近做地质调查、监控

①地表勘测；

②绘制地质图；

③航片、遥感信息研究；

④地下水位、土壤含水率等数据检查及监控；

⑤地下勘测；

⑥土壤电阻率；

⑦土壤钻探；

⑧地球物理勘测。

(3)基于 GIS 的土地利用管理

限制高风险区的用途以减少风险区建筑物与人口的密度，例如，汶川大地

震后，由于发现地震中完全损毁的旧县城处于地震断裂带的高风险区，国家决定另择地方重建北川县城。

例 2 与雷电灾害有关的风险区划分和避开风险区的气象环境、地形学研究以及建筑物易损性研究的方法：

(1)地方雷电环境调查，以识别雷电灾害高风险区并加强风险区建筑物防雷等级

①当地雷击灾害历史记录；

②雷暴日、雷暴时、雷击大地密度；

③雷电强度、极性、基于 GIS 系统的雷电活动时空分布规律。

(2)在不同的地理环境、建筑形状、建筑结构等地及其附近做雷电调查、监控，以确定雷击的选择性、危害性和成灾机理

①岩石土壤地表勘测、地下勘探(地下金属矿藏)；

②雷电灾害分行业损失情况统计分析；

③建筑物与周边其他建筑物的距离及相对高度；

④地下水位、土壤含水率等数据检查及监控；

⑤建筑结构；

⑥建筑物形状及尺寸；

⑦存放物、建筑物使用性质；

⑧土壤电阻率分布。

(3)引起电气电子设备性能下降或损坏的最小失效电流研究

①电气电子设备耐受冲击电压；

②线路过电压保护器；

③引起元器件、设备损毁的最小能量、电场强度和磁场强度；

④户外、户内，机箱外、机箱内等不同的电磁环境区；

⑤线路架设或敷设方式，防雷电缆。

3.4.3 安全教育、安全检查

实践证明，仅仅靠开发、推广和实施减灾技术，不能完全控制风险。要更多地考虑风险的人为因素。损失原因有些是物质方面的因素，有些是人员方面的因素，还有些则是二者兼而有之。只有找出隐藏在事物背后的真正危险因素，采取相应预防措施，才能有效地控制风险，防止风险事故的发生。

统计结果显示：公路交通事故中，由于汽车故障、道路结冰等物理的、机械的、工程技术上的原因其实比重并不大，更多的交通事故是由于超速驾驶、疲劳驾驶、飙车、开赌气车、闯红灯等违反交通法规的人为因素引起的。

海因里希(H. W. Heinrich)在研究结果中声称：导致人身伤害的工业事故中，有88%的事故主要是由人们的不安全行为(违反操作规程、误用设备、注意力分散、视工作为儿戏等)造成的。在自然灾害风险中，这个比例可能不会有这么高，但也绝不能忽视风险事件中人的因素。所以风险管理者应注重安全教育、加强安全检查、保证休息时间和调整人员心态，确保在一些不可抗拒的自然灾害面前，不要出现因人为因素而导致的重大损失。

3.5　应急程序、风险分离和风险转移

应急程序是一种损失减少措施，它是一种事后的风险控制技术，它通过一系列措施来降低损失的严重程度，使发生损失的影响减到最小。它们主要与风险链的第四、第五这两个环节(结果和后果)有关。在自然灾害风险方面，这些损失减少措施称为减灾。

风险分离和风险转移等技术仍然属于一种事前的风险控制技术，但与避免或停止与风险有关的一切活动，远离使风险事件发生的一切因素，从根本上消除产生损失的可能性，从源头上消除风险的方法相比，或与以工程的方法减小风险造成的损失相比，它们有着明显的不同。不同之处在于，风险分离和风险转移等风险控制方法总体上不能消除风险甚至不能减轻风险，但能将风险转嫁或分摊，使得某个团体或个人的风险免除或降低。

3.5.1　应急程序

应急程序即制定紧急事态中使用的程序。当突发风险事件已经发生，一个强有力的风险响应应急机制将使得抗灾行动目标明确、组织有序，将极大地减轻风险造成的损失严重程度。

例如，地震来临时，在第一时间组织逃生、疏散，立刻抢救埋在废墟中的人员将使人员伤亡损失大大降低。及时疏散地震造成的堰塞湖下游群众或及时爆破、疏通堰塞湖将使地震灾害的二次损失风险大大降低。所以，应急程序是一种综合性的损失减少计划，它反映风险管理部门在识别可能的重大灾害方

面，以及在如何应对这类突发事件方面的种种努力和能力。

目前国内政府各部门、机构一般都已建立灾害应急响应机制，按照可能的灾害强度规定不同级别灾害应急响应预案。例如，国务院气象主管机构制定了台风、暴雨、雷电等气象灾害的蓝色、黄色、橙色和红色预警以及一级响应、二级响应等应急预案。一旦风险事件发生，立刻启动相应级别的灾害应急响应预案。

例如下面的图标（图 3.1）的含义是：6 小时内可能受雷雨大风影响，平均风力可达 6 级以上，或阵风 7 级以上并伴有雷电；或者已经受雷雨大风影响，平均风力已达 6～7 级，或阵风 7 级以上并伴有雷电，且可能持续。

雷雨大风蓝色预警信号

图标：

图 3.1　气象灾害预警信号图标

重大风险事件的应急程序、应急内容一般十分庞杂，其制定原则是建立统一指挥机构，分级负责，做好重点风险对象的防护和日常管理，灾害预警，区域自救与部队、公安等社会救援相结合等。

一个详细的应急程序内容一般包括以下几点：

(1) 组织机构、程序，明确职责、任务分工，成立紧急情况救援队；
(2) 预警预报；
(3) 应急救援制度、程序；
(4) 信息传递及记录的备份；
(5) 全员培训、进行紧急情况安全程序培训、逃生演习；
(6) 协同消防部门或有关政府机构进行防灾教育，制订防灾计划；
(7) 设备冗余；
(8) 改变、加强建筑结构；
(9) 消防系统现代化；
(10) 制定公共关系策略；
(11)国家和地方及部门的救灾资金，保险机构、贷款机构的保证。

这里有一个加强建筑结构强度并且利用应急程序减轻损失的典型示例。

2008 年汶川地震发生时，安县桑枣中学校长挽救了 2000 多条生命。因为在 1999 年，这位校长花钱将已经不太新的实验教学楼原来华而不实却又很沉重的砖栏杆拆掉，换上轻巧美观结实的钢管栏杆。接着，他又对这栋楼动了大手术，将整栋楼的 22 根承重柱子，按正规的要求，从 37 cm 直径的三七柱，重新灌水泥，加粗为 50 cm 以上的五零柱。这栋实验教学楼，建筑时才花了 17 万元，光加固就花了 40 多万元。此外，他从 2005 年开始，每学期要在全校组织一次紧急疏散的演习，由于平时的多次演习，地震发生后，全校师生，2200 多名学生，上百名老师，从不同的教学楼和不同的教室中，全部冲到操场，以班级为组织站好，用时 96 s。学生无一伤亡，老师无一伤亡。而相邻的北川中学死伤惨重。

可以看出，应急程序重点在于减少重灾的损失及其影响。各级部门都应建立主要灾害的应急响应机制，制定应急程序。

图 3.2 是较为典型的重大风险事件应急程序流程图

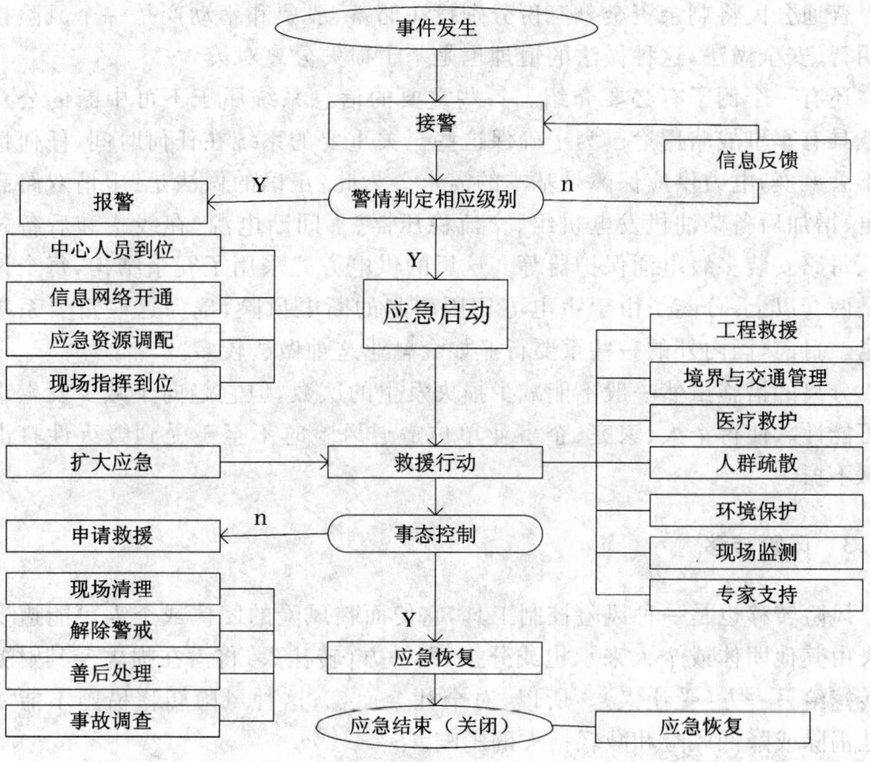

图 3.2　重大风险事件应急程序流程图

3.5.2　风险分离

从风险主体的角度来考虑，还可应用分离的风险处置方法减少损失。

“分离”对策是将风险主体分立成各个独立的较小主体，避免同一风险事件波及较大的范围，以达到减少损失的目的。

股民们经常讲的一句话浅显易懂，很好地诠释了风险分离的内涵，这就是：不要将所有鸡蛋放在一个篮子里。

损失分离的一个例子是海上巨轮都有数个完全隔离的隔舱组成，碰撞事故一般只能导致某隔舱进水，而不易引起严重沉船事故。与之相同的例子是建筑结构内的防火墙和防火栅栏及防火门。它们将建筑结构内部分成若干个由防火材料隔开的局部空间，将使火损被限制在一个分隔间内。甚至连确保汽车行驶时相互间的安全距离以防连环追尾事故发生这种做法也属于风险分离。

普通公民将剩余资金分三份分别投在储蓄、股票和不动产是一个风险投资的明智、安全做法，这种做法的道理也是基于损失分离对策。

还有一个例子有必要介绍。一些重要的信息系统属于不可中断的公众服务或具有军事战略用途。为了确保这些至关重要的系统在任何时间、任何情况下不会瘫痪，电力供应保障是基本的需求。为此，正确的做法是：申请双路高压供电、增加后备柴油机发电机组、交流稳压器、不间断电源（在线式和后备式都要）、每路安装多级电涌保护器等。这里的供电方式采用了冗余结构，每个设备都是两套以上，分离了由于雷电等原因引起的断电风险，确保这些重要系统的安全。目前，国内外的一些重要行业如金融业这种做法较多。

分离的措施虽然一般不能减少损失发生的次数，但它趋向于减少发生重灾的可能性。使得个人、家庭、企事业单位遭遇风险时不至于受到毁灭性打击而一蹶不振。

3.5.3　风险转移

风险转移也是一种风险控制工具，它使面临风险的团体或个人可能遭受的损失由其他团体或个人来承担或分担，即一方（转让人）将潜在损失及其财务后果转嫁给另一方（受让人）。所以，对全社会而言，这种风险转移措施不能实质性地消除或降低风险和减轻损失的影响。

风险转移包括风险控制转移和风险财务转移两种类型。前者是将风险和潜在损失随同所有权一起转移,后者则只转移风险和损失的财务后果。

3.5.3.1 风险控制转移

风险控制转移的方式大致有以下三种:

(1)风险完全转移,即将担有风险的财产和活动通过合同转移给其他单位或个人,完全将风险随着财产和经营活动一起转移到合同另一方。当然,这可能不得不将利润也转移走。这种方法一般适用于企业生产经营活动相关的风险控制,不太适用于自然灾害风险控制,因为转移或分包是将风险转嫁出去,而不是中止风险。风险依然存在。面对自然灾害风险,现时的风险主体即风险转让方应有风险告知的社会责任。也就是说,风险转移必须通过合理、合法的正当途径来转移。无限制的、任意的、带欺诈性等不择手段的转移均是不道德和非法的。实施风险转移应遵守职业道德,遵守政府法规和法令,这是任何团体或个人都必须履行的社会职责。

(2)风险部分转移(风险分担),即将一项工程的部分项目或经营活动的部分环节转包给他人。尤其是将没有把握、存有风险的部分项目或经营活动的部分环节分包出去,将这部分风险转移出去,减轻了本单位或个人的风险负担。

(3)签署风险责任分担协定。这种方式不是转移财产或活动,而是转移风险本身。例如,大型商场和大型超市与产品供货商签署协议,一种是厂家要求商家保证一定数量的销售额,这可以将可能由于市场波动引起的损失风险转移给商家,保证生产厂家预先安排产品生产数量;还有一种情况,例如,商家要求食品供货厂家在食品保质期内确保符合国家有关食品卫生安全的规定,一旦发生食品卫生或中毒事件时,由厂家承担责任风险。同时,食品保质到期时,无条件收回过期食品,承担经济损失风险。

这涉及厂家与商家合作的经济利益平衡点,风险分摊、合作共赢是成功合作的关键。所谓有福同享,有难同当即是此意。

3.5.3.2 风险财务转移

个人、家庭或企事业单位面对风险,采取一定的财务对策将潜在损失及严重后果完全或部分地转移出去,这种风险控制方法称为风险财务转移。

(1)财务型保险转移

个人、家庭的经济生活或企事业单位的经济活动中极为普遍的理财方式之一就是上保险。从汽车的交通强制险及商业保险到个人的大病保险、失业保险以及单位和个人的各类财产损失保险都是常用的风险转移财务对策。在这种转移对策中,保险人有条件地同意接受由损失引起的财务负担,因此投保人将损失的财务后果转嫁给了保险人。这里所谓的有条件是指投保人必须拿出不影响平时生活质量的部分资金投保来换取一旦出现重大风险事件的损失补偿。否则,风险事件的严重后果可能导致个人、家庭及单位的无法承受的家毁、人亡和破产。例如,在没有医疗保险的家庭,因一人生病,全家致贫的例子比比皆是。

保险是保险人和投保人之间的合同协议,在这种协议下,保险人愿意承担保险合同所界定的"损失",以换取投保人的保险费支付。从风险管理的角度分析,作为风险损失的经济补偿手段,保险主要有提供有效的损失补偿、分散风险、风险控制和监督等作用。

保险的分散风险作用使集中在某一被保险人处的因偶发灾害事件或人身事故所致的经济损失,以保险人收取保险费的方式,平均分摊给未发生风险事件的其他被保险或个人。通过保险,所有的投保人都已结成互助共济关系而受到保险的保障了。

例如,职工医疗保险或专门的大病保险,就是由有社会上多数人缴纳的保险费汇聚,使得由保费积聚的保险基金担负相对于投保人数少得多的大病患者的医疗费用,这可能挽救了病人、挽救了家庭,使得社会和谐稳定。只要保险公司运作得当,不出现收入不敷赔偿的现象,保险就有可能在较大范围内分散个人、家庭、单位和社会风险。

又如,人身险已经将雷电灾害造成的人身意外事故纳入投保范围,投保人如遇雷击导致身故或受伤皆可获赔。因为人身险中,寿险是以人的生命为保险标的,以生死为保险事故的保险,投保人不论以什么方式遭遇身故都将获得赔付。如果投保人在投保寿险时增加住院医疗险和住院津贴险等险种,以便得到医疗补偿或津贴补助,就可以对雷击造成的各类人身风险有一个全面的医疗保障。而针对汽车等遭雷击造成的车损险,其保险责任都已列明包括"雷击、雹灾、暴雨、洪水、海啸所造成的车辆损失"。

因此,保险业在建立完善的综合减灾机制中具有重要的作用和地位。保险应用社会经济等手段支持经济的发展,稳定社会秩序。保险为被保险人遇险时提供保险责任内的灾害补偿,尤其从保险公司的经济补偿职能派生出防灾减损职能。这既是保险公司风险管理的重要手段,更是社会综合减灾的重要工作。由灾前防灾防损保险和灾后的赔偿等所形成的完整的保险减灾体系,构成了社会综合减灾体系中独具特色的重要部分。保险防灾防损工作范围几乎涵盖综合减灾工作的全部内容，并由专设的机构和人员组成了一个遍及全国的、规范管理的网络体系。

(2)财务型非保险转移

财务型非保险风险转移是风险转移方以签订免责协定或保证书的方式将约定的人身伤害、财产损坏的责任损失转移给另一方的协定或保证。它们都属于契约，涉及契约各方或被保证人、保证人和权利人三方利益。由转让方(或保证人)对受让方(或被保证人)的违约等行为所致的权利人损失承担赔偿责任。

例如，某建筑的建设单位(建筑产权人)可以与建筑承包商签订一揽子合同，该合同必然要包括明确工程建设期内工伤事故由建筑承包商承担的条款，以及在保质期内由于建筑质量问题引起的人身伤害、财产损坏的责任由筑承包商承担的条款。

生产经营活动中还有一个较常用的财务型非保险转移方法是中性化和期货交易。它是利用可能收益来平衡可能损失的方法。一般仅适用于处理投机风险。例如，为防止石油、铁矿石等能源或原材料价格大起大落影响企业的长期稳健发展战略，世界上能源或原材料主要供应国和进口国都喜欢签订长期协议做期货交易，以应对短期内由于市场供求关系变化导致的损失风险，因为在较长的时期内看，由于价格的波动，企业既会出现收益也会出现损失，如果收益和损失相当，则风险被转移。当然，期货交易的前提是供需双方不要出现严重的供需失衡情况，以防一方出现垄断的局面。

第四章　自然灾害风险评估的理论与方法

在人类所面临的各种风险中，自然灾害风险由于时常发生在我们身边且经常发生损失严重的重大自然灾害事件而备受人们关注。近年来全球频发地震、海啸、飓风等造成重大人员伤亡和财产损失的自然灾害事件，严重威胁人类生命财产和人类生存环境，影响社会经济发展。因此，古往今来，人们一直在与大自然抗争，寻求各种预防方法以减少频繁发生的自然灾害性事件的风险。加强自然灾害风险评估的理论与方法研究自然也就显得尤为重要。

4.1　自然灾害风险分析主要内容

要合理地评价自然灾害，首先需确定不同强度灾害发生的概率。其次，要确定风险对象的抗灾能力。例如，灾害损失严重程度即灾害强度必然与灾区建筑物的质量有着密切的关系。而建筑物抗御灾害的能力则取决于其工程设计、建筑材料及施工质量和维护水平。因此在许多不同灾种的自然灾害风险分析中常按结构类型和用途对建、构筑物进行分类。

由于自然灾害常与局地地理地貌、地质结构、气象环境等自然环境有关，所以，自然灾害风险评价需要针对具体的地区开展灾害风险评价。自然灾害风险分析主要内容有(参见图 4.1)：

(1) 灾害危险性分析

灾害危险性是指造成灾害的自然变异的程度，主要由灾变活动规模(如雷电流强度)和活动频次(如雷电地闪频次、概率)决定。一般灾变强度越大、频次越高，灾害造成的损失就越大，灾害的风险也越大。

灾害危险性分析包括风险识别，确定风险源，并根据局地地理地貌、地质结构、气象环境等自然环境进行自然灾害的特征、时空分布及其可能的影响等的分析。

(2) 易损性分析

易损性是暴露在危险地区的所有财产由于潜在的危险因素而可能造成的伤害和损失程度。易损性分析是根据各类建(构)筑物结构、系统、内部财产的性质、服务设施的分布及抗损(抗毁)能力等进行抗灾能力的分析。抗灾能力还与受灾区在长期和短期内能够从灾害中恢复的程度，包括应急能力、减灾投入人力与资源准备等有关，防灾减灾能力越高，可能遭受的潜在损失就越小，灾害风险越小。

(3) 损失分析

损失分析根据各类建(构)筑物的经济和文化价值、重要性、建筑物内人员数量、内部财产的价值、服务设施的经济价值和服务设施损毁的社会效应来进行灾害造成的直接和间接损失分析。主要根据历年灾害损失估计的统计规律，确定各种灾害不同强度下生命财产的受灾特征；在相同的成灾条件下，定量研究损失规模及地理分布。

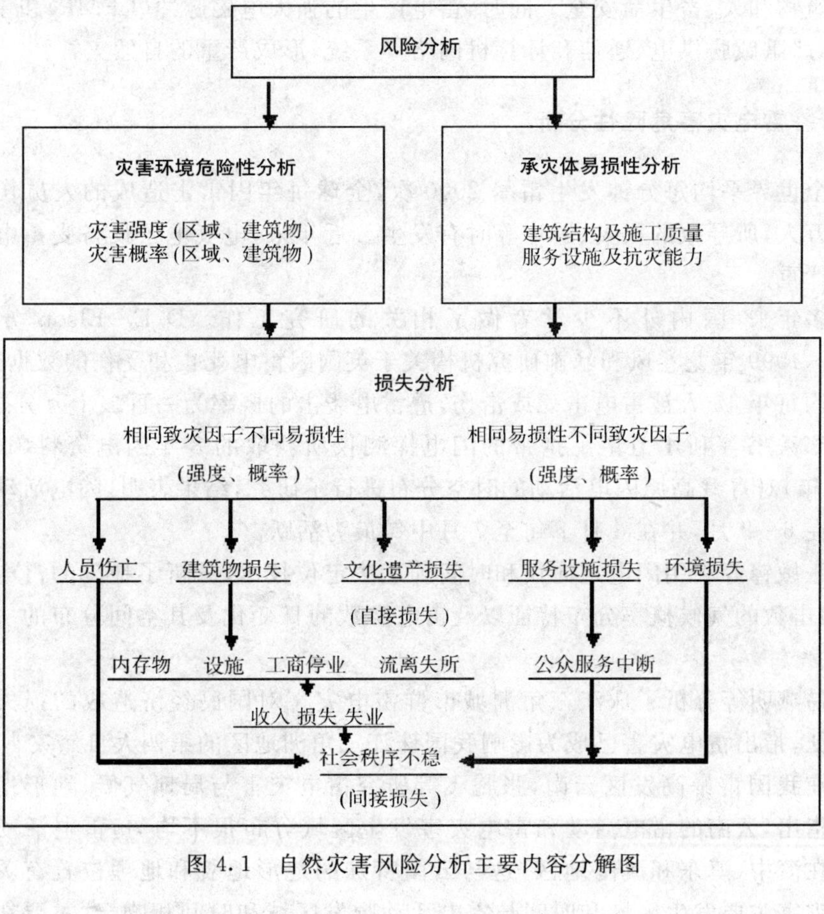

图 4.1 自然灾害风险分析主要内容分解图

从以上自然灾害风险分析所涉及的主要内容可以看出,风险评估是一个全面的、复杂的系统工程,要想得到一个较为正确的风险评估结论,必须拥有各类多年原始数据资料、现场勘测资料,使用正确的评估方法并要求评估人员具有丰富的实践经验。作为自然灾害风险分析的实例,我们在下一节研究雷电灾害风险分析的方法。

4.2 自然灾害风险分析例:雷电灾害风险分析

雷电是一种强烈的大气放电现象,它能够直接击中人和建筑物,威胁建(构)筑物和人、畜生命安全。同时,雷电产生的强大电磁脉冲(LEMP)和雷电波入侵,严重威胁供电、通信和计算机网络等系统,形成严重的自然灾害。

4.2.1 雷电灾害危险性分析

全世界平均每分钟发生雷暴 2000 次,全球每年因雷击造成的人员伤亡超过 1 万人,所导致的火灾、爆炸等时有发生。近年来,电气电子设备受雷电危害日益严重。

多年来,国内外不少学者做了相关的研究工作。D. E. Elson 分析了 1993—1999 年龙卷风和暴雨研究机构关于英国因雷电死亡和受伤的数据库,指出平均每年 49 人被雷电击死或击伤,遭雷电袭击的概率为一百二十万分之一。

郄秀书等利用卫星上携带的闪电探测仪所获取的 8 年闪电资料(1995—2002 年)对青藏高原闪电活动的时空分布进行了研究,结果表明,闪电活动主要发生在 6—8 月,并在 6 月下旬至 7 月中旬最为活跃。

张敏锋等利用闪电定向仪和时间到达法定位技术,分析了地闪的雷电流强度、回击数的气候概率分布特征以及雷电参数的日变化及其空间分布的气候规律。

易燕明等分析了珠江三角洲城市群雷电灾害对国民经济造成的损失及基本特征,指出雷电灾害已成为影响我国珠江三角洲地区的第四大自然灾害。

在我国雷暴高发区云南,张腾飞等研究雷电灾害与局地气候、地形地貌关系时指出,云南的雷电活动和雷电灾害发生区域分布很不均匀,雷电活动主要出现在滇中、滇东和滇南地区,这与云南特殊的地形地貌和地理位置有关。但雷电灾害主要发生区域和时间与雷电活动频发区域和时间相吻合,主要在滇中和滇东地区，集中在午后到傍晚时段。雷击伤亡人数与闪电频数的对应关系不好，但与闪电强度却有极好的相关性。雷电往往都是由多单体对流回波、混合型降水回波中的对流回波单体造成的，闪电均集中在具有典型强对流特征的区域，回波强度一般在 40 dBz 以上，组合反射率一般在 45 dBz 以上，回波顶高往往超过 12 km，并且回波强度越强、顶高越高，发生雷电的可能性越大，出现的雷电灾害越严重。

4.2.1.1 雷电灾害风险源

(1)雷电灾害特征

雷电灾害除了具有一般自然灾害的潜在性、突发性、破坏性、偶发性、不确定性和部分可控性之外，还具有自己的特征：选择性及局域性。

雷电的潜在性表现在雷电的孕育过程。雷暴云中存在着强烈的上升气流和各种尺度及不同相态的水成物粒子。离子捕获、粒子间的碰撞、分离等过程，不同尺度的粒子携带上不同极性的电荷，它们在气流和重力作用下发生分离，形成正负不同极性的电荷区。当局地电场超过约 300kV/m 时，可产生闪电放电。

1920 年，Wilson 首先提出了雷暴是全球电路电源的假说。从而建立了全球大气电路的概念。

雷暴闪电作为影响全球电路的几个重要因子，与太阳辐射和银河系宇宙射线、中层大气放电、地面放射线、气溶胶（气溶胶浓度降低，电导率会升高，会降低局地地面电位梯度）等一起形成一个能量的积累、能量转换相对平衡的过程（见图 4.2）。在这个电路中，地球自身带有相对稳定的一定数量负电荷。而这种稳定发生在晴天大气中始终存在大气电场和大气电流的情况。

晴空大气中始终存在方向垂直向下的大气电场，大气相对于大地带有正电荷，而大地带的是负电荷。大部分时候，受太阳辐射和银河系宇宙射线、中层大气放电、地面放射线等影响持续产生的晴空大气电流使得大地带的负电荷数量趋于减少。显然，这改变了地球作为带负电荷的带电体量值平衡，而雷暴闪电使得地球带负电的量值得到补充，趋于稳定，也即雷暴闪电的出现作为一个重要因子起到了平衡全球电路的作用。因此，从这个意义上讲，雷电的发生具有潜在性，也是必然要发生的。

大气电场的日变化受两种因素制约：一是全球性普遍日变化机制，即与世界时有关，主要取决全球雷暴的日变化；二是地方性局地日变化机制，其变化与

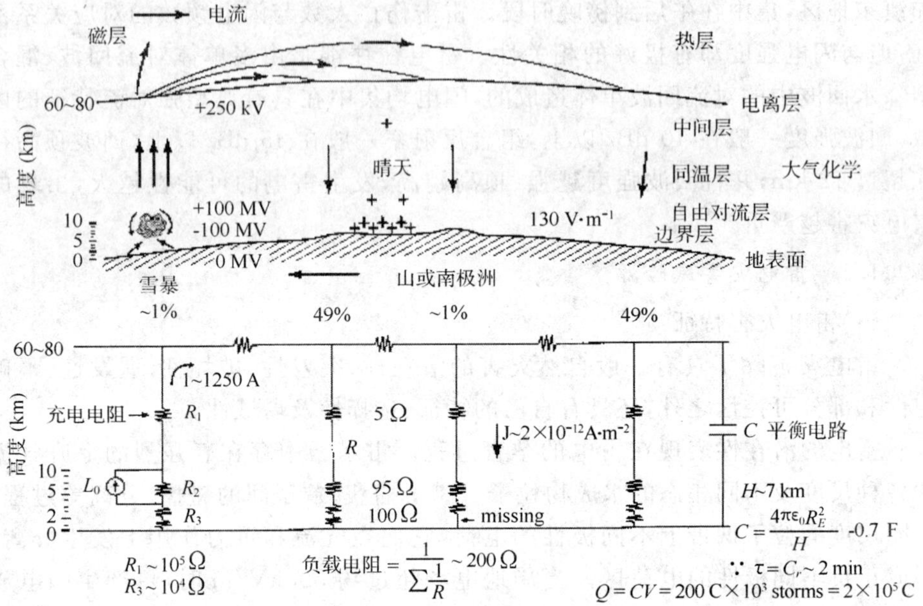

图 4.2 全球电路(1920 年,Wilson)

地方时有关,主要决定局地大气状况的日变化。若大气中的气溶胶含量减小,则大气中的轻离子浓度增大,就导致大气电导率增加,从而使大气电场减小。

晴天大气电场还与水汽和温度等气象要素相关,观测表明地面晴天大气电场的日变化与水汽的日变化十分一致。在清晨气温较低,水汽压出现谷值,中午及午后,气温较高,水汽压出现峰值;傍晚气温下降,水汽压也下降。地面的气温与大气湍流垂直输送有关,午后温度增高,湍流垂直输送加大,使地面水汽输送到较高的气层,使得大气电场也发生变化。

雷击的选择性主要指地闪发生位置。尽管雷击发生的位置、时间和地点具有很强的随机性,但在局地,当雷云中的电场强度已达到击穿临界值时,雷击击中大地的具体哪个位置则与岩土结构、岩土类型、岩土电阻率或建(构)筑物的接地电阻、结构体的形状、大气条件等有关,具有较强的选择性。

一般来讲,位于旷野孤立的建筑物、金属屋面的砖木结构建筑物、位于河边、湖边、山坡下或山地中土壤电阻率较小处、地下水露头处、土山顶部、山谷风口等处的建筑物,以及特别潮湿的建筑物易遭雷击。

建筑物的不同部位遭雷击的几率也有较大差别。建筑物易受雷击的部位有(见图 4.3)：

1)平屋面或坡度不大于 1/10 的屋面——檐角、女儿墙、屋檐，见图 4.3(a)、图 4.3(b)。

2)坡度大于 1/10 且小于 1/2 的屋面——屋角、屋脊、檐角、屋檐，见图 4.3(c)。

3)坡度不小于 1/2 的屋面——屋角、屋脊、檐角，见图 4.3(d)。

4)对图 4.3(c)和图 4.3(d)，在屋脊有避雷带的情况下，当屋檐处于屋脊避雷带的保护范围内时屋檐上可不设避雷带。

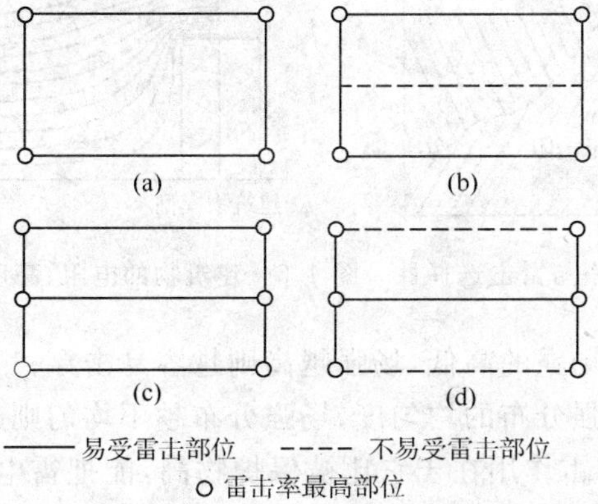

图 4.3　建筑物易受雷击的部位

图 4.4 和图 4.5 是有关雷电的选择性与土壤电阻率以及建筑物电阻的关系示意图。实际上，雷电的选择性还与建筑物高度及建筑物顶的形状有关，其本质是建筑物顶端导体形状决定了感应电荷面密度，造成电场畸变。显然，有尖端导体的部位电荷面密度大，电场强，附近的大气容易被击穿，因而雷电的选择性大。避雷针正是利用此原理来吸引闪电电流，保护建(构)筑物或电气系统不易被雷电直接击中。

1752 年美国科学家富兰克林在费城进行的风筝探测雷电实验，观测到了来自雷雨云的电所产生的电火花，证实了自然闪电中的电和人工摩擦产生的电在本质上的一致性。1753 年，他又根据尖端放电现象与电分布和带电体形状的关系，把一根几米长的尖端铁杆固定在屋顶，杆上紧拴一根粗导线接地，做成了第一支避雷针。自此以后，开始了雷电和避雷针在电学基础上的近代研究，弄清了雷击的发生实际上就是空气的击穿，根据间隙击穿理论，主要由两点决定：

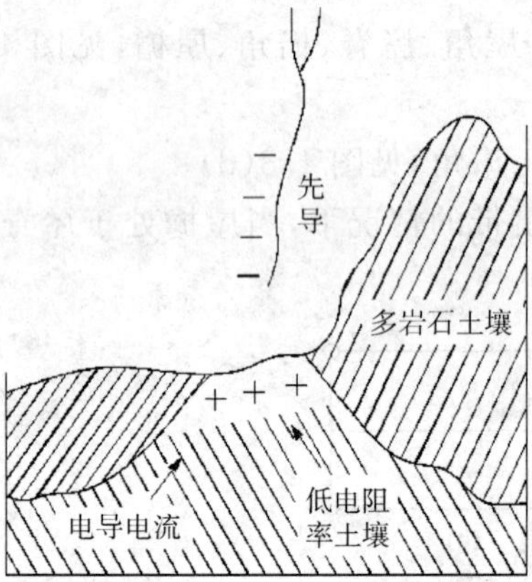

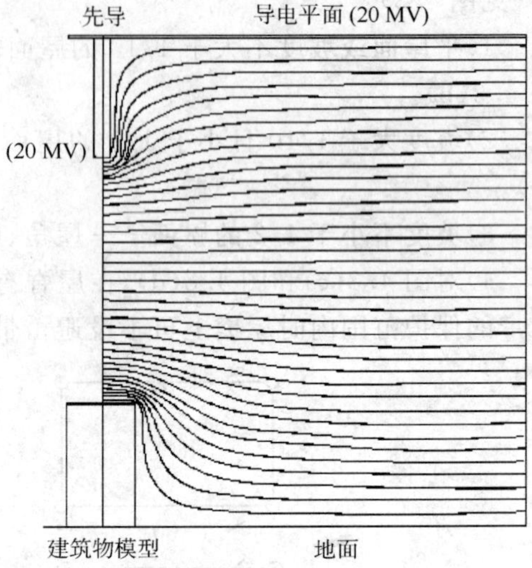

图 4.4 土壤电阻率与雷击选择性 图 4.5 建筑物的电阻、高度及形状与雷击选择性

1）间隙中各点场强的高低，场强越高则越容易击穿；

2）间隙中的场强分布的均匀度，场强分布越不均匀则越容易击穿。

避雷针（线）的防雷作用在于它比被保护物高，能把雷电从保护物上方引向自己并安全地通过自己泄入大地。它的引雷作用过程是：在雷电先导阶段，避雷针（线）顶部聚积电荷，在发展先导和避雷针（线）顶端之间通道中建立了很强的电场强度，避雷针（线）迎面先导的产生和发展大大加强这通道中的场强，最后选定击中避雷针（线），布置在靠近避雷针（线）的被保护物比避雷针（线）低，由于避雷针（线）的屏蔽和迎面先导作用，所以被保护物遭受雷击的概率很小。因此，避雷针（线）所形成的空间电场的大小和分布对避雷针的引雷作用有重大影响，是其能够“防雷”的关键因素之一。

雷电灾害的局域性表现在全球闪电活动的不均匀分布特征以及雷电灾害与局地气候、气象条件、地理地貌、地质条件、经济发展水平等密切相关，使得雷电灾害的地理分布极不均匀。在本书的 4.2.1.3 节将介绍雷电灾害局域性的有关内容。

(2)雷电流的特征

雷击产生的雷电流的大小（强度）与地理位置、地质条件、季节和气象等许多因素有关。一般平原地区比山地雷电流大，正闪击雷电流比负闪击大，第一闪击雷电流比随后闪击大。

研究资料表明:各次雷击闪电电流大小和波形差别很大,尤其是不同种类放电差别更大。雷电流的大小和雷电流的波形是描述雷电流特征的重要参数。

由 R. H. Golde[英国]《Lightning》一书的记载和近年来大量的观测表明,雷电流具有单极性的脉冲波形,大约有 80%～90%的雷电流是负极性的。雷雨云对大地放电多为负闪击,其电流峰值以 20～50 kA 居多。通常一次雷电包括 3～4 次放电,一般是第一次放电的电流最大。正闪击的电流比负闪击的电流大,其电流峰值往往在 100 kA 以上。

雷电流是具有波头陡(ms 级)、幅值高(可达 200 kA 或更大)和频谱宽(直流到 GHz)等特征的典型大功率(W/R 单位能量可达 10 MJ/W)脉冲电流。后续雷击的雷电流平均陡度可达 200 kA/ms。因而对电气电子系统威胁极大。根据 IEC61312-1,雷电流可分为三种典型的波形。如图 4.6 所示的是分别对应于首次雷击、后续雷击以及长时间雷击雷电流参量,其不同的幅值代表第一类、第二类和第三类防雷建筑物预期会承受的雷电流。

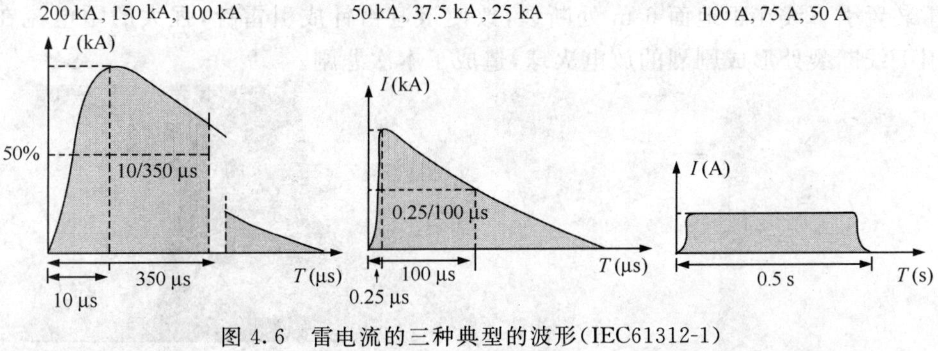

图 4.6　雷电流的三种典型的波形(IEC61312-1)

(3)雷电危害方式(雷电灾害机制)

雷电对建筑物产生的影响可能导致建筑物本身、其使用者和内存贮物受到损害,包括内部系统的失效。这些损害和失效也可能蔓延至四邻,甚至影响局部环境。其蔓延的规模取决于建筑物及雷电的特征。

1)直接雷击(直击雷)的危害

a. 雷电流的热效应

在雷云对地放电时,强大的雷电流从雷击点注入被击物体,由于雷电流幅值高达数十至数百千安,其热效应可以在雷击点局部范围内产生高达 6000～

10000℃，甚至更高的温度，能够使金属熔化一定的深度，或使树木、草堆等被引燃。这些由雷电流的巨大能量使被击物体燃烧或金属材料熔化的现象都属于典型的雷电流热效应破坏作用，如果防护不当，就会造成灾害。2002 年 7 月，内蒙古大兴安岭北部因雷击引发森林大火就是雷电流的热效应引起典型灾害案例。这次雷击引起的森林大火在近 6000 名林业职工和官兵经过 23 个昼夜的奋力扑救下才将大火扑灭，大火造成了巨大的人员伤亡和经济损失。此事引起了党中央、国务院和全国人民的关注。

严重的雷电流热效应还会出现在雷电流通道上有较高电阻的地方，特别是一些引流导体之间的接触不良或断口处会出现电弧、高温引起金属熔化甚至是熔体飞溅。这种飞溅熔体产生的火花对储存易燃易爆物品的建筑来说是极具危害性的。有时，这些断口处甚至可能形成爆炸火球，伤及附近的人员和物品。图 4.7 正是这种灾害的典型案例。2001 年 7 月 11 日 13 时江苏沭阳县万匹乡蔡庄村旗杆组旗杆窑厂遭雷击，8 名小孩在烟囱躲雨时被雷击，6 名死亡，1 名身受重伤。该烟囱为该窑厂废弃烟囱，高 24 m，其附近为空旷的玉米地。烟囱避雷装置引下线在距地面 6 m 处断裂，致使该避雷针成引雷针，强大的雷电流在引下线断裂处形成剧烈的放电火球，造成了本次悲剧。

图 4.7 引下线断裂引起的雷电灾害案例

b. 雷电流的机械效应——电动力和内压力

由安培定律可知，凡含有拐弯部分的载流导体或金属构件，其拐弯部分都将受到电动力的作用，拐弯处的夹角越小，受到的电动力就越大。所以当拐弯夹角为锐角时，所受到的电动力相对较大；而当拐弯处的夹角为钝角时，所受到的电动力相对较小。

雷电流产生的机械效应取决于雷电流的幅值和持续时间以及受作用的机械构件的弹性和彼此接触（如果有的话）的 LPS 部件间的摩擦力。

当雷击于树木或建筑构件时，在它们的内部将瞬时地产生大量热量。在短时间内热量来不及散发出去，以致使这些内部的水分被大量蒸发成水蒸气，并迅速膨胀，产生巨大的内压力。这种内压力是一种爆炸力，能够使被击树木劈裂和使建筑构件崩塌。

c. 雷电的冲击波效应

当雷电流在电弧中流动时产生冲击波。在雷云对地主放电过程中，放电通道中既有强烈的空气游离又有强烈的异性电荷中和，通道中瞬时温度非常高，这使得通道周围的空气急剧膨胀，以超声波速度向四周扩散，从而形成冲击波。同时，通道外围附近的冷空气被严重压缩，在冲击波波前到达的地方，空气的密度、气压和温度都会突然增大，产生剧烈振动，这种冲击波与炸药爆炸时产生的冲击波是类似的。

冲击波的强度与回击时雷电流的峰值及其上升率有关，其破坏作用与波阵面气压和环境大气压有关。

声冲击波一般对 LPS 金属部件的损害是无关紧要的，但它可能使周围的物品遭受损害。

2）雷电感应的危害

雷电感应包括静电感应和电磁感应。雷电感应作用属于雷电的间接破坏作用。

雷电不一定非要直接击中建（构）筑物才造成破坏，由雷电的静电感应与电磁感应所产生的暂态过电压比以上所述的直接破坏作用具有更大的危害范围，它能够损坏建筑物内的电子信息系统和电气设备，甚至造成人员伤亡。

雷电感应在架空线路上引起过电压波，导致线路跳闸或设备损毁，它是电力线路雷击事故的主要原因。在工程上，过电压的幅值可按下式来估算：

$$U = k_p \times \frac{hI_m}{d}$$

式中，U 为过电压幅值，kV；I_m 为雷电流幅值，kA；d 为雷击点到导线悬挂处的水平距离，m；h 为导线对地的悬挂高度，m；k_P 为系数，当 $d>65$ m 时，一般取值为 25 Ω。

雷电感应过电压波向导线两侧传播，当它沿线路进入建筑物内时，将会对建筑物内的电子信息系统和电气设备造成损坏。这种沿线路进入建筑物内的感应过电压波常称为雷电侵入波。

雷电感应尤其是静电感应同样会导致建筑物或油气储罐发生严重的雷击灾害。建筑物或构筑物中如果有回路的开口距离较小，则开口处的空气就会在回路感应过电压作用下发生击穿，出现火花放电，这将可能引燃或引爆附近的易燃易爆品，从而产生灾害。

在闭合感应回路中出现电流后，如果回路中某个部位的接触不良，也可能在此处产生严重的局部发热，有可能引发易燃易爆品的燃烧或爆炸等事故。1989 年 8 月 12 日上午 9 时 55 分，震惊中外的山东黄岛油库 5 号罐遭雷击起火（见图 4.8），引爆了 1 至 4 号罐，大火共燃烧了 104 个小时，19 人死亡，78 人受伤，烧耗原油 3.6 万吨，直接经济损失 3540 万元，间接经济损失 8500 万元（中科院空间中心华北雷电监测定位网为这次火灾提供了精确的雷电定位数据）。据事后分析，就是由于年久失修的钢筋混凝土油罐有暴露的钢筋断口，由雷电感应引起电火花引燃爆炸性混合气体导致重大的雷电灾害事故。

图 4.8 雷电感应导致黄岛油库火灾

(4)雷电灾害风险源

通过以上有关雷电流特征的描述以及危害方式可以确定,对建筑物而言,雷电灾害风险源一般应包括以下几方面:

1)S1:雷电直接击中建、构筑物

雷电直击建(构)筑物会引起以下风险:

① 生物伤害 :雷电电阻耦合、电感耦合导致接触电压和跨步电压引起生物触电致使人畜伤亡。

② 物理损害:雷击引起的着火、爆炸、机械效应及化学效应。包括由于雷电热等离子弧本身或电流使导体阻性加热(过热导体)或电荷导致电弧腐蚀(金属熔化)引起的直接机械损害、火灾和(或)爆炸以及由于电阻耦合、电感耦合或部分雷电流通过产生的过电压引起的火花触发火灾和(或)爆炸。

③ 电气和电子系统失效:雷击建、构筑物,其雷击电磁脉冲(LEMP)导致电气电子设备失效和损毁。

2)S2:雷电击中建、构筑物附近区域

雷电击中建、构筑物附近区域会产生由于静电感应和电磁感应引起的过电压导致电气电子设备失效和损毁等的风险。

3)S3:雷电直接击中与建筑物相连的服务设施

雷电直击与建筑物相连的服务设施会引起生物伤害、物理损害、电气和电子系统失效等的风险,包括:

① 过电压和通过入户服务设施传输的雷电流产生的火花触发火灾和(或)爆炸;

② 通过入户服务设施传输的雷电流在建筑物内产生接触电压伤及人员;

③ 出现在入户服务线路上并传输到建筑物的过电压使内部系统失效或出现故障。

4)S4:雷电击中与建筑物相连的服务设施附近区域

雷电击中与建筑物相连的服务设施附近区域会有静电感应和电磁感应现象,引起的过电压波将导致产生电气电子设备失效和损毁风险。

需要说明的是,如果入户金属管道与建筑物的等电位连接排搭接则雷电直击管道或其邻近大地都不会使建筑物受到损害。

雷电对普通建筑物的影响可用表 4.1 表示。

表 4.1 雷电对普通建筑物的影响(IEC62305-1)

建筑物类型 (按功用及内存储物分类)	雷电的影响
住宅	电气装置击穿、火灾或损害材料。损害通常限于暴露于雷击点或暴露于雷电流通道的对象。 装设的电气、电子设备和系统失效(如电视机、计算机、调制解调器、电话等)。
农舍	火灾、危险的跨步电压以及材料的损害是首要的风险。 其次的风险是由于电源断电,通风系统、饲料供应系统电子控制失效等,使牲畜生命受到伤害。
剧院、宾馆、学校、百货商店、运动场	电气装置损害(如电灯照明)很可能导致恐慌。 火警失效使消防延误。
银行、保险公司、商业公司等	同上,还有通信不畅、计算机失效和数据丢失所产生的问题。
医院、疗养院、监狱	同上,还有特护人员问题,行动不便人员的救援困难等。
工厂	额外的影响取决于工厂的存储物,影响范围从轻微的损害到不可接受的损害和停产。
博物馆、美术馆、教堂	文化遗产不能复原的损失。
电信、电厂	对公众服务不可接受的损失。
烟花厂、军火厂	火灾和爆炸危及工厂和四邻。
化工厂、冶炼厂、核工厂、生化实验室和工厂	工厂发生火灾和故障给当地和全球环境带来不利的后果。

对服务设施而言,雷电流是损害源。按雷击点相对于所考察的服务设施的位置,雷电灾害风险源一般应包括以下几方面:

1) S1 雷击支撑服务设施的建筑物

雷击支撑服务设施的建筑物可能导致:

① 流入服务设施的部分雷电流(由于阻性加热)而使金属线或电缆屏蔽层熔化;

② 由于电阻耦合使线路和相连设备的绝缘击穿;

③ 管道法兰盘中非金属衬垫及绝缘连接处衬垫的穿孔;

不过,雷击支撑服务设施的建筑物不会使无金属光纤受到影响。

2) S3 雷击入户服务设施

雷击入户服务设施可能导致：

① 雷电流产生的电动应力或热效应（使金属线屏蔽层或管道的断裂和（或）熔化）和由于雷电等离子弧本身的热（使塑料保护层穿孔）使金属线或管道直接受到机械损害；

② 线路绝缘击穿和与之相连设备的直接电气损害；

③ 架空的薄金属管道和法兰盘的非金属衬垫的穿孔，其结果可能引起火灾和爆炸，由所传送液体性质而定。

3）S4 雷击入户服务设施邻近大地

雷击入户服务设施邻近大地可能导致电感耦合（感应过电压）使线路及与其相连的设备绝缘击穿。

雷电对常用服务设施的影响如表 4.2 所示。

表 4.2　雷电对常用服务设施的影响(IEC62305-1)

服务设施类型	雷电的影响
电信线路	线路的机械损伤，屏蔽层和导体的熔化。 电缆和设备绝缘的击穿导致直接失效使对公众服务立即受到损失。 光缆受损害造成间接失效，但不会导致对公众服务的损失。
电力线路	使低压(LV)架空线路绝缘子损坏，电缆绝缘层击穿，线路设备和变压器的绝缘击穿，造成对公众服务的间接损失。
水管	电气和电子控制设备受损有可能造成对公众服务的损失。
煤气管	非金属法兰盘衬垫的穿孔有可能造成火灾或爆炸。
燃料管	电气和电子控制设备受损有可能造成对公众服务的损失。

4.2.1.2　雷电活动时空分布及其可能的影响

雷电危险性评估中的重要一环是进行大气雷电环境评价，必须根据全球及建设项目所在地雷暴天气卫星云图、雷暴天气大气环流形势、雷暴天气雷达回波、雷电监测等历史资料确定其雷电活动时空分布特征以及雷电主导方向、次主导方向等。

雷电危险性评估还要根据建设项目所在地的地形、土壤状况和气候背景等分析雷电流散流分布特征。

(1)全球闪电活动分布

图 4.9 是全球闪电活动分布情况，Christian(2003)认为 OTD/LIS 观测得

到的全球闪电密度的地理分布与世界气象组织(WMO)公布的雷暴日全球气候分布是定性一致的,主要受大陆地区的日加热情况影响。

全球闪电频数平均每秒钟约为46±5个,北半球冬季时最低为35 fl/s(每秒闪电发生次数),北半球夏季为55 fl/s,该值的误差在20%以下。北半球的陆地面积大于南半球,北半球的闪电总数也大于南半球,大约78%的闪电发生在30°S～30°N之间。

全球海洋区域的闪电频数年变化相对稳定,保持在5 fl/s附近,而陆地为31～49 fl/s,因此陆地和海洋的平均闪电密度比近似为10∶1。

全球闪电活动的年变化周期峰值出现在北半球夏季,峰值滞后夏至点一个月。热带和副热带的闪电活动有半年周期。其中南亚和东南亚、赤道非洲在春天最大,而副热带非洲和南美在秋天最大。在中纬度地区闪电活动都呈现出明显的季节变化。

赤道上的刚果盆地被认为是地球的热斑(hot-spot),在3,000,000 km^2面积里平均闪电密度超过了30 fl/(km^2·a);由于阿尔卑斯山和喜玛拉雅山的地形强迫对雷暴发展的促进,巴基斯坦北部的闪电密度超过了33 fl/(km^2·a);处于热带的非洲、美洲、东南亚及澳洲(这里称为海洋性大陆)三个区域被称为热带烟囱(Williams, 2003)。三个区域在雷电和降水方面的排名清楚地显示出,非洲是最显著的大陆性"烟囱"(雷电最多,降水最少),海洋性大陆是最显著的海洋性"烟囱"(降水最多,雷电最少),南美大陆介于两者之间,称为"绿色海洋"。

Boccippio *et al*. (2000)指出海陆闪电密度相差一个数量级。雷暴的平均闪电频数海陆比为1.9 fl/min∶3.8 fl/min,雷暴单体发生密度海陆比为1∶6.23。

(2)中国及周边地区的闪电活动分布

中国科技大学陶善昌等利用来自美国的全球水文资源中心(GHRC)的原始资料(由星载OTD(光学瞬态探测器)和LIS(闪电成像传感器)监测得到全球总闪电信号),经过处理,得到全球0.5°×0.5°的闪电密度数据集(见彩图4.10),其中闪电密度单位为频次每平方千米每年(fl/(km^2·a)。

陶善昌等研究指出,中国陆地闪电密度呈现显著的不均匀分布特征,与地面热力和动力强迫作用的不均匀分布有紧密的联系,闪电密度高值带(中心)与中尺度地形(山脉高度、尺度、走向)的对应关系呈现不同形态。

1) 中国西部寒旱地区

闪电密度高值区：祁连山南麓青海湖地区、天山向西的伊犁河谷以及唐古拉山与念青唐古拉山两山之间的盆地。

2）中国东部湿润地区

闪电密度高值区：南北或东北—西南走向、海拔 500～1500 m 的中尺度山脉和丘陵地区附近。

闪电低密度带：山间盆（谷）地和平原地区。

3）海陆过渡带：

平均：随海陆距离增加而升高。

高值中心：山体和丘陵地形隆起及大城市等地区，跟海陆风与山谷风或与城市热岛效应相互作用有关。

日变化特征也体现了海陆风的影响。

4）中国近海：

平均：是全球海洋相应值的 5 倍。

黑潮主干海域有闪电高密度带，密度值比邻近海域高 2～5 倍，这是黑潮主干海域的高温、高盐特征显著影响该海域强对流发展的一个新的事实。

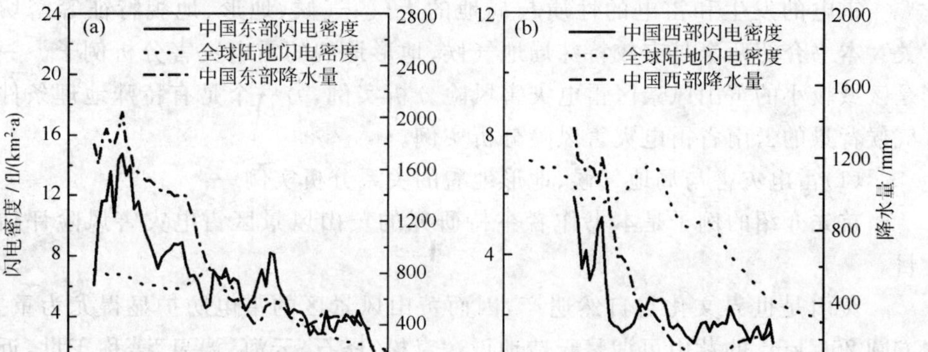

图 4.11 闪电密度和降水量平均值随纬度变化曲线

(a)中国东部湿润地区；(b)中国西部寒旱地区

大量的研究发现，闪电活动与雷暴宏观、微观物理过程有关。

闪电频数与雷暴云顶高度有关，总的趋势是闪电频数随着雷暴高度指数上升。

闪电活动和对流性降水有一定的相关，并且在各自的时空变化上都有紧密的联系，但这相关系数随着发生的地区和风暴的类型变化较大。图 4.11 反映了闪电密度和降水量平均值随纬度变化的关系。

云地闪被发现与雷达强回波也有对应关系，负云地闪率与大于 30 dBz 的强雷达回波成正相关(Yan Muhong，1992)；在时间上，雷达强回波出现处 30 分到 1 小时前有高闪电频率发生(Qie Xiushu，1993)。但存在反例，如低降水风暴。

闪电频数与雷暴云半径 R 和单位体积的荷电率成正比，与临界击穿电场成反比。

此外，闪电活动与气溶胶、冰晶有关，人工造成的空气污染的增加可能导致加强起电和放电。Lyons *et al*. (1998)、Murray *et al*. (2000)研究了 1998 年 4—6 月美国南部的森林大火引来的烟对雷暴的闪电特征的影响，用 NLDN 发现正云地闪的数量有增加，是平时的正云地闪的 2～3 倍，正云地闪的峰值电流也是预期的 2 倍。他们认为烟改变了雷暴里的电特征，可能是通过气溶胶对云的微物理过程起的作用。

4.2.1.3 雷电灾害与局地气候、地形地貌的关系

雷电的发生和雷电的性质与局地的天气、气候、地形、地貌特征等密切相关。本书介绍两个具有较特殊局地气候、地形地貌的雷电灾害分析例子。一个是区域较小的黄山风景区雷电灾害风险分析实例，另一个是有特殊地理条件和气候背景的云南省雷电灾害风险分析实例。

(1)雷电灾害与局地气候、地形地貌的关系分析实例一：

首先介绍的例子是本书作者主持研究的黄山风景区雷电灾害风险评估项目。

黄山是世界文化与自然遗产，因而黄山风景区的雷电防护显得尤为重要。方圆 250 km^2 的黄山可谓是天造地设，“奇松、怪石、云海、温泉”著称于世，近年来国内外游客逐年剧增，年接待量已接近 200 万人次，是名副其实的旅游胜地。而如何保证游客在景区的安全则是一项艰巨的任务，黄山景区雷击事故时有发生就是亟待解决的问题之一。最近较严重的两次是：2007 年 4 月 17 日 8 时 35 分，天都峰遭雷暴袭击，护栏、游道等设施受损并有人员受伤；2007 年 7 月 12 日 15 时 30 分前后，在鳌鱼峰的嘴部发生雷击伤人事件。

另一方面，一旦由于雷击原因导致蜚声中外的奇松、怪石损毁，将给黄山这个世界文化遗产带来不可估量的损失。所以，应加强对黄山的雷电灾害风险分

析，采取有效措施降低风险，力求提高黄山景区游客人身安全水平，同时确保奇松、怪石免于雷灾，保护自然生态环境的可持续性。

利用闪电定位系统资料结合地理信息系统，截取能够覆盖整个黄山风景区的区域（118.05°～118.13°E、30.06°～30.09°N），以 1 km^2（1 km×1 km）范围为基本单元进行数据处理，得到各单元内 2005 年 8 月 24 日至 2008 年 9 月 22 日期间的全部闪电频次、极性、强度等参数，研究分析黄山风景区地质地貌、雷电环境及黄山地理环境对雷电活动的影响。研究表明：山区雷电活动随海拔高度的增加，闪电频数也有所增加，而平均闪电电流强度有减小趋势；黄山怪石景区电阻率很高，雷击导致岩体崩裂飞溅伤人并破坏景观是黄山雷电灾害主要的危害方式。雷电能量的泄放是需要通道的，或者入地，或者转化为破坏力。像黄山这样电阻率很高的怪石景区一旦遭雷击，将会导致雷电流难以泄放，巨大的雷电能量会以破坏力极强的方式击中怪石或其附近区域，直接使岩体爆裂、剥离飞溅，使怪石景观遭到一定程度的破坏并可能导致游客被击伤。

1）黄山雷电活动的地理地质条件因素分析

①地理地形对雷电活动的影响

黄山屹立在安徽省南部，东西宽约 30 km，山脉面积 1200 km^2，规划面积约 154 km^2。山脉高度大都在 1000 m 以上，最高达到 1864 m。由于受海拔高度、地理位置和相应大气环流的共同影响，黄山的气候特征既有华东北亚热带季风气候特点，又有山地气候垂直变化的特色。

受局部山地影响，使上升气流增强，易产生局部强雷暴天气。据黄山气象站历年的观测资料统计，黄山历年平均雷暴日数为 49.6 天（数据由黄山气象站提供），最多雷暴日数年份可达 71 天之多。雷电发生的位置在很大程度上与地理位置有关。例如，天都峰作为黄山三大主峰之一，卓立地表，险峭雄奇，气势博大，最为雄伟壮丽。它与玉屏峰对望，中间是低洼的老道口，形成一道狭长的 U 型谷，在雷雨云形成过程中，由于风力作用，雷暴发生位置就常在这个 U 型谷，特别是老道口附近朝天都峰攀登的山道上。落雷地点会根据地形地貌特征随机选择泄流，故这一带造成雷击事故的危险度非常大，多年的雷电灾害事故案例表明了这一点。

② 地质条件对雷电活动的影响

黄山岩性以中细粒斑状花岗岩为主，花岗岩的土壤电阻率很高，数值达到十万量级欧姆米，多数名松生长地的表层覆盖约几十厘米厚的岩土，属于表层土夹石，由胶结物与不同形状的土壤或岩石颗粒组成，电阻率 ρ 参考值在数百欧姆米至一千多欧姆米。但表层岩土向下即为花岗岩体，与表层岩土形成明显的垂直双层土壤结构，某些地区的土壤电阻率达到了数千欧姆米。一旦遭受雷击，雷电能量泄放比较困难。例如，2007 年 7 月 12 日 15 时 30 分前后，在鳌鱼峰的嘴部发生雷击伤人事件。现场调查的基本情况是：雷击点发生在鳌鱼嘴附近的铁栏杆上，铁栏杆为活动卸装式，南北走向，长约 20 m，栏杆高约 1.2 m。铁质栏杆作为高导电性的材料，引发云中雷电流在此释放，由于栏杆没有做接地（也无法做）处理，电流释放没有接地通道，导致四周游道的部分设施受损。发生雷击时，有不少游客经过此处，其中四名游客遭雷电流袭击（四名游客均没有触摸铁栏杆），二人伤势较重，另二人伤势较轻。

当天的气象资料记载：7 月 12 日雷暴发生在 15 时 11 分持续至 17 时 35 分，在测站的东北至天顶方向，阵雨从 15 时 12 分开始一直到 19 时 15 分结束。调阅雷电信息终端资料：黄山当日 15 时 11 分至 17 时 35 分总雷电频次为负闪电数 394，雷电流上升陡度为 12.53744 kA/μs，电流强度为－47.64227 kA。当时雷击造成了大块岩石被击中剥落现象，如图 4.12 所示。其原因就是由于雷电能量得不到及时释放，形成了岩石爆裂。当然，雷击的选择性还与地面地形及表面电导率分布有关。此次雷击，还造成不远处监控设备被击坏，而剥落岩石上方即为监控设备的电源视频控制线路敷设槽，线路无屏蔽，提高了雷击的选择性。

图 4.12　2007 年 7 月 12 日黄山章鱼峰遭雷击部位

飞来石遭雷击的情况也类似天都峰、鳌鱼峰雷击事故。飞来石高耸突出，一侧为大峡谷，海拔 1730 m。雷雨形成过程中，飞来石直接置于云雾之中，极易引雷，招致对其本身或对周围事物、人员闪击放电。同时，由于飞来石置于石质平台上，基本不存在自然的雷电流泄放渠道。而雷电能量的泄放是需要通道的，或者入地，或者转化为破坏力。一旦电阻率极高的飞来石遭雷击，将会导致强大的雷电流难以泄放，巨大的雷电能量会以破坏力极强的方式击中飞来石或其附近区域，直接使飞来石岩体爆裂、剥离飞溅，使飞来石自然景观遭到一定程度的破坏。2002 年夏季，飞来石遭受雷击时引起的岩体剥落飞溅，导致当时有九位正处于该景点位置的游客因此被击伤。

2)黄山风景区雷电活动时空分布特征分析

根据安徽省气象局提供的 2005 年 8 月 26 日至 2008 年 7 月 20 日期间的黄山风景区闪电定位资料（注：该资料由闪电定位原始数据处理得到，主要包括闪电发生的时间，正、负闪数以及闪电的平均强度。闪电定位系统测量数据的可靠性和准确性未得到明确的验证，但可以反映雷电活动趋势），做出以下分析：

①闪电频数的时间分布特征

利用 2006、2007 两年资料，对这两年总闪数、正闪数和负闪数逐月平均后绘制时间序列图，如图 4.13 所示。由图看出：总闪和负闪的年变化呈典型的单峰分布特征，闪电的高发期集中在 6 月、7 月和 8 月，超过全年闪电总数的 80%，平均每月发生 8000 次左右，其中以 7 月最为突出，可达 9500 次以上，其他各月闪电数量骤减，平均不到 500 次；负闪的年分布特征与总闪基本相同；正闪年变化呈多峰分布，正闪极少发生，除了在 6、7、8 三个月与总闪保持一致的

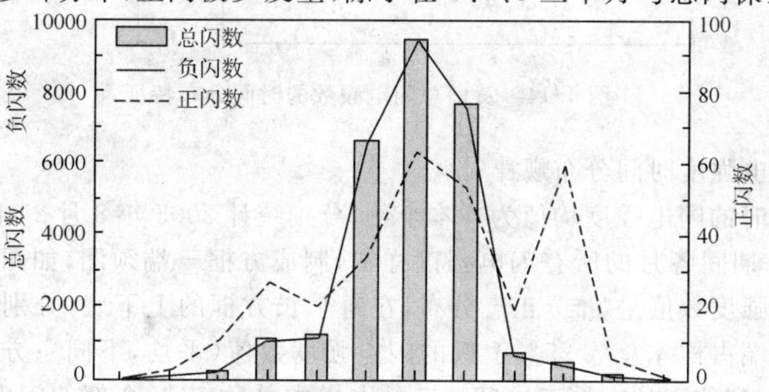

图 4.13　黄山景区闪电分布年变化特征图

趋势之外，10 月又出现了一次峰值，大约在 60 次左右，4 月、5 月和 9 月也都在 20 次以上。

图 4.14 为总闪频数的时间分布特征，由图可以看出：闪电集中发生在 6～8 月的午后 12～20 时，其他各月闪电频数较低。总闪频数的日变化图(a)和总闪频数的年变化图(b)分别为主图中以十字线为基准的水平剖面图和垂直剖面图。

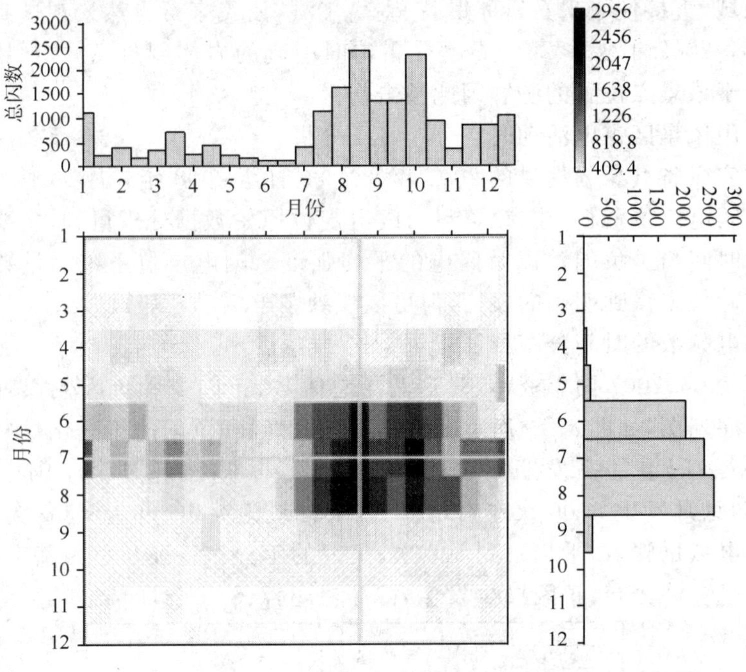

图 4.14　黄山总闪电频数的时间分布特征

②闪电强度时间分布规律

取逐时的闪电强度均值为样本个例，分别统计 2005 年 8 月 26 日至 2008 年 7 月 20 日期间各月的所有闪电强度样本，制成方框一端须图，如图 4.15 所示。假定闪电强度数值呈(准) 正态分布，在每个长方框的上下底，分别表示(准)正态分布两端占样本总数 25％个例的闪电强度数值(平均，下同)；方框中的黑线(该线不一定位于长方框正中间) 表示占样本总数 50％个例的闪电强度数值；从长方框上下边延伸出之粗黑线的端点，分别表示占样本总数 5％个例的闪电强度数值，“×”表示占样本总数 1％个例的闪电强度数值，最上端和最下端的短横线“—”分别表示该月份所有闪电强度样本的最大值和最小值，方框中的“□”表示样本均值。由图可以看出：

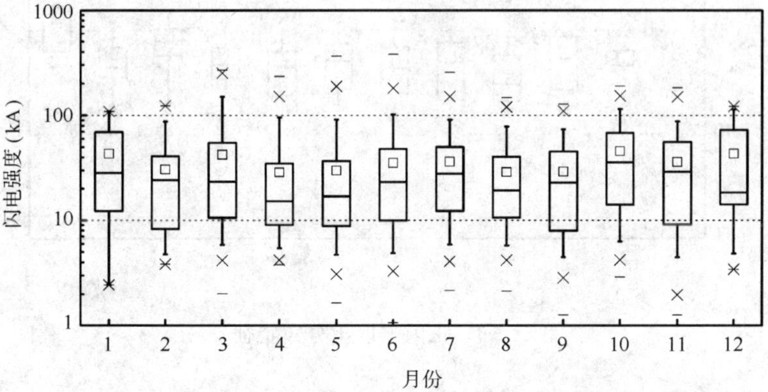

图 4.15　总闪强度年分布特征

a. 各月均有可能出现强闪电（大于 100 kA），强闪电在 1 月、3 月、6 月、10 月和 12 月出现的概率超过 5%，尤其是 3 月和 10 月甚至达到 10%；

b. 各月闪电强度跨度范围较大，可达两个量级，其中以 6 月最为突出，最大强度可以达到 360 kA，而最小强度只有 1.2 kA，2 月、8 月、10 月和 12 月闪电强度值相对比较集中；

c. 超过 50% 的样本强度分布在 8～70 kA 之间，值得注意的是 8 月和 10 月，有将近 80% 的样本其强度取值都在 10 ～100 kA 之间；

d. 各月平均闪电强度在 40 kA 左右，各月均有半数以上的样本其强度在平均闪电强度以下，平均闪电强度无明显的年变化规律。

图 4.16 给出了正闪强度的年分布特征，总体来看，正闪强度的年分布特征为：正闪强度跨度较小，基本上集中在 20～80 kA 之间，平均闪电强度远大于负闪，尤其是在 10 月，半数以上的样本其闪电强度都在 60～100 kA 之间。负闪强度的年分布特征与总闪基本一致。

研究还得出了黄山闪电强度的日分布特征（图 4.17）：

a. 全天各时次均有可能发生强闪电（大于 100 kA）；

b. 午后强对流易发时段 13～18 时，强度大于 10 kA 的闪电出现概率均大于 75%，且闪电强度分布比较集中，超过 50% 的闪电强度介于 10～30 kA 之间；

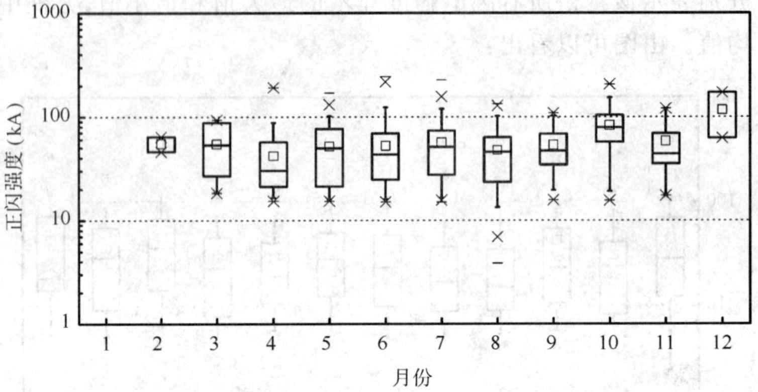

图 4.16 正闪强度年分布特征

c. 闪电强度日分布无明显规律。

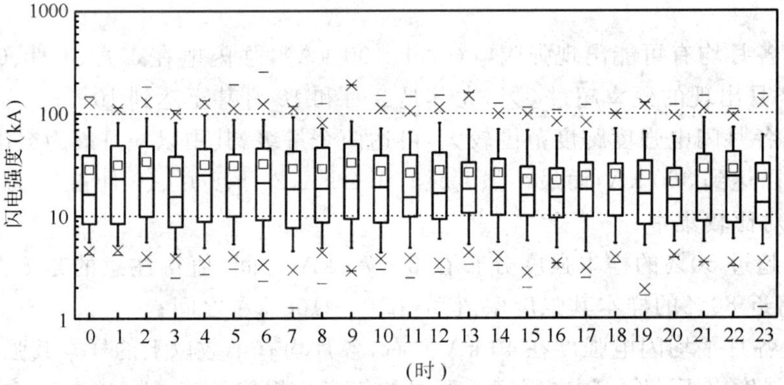

图 4.17 闪电强度的日分布特征

由闪电强度的分布特征可以看出，与闪电频数不同，闪电强度随时间的分布无明显规律，一年中各月各时次均有可能发生强闪电。但由于闪电集中发生在 6—8 月的 13—20 时，因此，该时段内强闪电出现频数很高。

③闪电频数和强度的地理空间分布特征

利用前述黄山闪电数据按其不同分布制成具有彩图 4.18，并将各个名松、风景点、观景点的实际位置在图中进行标注（以字母或数字表示）。同理，统计各个单元平均闪电强度，制成彩图 4.19。图中字母或数字代表名松或奇石和观景点。例如，A 代表孔雀松；B 代表黑虎松；1 代表手机石、2 代表飞来石等。

从彩图 4.18 可以清楚地看到黄山风景区各个景点附近区域的闪电频数分布状况：孔雀松、黑虎松、棋盘松、团结松、飞来石、平天矼瞭望台 6 处景点处于闪电频数的高值区，年雷击大地密度约为 3.75 次/(km^2 · a)，手机石、始信峰、梦笔生花、狮子峰、猴子观海、竖琴松、龙爪松等景点的闪电频数稍低，年雷击大地密度约为 3.42 次/(km^2 · a)；依次下来为迎客松、送客松、陪客松，年雷击大地密度约为 3.08 次/(km^2 · a)，蜡烛松、古银杏等位于景区内闪电频数的最低值区，年雷击大地密度小于 2.3 次/(km^2 · a)。由于研究区域较小，资料年限也很短，各景点所在区域的年雷击大地密度相差不大，相比而言，我们可以发现山区雷电活动的一个规律：随海拔高度的增加，闪电频数也会有所增加。

由彩图 4.19 可见：整个风景区的平均闪电强度都小于 35 kA，其中，位于山上的的孔雀松、黑虎松、棋盘松、团结松、飞来石、手机石、始信峰、梦笔生花、狮子峰、猴子观海等景点的平均闪电强度普遍较低，均小于 27 kA，而位于山下的一些古树（如紫树、青拷等）附近闪电强度却较大，尽管有几处仍很小（如蜡烛松附近），但大致来看，我们可以发现山区雷电活动的另一个规律是：随海拔高度的增加，平均闪电电流强度有减小的趋势。

（3）黄山风景区雷电活动时空分布特征分析结论和讨论

从以上气象环境及地理地貌条件分析表明，黄山雷电活动主要特征表现为：闪电集中发生在 6—8 月的午后 12—20 时。依据分析结果，可以考虑根据景区自身的雷电活动规律，有重点的开展雷电防护工作，4—10 月应作为全年的主要防护期，其中，6—8 月的防雷工作更是重中之重，特别是午后强对流易发时段。

① 闪电强度随时间的分布无明显规律，一年中各月各时次均有可能发生强闪电。但由于闪电集中发生在 6—8 月的 13—20 时，因此，该时段内强闪电出现频数很高。

② 各月平均闪电强度在 40 kA 左右，各月均有半数以上的样本其强度在平均闪电强度以下，平均闪电强度无明显的年变化规律。

③ 地质条件、地形、地貌，人为因素等都会影响到雷灾频次及损失程度。

在黄山这样的地形地貌情况下，产生了比较特殊的局地气象条件。这样的气象条件下，天都峰老道口，如鳌鱼头部附近部位，还有飞来石附近区域，以及回音壁附近成为主要的雷击区域。

（2）雷电灾害与局地气候、地形地貌的关系分析实例二：

云南省气象局张腾飞等针对云南特殊的地理条件和气候背景，综合利用常规气象观测资料、闪电定位系统监测资料、多普勒天气雷达加密观测资料，对云南2007年5—8月雷电灾害以及成因进行分析，尤其重点分析2007年5月27—30日、6月23—26日、7月11—12日、8月8—12日的4次雷电过程，以期为云南的雷电监测预警提供科学依据。本书将该研究结果作为雷电灾害与局地气候、地形地貌关系的又一个例子介绍给大家。

1）云南雷电灾害概况和雷电活动特点

云南是全国雷暴高发区，全年不同时期都会有不同程度的雷电灾害事故发生，其中5～8月由于有充沛的水汽和热力条件，是云南雷电的高发期，也是雷电灾害的高发期。2007年云南雷电活动频繁，雷电灾害比较严重。

① 雷电灾害概况

据不完全统计，2007年5—8月全省共发生雷电灾害事故136起，共造成58人死亡，58人受伤。由图4.20可见，2007年5—8月云南雷电造成的人员伤亡事故主要分布在昭通、曲靖、文山、昆明、楚雄、大理、玉溪、红河、西双版纳、德宏、保山等11个地区，但集中出现在滇中附近的昆明、楚雄、大理、玉溪及其以东地区的昭通、曲靖、文山、红河区域内，发生在这个区域的雷击死亡人数有54人，占全省的雷击死亡人数的93%。通过统计分析每一起雷击事故的发生时间，雷击主要集中在午后到傍晚的13—19时。

② 雷电活动特点

根据云南雷电定位监测网的探测资料，全省范围内5—8月共发生闪电283553次，每天均有不同程度的雷电活动发生，但雷电的活动空间和时间分布不均匀。

③ 雷电活动的空间分布

通过分析2007年5—8月全省10km×10km面积上的云南雷电监测网监测的闪电频数分布（图略）发现，5—8月全省雷电活动空间分布不均匀，闪电主要发生在滇东、滇中和滇南，其中闪电活动高频数区在滇中及其以东的昆明、楚雄、玉溪、红河、曲靖、文山6个地区，滇西北雷电活动相对较少。全省平均5—8月期间闪电频数为0.74次/km^2，其中最大闪电频数为6.59次/km^2，出现在云南中部的昆明地区；最小闪电频数为0次/km^2，出现在云南西北部的迪庆和怒江地区。从2007年5—8月各州（市）闪电数统计分布（图4.21）可以更清楚地看出，云南雷电活动主要出现在曲靖、文山、红河、楚雄、昆明、普洱等地区，其中以曲靖地区为最多，共监测到闪电数49308次，占全省闪电总数的17.4%，闪电

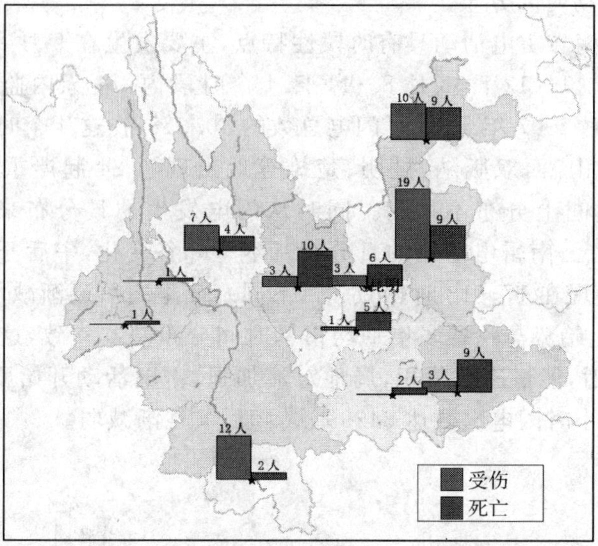

图 4.20 2007 年 5—8 月云南雷电灾害导致人员伤亡事故分布

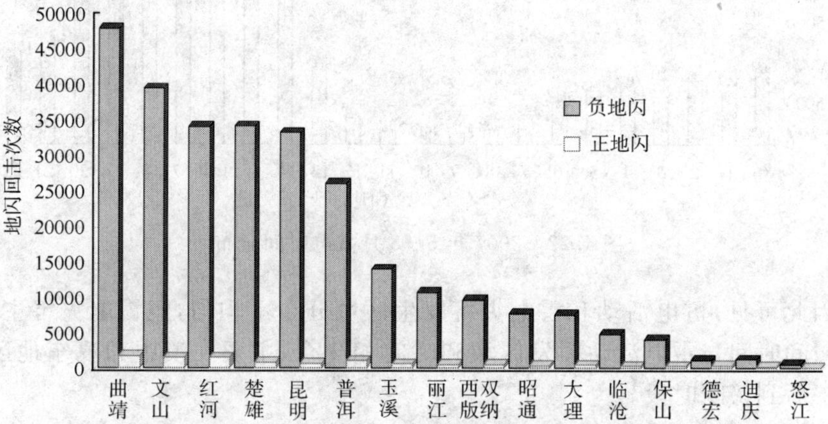

图 4.21 2007 年 5—8 月云南各州(市)雷电频数分布(单位:次)

最少为怒江州,仅监测到闪电数 455 次,为曲靖地区的 1%。可见 2007 年 5—8 月云南雷电活动空间分布不均匀,雷电活动主要出现在滇中、滇东和滇南地区,这与云南特殊的地形地貌和地理位置有关。

④ 雷电活动时间分布

5—8 月云南省雷电活动具有时段性特点，主要发生在 5 月 27—30 日、6 月 23—26 日、7 月 11—12 日、8 月 8—11 日 4 个时段内，14 天内监测到的闪电总数 114401 次，占 2007 年 5—8 月闪电总数的 40.3%，在这 4 个时段内的雷电活动导致曲靖、文山、西双版纳、昆明、楚雄等地出现了 24 起严重的雷电灾害事故，雷电活动时间上分布不均匀。同时从闪电发生的日分布来看(图 4.22)，2007 年 5—8 月云南雷电活动的日分布基本呈峰谷变化，午后开始雷电活动逐渐加强，峰值出现在 17—18 时(北京时，下同)，夜里之后逐渐减弱，谷值出现在 10—11 时，变化趋势与我省多年平均雷暴时间分布基本一致，这主要由于午后强烈的太阳辐射，能量逐渐累积，局地对流加强，雷电活动开始剧增，至 17—18 时达最大值，1 小时闪电次数达 34299 次，随后又逐渐减弱。

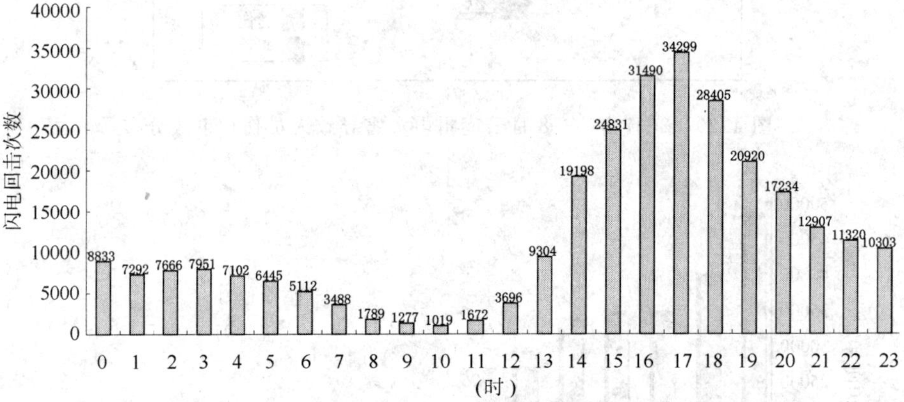

图 4.22　2007 年 5—8 月雷电时间分布

因此可见，雷电活动和雷电灾害发生区域分布不均匀，但雷电灾害主要发生区域和时间与雷电活动频发区域和时间相吻合，主要在滇中和滇东地区，集中在午后到傍晚时段。

2) 雷电灾害与闪电频数以及闪电强度的关系分析

① 5—8 月雷电灾害与闪电频数和闪电强度的关系

比较 2007 年 5—8 月雷电灾害分布与闪电频数分布的关系可以看出，闪电发生高频区域的昆明、楚雄、曲靖、文山、玉溪、红河也是雷击死亡人数的密集区，因此雷击死亡人数与闪电频数有较好的对应关系。进一步分析主要发生雷击人员死亡事件的 9 个地区的闪电特征(表 4.1)发现，5—8 月期间闪电频数大于等于 1.2/km² 的地方，发生雷击伤亡的人数多，曲靖、昆明、文山和楚雄是发生闪电频数最大的 4 个地区，发生的雷击伤亡人数也较多，如 2007 年 5—8 月曲靖市闪电频数最大，为 1.7 次/km²，雷击伤亡人数最多，为 28 人，死亡人数也较多为 9 人，昆明、文山、楚雄的雷击死亡人数分别为 6 人、9 人、10 人。但滇东北的昭通闪电频数不高，而雷击伤亡人数却较多，为 19 人，其中死亡 9 人，通过分析闪电强度可以发现，昭通的平均闪电电流强度最强，达到 72.01 kA，因此虽然昭通闪电频率不高，但由于闪电的电流强度大，同样造成大的雷击伤亡事件，雷击伤亡人数与闪电频数的对应关系不好，但与闪电强度却有极好的相关性。

表 4.1　2007 年 5—8 月各州市雷击死亡人数与闪电特征值关系

州(市)	死亡	总地闪数	密度 1/km²	负地闪数	平均强度(kA)	最大强度(kA)	正地闪数	平均强度(kA)	最大强度(kA)	>100 kA 数	<30kA 数
楚雄	10	35345	1.24	34576	−33.71	−328.2	769	56.12	707.6	603	18535
文山	9	40641	1.29	39223	−33.93	−279.9	1418	51.78	221.5	620	20798
昭通	9	7980	0.36	7641	−72.24	−357.4	339	72.01	200.1	1023	805
曲靖	9	49308	1.70	47619	−37.52	−360.2	1689	59.91	264	763	17253
昆明	6	33869	1.61	33234	−29.50	−361.1	635	52.42	339.3	319	21847
玉溪	5	14503	0.97	13940	−28.78	−233.7	563	49.39	265.4	196	9624
大理	4	7903	0.28	7497	−36.20	−319.7	406	53.75	700.3	195	3732
西双版纳	2	9960	0.52	9545	−35.52	−291.7	415	49.18	230.1	210	4934
红河	2	35364	1.10	33902	−31.37	−414.4	1462	50.21	279.6	582	21417

* 此表数据为闪电定位仪测量数据，由于设备存在标定问题，所以测量数据可能需要进行修订，按一般常识理解，该表中雷电强度测量值偏大。

② 三次雷电过程雷电灾害与闪电频数和闪电强度的关系

通过对 2007 年 5 月 27—30 日、6 月 23—26 日和 8 月 8—11 日(表 4.2)时间段一致的三次雷电过程的闪电强度、总地闪数和伤亡人数进行对比分析。在三次过程中正负地闪平均强度都差不多，负地闪平均强度在－31.38～－33.47 kA，正地闪平均强度在 50.67～54.31 kA。从发生地闪的情况来看，8 月 8—11 日发生的总地闪最多，为 43286 次，但发生的雷击伤亡人数仅 3 人，明显比其他两次雷击伤亡人数少。通过分析 2 次过程的正负地闪的最大电流强度发现，5 月 27—30 日、6 月 23—26 日负地闪最大强度较大，分别达到－360.2 kA、－361.1kA，明显高过 8 月 8—11 日最大负地闪的强度，而 5 月 27—30 日正地闪最大强度也最大，达 700.3 kA。进一步对这 3 次过程的 10 km×10 km 雷电频率分布(图略)分析发现，前两次过程雷电分布具有区域性，主要分布在滇中以东和以南地区;而8月8—11日雷电分布范围广,分布在除滇西北以外的全省大部分地区。因此前两次过程虽然闪电次数相对8月8—11日较少,但由于闪电强度较强,造成雷击伤亡人数比较多,加之由于前两次过程属非全省性雷电过程,雷电发生的区域和时间相对集中,每天集中出现在午后的滇中以东和以南地区,短时内局部地区出现较高的闪电频数,这也是造成雷击伤亡人数较多的原因,而8月8—11日是全省性雷电过程,雷电活动区域和时间上的分散大大降低了雷击造成人员伤亡事故的可能性。

表4.2 2007年5—8月三次雷电天气过程的闪电强度对比

时间	伤亡人数	总地闪数	负地闪数	平均强度(kA)	最大强度(kA)	正地闪数	平均强度(kA)	最大强度(kA)	>100 kA	<30kA
5月27—30日	17	24141	23554	−31.38	−360.2	587	50.67	700.3	199	13646
6月23—26日	16	30793	29696	−33.47	−361.1	1097	54.31	230.2	381	15218
8月8—11日	3	43286	42070	−32.96	−291.7	1216	52.58	325.5	547	23196

可见云南省雷击伤亡人数的多少不但与闪电频数有关,还与闪电强度有密切关系。通常闪电频数较高的区域发生雷击灾害的可能性较大,但有时闪电频数虽然不高,由于闪电的电流强度较大,也易引起雷击灾害。

3) 雷电与气象环境——雷电发生时的雷达回波特征分析

张腾飞等用云南全省6部CC/3830多普勒天气雷达资料分析了2007年5—8月雷电过程的雷达回波特征。2007年5—8月产生雷电的回波往往都是由多单体对流回波、混合型降水回波中的对流回波单体造成的,具有典型的强对流天气的特征,回波强度一般在40 dBz以上,组合反射率一般在45 dBz以上,回波顶高往往超过12 km。

从2007年6月24日22:41普洱市多普勒天气雷达组合反射率(图略)和回波顶高产品(图略)与闪电定位数据叠加看出,雷电是由多单体对流回波(短带状回波)造成的,发生雷电的区域组合反射率达55~65 dBz,回波顶高达15 km以上,对流发展异常旺盛,6月24日雷电引起人员伤亡是最重的,雷击发生6起,造成6人死亡,9人受伤。

分析昆明多普勒天气雷达2007年7月12日18:26的组合反射率(图略)和回波顶(图略)与闪电定位数据叠加图发现,这次雷电过程是由混合型降水回波中的强对流单体造成的,组合反射率达45 dBz左右,并且在对流发展旺盛的地区,即回波顶高超过12 km的区域基本上都有闪电发生,回波面积大、持续时间长，整体回波自东北向西南移动，但相对前一次过程的雷达回波强度偏弱，因此尽管此次过程发生的雷电次数多，但雷灾不如前一次严重。

由此可见，多普勒天气雷达监测产品的强度与闪电的发生有较好的对应关系，闪电均集中在回波顶高高且强度强的具有典型强对流特征的区域，回波强度越强、顶高越高，发生雷电的可能性越大，出现的雷电灾害越严重。

4)雷电发生的地理、天气环境条件分析

① 地形和地理位置条件

雷电是由雷暴云带电而形成的，是雷暴云中不同符号荷电之间的放电过程。通常我们认为雷电的形成是由于大气中热空气上升，与高空冷空气产生摩擦，从而形成了带有正负电荷的小水滴。当正负电荷累积达到一定的电荷值时，会在带有不同极性的云团之间以及云团对地之间形成强大的电场，从而产生云团对云团和云团对地的放电过程。

云南地处低纬高原地区，一年四季得到的太阳光热较多，太阳光照射地面后，利于形成局地强对流雷暴天气，产生雷电过程，这也是造成云南多雷电的原因。但是云南地势自西北向东南呈阶梯状逐级下降，滇西北地势险峻，是有名的横断山脉，不利于北方冷空气从此侵入，滇中为地形波状起伏，属起伏缓和的低山丘陵，滇东南、南部为地势最低的地区，因此云南的地形呈喇叭口的形式，向东南方向开口。由于云南特殊的地形条件及南北气候的差异，云南的水汽主要来源于西南部的孟加拉湾和东南部的中南半岛、南海一带，而冷空气主要从滇东北进入。因此，一方面滇东南、南部是云南主要的热带、亚热带区域，温湿条件较好，一旦有抬升动力条件(如高层冷空气)，就利于形成雷电；第二方面，从南部来的暖湿气流和从东北部来的冷空气进入云南省后会受到重重高山的阻挡，尤其是西北部高山的阻挡，冷暖空气利于在滇中及以东以南的区域交汇，容易产生雷电；第三方面两股气流进入云南后处于高山的迎风坡，随着地形逐渐自南向北和自东向西的升高，暖湿气流就会抬升，形成对流不稳定，易产生雷电天气。

云南特殊的地形地貌和地理位置是造成 2007 年 5—8 月云南多雷电活动但分布不均匀特征的重要因素之一，雷电高发区域主要出现在滇中、滇东和滇南地区。

② 天气系统背景条件

通过对 5—8 月的雷电过程进行分析发现，造成云南雷电的主要环流形势可以归纳为 2 大类 5 种类型，北方系统类和南方热带系统类，其中北方系统类包括低槽切变和两高辐合，而南方系统类包括西行台风、热带辐合带和南海低压，有时会出现北方系统和南方热带系统相互配合影响。5 月 27 日和 8 月 11 日是其中的 2 次雷电过程，5 月 27 日主要受北方低槽切变系统影响，8 月 11 日是受南方热带辐合带系统，以下是对这 2 次雷电过程的天气背景和气象条件分别进行的分析。

沙氏指数(SI)和$\frac{\partial\theta_{se}}{\partial p}$是衡量大气稳定度的重要判别指标，当 $SI<0$℃和$\frac{\partial\theta_{se}}{\partial p}>0$℃表征大气不稳定，$SI>0$℃和$\frac{\partial\theta_{se}}{\partial p}<0$℃表征大气为稳定的。

a. 5 月 27 日北方系统类雷电过程

在 5 月 27 日 08 时高层 500 hPa(图略)上，在青藏高原东南侧从格尔木、甘孜到巴塘有一低槽，后部为西北气流，随着低槽东南移，引导高层冷空气向东南移；在低层 700 hPa(图略)上，从宜宾、威宁到丽江有一川滇切变线生成，后部为 312 dagpm 的高压环流。因此高层低槽东南移，后部偏北风携带冷空气，促使中低层川滇切变线的形成和东南移，导致滇中及以东强烈雷电活动，低槽切变系统为此次雷电过程的发生发展提供了动力抬升条件和冷空气条件。

为了更清楚地揭示云南雷电发生的环境条件，对 SI 分布和$\theta_{se850}-\theta_{se500}$分布进行分析。图 4.24a、4.24b 和 4.24c 分别给出了 5 月 27 日 08:00—20:00 云南全省 10 km×10 km 面积上的闪电频数分布实况、08 时的 SI 分布和$\theta_{se850}-\theta_{se500}$分布。从图 4.24a 可以看出，5 月 27 日 08:00—20:00 发生的闪电是区域性的，主要发生在滇中到滇东南的文山、昆明、曲靖和红河北部一带。在 SI 的分布(图 4.24b)上滇中到滇南 $SI<0$℃，表示这些区域处于不稳定大气中，这就给强对流雷电天气的发生发展提供了充分的不稳定条件，而滇中以北和以西地区 $SI>0$℃，表示该区域为稳定大气控制，我省的北部和四川南部区域出现 SI 密集线，表征两种气团(稳定大气和不稳定大气)之间的过渡，可见雷电主要发生在 $SI<0$℃为不稳定区域；由$\theta_{se850}-\theta_{se500}$的分布(图 4.24c)可以看出，我省除了北部地区$\theta_{se850}-\theta_{se500}<0$℃外，全省大部地区$\theta_{se850}-\theta_{se500}>0$℃，并且从滇中到滇东南形成了一条大值带，$\theta_{se850}-\theta_{se500}>6$℃，雷电正是发生在这些大值区域内，即发生在强烈的对流不稳定区域内。

b. 8 月 11 日热带系统类雷电过程

在 8 月 10—11 日 08:00 中高层 500 hPa 和 700 hPa 上(图略)，南海低压生成，偏北移动，同时在 18°N 附近形成热带辐合带，云南处在南海低压西北侧和

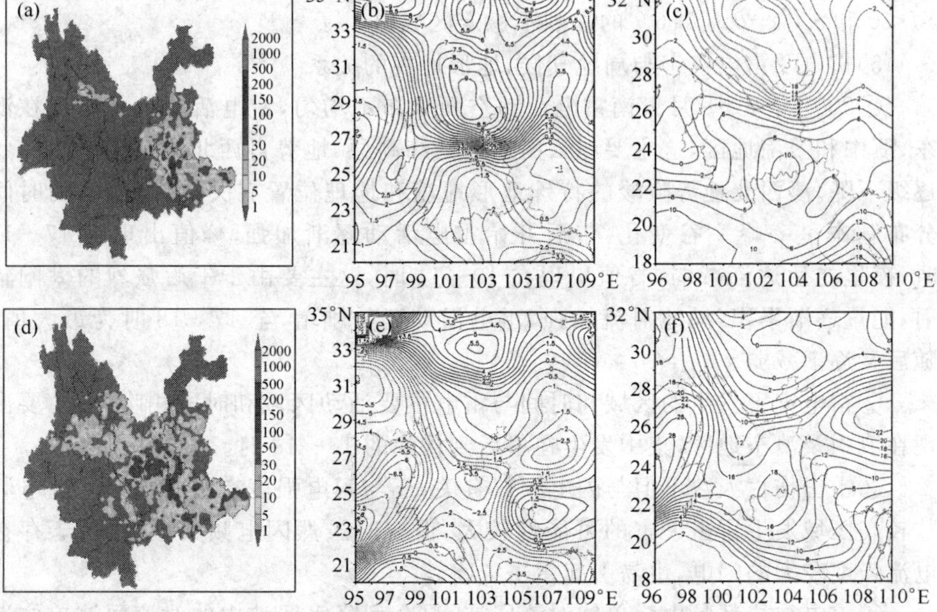

图 4.24　5 月 27 日 08:00—20:00 10 km×10 km 面积上闪电频数分布(a)、08 时的 SI 分布(b)和 $\theta_{se850}-\theta_{se500}$ 分布(c)以及 8 月 11 日 08:00—20:00 闪电密度分布(d)、08 时的 SI 分布(e)和 $\theta_{se850}-\theta_{se500}$ 分布(f)(单位:℃)

热带辐合带北侧偏东气流或者东北气流的控制下,并且分析 K 指数场发现,全省大部 $K\geqslant 40$ ℃,都处于高能高湿区域中。因此南海低压的生成和热带辐合带异常活跃为雷电的发生提供了有利暖湿条件。

同样图 4.24d、e、f 分别给出了 8 月 11 日 08:00—20:00 全省 10 km×10 km面积上的闪电频数分布、08:00 的 SI 分布和 $\theta_{se850}-\theta_{se500}$ 分布。从图 4.24d 可以看出,8 月 11 日 08:00—20:00 发生的闪电是全省性的,发生在除滇西边缘和滇东北外的全省大部分地区。从 8 月 11 日 08:00 的 SI 分布和 $\theta_{se850}-\theta_{se500}$ 分布看出,不稳定范围和强度明显大于 5 月 27 日,全省都处于强烈不稳定大气中,全省大部地区 $SI<-1.5$,$\theta_{se850}-\theta_{se500}>10$℃。由此可见,全省性的高能高湿和强烈不稳定造成了此次全省性的雷电过程。

综上所述,低槽切变、两高辐合型北方系统以及热带南海低压、热带辐合带、西行台风等南方热带系统都能为雷电的发生提供动力、热力或者水汽条件,但不论是哪种类型，雷电的发生发展与大气稳定度密切相关，雷电正是发生在$SI<0$和$\theta_{se850}-\theta_{se500}>6$℃的强烈不稳定区域内。

5)雷电及雷电灾害与局地气候、地形地貌的关系

①2007年5—8月云南雷电活动空间分布不均匀，雷电活动主要出现在滇东、滇中和滇南地区，这主要与云南地处低纬高原、地势自西北向东南呈阶梯状逐级下降、滇西北地势险峻的特殊地形地貌和地理位置有关；雷电活动的时间分布基本呈一峰一谷变化，午后开始雷电活动逐渐加强，峰值出现在17—18时，夜里之后逐渐减弱，谷值出现在10—11时，这主要由于午后强烈的太阳辐射，能量逐渐累积，局地对流加强，雷电活动开始剧增，至17—18时为最大值，随后又逐渐减弱。

②雷电灾害发生的区域和时间与雷电主要活动区域和时段相吻合，主要出现在滇中及滇东地区，集中发生在午后到傍晚的13—19时。

③雷击伤亡人数不但与闪电频数有关，还与闪电强度有密切关系。闪电频数较高区域发生雷击灾害的可能性较大，但有时虽然闪电频数不高，由于存在电流强度较大的闪电，也易引起雷击灾害。

④雷电往往都是由多单体对流回波、混合型降水回波中的对流回波单体造成的，闪电均集中在具有典型强对流特征的区域，回波强度一般在40 dBz以上，组合反射率一般在45 dBz以上，回波顶高往往超过12 km，并且回波强度越强、顶高越高，发生雷电的可能性越大，出现的雷电灾害越严重。

⑤低槽切变、两高辐合型北方系统以及南海低压、热带辐合带、西行台风等南方热带系统为雷电的发生发展提供了有利的环流背景以及动力、热力或者水汽条件，雷电正是发生在$SI<0$和$\theta_{se850}-\theta_{se500}>6$℃的强烈对流不稳定区域内。

4.2.2　雷电灾害易损性分析

表征建筑物或系统抗灾能力的分析是易损性分析，它是根据各类建(构)筑物结构、内部财产的性质、服务设施的分布及抗损(抗毁)能力等进行分析。又称性能分析。

对雷电灾害而言，建筑物或系统抗灾能力与以下情况有关：

(1) 建筑工程地理位置

抗雷电灾害性能与建筑工程所处位置的地质、地形地貌、周边环境尤其是雷电环境、气候条件、交通设施、周边抢险救灾支援能力有关。

(2) 建筑工程平面布局

抗雷电灾害性能与建(构)筑物分布、功能分区(生产、管理、辅助生产、生活区)布置;易燃、易爆、危险品设施布置,工艺流程布置,安全距离、卫生防护距离等有关。

同样,厂区道路、厂区铁路、危险品装卸区、厂区码头等运输线路及码头布置是否合理也影响抗灾能力。

(3) 不同建筑结构及材料

建筑结构包括连续金属框架、钢筋混凝土框架、砖混结构、砖木结构和木结构等,它们具有较大的防雷能力差异;还包括建筑高度、建筑占地、屋面材料、外墙材料、外部防雷装置等。

例如:建筑物具有符合 LPS I(第一类雷电保护装置)要求的接闪器以及作为自然引下线的连续金属框架或钢筋混凝土框架。建筑物具有金属屋顶或可能包含自然部件的接闪器,所有的屋顶装置都有着完善的直击雷防护,具有作为自然引下线的连续金属框架或钢筋混凝土框架等具有较强的防雷能力。

(4) 生产设备、装置及生产工艺过程

包括化工设备、装置;机械设备;电气电子设备;危险性较大的设备、高空作业设备;特殊单体设备、装置等。

(5) 有害作业部位

(6) 连接到服务设施的内部系统的冲击耐受电压 U_w(rated impulse withstand voltage level)。

U_w 是由制造商为设备或设备某一部分指明的冲击耐受电压值,表征其绝缘物对过电压的特定耐受能力。

例如,电信、计算机网络信息系统等弱电设备抗过电压能力较差,电力系统中的一次设备等强电设备耐冲击电压能力较强。

注:U_w 在 5.2 节中有详细介绍。

(7) 建筑物的特性和已提供的防护措施(接地、等电位、屏蔽、电涌保护、布线和防火等减少物理损害和人身伤害的防护措施、减少内部系统失效的防护措施)

(8) 建筑物所在地的土壤类型和建筑物地板类型

(9) 建筑物用途

如:民宅、办公室、农舍、影剧院、宾馆、学校、医院、博物馆、教堂、监狱、商店、银行、制造厂、工厂、体育场等。

(10) 使用者和内存贮物

如人和动物、易燃或不易燃材料、易爆或不易爆材料、低或高耐压的电气和电子系统。

(11) 所涉人员数目及其在可能造成损害的地方停留时间

(12) 向公众提供的服务类型、重要性、发生雷击事故的后果、建筑物中存储物价值和限制损失所采取的措施

(13) 服务设施的类型、内部布线特性、服务设施屏蔽物的物理特性以及所采取的保护措施

例如:连接到由防雷电缆或穿行在防雷管道、金属管道中的电缆组成的外来线路的有屏蔽的内部系统,由于不易发生雷电感应现象,因而具有较强的防雷能力。埋地电缆比架空电缆防雷能力更强。

(14) 电气电子设备所处建筑物中的位置(包括所在楼层以及离开外墙的距离)

(15) 信息系统设备对 LEMP 的敏感度和抗干扰强度

例如导致线路损害的最小的雷电流峰值——失效电流 I_a(failure current)。

(16) 危险蔓延的规模

如撤离困难、可能引起恐慌、危及四邻和环境的建筑物。

(17) 管理设施、事故应急抢救设施和辅助生产、生活卫生设施

(18) 建筑物用户负荷分级

对应以上情况,易损性分析方法应注重以下几点:

(1) 分析建筑物特性。

(2) 分析内存物料性质

例如定性区分易燃易爆物质、腐蚀和腐蚀性物质,包括电化学腐蚀和化学腐蚀性物质。

(3)分析作业环境

主要分析生产性毒物,生产性粉尘,振动,电磁辐射因素,高温危害,低温危害。还要分析工艺流程或生产条件等。

(4)分析相关服务设施尤其是电气电子设备及其线路的特性和分布情况

(5)分析防雷装置安全性能

主要分析防直击雷击装置、防侧击雷装置、防雷电感应和雷击电磁脉冲装置、防雷电波侵入等装置的性能。

承灾体的雷灾易损性还与区域的社会经济发展有关,也与雷电灾害可能造

成的后果有关。

为真实地分析承灾体抗灾能力，就必须完全掌握以上抗灾能力的所有有关情况。而要掌握这些情况，就必须实地勘察、调研、查阅基建图纸等资料，现场测量重要数据。这可能是雷电灾害易损性分析工作的难点和重点。

下面我们通过两个比较有代表性的实例来了解易损性分析的方法。一个是具有大量自动化设备的现代化水厂雷电灾害易损性分析，另一个是黄山风景区的奇松怪石等风景点的雷电灾害易损性分析。

4.2.2.1　例一：有大量工业自动控制系统的某现代化水厂的雷电灾害易损性分析

雷电灾害不仅威胁人身安全和财产安全，而且危害公共服务。

例如，雷电对自来水公司供水系统的正常运行有着严重的影响。雷电对水厂的损害不仅仅是它可能造成人员伤亡和设备损坏，由此带来直接经济损失，更严重的危害是它的二次灾害影响——由于城市供水中断将造成工厂停工等，可能带来巨大的间接经济损失，甚至会引起社会问题。

目前，我国的水厂现代化程度普遍提高，除了有高低压供配电系统外，另外还有大量的现代化工业自动控制系统。随着计算机技术(computer)、控制技术(control)、通信技术(communication)的发展和广泛应用，目前水厂的自动化控制普遍采用由工业计算机 IPC 或可编程控器 PLC 组成的集数据采集、过程控制和信息传送于一体的监控网络。由于这些设备大量采用高度集成化的 CMOS 电路和 CPU 单元，其对瞬间过电压的承受能力大幅降低，成为水厂受雷电损害的主要设备。这些自动化系统对水位、水压、加氯、加矾、过滤、排污等各环节起着自动控制的作用。这些系统含有大量的包括 PLC 模块在内等的弱电设备，图 4.25 为某现代化水厂自动化总览图。这些实现计量、监控、自动控制等功能的弱电设备的抗电磁干扰能力较差，经常遭受雷击而出现性能下降，甚至损毁的现象，轻者，可能造成供水质量不能有效保证；甚者，将严重威胁供水安全。而城市供水是一项不可中断的公众服务。所以对自动化系统采取有效的保护措施是非常必要的。

(1)某水厂建构筑物、设备情况

为评价各类建筑物及其内部财产的抗灾能力(性能分析)，需要了解水厂建构筑屋、设备情况。

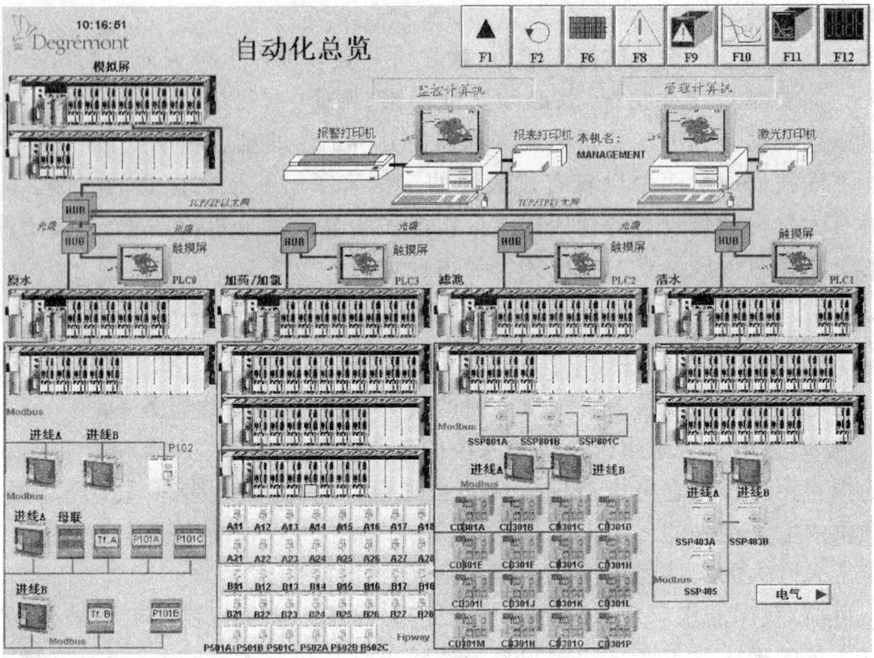

图 4.25 某现代化水厂自动化总览图

1)高低压电力设施

该水厂主要由 35/6.3 kV 电站高压配电系统，6.3/0.38 kV 电站配电系统等供电系统为高压泵站高压水泵机组及各种低压电气设备供电。对电力系统，雷电灾害是造成电力供应中断的主要自然灾害之一。由于一般变电站拥有相对较高的厂房和高大的输变电杆塔,这使得它们较易遭直击雷击。而多条电力电缆更容易将附近大地上发生的雷击所形成的线路雷击过电压引入厂区电力设施。轻者造成电力线路跳闸短时停电,重者会击毁电力设备造成较长时间的停电引发大面积停水,造成城市民众生活不便并可能引起的社会问题。该水厂电力系统 2006 年就曾经遭受雷击,以下是当时的雷击情况描述。

2006 年 8 月 16 日下午 13 时,雷击引起水厂 35 kV 一线跳闸,电站全厂停电,直到 14 点 45 分才恢复运行。供水中断近 1 小时 45 分钟,影响很大。据了解,近年来,除了像这样的全厂停电事故外,还有一些雷击引起的局部范围内 6 kV电站 6 kV 瞬间失压,高压电机跳车的雷击事故发生。

电力系统雷击灾害表明,水厂的电力设施是雷电损害的主要对象之一。

为进行抗灾能力分析而对电力系统所进行的勘察、检测情况如下：

①高压输电线路

a. 35 kV 进线杆塔，高 24.3 m，呼称高 19 m；

b. 进线方式：进线架空转埋地沿电缆沟引入所变，转接处装有高压电源电涌保护器(SPD)；

c. 埋地电缆到 35 kV 变电站的长度约为 300 m；

d. 杆塔接地电阻 R=1.8 Ω(规范值≤5 Ω)；

e. 电力电缆采用双钢带铠装。

②高压输电二线路

a. 35 kV 进线杆塔，接地电阻 R=2.2 Ω；

b. 进线方式：进线架空转埋地沿电缆沟引入所变，进线杆塔高约 20 m。转接处装有高压电源 SPD；

c. 埋地电缆到 35 kV 变电站的长度约为 290 m；

d. 电力电缆采用双钢带铠装，铠装层通过铜编织带接地，R=2.2 Ω。

2)工业自动化设备

该水厂现代化程度很高，厂内设有大量的计量仪表、监控系统、报警系统等工业自动控制系统，它们属于弱电设备，其特点是：电压等级低，因而抗雷电浪涌能力低；各种仪表、传感器的位置分散、暴露，线路较长且环境复杂，因而遭受雷击的情况也经常发生。轻者会影响自来水的质量，重者也会中断供水。

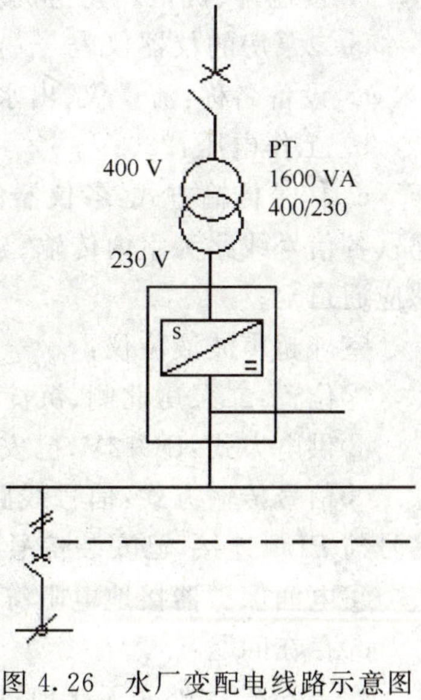

图 4.26　水厂变配电线路示意图

水厂主要弱电设备勘察及检测情况如下：

高压变配电站内：

①高压变配电站接闪器：避雷带，R=0.3 Ω，网格尺寸 10 m×10 m，h=9.8 m；

建筑物顶部的“信号变送器”铁杆未与避雷带焊连 R=3.0 Ω；

顶部的金属爬梯未与避雷带焊连，接地电阻超标；

变电所直流屏的接地电阻为 0.2 Ω；

②变电所 6 kV 高压开关柜与二泵房高压电机温度传感器连接的“信号采集模块”损坏

(SEPAM2000)；

注：a. 每个电机有 9 对温度传感信号(2 芯有屏蔽层)，共 4 个电机，每次损坏主要是直流 24 V 轴温传感器，共 12 个；

b.“信号采集模块”工作电压 DC24V，传输的是模拟量信号，各信号屏蔽层接地电阻不等最高相差 3 Ω，存在安全隐患；(对部分线路屏蔽层的抽样检测结果为：0.2、0.3、0.4、1.2、2.0、3.2 Ω)。

③电机温度传感器的屏蔽层在二级泵房处未做接地处理，不符合规范要求，应在线路进出建筑物处做接地处理；

④二泵房到所变 6 kV 高压柜的室外距离为 15 m。

综上所述：二泵房到所变 6 kV 高压柜之间的传感器信号线路，应做好屏蔽等电位处理，在进出建筑物处做接地处理，并加装信号 SPD。

二泵房：

①2 路变压器 6 kV 变 380 V；

②自动化控制 PLC1 站：

a. 220 V 电源进线，通过 CPU 转 DC24V；

b. 输入输出模拟量和数字量信号通过继电器或光电耦合与 PLC 模块相连(此线路为雷电通道)；

c. 接地排、机柜外壳与机房均压环的接地电阻为 1.2 Ω。

③二泵房的仪器仪表

a. 设备名称：流量仪、出水余氯仪、出水浊度仪、出水酸碱度仪(pH 仪)；

b. 工作电压：220 V；

c. 信号传输方式：各仪器仪表通过 4～20 mA 的模拟量信号与 PLC1 站相连；(各信号线路为室内传输、建筑物为框架结构、线路屏蔽层已接地→无雷电感应通道)。

室外超声波液位仪：

①位置：二泵房北侧、沉淀池南侧、翻水线旁；

②供电方式：DC12V，已安装电涌保护器；

③信号传输方式：信号线路工作电压为 DC24V，通过 4～20 mA 的模拟量信号与 PLC 连接，已安装信号电涌保护器；

④电涌保护器接地电阻符合规范要求；

⑤存在问题：

a. 部分箱体外壳无接地；

b. 部分线缆屏蔽层无接地；

c. 电涌保护器接地、箱体外壳、线缆屏蔽层在设备处未采取等电位连接措施；

d. 翻水线旁的液位仪电涌保护器连接方法错误。

e. 雷灾情况：部分室外液位仪的信号端口损坏。

原水泵房：

①建筑物为框架结构，顶部装有避雷带，长 60 m、宽 29 m、高 18 m；

②建筑物内部高低压设备与自动化控制 PLC0 站之间的信号连接线均在室内布设，屏蔽效果良好，无雷电引入通道；

③原水泵房的北侧和东侧有高压线经过，高度为 35 m；

④2 路变压器 6 kV 转 380 V；

⑤自动化控制 PLC0 站：

a. 220 V 电源进线，通过 CPU 转 DC24V；

b. 输入输出模拟量和数字量信号通过继电器或光电耦合与 PLC 模块相连；(此线路雷电通道)

c. 接地排、机柜外壳与机房均压环的接地电阻符合规范要求；

⑥自动化控制 PLC0、PLC1、PLC2、PLC3 各站之间通过光缆连接，无引雷通道；

1 号、2 号沉淀池仪表间：

①低压电源由反冲洗泵房引入。

②内部仪器设备：流动电流仪、流量仪、浊度仪、pH 仪。

③存在问题：

a. 设备外壳无接地；

b. 线缆屏蔽层无接地。

1 号、2 号沉淀池：

①低压电源由反冲洗泵房引入。

②共有 32 只变频器，其中有部分变频器的信号接口遭雷击损坏。

③变频器的工作方式：AC220V 电源供电、通过非屏蔽 5 类线(RJ45 接口)将信号传输给 PLC3 站。

④存在问题：变频器的信号线无屏蔽层，易受雷电感应，应更换成屏蔽 5 类线，并且在设备信号接口处未加装信号电涌保护器。

加矾间(屋面无避雷带)

①两路低压电源由反冲洗泵房引入。

②自动化控制 PLC3 站

a. 220 V 电源进线，通过 CPU 转 DC24V；

b. 输入输出模拟量和数字量信号通过继电器或光电耦合与 PLC 模块相连（此线路为雷电通道）；

c. 接地排、机柜外壳与机房均压环的接地电阻符合规范要求；

d. 设有扩展子站，加氯间为其扩展子站，主站与子站之间通过信号线缆连接，故存在引雷通道（PLC 柜与扩展接口相连的机架遭雷击损坏过，扩展接口为 COM-9 针接口）。

③内部的仪器仪表设备与 PLC3 连接的信号线路为室内布设，故无引雷通道。

加氯间

①两路低压电源由反冲洗泵房引入。

②自动化控制 PLC3 子站：

a. 220 V 电源进线，通过 CPU 转 DC24V；

b. 输入输出模拟量和数字量信号通过继电器或光电耦合与 PLC 模块相连（此线路雷电通道）；

c. 接地排、机柜外壳与机房均压环的接地电阻为 0.4 Ω；

d. 为加矾间的扩展子站，主站与子站之间通过信号线缆连接，故存在引雷通道（PLC 柜与扩展接口相连的机架遭雷击损坏过，扩展接口为 COM-9 针接口）。

中央控制室

①位置：位于综合楼二楼、综合楼顶面已加装避雷带。

②内部设备分布图（图 4.27）：

③自动化控制 PLC 总站

a. 220 V 电源进线，通过 CPU 转 DC24V；

b. 与各分站之间通过光缆连接（故无雷电通道）；

c. 接地排、机柜外壳与机房均压环的接地电阻符合规范要求；

④监控系统

a. 全厂共有四台全方位摄像机，分别位于中控室顶部、滤池、1 号、2 号沉淀池。

b. 监控系统的视频、控制、电源线路未加装电源电涌保护器，存在雷电灾害

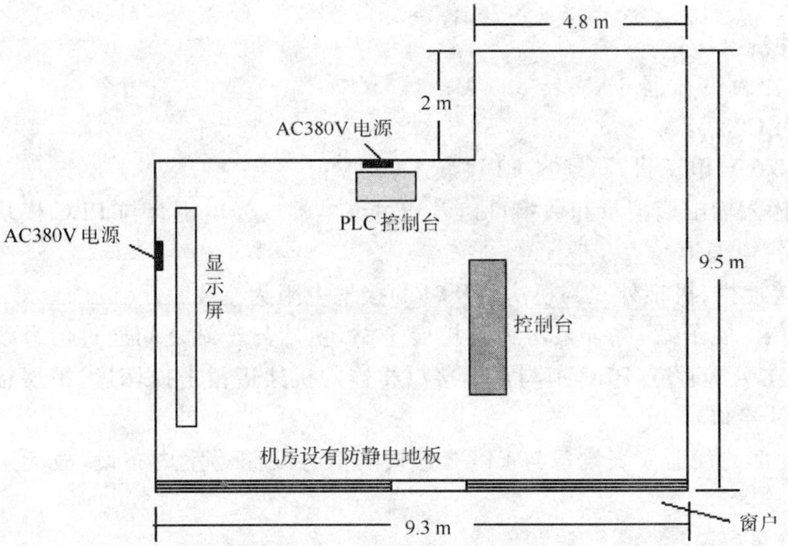

图 4.27　某水厂中央控制室内部设备分布图

风险。

滤池：

①共有 16 个分滤池，每个滤池作为一个小型的 PLC 站，各 PLC 站通过 4～20 mA 的模拟量信号与 PLC2 主站建立连接。

②每个滤池的信号分别有：停止、手动、过滤、等待冲洗、冲洗、故障等。

③内部仪器仪表：

a. 北滤池出水余氯仪的电源信号已加装 SPD，接地电阻为 0.2 Ω。

b. 南滤池出水余氯仪的电源信号已加装 SPD，接地电阻为 0.2 Ω。

c. 1 号沉淀池出水浊度仪电源信号已加装 SPD，接地电阻为 0.2 Ω。

d. 2 号沉淀池出水浊度仪电源信号已加装 SPD，接地电阻为 0.2 Ω。

④二楼各滤池操作台接地电阻 0.2 Ω（平均值）。

⑤存在问题：金属围栏无接地。

厂区电磁阀门：

①反冲洗泵房进电磁水阀门接地电阻 0.3 Ω。

②1 号、2 号沉淀池共 12 个电磁阀门接地电阻 0.4 Ω（平均值）。

③各电磁阀门信号线由于是在室外埋地传输给 PLC 站，存在雷电灾害风

险。

反冲洗泵房：

①1、2 路变压器 6 kV 转 380 V；

②PLC2 站：

a. 220 V 电源进线，通过 CPU 转 DC24V；

b. 输入输出模拟量和数字量信号通过继电器或光电耦合与 PLC 模块相连（此线路雷电通道）；

c. 接地排、机柜外壳与机房均压环的接地电阻为 0.4 Ω；

d. 有扩展子站，综合泵房为其扩展子站，主站与子站之间通过信号线缆连接，故存在引雷通道（PLC 柜与扩展接口相连的机架遭雷击损坏过，扩展接口为 COM-9 针接口）。

③内部的仪器仪表设备与 PLC3 连接的信号线路为室内布设，故无引雷通道。

综合泵房：

①两路低压电源由反冲洗泵房引入。

②PLC2 子站：

a. 220 V 电源进线，通过 CPU 转 DC24V；

b. 输入输出模拟量和数字量信号通过继电器或光电耦合与 PLC 模块相连（此线路雷电通道）；

c. 接地排、机柜外壳与机房均压环的接地电阻为 0.4 Ω；

d. 为反冲洗泵房的扩展子站，主站与子站之间通过信号线缆连接，故存在引雷通道（PLC 柜与扩展接口相连的机架遭雷击损坏过，扩展接口为 COM-9 针接口）。

③行车接地为 0.4 Ω。

(2)水厂弱电系统遭受雷击的历史

要知道建筑物、设备或系统的抗灾能力，还可以从历史雷电灾害情况窥知一二。下面是近年来该水厂弱电系统遭受雷击的情况：

1)可编程控制系统 PLC 及计算机网络故障情况：

PLC 模块出现的问题有：

①主控制器损坏；

②存储卡损坏；

③输入模块损坏，不同型号共损坏 3 块；

④机架损坏3块；

⑤以太网卡损坏3块；

⑥模拟量输入模块损坏；

2)其他设备损坏情况还有：

①高压变配电室直流屏内的UPS控制器（“充电模块”）损坏过；（数量为2个，其中1个备用）；

②所变6 kV高压柜与二泵房电机温度传感器连接的“信号采集模块”损坏（型号为SEPAM2000）；

③超声波液位仪显示器损坏4个，探头损坏4个；

④电磁流量仪损坏；

⑤浊度仪损坏；

⑥搅拌器变频器损坏2个（不同功率）。共有32只变频器，其中有部分变频器的信号接口遭雷击损坏。

频繁的弱电系统雷击灾害表明，该水厂的弱电系统是雷电损害的主要对象，必须更加重视电站水厂弱电系统的防雷。

雷电引起的瞬态过电压可以使自动化电子设备信号或数据的传输与存储都受到干扰甚至丢失，进而使电子设备产生误动作或瘫痪，甚至烧毁元器件及设备。通常水厂自动化系统的控制站都置于建、构筑物中，信号线、控制线以及低压配电系统电源线铺设于电缆沟中，雷电波侵入（雷电感应）自动化系统是雷击事故发生的主要原因。雷电波侵入（感应耦合）对自动化系统的破坏，主要是通过侵入电源线、天馈线、通信线和信号线而分别损坏电源模板、通信模板、I/O模板；也可能因感应从信号采集线和接地网引入有害的信号电流和接地电流，损坏自动化系统或影响其运行。

根据瞬间过电压产生、危害途径和自控系统大量采用高度集成化的CMOS电路和CPU单元及集控制、通信、监测为一体且分散面广的特点，要尽可能降低雷电对自控系统带来的损失，就必须采取系统的、综合的防雷措施。特别应从配电系统防雷、自控系统网络线路防雷、建（构）筑物防雷和合理接地等多方面着手。

(3)水厂雷电灾害成因分析

通过对水厂雷击事故现场的详细勘察、检测和查阅相关资料，分析其发生雷击事故的原因，主要如下：

1)电力系统

该水厂有两路 35 kV 高压架空(加装有避雷线保护)转埋地沿电缆沟引入厂高变,进线转接处装有高压电源 SPD,一路高压线 35 kV 进线杆塔高24.3 m,呼称高 19 m;杆塔接地电阻 R 为 1.8 Ω;电力电缆采用双钢带铠装。另一路高压线 35 kV 进线杆塔接地电阻 R 为 2.2 Ω,电力电缆采用双钢带铠装,铠装层通过铜编织带接地,$R=2.2$ Ω。

两路 6 kV 出线埋地到近千米远的长江边的原水泵站。但 6 kV 电缆到江边取水口有一段通过金属管槽架空。原水泵站内有 3 台高压电机,另有两台 6.3/0.4 kV 变压器接变频器为低压变频电机提供动力。

2 路 6 kV 出线埋地到本厂区的二级泵房,并有两台变压器 6 kV 转 380 V。高压出线处已加装避雷器。此外,还有两路 2 路 6 kV 出线埋地到本厂区的反冲洗泵房。经 2 路变压器 6 kV 转 380 V 后供应综合泵房及几个 PLC 站等。

分析几年来的该厂电力系统雷击事故可发现,由于水厂的建设时间不长,其高压输变电系统相对较理想,从外部引入的两路 35 kV 高压输电线(新水线、魏水线)在进入厂区前即已由架空线转换成高压埋地电缆,且在转换出装设了高压避雷器,使得厂区内的高压供电的安全性大大提高。相比较全国其他采用架空输电线直接引入高压变电站的水厂而言,该水厂的电力系统雷击事故少很多。

即便如此,雷电在水厂外的架空线上感应出的过电压波,仍然可能引起 35 kV电站进线所变,高压熔丝熔断或跳闸;或者引起 6 kV 电站瞬间失压,高压电机跳车。2006 年 8 月份的电力事故就是例证。

这里,架空电力线与高压埋地电缆的转换处的高压电涌保护器就成了关键。检查中发现,两路高压进线架空转埋地沿电缆沟引入本所用变压器,转接处均装有高压电源 SPD,但没有看到检测报告,避雷器的性能如何不得而知。

高压电涌保护器多年未检可能使选择的电力避雷器性能没有达到设计要求。因而不能将过电压波导入大地。而合格的电力电涌保护器(SPD)是防止电气设备因受雷电闪击或其他电磁干扰而造成的传导电涌危害的有效手段。在线路上安装具有非线性伏安特性的 SPD,正常工作电压下 SPD 呈高阻抗,而在过电压时 SPD 呈低阻抗,从而限制瞬态过电压和分走电涌电流。容易受雷击危害的主要是那些电压等级相对较低 6 kV 或 35 kV 的电力线路。

2)工业自动控制系统

相比较电力系统而言,工业自动控制系统更加脆弱,尤其是该厂的弱电系统的防雷设施不够完善。已形成雷击隐患。勘察中发现的问题已在前面作了描述，集中看来，主要问题是：

① 等电位问题处理得不好，例如，建筑物顶部的“信号变送器”铁杆未与避雷带焊连 $R=3.0\ \Omega$；顶部的金属爬梯未与避雷带焊连，接地电阻超标。避雷器接地、箱体外壳、线缆屏蔽层在设备处未采取等电位连接措施。

② 屏蔽措施不力。例如，各信号屏蔽层接地电阻不等，最高相差 3 Ω，存在安全隐患；（对部分线路屏蔽层的抽样检测：0.2、0.3、0.4、1.2、2.0、3.2 Ω）。电机温度传感器的屏蔽层在二级泵房处未做接地处理，不符合规范要求，应在线路进出建筑物处做接地处理；部分箱体外壳无接地；部分线缆屏蔽层无接地；变频器的信号线无屏蔽层，易受雷电感应，应更换成屏蔽 5 类线。

③ 许多设备信号接口处未加装信号防雷器。监控系统的视频、控制、电源线路未加装电源防雷器。电源系统，尤其是低压配电系统线路加装的 SPD 不够或不能满足要求。

(4)厂区内的物理状况

抗灾性能分析还需要对厂区进行全面的勘察以得到评估所需的基本参数，实际勘察其主要物理状况如下：

1）厂区主要建筑为钢混结构，主要构筑物为露天管道、电机、埋地电力电缆、电缆桥架、滤池等。厂房外面除了混凝土道路外，主要为水面和草坪地面。高压变电站和各 PLC 站处于开阔场地的相对较高处。

2）变电站长、宽各为 42 m 和 22 m(最宽处)，高 9.8 m。有避雷带，网格尺寸 10 m×10 m，$R=0.3\ \Omega$。顶部的金属爬梯未与避雷带焊连，接地电阻超标。建筑物顶部的“信号变送器”铁杆未与避雷带焊连 $R=3.0\ \Omega$。

3）电站有不同方向的两路高压 35 kV 电源进线，从埋地电缆到 35 kV 变电站的长度约分别为 300 m(新水线)和 290 m(魏水线)。电站两路 6 kV 出线(同电缆沟)到二级泵房(高度约为 5.5 m)，二泵房到本所用变压器 6 kV 高压柜的室外距离为约 16 m。同缆沟内还有本所用变压器 6 kV 高压柜与二泵房电机温度传感器连接的信号屏蔽电缆，无信号 SPD。电站另两路 6 kV 出线(同电缆沟)到反冲洗泵房，室外距离约为 25 m。

4）反冲洗泵房(PLC2 站所在地)的长宽高分别为 44 m，10 m，5.5 m，四周金属护栏、门、窗接地测试均良好，屋面有防直击雷避雷带措施。两路低压电源出线由反冲洗泵房引至综合泵房，室外距离约为 20 m。另两路由反冲洗泵房引出低压电源至 1＃、2＃沉淀池(室外距离约为 310 m)。两路低压电源由反冲洗泵房引至加矾间(无明装避雷带,长 52 m,宽约 18 m,高 8.6 m),室外距离约为 200 m;两路低压电源由反冲洗泵房引至加氯间。

5) PLC2 站(在反冲洗泵房)到设在综合泵房的 PLC2 扩展子站(长、宽、高分别为 36.8 m、16 m、5.5 m)之间通过埋地屏蔽信号线缆连接,室外距离也约为 17 m。此外,PLC2 站模块有输入输出模拟量和数字量信号通过多条埋地屏蔽信号电缆与许多室内外传感器相连。其中去各液位仪的屏蔽信号电缆长度约为 155 m。去滤池方向的屏蔽信号电缆长度约为 60 m。

6) 厂区内通常有人数 20(每班)人,电站和中心控制室通常各有 2 人值班。每人每年停留在厂区的时间 $t=22.5\times12\times8=2160$ h,扣除离开时间,约取 $t=2000$ h;

7) 厂区土壤电阻率取做了季节系数调整的较大的值 $\rho=45\ \Omega\cdot m$;

8) 厂区内主要建筑物及各种设施总价值约 4 亿元;

9) 厂区内有消防设备。

以上有关水厂建构筑物及设备和系统情况的详细描述及分析,对后期风险评估参数的选取有重要影响,不可马虎。比如,考虑到水厂电站 LPS 虽有避雷带,但等电位问题处理得不好,建筑物顶部的“信号变送器”铁杆未与避雷带焊连接,(避雷带接地电阻为 $R=0.3\ \Omega$,“信号变送器”铁杆 $R=3.0\ \Omega$),顶部的金属爬梯未与避雷带焊连接,接地电阻超标。因此,防雷装置保护级别应该取为保护不太完善的 LPS III 级,相应的雷电直接击中电站引起的物理损害的概率 P_B 可取 0.1。

又如,考虑到电站为框架结构,故具有一定的屏蔽效能。电站钢筋混凝土框架的间距 W(m)为 5 米。电站内主要开关设备与屏蔽体之间的距离在 $0.2W$(m) 左右,故考虑了建筑物的屏蔽效能值要增加一些。甚至对屏蔽电缆的屏蔽层单位长度电阻 R_s(Ω/km)都必须调查清楚,因为不同的屏蔽层单位长度电阻 R_s 反映了电缆的屏蔽效能。若有些电缆的屏蔽层两端及设备并未接到同一等电位连接排上,屏蔽效能也会大打折扣,因而防雷能力也会下降。

4.2.2.2　例二:黄山风景区的雷电灾害易损性分析

前面我们曾以黄山风景区为例介绍了雷电灾害危险性分析的方法,下面我们还以黄山风景区为例,再介绍雷电灾害抗灾能力(易损性)分析的方法。

(1)黄山松雷击灾害易损性基本分析

黄山松以奇著名,是由黄山独特地貌、气候而形成的中国松树的一种变体。

黄山松一般生长在海拔 800 m 以上的地方，通常是黄山北坡在 1500～1700 m 处，南坡在 1000～1600 m 处。黄山松的千姿百态和黄山自然环境有着很大的关系。黄山松的种子能够被风送到花岗岩的裂缝中去，以无坚不摧、有缝即入的钻劲，在那里发芽、生根、成长。黄山泥土稀少，但花岗岩中肉红色的长石中含有钾，夏天雷雨后空气中的氮气变成氮盐，可以被岩层和泥土吸收，进而为松树的根系吸收；松树的根系不断分泌一种有机酸，能慢慢溶解岩石，把岩石中的矿物盐类分解出来为己所用；花草、树叶等植物腐烂后，也分解成肥料；这样黄山松便在贫瘠的岩缝中存活、成长。

黄山松以其独特的风格傲然于世，迎客松、连理松、团结松、探海松等名松个个引人入胜，美不胜收。正因为如此，黄山松成为一种象征，也成为一种无价的宝贵资源，珍贵程度不言而喻。然而，名松的生存环境十分艰辛，松树下少土，只得扎根于山体花岗岩的裂隙之中。几百年的古松，大都落落伟岸，高于周围植被，突出的树冠，数值上千的土壤电阻率，甚至有如探海松般凌于空中的生长位置，都决定了针对雷击的风险不能忽视。

黄山名松及古树的雷电灾害风险分析不同于一般性的建筑物，它有自己的特点，为实施评估，可以将其抽象为塔状或其他形状的独立对象，并考虑其生长的地理位置，地理环境及气象条件。针对雷电直接击中名松及古树、结合雷电击中周围树木波及考察对象的风险来源，考虑多种风险影响因素，重点对雷击名松及古树造成的人员伤亡风险及雷击造成的名松及古树燃烧爆裂等自身物理损害的风险进行易损性分析。

迎客松作为黄山十大名松之首，闻名中外，是重点的保护对象，它代表一类根植土壤环境多为岩石，岩土比例大于 60%，泄流能力弱，因闪击造成自身物理损害潜在威胁大的情况；龙爪松为十大名松之一，代表另一类名松，即根植比较良好的土壤环境，岩土比例小于 60%，雷击时具有较好的泄流能力。现以迎客松、龙爪松两个情况有所不同的对象探讨黄山景区名松及古树雷电灾害易损性。

(2)雷电灾害风险易损性分析之迎客松

1)迎客松生存的物理状况

迎客松寿逾千年，挺立于玉屏峰东侧，文殊洞上，破石而生，松高 10.15 m，胸围 2.05 m，冠幅 10.7 m×13.1 m。

游客来黄山风景区大都慕迎客松名而来，是黄山客流量最大，人员最密集的场所。

迎客松一侧 2.5m 处是石狮，树冠与石接触，距石狮顶约 5 m，距离观景围栏处约 10 m。观景处方向 13 m 处有与迎客松高度相同的松树（无名），30 m 远处是高约 7 m 的陪客松。

迎客松扎根于文殊洞上的岩石缝隙之中，土壤成分只有少量，岩土比例在 60%以上，相比一般松生长的土壤状况，此处的土壤电阻率明显较高。

实测两组岩土电阻率值（采用文纳四级法）：

当探针极间距离 $a=2$ m 时，$\rho=1352\ \Omega\cdot\text{m}$。它反映的大约是从地面到地下 6 m 深左右岩土的平均电阻率。

当探针极间距离 $a=3$ m 时，$\rho=1960\ \Omega\cdot\text{m}$。它反映的大约是从地面到地下 9 m 左右深岩土的平均电阻率。可见越往深处平均电阻率越高。

GPS 定位：海拔 1678 m，30°07′475″N，118°10′228″E。

雷暴日数 $T_d=49.6$ 天（闪电定位资料显示的迎客松所在地年雷击大地密度约为 3.08 次/($\text{km}^2\cdot\text{a}$)）。

2)迎客松的雷电灾害易损性

①雷电直接击中迎客松损伤损毁树木。

若雷电击中迎客松，雷电流将沿潮湿的（经常是雨淋的）树表面下泄，通过根须向岩土泄放能量。由于迎客松根植在岩土比例很大的土壤类型中（实际上是岩缝），强大的雷电流沿着树干下泄过程中遇到岩石会不易泄放而发生崩裂的可能性较大，进而由于雷电流的热效应或机械作用（主要是内压力）导致松树被劈开或起火而损毁。

②雷击导致人员伤亡。

当发生雷电直接击中迎客松情况时，由于游客距离较远（有护栏，10 m 开外），故旁络闪击（树干向人体闪击以及树冠向人体闪击）和跨步电压（根须的蔓延范围很大导致围栏内游客会导致跨步触电）导致人员伤亡事故发生的可能性很小，主要取决于雷电流强度。

③雷击迎客松旁石狮而闪击迎客松。

这种可能性是存在的，石狮高出迎客松树冠约 5 m，落雷点在石狮顶部时，雷电流不易从石狮向下泄放，瞬间的高压会对冠幅 10.7 m×13.1 m 的迎客松发生闪击。而石狮可简化为一根避雷针对迎客松进行保护。下面会进行石狮对迎客松雷击风险大小的两种矛盾影响进行效果分析。

④雷击迎客松附近树木或植被引发山火殃及迎客松。

考虑到黄山风景区常年下雨，尤其是雷暴天气过程常发生降雨，植被潮湿且落叶较少较薄，雷击不易导致山火（不同于北方的厚厚的、干燥的落叶）。历史上黄山还未有雷击引发山火的纪录。故在此不做此方面的讨论。

通常，雷电造成迎客松的各种损害的成因有雷电直接击中迎客松，当雷电流较大时，可能会由于雷电流的热效应或机械作用（主要是内压力）导致古树被劈开或起火而损毁的事故发生，迎客松的这种风险会大于龙爪松，原因在于它们的根部有不一样的岩土类型。迎客松雷电流不易泄放会导致热效应或机械作用更强烈。因为游客与迎客松之间有围栏相隔，且距离树干和树冠的距离较远，雷电击中迎客松引起的旁络闪击和跨步电压导致人员伤亡事故的几率较小，主要取决于雷电流强度。

(3)雷电灾害风险易损性分析之龙爪松

1)龙爪松生存的物理状况

龙爪松高 12.8 m，胸围 1.6 m，冠幅 9.6 m×11.7 m。

一侧是甬道，年平均客流量达六千人次/d，旺季可达近万人次（此数据参考网上资料）。

龙爪松里侧距其 4 m 处有松高 11 m，旁侧 20 m 处有松高约 15 m。与迎客松不同的是，龙爪松周围植被相对较多。表层覆盖约几十厘米厚的岩土，属于表层土夹石，由胶结物与不同形状的岩石颗粒组成，从现场取样分析及实测土壤电阻率可以推测岩石颗粒百分体积含量可能略大于 60%，在含水率较高的情况下，表层岩土的电阻率 ρ 仍达千欧姆米量级。表层岩土向下即为花岗岩体，与表层岩土形成明显的垂直双层土壤结构，下层的土壤电阻率 ρ_2 远大于上层 ρ_1，导致散流的电流密度在分界面下大为降低，整体电阻率也相当大。

实测两组岩土电阻率值（采用文纳四级法）：

当探针极间距离 $a=2$ m 时，$\rho=990\ \Omega\cdot\text{m}$。它反映的大约是从地面到地下 6 m 左右深岩土的平均电阻率。

当探针极间距离 $a=3$ m 时，$\rho=1790\ \Omega\cdot\text{m}$。它反映的大约是从地面到地下 9 m 左右深岩土的平均电阻率。同样是越往深处平均电阻率越高。

龙爪松等景点的闪电频数稍低，年雷击大地密度约为 3.42 次/($\text{km}^2\cdot\text{a}$)。

GPS 定位：海拔 1648 m，30°08′606″N，118°10′161″E。

龙爪松有较多向四周延伸的根须（见图 4.28），具有天然的分流能力，在松树遭到雷电流强度不是很大的雷击时，能够将雷电流向四周岩土流散。

2)龙爪松的雷电灾害易损性

① 雷电直接击中龙爪松损伤损毁树木。

图 4.28 龙爪松四处延伸的根须

大多数情况下，当雷电流强度不是特别大时，雷电流极有可能沿潮湿的（经常是雨淋的）树表面下泄，通过四处延伸的根须向岩土泄放能量。此种情况只会造成古树的轻微损伤，可以自行恢复。但当雷电流太大时，可能会由于雷电流的热效应或机械作用（主要是内压力）导致古树被劈开或起火而损毁。

② 雷击导致人员伤亡。

当发生雷电直接击中龙爪松情况时，由于游人距离较近，将会由于旁络闪击（树干向人体闪击以及树冠向人体闪击）和跨步电压导致人员伤亡事故发生，事故的严重性主要取决于雷电流强度。此种雷击事故的典型代表如浙江临海雷击事故，做简要分析如下：

2004 年 4 月 26 日下午 2 点 10 分左右，临海市某村的村民聚集在三棵水杉树下（如图 4.29 所示），有的在倒筒（一种赌博的名称），旁边有二三十人，有的在围观看热闹，有的躲在下面避雨而发生了雷击事故，11 人当场死亡，后续死亡人数 6 人，伤者众多。分析此次雷击事故的原因在于，雷电直接击中水杉树，在雷电流向下泄放的过程中，强大的电压发生沿面闪击，闪击到树下的村民，同时雷电流变化很陡，导致不少人因跨步电压太大而酿成雷击事故。

这种情况和黄山松的情况类似，黄山松周围聚集的大量游客，极有可能在

图 4.29　临海雷击事故发生地，水杉遭直接雷击

雷雨时遭受相同的雷击伤害。

③ 雷击龙爪松附近树木或植被引发山火殃及龙爪松。

情况同迎客松。

需要注意的是，这些名松常年都会有游客在其附近驻足，尽管人行道（游道）上为石板和混凝土，石板的接触电阻可能会大于 1 kΩ，但考虑到户外经常处于潮湿状态，故跨步电压造成的人身伤害风险不可小视。

此外，尽管有护栏而且游人距离树干的距离也超过 3 m（其他松也有 10 m 等不等间距的情况），但跨步电压依然存在，原因就在于大树延伸的根部类似于防雷装置的水平接地带，可能距离游客很近，甚至就在脚下，故在风险评估的定量估算时，必须考虑到这个因素，在提出防雷技术方案时，需要考虑在人行道石板下铺垫沥青层以提高表面电阻率，防止雷击引起的跨步电压。

4.2.3　雷电灾害损失分析

根据中国气象局雷电防护管理办公室 1998—2004 年各年的《全国雷电灾害典型实例汇编》，胡先锋、肖稳安等利用其中所有有明确时间、地点、伤亡人数和经济损失记录的雷灾数据，进行了近 7 年中国雷电灾害及时空分布特征分

析,结果如下:

(1)全国雷电灾害年分布

图 4.30 给出了全国 1998—2004 年逐年的雷电灾害次数分布。我国平均每年的雷灾次数为 1885.7 次。可以看出,逐年雷电灾害次数呈现波动增长,从前 4 年的平均每年 1017.8 次到后三年的平均每年 2973 次,平均增长幅度为 73.8%,增长幅度较大。

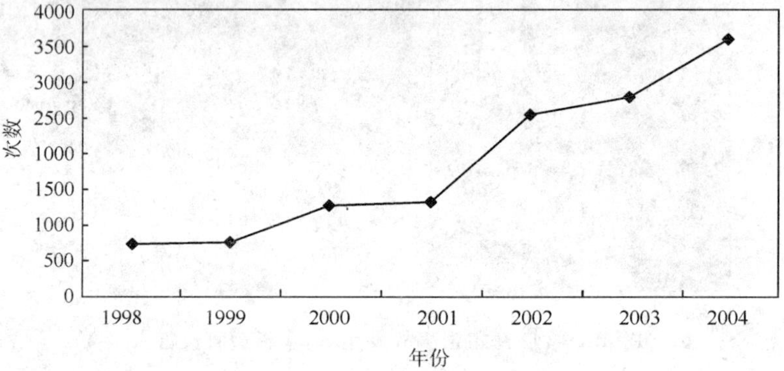

图 4.30 1998—2004 年中国雷电灾害次数年分布

点评:需要说明的是,该分析所用资料《全国雷电灾害典型实例汇编》中的雷灾数据显示雷电灾害次数呈现波动但较明显的增长,其原因可能有四个:一是由于城市发展引起的下垫面变化较大,尤其是高楼增加引起雷电灾害增加;其二是由于现代化水平的提高,电气电子设备大量增加,尤其是信息网络系统的高速发展使得雷电灾害频率及灾害面扩大。第三是城市空气污染引起气溶胶浓度增大,尤其是大气中带电粒子的增加使得闪电愈发频繁。第四个原因也许非常重要,那就是由于近年来国家各级气象主管机构加强了雷电管理工作,使得雷电灾害的统计上报率大大提高,这也许是雷电灾害统计数明显增加的主要原因。尽管如此,仍有大量的雷电灾害事件没有统计上来。尤其是在农村,受传统观念的影响,许多雷击灾害事件无法登记。也就是说,各年度《全国雷电灾害典型实例汇编》也只是雷电灾害的不完全统计,它不能完全表示全国雷电灾害的真实情况,但还是能表示一定的统计规律和趋势。

(2)雷电灾害的月变化

雷电灾害发生的季节性变化明显,一年四季均有发生,但多出现在夏季。图 4.31 是全国 1998—2004 年雷灾次数平均月变化分布。图上显示,雷电灾害主要集中分布在4—8月份，6、7、8三个月尤为严重，平均雷灾次数分别为401、443.1和396.3次，共占全部雷灾次数的66%，故夏季成为我国雷电灾害的高发季节。其中原因应该是因为我国夏季温湿气流旺盛、对流性天气相对较多，闪电活动相对频繁，从而增加了雷击造成财产损失和人身伤亡的概率。针对6、7、8月在雷电灾害平均月分布中显示出的重要性，图4.32给出了这7年的6、7、8三个月雷电灾害次数的距平百分比。与年际变化类似，雷灾分布呈波动增长趋势，从2002开始，后面三年夏季三个月的雷灾次数比前四年有较大增加。

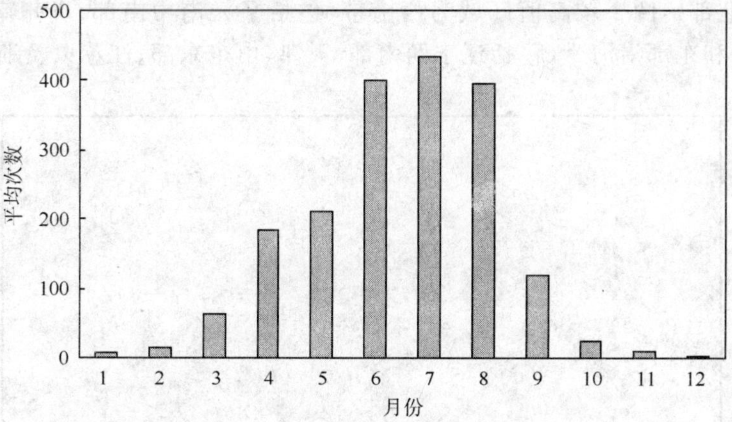

图4.31　全国7年雷电灾害平均月分布

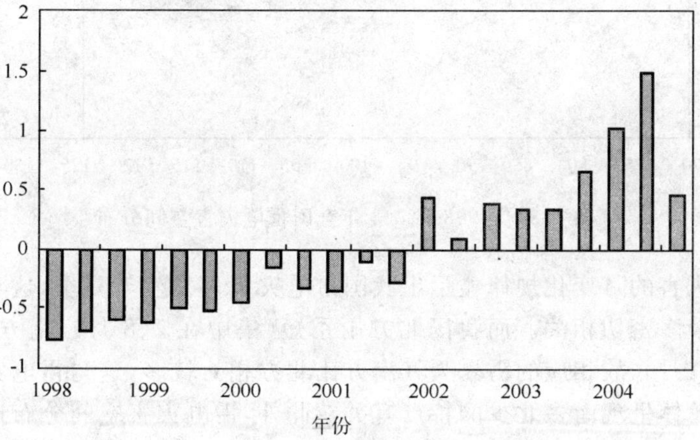

图4.32　1998—2004年雷电灾害6、7、8月距平百分比

(3)雷电灾害的空间分布

图 4.33 给出全国 7 年雷灾频次的分布。图中阴影区代表雷电灾害 7 年总次数大于 40 次的地区，在阴影区内，等值线间隔为 40，阴影区外等值线间隔为 5。作等值线图时，因为西藏自治区的站点数据较少，所以在图中没有显示出来。表 4.2 列出了西藏自治区雷电灾害的情况，作为对全国分布图的补充。从图 4.33 中可以看出，雷电灾害分布具有明显的区域性，高值集中分布在三条带上，最高值区域为东南沿海带(集中于福建、江西南部、湖南东南部、广东、广西东部以及海南北部)，两个较高值区域为西南带(包括了云南中南部、贵州南部以及重庆大部)和东部沿海带(包括辽宁西南部、天津、山东东部、江苏以及浙江)。

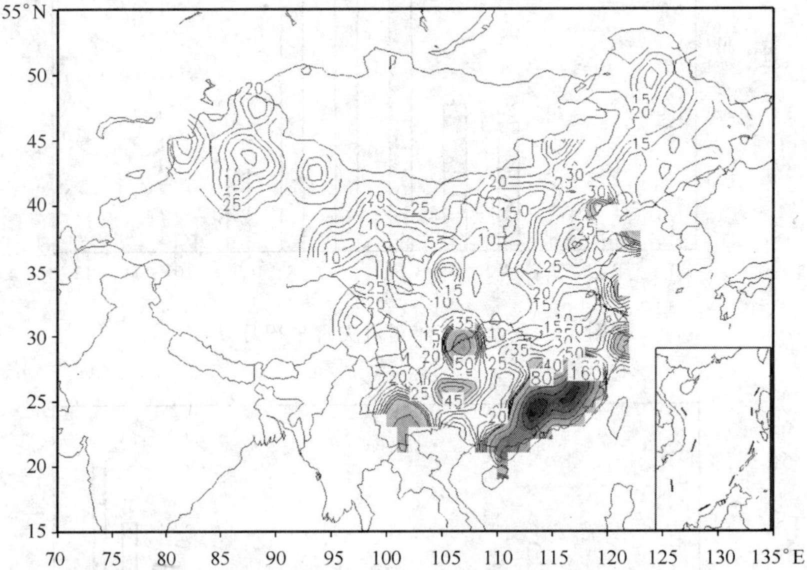

图 4.33 1998—2004 年全国雷电灾害空间分布

雷电灾害的月变化规律显示出我国雷电灾害多发生于夏季，这与雨季期间雷暴天气较多密切相关。而我国北方雨季短(集中在 7、8 月)，南方雨季长(集中在 5—10 月)，故相应的雷暴天气南方比北方相对较多，这与雷电灾害次数的空间分布总体呈现南多北少的特点有关。此外，雷电灾害空间分布还与各地经济发展程度有很大关系，华东及华南等经济发达地区的雷电灾害较频繁。

(4)雷电灾害损失统计

①雷击对人的损害

该研究统计了 1998—2004 年因雷击导致人员死亡或受伤的总人数和地区分布(图 4.34),图中阴影部分为死伤总数超过 20 的地区,等值线间隔为 10,其他区域等值线间隔为 4。我国平均每年有约 824 人遭受雷击死亡或受伤。雷击造成人员伤亡的事件主要分布在南方,集中在三个区域,面积最大的区域包括了云南中部和西部、四川东南部、贵州;第二个区域由广东、海南南部、湖南南部和江西南部组成;第三个区域是湖南、湖北的交界处及附近,面积较小。我国北方雷击致人伤亡的次数比南方相对较少,分布广泛,在靠近锡林郭勒和兴安盟之间的地区有一小块阴影区。

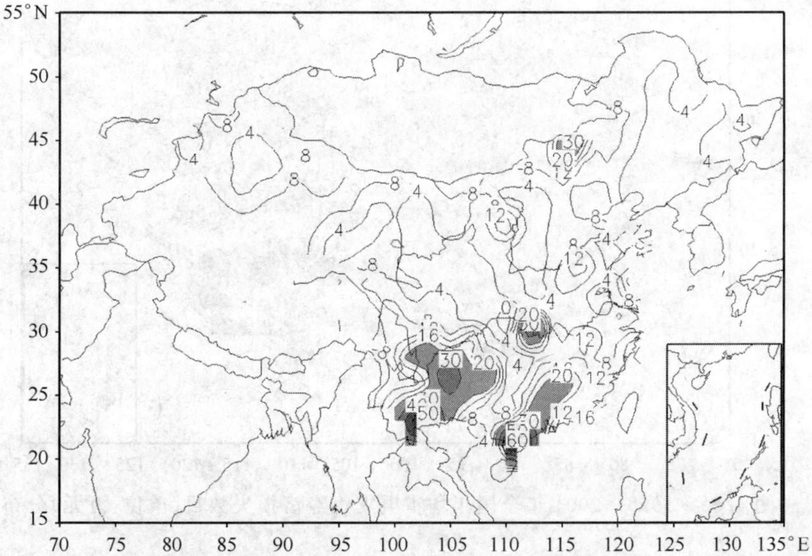

图 4.34　1998—2004 年全国雷电灾害死伤人数分布

在对中国的雷灾统计过程中发现,我国因雷击导致死亡或受伤的地点往往在户外,多数发生在农田和旷野。所以,人们应该加强对雷电灾害的警惕,在雷暴天气时尽量不到农田和空旷地方活动。

②雷击造成的社会经济损失

a. 雷电灾害经济损失及分布

1998—2004 年平均每年因雷电灾害造成的社会经济损失约为 1.4 亿万元,

其中平均每年发生 23 次雷灾损失超过百万元的重大雷击事故，对国民经济和现代化建设造成严重影响。图 4.35 给出了我国每年平均雷电灾害的损失数目和分布，图上阴影区表示平均每年雷灾造成的经济损失超过 50 万元的地区，等值线间隔为 50，阴影区外等值线间隔为 15。从整体上看，面积和数目较大的地方有两个区域，分别是四川、重庆、贵州交界处及附近区域和浙江南部、江西中部东部、福建以及广东北部等区域。在全国范围上还有 5 个面积较小并且平均灾害损失在 50 万～100 万元之间的区域，分别在内蒙古东北部和西部、山东西部、湖南、湖北交界处及其附近区域、广西南部和广东南部。

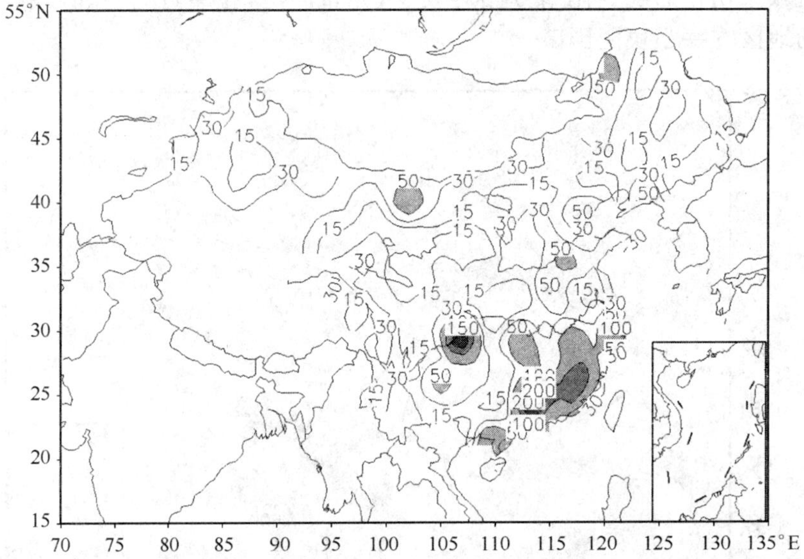

图 4.35　1998—2004 年全国年均雷电灾害经济损失数目(单位:万元)分布

雷电灾害造成的经济损失的空间分布除了因为雷电灾害次数的分布为南多北少以外，还与我国南方地区经济较发达带来的单次雷灾损失相对较大有关。以电子信息系统的雷电灾害为例，设备损坏带来的损失只是一方面，而由此带来的对社会经济的损失则更为巨大，例如通信设备等。

点评:该研究统计出全国年平均每年因雷电灾害造成的社会经济损失约为一亿四千万元。显然，该数据应该偏小了。其原因可能是没有将人员伤亡造成的损失货币化来计算。还有一个原因可能是该研究者考虑的仅仅是容易统计的直接经济损失，其实雷电引起的间接损失可能更大。例如，2005 年江苏南京某热电厂电气系统发生雷击事故，引发热电厂发电机变压器 35 kV 侧穿墙套管室内处三相放电击穿，形成重大停电事故，停电事故造成关联方某特大型石化企业经济损失高达 2 亿多元人民币。

b. 遭受雷电灾害的主要行业设备

将所有遭受雷击的行业设备分成电力、广电、化工、计算机、通信和其他 6 类，7 年来雷电灾害在这六类中造成的损失的分布情况见图 4.36。图示结果显示电力设备的雷击事故较多，占总数的 24.7%，其次是计算机和通信设备，分别占 10.8%和 9%。每条曲线的分布趋势说明这六类行业受雷灾的次数都逐年增加。由于在图中的第六类“其他”这一项占总数的 47.4%，所占比重较大，故进一步将经济损失大于 100 万元的受灾行业设备进行细分（图 4.37），可以看到，电力和通信设备在所有重大雷击事故占比例较大，共占总数的 48%，其次为计算机和广电设备，各占 10%，另外化工、仓储、建筑、机械和家用电器等设备也因雷击造成了重大损失。

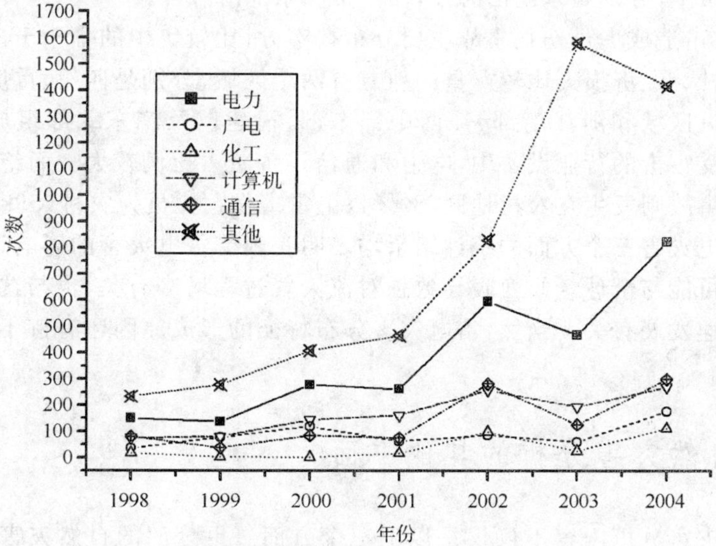

图 4.36 雷电灾害在六类行业设备中的分布

该研究在分析了全国雷电灾害的时空分布特征和雷电灾情后，得出如下结论：

(1)1998—2004 年我国平均每年的雷灾次数为 1885.7 次，逐年呈波动增长

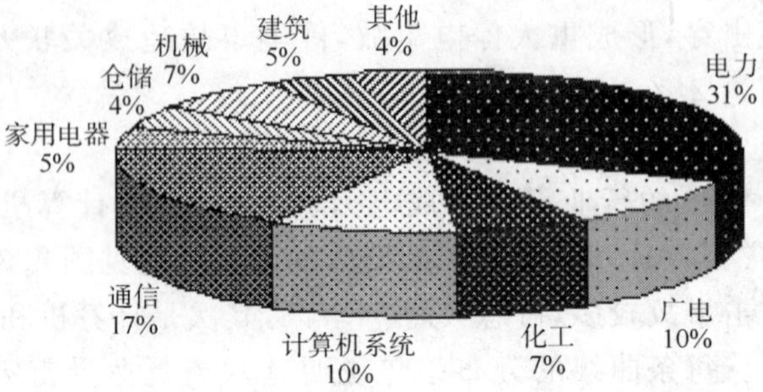

图 4.37 雷灾损失超过 100 万元的行业设备分类

趋势。夏季的 6、7、8 三个月是我国雷电灾害发生最多的阶段，占全年雷电灾害的 66%，并且夏季的雷电灾害呈逐年逐渐增加的趋势。

(2)雷电灾害的地理分布具有明显的区域性，总体表现为南多北少，高值集中在三条带上，分别是东南沿海带，西南带和东部沿海带。

(3)雷击造成人员伤亡事故主要分布在南方，比较集中的分布于三个区域。雷灾造成社会经济损失比较严重的地方有两个区域，分别是四川、重庆、贵州交界处及附近区域和浙江南部、江西中部东部、福建以及广东北部组成的区域。在所有遭受雷击的行业设备中，电力和通信设备所占比例较大。而绝大多数的雷击伤亡事故则发生在农村地区(80%以上雷击伤亡人员为农村人口)。

对雷电灾害三个方面的统计结果均表明我国受雷电灾害的影响逐年严重，其中原因可能与全球气候变暖导致强对流天气过程增多有关，也与这些年来国家经济高速发展有关。当然，雷电灾害分布特征的形成原因还有待于进一步分析和研究。

4.3 自然灾害分析的其他方面

自然灾害分析内容不仅仅是以上三个方面。更全面的自然灾害分析还应包括以下几个方面：(参见图 4.38)

(1) 问题分析：确定并揭示与造成损失相关的主要社会问题。

当自然灾害的某些事件造成损失，人们普遍会对自然灾害的某些事态感到不满意，则这些事态已变成社会事件而构成了社会问题。自然灾害分析应能确定这些已造成的社会问题以及还可能形成的社会问题。美国人 William

J. Petak 和 Arthur A. Atkisson 在《自然灾害风险评价与减灾政策》一书中提出了确定与解决社会问题的步骤(见图 4.39)。

(2) 技术分析或技术评价:确定适用于减轻建筑物及其内部生命财产损失的主要技术措施并研究相关的费用及特征。

当为控制风险采取一定的技术时,也许技术会引起社会影响甚至引起社会的变化。这时,就要进行技术评价,研究判断当引入一项新的风险控制技术或已有风险控制技术强化实施时对社会产生影响的可能范围和深度,其目的在于为决策者提供一系列经过分析的方案与结论,为决策过程提供依据。

(3) 政策分析:确定并阐述可促使减灾

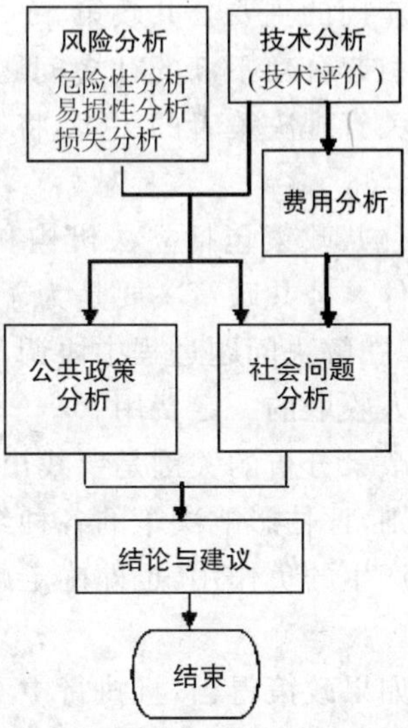

图 4.38　自然灾害风险分析全过程

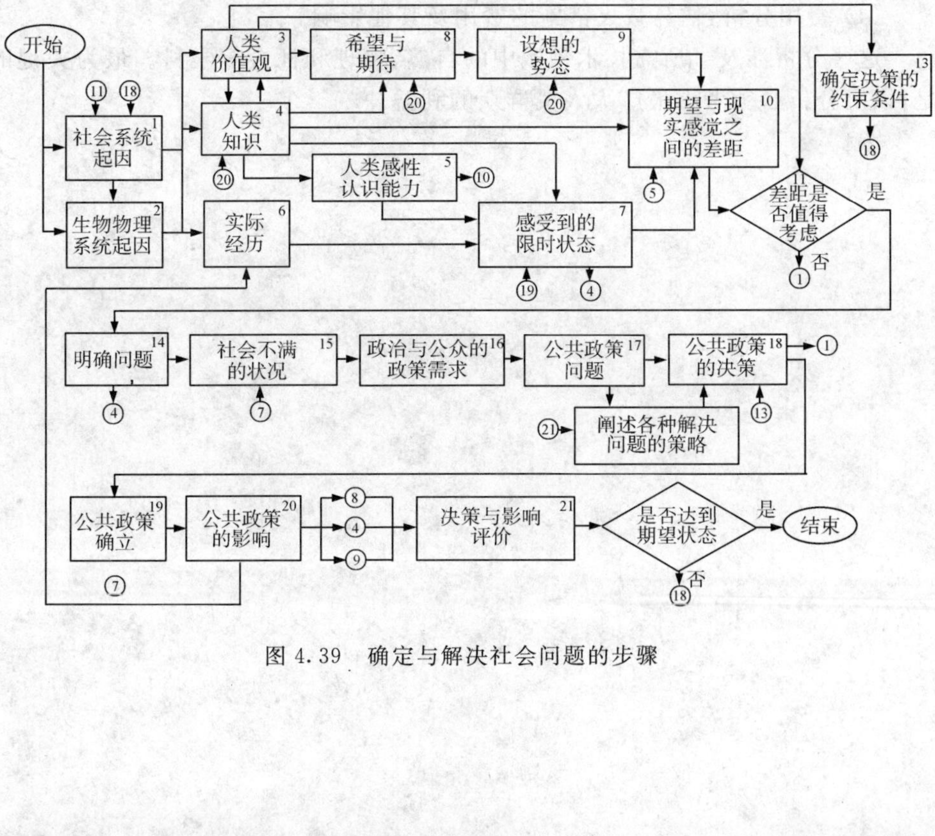

图 4.39　确定与解决社会问题的步骤

技术应用的主要公共政策。

引起公众不满的社会问题产生了对社会公共政策需求。一旦这些需求引起有关管理决策者的关注，将其纳入公共政策的议程，这些社会问题即被真正确认。

公共政策包括立法机构和行政当局颁布的宪法、政府令、法规、条例、规范等文件。公共政策主要是为了消除或减轻那些会造成一系列社会影响的社会问题，在解决问题过程中协调各方面的利益分配，包括为解决问题向单位、团体或个人收取的一定费用。

政策分析的关键是要找出解决问题的各种可能的政策，明确选择这些政策的准则，评估影响决策的各种约束条件，估算实施可行方案的费用、预期成果和可能产生的负作用，也即确定减灾措施可能产生的影响和可能诱发的次生社会问题。

如果政策得当，且执行中不出现偏差，那么可以推测，实施政策的结果将是社会问题得到解决或缓解，使整个事态沿着有利的方向发展，而不至于由于决策过程、决策本身引出新的问题。

(4) 费用分析：估算减灾措施的费用及其他影响。

这些分析涉及了所需技术领域中的自然、物理和社会等学科。最为关键的是，以上分析必须考虑最广大人民群众的利益。

第五章　雷电灾害风险评估方法

5.1　雷电放电模型及特性分析

5.1.1　雷电流的产生

雷暴云是雷电主要的产生源，当雷暴云中局部电场超过约 400 kV/m 时，就能发生闪电放电。典型的雷暴云是具有强烈上升气流和下沉气流的积雨云。

闪电的产生离不开电荷，雷云的电荷产生主要有三种理论：感应起电理论、温差起电理论、破碎起电理论。除此之外还有雷雨云降水起电理论，热带对流云起电机制等，不论哪种起电理论，都不太可能在雷雨云起电中发挥唯一性的作用，这可能是一个综合的过程，在雷雨云起电中，上述各个理论都起到一定的作用。

5.1.2　雷电流放电模型及特性分析

国内外科学家提出了很多有关雷电放电过程的计算模型。包括电流源模型和电压源模型。但从理论分析和数学计算来看，采用电流源模型比采用电压源模型更具有普遍性、实用性。

最常用的电流源模型有行进电流源模型。该模型认为先导通道与地面被击物向上发出的迎面回击头部相遇处，是雷电通道的电流源。

了解雷电流的特性对雷电灾害风险评估以及防雷设计有着重要作用。它主要包括主放电通道波阻、雷电流波形、雷电流幅值概率分布、雷电流极性等。

(1) 主放电通道阻抗

主放电阶段雷电通道阻抗不是常数，是随通道电流的增大而减小。该参数以等值阻抗 Z_M 来表示，雷电通道阻抗与流经被击物的雷电流幅值 $I_{\omega t}$ 有关。

$$I_{\omega t} = I_{R=0} \times Z_M/(Z_M + Z_{\mathrm{d}x})$$

式中 $I_{\omega t}$ 为流经被击物的雷电流幅值(kA)；$I_{R=0}$ 为流经的雷电流幅值(kA)；

Z_M 为主放电阶段雷电通道阻抗(Ω)；Z_{dx} 为被击物体等值阻抗(Ω)。

当 Z_M 为无穷大时，$I_{\omega t}=I_{R=0}$，这时雷电通道是电流源。

(2) 雷电流波形

雷电流是一个非周期的瞬态电流，通常是很快上升到峰值，然后较为缓慢地下降。雷电流的波头时间是指雷电流从零上升到峰值的 90%的时间，又称为波前时间；波长时间是指从零上升到峰值，然后下降到峰值的一半的时间，又称为半峰值时间。由于在雷电流的起始和峰值处常常叠加有振荡，很难确定其真实零点和到达峰值的时间，因此，常用视在波头时间 T_1 和视在波长时间 T_2 来表示雷电流的上升时间和半峰值宽度，一般记为 T_1/T_2，如图 5.1 所示。

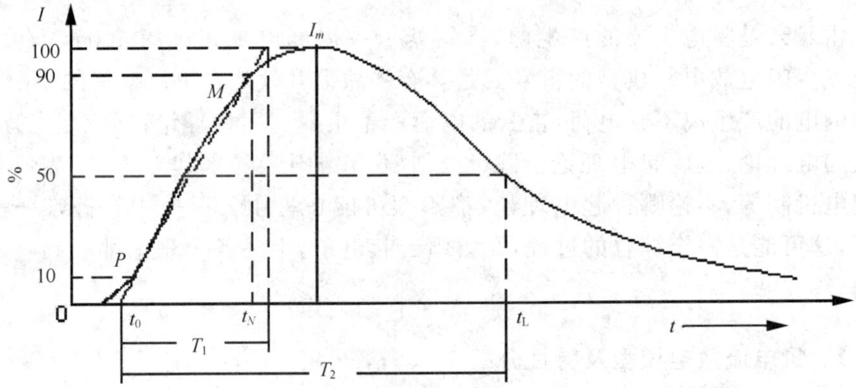

图 5.1　雷电流波形图

一次雷击放电过程常常包含多次先导至主放电的过程和后续电流。一般一次雷电电流有雷电电流脉冲 2～3 个，多数是单极性的重复脉冲，约 85%的雷电流波头在 1～30 μs，平均为 2.6 μs，雷电流波长约为 10～350 μs，在工程计算时，根据具体情况选用波形，可以用符合波头波尾时间的数学公式来计算。

(3) 雷电流幅值概率分布

不同地区的雷电流幅值分布是不同的，这主要与该地区的纬度、地形、地貌、气象和雷暴强度有关。我国电力行业标准(DL-T620-1997(2))根据综合我国的观测结果，推出：

$$\lg P=-\frac{I}{88}\text{(雷暴日大于 20)}$$

$$\lg P = -\frac{I}{44}(\text{雷暴日小于 } 20)$$

式中 P 为雷电流幅值超过 I 的概率；I 为雷电流的幅值(kA)。

(4)雷电流极性

实测统计资料表明，不同的地形地貌，雷电流正负极性比例不同，负极性所占比例为 75％～90％。

从以上分析可以得出雷电流几个特征，如表 5.1 所示。

表 5.1　雷电流特征

雷电流特征	典型值	变化范围
峰值电流值(kA)	20	2～200
电流上升率(kA/μs)	10	1～80
波头时间(μs)	2	1～30
半峰值时间(μs)	4	10～350

5.1.3　雷电流的数学模型

为了使用上的方便，在防雷计算中，要求波形用数学公式表达出。目前，国际上模拟雷电波的函数和模型，有以下几种：

(1)雷电流的幂级数表达式

用于 8/20 μs 波形拟合的幂级数表达式为：

$$i(t) = kI_m t^3 e^{-\frac{t}{\tau}}$$

$$I(t) = \frac{i(t)}{I_m} = kt^3 e^{-\frac{t}{\tau}} \quad (\text{单位雷电流函数}) \tag{5.1}$$

式中 $i(t)$ 表示电流；I_m 为电流峰值；k 为峰值电流修正系数，$\tau = 3.911$ μs，由雷电波拟合数据确定，t 为时间。

根据雷电流波形的定义得出以下方程：

$$\begin{aligned} kt_N^3 e^{-\frac{t_N}{\tau}} &= 0.9 \\ kt_L^3 e^{-\frac{t_L}{\tau}} &= 0.5 \end{aligned} \tag{5.2}$$

又因为坐标轴中直线 MP 可以知道：

$$\begin{aligned} t_N &= 0.9t_1 + t_0 \\ t_L &= t_2 + t_0 \end{aligned} \tag{5.3}$$

把式(5.3)代入式(5.2)得：

$$\begin{cases} k(0.9t_1 + t_0)^3 e^{-\frac{0.9t_1+t_0}{\tau}} = 0.9 \\ k(t_2 + t_0)^3 e^{-\frac{t_2+t_0}{\tau}} = 0.5 \end{cases} \tag{5.4}$$

观察式(5.4)可知修正系数 k 与视在波头 t_1 和视在波尾 t_2 以及 t_0 有关。

另外，通过求 $\frac{dI(t)}{dt} = 3kt^2\exp\left(-\frac{t}{\tau}\right) - \frac{1}{\tau}kt^3\exp\left(-\frac{t}{\tau}\right)$，在 t 为电流峰值 t_k 时，

$$\frac{dI(t_k)}{dt_k} = 0,$$

从而：

$$t_k = 3\tau,$$

把 t_k 代入式(5.1)，得出电流峰值为：

$$I(t_k) = kt_k^3 e^{-\frac{t}{\tau}} = k(3\tau)^3 e^3,$$

可见电流峰值 $I(t_k)$ 与 k 以及 τ 有关。

(2)雷电流的双指数函数表达式

大量观测结果表明，雷电流随时间近似指数规律上升至峰值，然后又近似指数规律下降，Bruce 和 Godle 在 1941 年提出了雷电流波形双指数函数，表达式如下：

$$i(t) = kI_m(e^{-at} - e^{-bt})$$

$$I(t) = \frac{i(t)}{I_m} = k(e^{-at} - e^{-bt}) \quad (单位雷电流函数) \tag{5.5}$$

式中 k 为峰值电流修正系数；a 为拟合的波尾衰减系数；b 为拟合的波前衰减系数；I_m 为电流峰值。

可以发现，该式的未知参量有三个 a、b、k，同样先在雷电流峰值处求导，则：

$$\frac{\mathrm{d}I(t_k)}{\mathrm{d}t_k}=k(a\mathrm{e}^{-at_k}-b\mathrm{e}^{-bt_k})=0$$

推出：$t_k=\frac{1}{b-a}\ln\frac{b}{a}$，代入式(5.5)从而得出电流峰值为：

$$I(t_k)=k(\mathrm{e}^{-a\frac{1}{b-a}\ln\frac{b}{a}}-\mathrm{e}^{-b\frac{1}{b-a}\ln\frac{b}{a}}),$$

可见，电流峰值与这三个参数都有关系，如果知道这三个未知参数，则可画出对应的雷电流波形图，得到所对应如 t_0、t_L、t_p、t_M 等值，从而也可反推出所得的雷电流是否符合要求。

(3)霍德勒模型(Heidler 函数)

该模型函数是 1995 年国际电工委员会在其发表的标准 IEC61312-1 文件中推荐，建议用它作为研究雷电流模型的对象。

$$i(t)=kI_m\frac{\left(\frac{t}{t_1}\right)^n}{1+\left(\frac{t}{t_1}\right)^n}\mathrm{e}^{\left(-\frac{t}{t_2}\right)}$$

式中 k 为峰值电流修正系数，t_1、t_2 分别为视在波头和视在波尾时间，I_m 为电流峰值。模型的上升沿由 $\left(\frac{t}{t_1}\right)^n\Big/\left[1+\left(\frac{t}{t_1}\right)^n\right]$决定，衰减的下降沿由 $\mathrm{e}^{\left(-\frac{t}{t_2}\right)}$ 决定，这个函数可以通过调节参数得到雷电流的特征如电流峰值、半峰时间、电流陡度等，缺点是它不是可积函数。

一般取 $n=10$，这是基于霍德勒模型和传输线模型提出的，适用于首次雷击(10/350 μs)和后续雷击(0.25/100 μs)。

(4)脉冲函数模型

脉冲函数模型适合用于雷电电磁场计算，陈亚洲等提出在雷电电磁场计算中，雷电放电的回击过程可以由简单的天线模型来模拟，由这一模型得到的雷电电磁场的表达式中的静电场项与回击电流的时间积分有关，使得数值计算的工作量非常大。而通常用来表示雷电电流的双指数函数在 $t=0$ 没有连续的一阶导数，因此不适合用于电磁场计算；而 Heidler 函数则没有明显的时间积分式。用脉冲函数克服了双指数函数和 Heidler 函数的缺点，可以作为理想的雷电电流的解析表达式。

$$i(t)=\frac{I_m}{k}\left[1-\mathrm{e}^{\left(-\frac{t}{t_1}\right)}\right]^n\mathrm{e}^{\left(-\frac{t}{t_2}\right)},\qquad(5.6)$$

k 为峰值修正系数：

$$k = (1 - t_a)^n t_a^{\frac{t_1}{t_2}}$$

其中：

$$t_a = \frac{t_1}{t_1 + nt_2}$$

对式(5.6)求导，则：

$$\left.\frac{\mathrm{d}i(t)}{\mathrm{d}t}\right|_{t=0} = \frac{I_m}{k}\left[1 - \mathrm{e}^{\left(-\frac{t}{t_1}\right)}\right]^{n-1}\mathrm{e}^{\left(-\frac{t}{t_2}\right)}\left[\left(\frac{n}{t_1} + \frac{1}{t_2}\right)\mathrm{e}^{\left(-\frac{t}{t_1}\right)} - \frac{1}{t_2}\right] = 0,$$

且连续可导。

5.1.4 雷电流波形和频谱仿真分析

(1) 雷电流波形函数的仿真

模拟雷电波形的函数在各类过电压计算和防雷保护中得到广泛应用，在以上介绍的各类常用的模型函数中，双指数模型长期以来在防雷研究中应用范围较广，其他模型则应用不多，选用准确的、合适的模型决定着能否给被保护对象提供更为安全的保护。

经过长期的观察总结，国内在建筑物防雷保护标准中，规定了首次雷击的雷电流参数(10/350 μs)和后续雷击的雷电流参数(0.25/100 μs)。另外建筑物防雷保护分为三级防护区，每级防护区所使用的电涌保护器型号规格及各种参数是不同的，在 GB18802-1、21(等同 IEC61643-1)中根据其应用场合，对其给定的测试波形也不同。以下用 Matlab 软件所仿真的波形为归一化波形(图 5.2)。

表 5.2 为不同模拟波形下，双指数函数模型的参数。

表 5.2 双指数函数模型参数

波形(μs)	a	b	k
8/20	7.714×10^4	2.489×10^5	2.45
10/350	2.127×10^3	2.461×10^5	1.0513
10/700	1.028×10^3	2.579×10^5	1.026
0.25/100	6.986×10^3	1.085×10^7	1.005
1.2/50	1.473×10^4	2.08×10^6	1.043

注：为了精确，对 k 参数进行了修改。

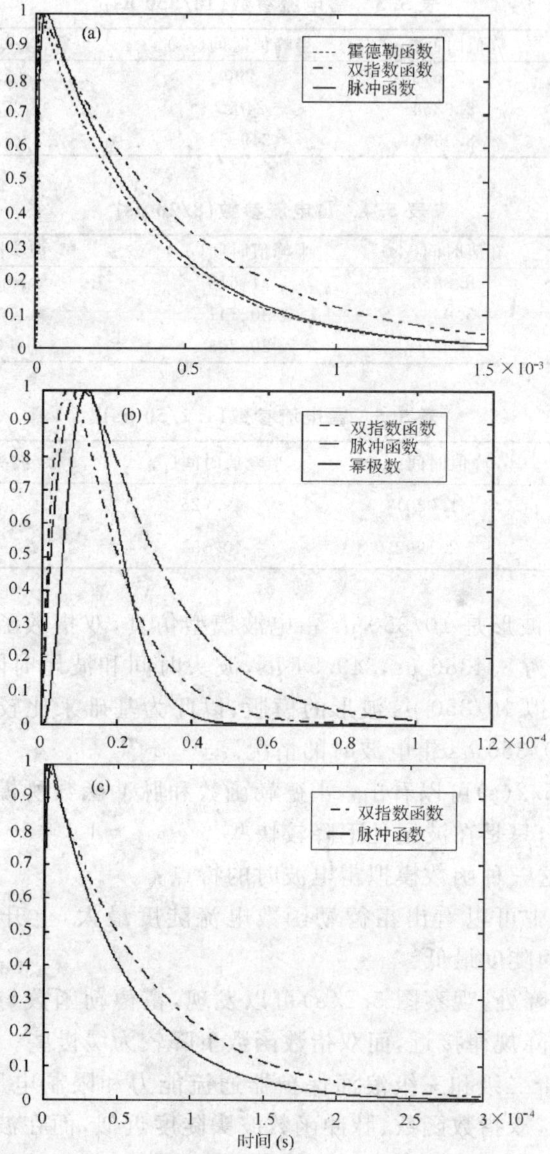

图 5.2　(a)雷电流 10/350 μs 波形仿真(脉冲函数 $t_1=10$ μs，$t_2=350$ μs，$n=1$；霍德勒函数 $t_1=10$ μs，$t_2=350$ μs，$n=10$，$k=1$)；(b) 雷电流 8/20 μs 波形仿真(脉冲函数 $t_1=8$ μs，$t_2=20$ μs，$n=1$；幂级数 $k=0.01243\times10^{18}$，$t=3.911$ μs)；(c) 雷电流 1.2/50 μs 波形仿真(脉冲函数 $t_1=1.2$ μs，$t_2=50$ μs，$n=1$

表 5.3 雷电流参数(10/350 μs)

函数	峰值时间(μs)	半峰值时间(μs)	波头陡度 kA/μs
脉冲函数	17.613	290	2.80×10^4
霍德勒函数	2.9354	240.7	5.05×10^4
双指数函数	8.4386	349.54	5.87×10^4

表 5.4 雷电流参数(8/20 μs)

函数	峰值时间(μs)	半峰值时间(μs)	波头陡度(kA/μs)
幂级数	8.8886	21.615	8.54×10^4
脉冲函数	5.9382	30.141	10.01×10^4
双指数函数	4.063	20.203	14.70×10^4

表 5.5 雷电流参数(1.2/50 μs)

函数	峰值时间(μs)	半峰值时间(μs)	波头陡度(kA/μs)
双指数函数	1.0201	49.925	41.66×10^4
脉冲函数	2.1902	40.354	22.22×10^4

图 5.2(a)的波形是 10/350 μs 雷电波模型仿真,双指数函数的波头时间和半峰值时间分别为 8.4386 μs,349.54 μs,波头时间和波尾时间相对较为准确,可以把它作为模拟 10/350 μs 波形的模版,以此为基础来比较霍德勒函数和脉冲函数在模拟 10/350 μs 雷电波时的情况。

首先,从图 5.2(a)可以看出,霍德勒函数和脉冲函数所模拟的全波近似与双指数函数类似,只是在波尾处下降较快些。

其次,比较这三种函数模拟雷电波时的特点:

1)从表 5.3 中可以看出霍德勒函数电流陡度最大,上升到峰值的速度最快,而脉冲函数的陡度最低。

2)在波尾下降处,观察图 5.2(a)可以发现,霍德勒函数与脉冲函数所模拟的雷电波波形下降规律接近,而双指数函数下降较为缓慢些。

8/20 μs 用于二级和三级浪涌保护器通流能力和限制电压的测试中,由图 5.2(b)可以看出,双指数函数、脉冲函数波头陡度近似,而在波尾处脉冲函数下降较慢。由表 5.4 分别比较这三个函数模型的峰值,半峰值,波头陡度,可以很明显地发现,显然幂级数用来拟合 8/20 μs 波形最为合适,另外幂级数的波头陡度及雷电流上升率也符合实际观测的自然界雷电流情况。

开路电压波 1.2/50 μs 主要用于对第三类保护区中保护电源、信号等设备的浪涌保护器的性能测试，图 5.2(c)是两个不同的函数模型对该波形的仿真。由表 5.5 可以看出双指数函数的电压波上升率更大些，这时用双指数函数来模拟 1.2/50 μs 波形更合适些。

(2) 雷电波频谱的仿真

雷电波频谱相当丰富，包含的频谱范围从低频一直延伸到高频，为了能更好抑制过电压的破坏作用，就需要对雷电流的频谱进行详细的研究。这里主要对标准中常用到的三种波形(8/20 μs、10/350 μs、1.2/50 μs)进行频谱分析，以便为 SPD 设计时提供依据。

1)对双指数函数进行傅立叶变换

对式(5.5)进行变换：

$$I(j\omega) = \int_0^{\infty} k(e^{-at} - e^{-bt})e^{-j\omega t}dt = k\left(\frac{1}{a+j\omega} - \frac{1}{b+j\omega}\right) \tag{5.7}$$

其中 ω 为角频率。

由式(5.7)得出，双指数函数所模拟的雷电流频谱为：

$$|I(w)| = k\left|\frac{1}{a+jw} - \frac{1}{b+jw}\right| = k\frac{b-a}{\sqrt{(a^2+w^2)(b^2+w^2)}} \tag{5.8}$$

由上节所得出的结论知，双指数函数适合用来模拟 10/350 μs 电流波形与 1.2/50 μs 电压波形，把相关的参数代入式(5.8)，分别仿真绘出其频谱图(图 5.3)。

2)对用于 8/20 μs 波形拟合的幂级数表达式进行傅立叶变换：

$$I(t) = \frac{i(t)}{I_m} = kt^3e^{-\frac{t}{t}} \tag{5.9}$$

$$\begin{aligned} I(j\omega) &= \int_0^{+\infty} kt^3e^{-\frac{t}{\tau}}e^{-j\omega t}dt = \int_0^{+\infty} kt^3e^{-\left(\frac{1}{\tau}+j\omega\right)t}dt \\ &= \frac{-6k}{\left(\frac{1}{\tau}+j\omega\right)^4}e^{-\left(\frac{1}{\tau}+j\omega\right)t}\Bigg|_0^{+\infty} = \frac{6k}{\left(\frac{1}{\tau}+j\omega\right)^4} \end{aligned} \tag{5.10}$$

则幂级数函数所模拟的雷电流幅值谱：

$$|I(j\omega)| = \frac{6k}{\left[\left(\frac{1}{\tau}\right)^2+\omega^2\right]^2} \tag{5.11}$$

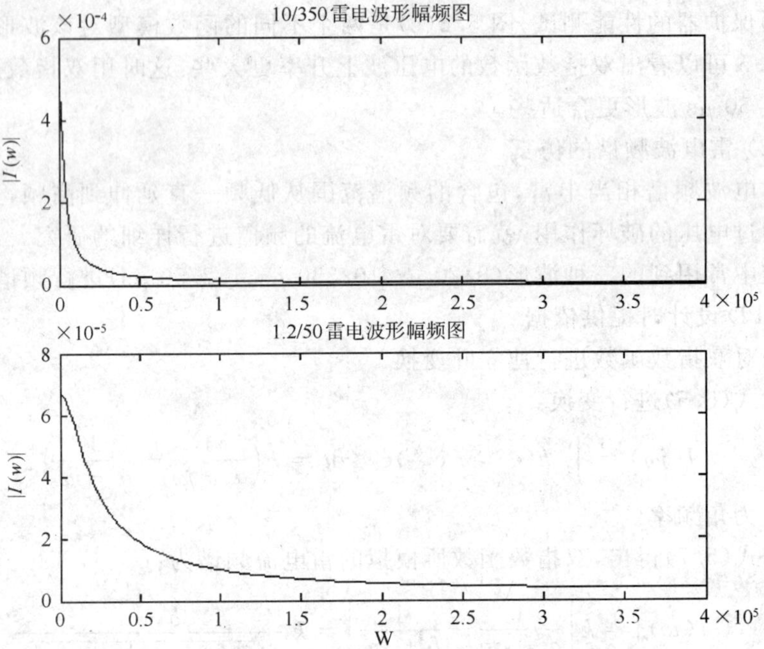

图 5.3　雷电流频谱仿真图

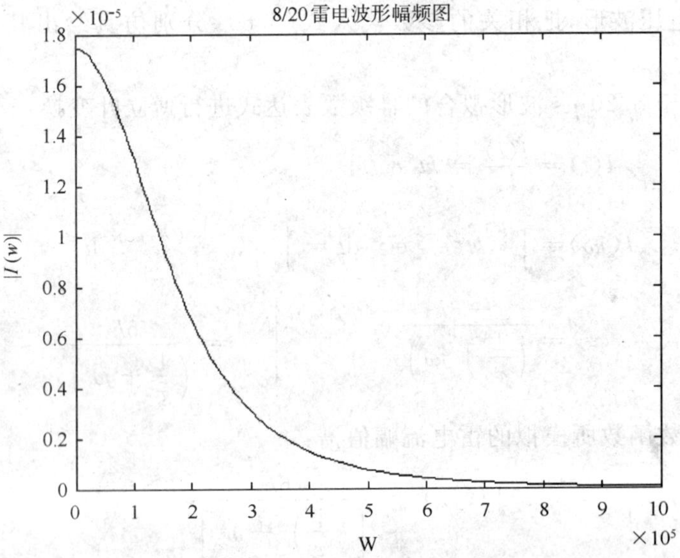

图 5.4　8/20 μs 幅频图

幂级数函数适合用来模拟 8/20 μs 电流波形，把相关的参数代入仿真绘出其幅值谱图。

由图 5.4 所得的各频率处振幅值比上最大振幅，得到各频率处对应的振幅所占的百分比，从而得知各模拟雷电波的波形频率分布。如下表所示：

表 5.6 雷电波频率振幅分量百分比

f(kHz)	ω(rad/s)	10/350(μs)	1.2/50(μs)	8/20(μs)
0	0	100%	100%	100%
1	6280	32.2%	92.0%	99.9%
10	62800	3.36%	23.1%	89.2%
20	125600	1.64%	12.2%	65.6%
30	188400	1.06%	8.5%	41.8%
50	314000	—	—	15.9%
100	628000	—	—	1.9%

从图 5.3 和图 5.4 可以发现：

1)雷电流所包含的频谱从低频一直延伸到高频，主要还是集中在低频处，在 0～1 kHz 的幅值较大，随着频率的增大幅值很快降低。

2)雷电波的半峰值时间越长低频部分的相对振幅越大，从图 5.3 中可以发现 10/350 μs 相对振幅最大。

由表 5.6 可知：

1)雷电波的半峰值越小，随着频率增大则振幅衰减越慢。

2)频率主要分布分别为：10/350 μs 在 1 kHz 以内；1.2/50 μs 分布在 10 kHz以内；8/20 μs 则分布在 30 kHz 以内，符合自然界雷电波的频谱主要在几十 kHz。在设计浪涌保护器或进行其他雷电防护时，能了解到雷电波的频谱范围将更能提高防护的效果。

5.1.5 雷电流的能量分布

设雷电波能量为 $E(\omega)$，负载为大小为 1 Ω 的电阻，根据帕塞伐定理有：

$$E(\omega)=\frac{R}{2\pi}\int_0^{\omega}|I(\omega)|^2\mathrm{d}\omega \tag{5.12}$$

这里针对双指数模型分析各个波形的能量分布情况。

把式(5.7)代入式(5.12)得：

$$E(\omega)=\frac{k^2R(\beta-\alpha)}{2\pi(\beta+\alpha)}\left[\frac{\operatorname{arctg}\frac{\omega}{\alpha}}{\alpha}-\frac{\operatorname{arctg}\frac{\omega}{\beta}}{\beta}\right] \tag{5.13}$$

而雷电波总能量为：

$$E(\omega)=\frac{R}{2\pi}\int_0^{+\infty}|I(\omega)|^2\mathrm{d}\omega=\frac{k^2R(\beta-\alpha)}{4(\beta+\alpha)}\left[\frac{1}{\alpha}-\frac{1}{\beta}\right] \tag{5.14}$$

由表 5.7 给出的参数分析比较 10/350 μs、10/700 μs、0.25/100 μs 、1.2/50 μs 能量分布，由下式对能量进行归一化，求得雷电波形能量分布：

$$\frac{E(\omega)}{E_0}=\frac{2\left[\operatorname{arctg}\frac{\omega}{\alpha}-\operatorname{arctg}\frac{\omega}{\beta}\right]}{\pi\left(\frac{1}{\alpha}-\frac{1}{\beta}\right)} \tag{5.15}$$

表 5.7 各频段雷电流能量分布

角频率(rad/s)	频率(kHz)	10/350(μs)	10/700(μs)	1.2/50(μs)	0.25/100(μs)
0～62.8	0～0.01	1.90%	3.90%	0.27%	0.57%
62.8～628	0.01～0.1	16.53%	31.15%	2.46%	5.13%
628～6280	0.1～1	61.46%	54.97%	23.11%	40.57%
6280～62800	1～10	18.67%	9.27%	60.09%	46.73%
62800～628000	10～100	1.43%	0.70%	13.15%	6.34%
628000～6280000	100～1000	0%	0.01%	0.91%	0.62%
6280000～62800000	1000～10000	0%	0%	0.01%	0.03%
62800000～628000000	10000～100000	0%	0%	0%	0%

从表 5.7 各频段雷电流能量分布可以看出：

(1)各种雷电波模拟波形主要能量集中在 10 kHz 以内，与自然界雷电波能量分布近似。

(2)波尾时间越长，能量越集中于低频段，比如 10/350 μs 与 10/700 μs，波头时间相同，但波尾不同，在 0～1 kHz 段，10/700 μs 波形能量集中了 90.02% 总能量，而 10/350 波形则集中了 79.89%的总能量。

(3)从波形 1.2/50 μs 与 0.25/100 μs 能量分布可看出，波头时间对能量分布所处频段也有影响，由于 0.25/100 μs 波头时间很短，也就是说它波头陡度较大，谐波比较丰富，使得能量向高频靠近，但又由于受到波尾的影响，比起 1.2/50 μs 波形，它的能量分布较为分散，能量分布在 0.1～10 kHz 之间，而 1.2/50

μs 波形的能量峰值分布范围小些，主要在 1～10kHz 之间。

(4)从这几个常用雷电波的能量分布可以看出，在 1 MHz 以上时，能量分布趋于 0。

5.2 雷电灾害风险评估的相关概念、术语和名词解释

5.2.1 雷电灾害风险定义

国际电工委员会(IEC)将雷电灾害风险定义为雷击导致的人畜伤亡、建筑物或服务设施的年平均可能损失。

雷电灾害风险大小取决于以下几个方面：

(1)对建筑物和服务设施造成影响的年平均雷击次数 N；

(2)一次造成影响的雷击导致损害的概率 P；

(3)雷击引起的相应损失平均量 L。

其中，对建筑物造成影响的雷电可以分为：

①直接击中建筑物的雷电；

②击中建筑物附近的雷电(建筑物附近的其他建筑物、构筑物、树木或大地)；

③直接击中与建筑物相连的服务设施(供电线路、通讯线路、管道或其他服务设施)的雷电；

④击中服务设施附近的雷电。

对服务设施造成影响的雷电可以分为：

①直接击中服务设施的雷电；

②击中服务设施附近的雷电；

③直接击中与服务设施相连的建筑物的雷电。

雷电击中建筑物或与建筑物相连的服务设施会造成物理损害和人身伤害。雷电击中建筑物、服务设施或其附近时，通过阻性及感性耦合，雷电流在电气、电子系统中产生的过电压会导致这些系统失效。

而且，用户设备以及供电线路因雷电过电压发生故障时也会导致在装置中出现开关过电压。

影响建筑物以及服务设施的雷击次数取决于建筑物和服务设施的尺寸及

特性、环境特性以及所处区域的雷击大地的地闪密度。

雷电损害概率取决于建筑物、服务设施以及雷电流的特性，还取决于所采取的保护措施的类型和效能。

间接损失的年平均量取决于损害的程度以及雷电导致的间接后果。

若干防雷保护措施的综合效果由每种保护措施的特性决定，他们可以不同程度地减小损害概率或间接损失量。

5.2.2　术语、定义

IEC 62305.2 给出了以下有关雷电灾害风险评估的术语、定义。

(1)需保护的对象（object to be protected）

需要作雷电效应防护的建筑物或服务设施。

(2)需保护的建筑物（structure to be protected）

按照 IEC 防雷标准，要求作雷电效应防护的建筑物。

需保护建筑物也可以是较大建筑物的一部分。

(3)具有爆炸危险的建筑物（structures with risk of explosion）

内部存放有固体爆炸物或包含有按照 IEC 60079-10 及 IEC 61241-10 所确定的危险区域的建筑物。

这里，一般仅考虑具有 0 区危险环境或内有固态爆炸物质的建筑物。

注：① 0 区危险环境是指正常情况下能形成爆炸性混合物（气体或蒸汽爆炸性）的爆炸危险场所。例如：油漆车间：非桶装的地下贮漆间；汽车加油站：埋地卧式汽油储罐内部油表面以上空间；石油库：易燃油品灌油间和油罐呼吸阀、量油孔 3 m 内的空间等。

② 内有固态爆炸物质的建筑物是指凡制造、使用或贮存炸药、火药、起爆药、火工品等大量爆炸物质的建筑物。

(4)对环境构成危险的建筑物（structure dangerous to the environment）

雷击会引起生物、化学、辐射泄漏后果的建筑物（例如化工厂、石化企业、核电站等）。例如江河湖海边的化工企业，发生雷击事故可能会引起严重的水体等环境污染，形成二次灾害。

(5)市区环境（urban environment）

市区环境指建筑密度高的地区或具有高层建筑的人口密集的社区。

例如，城镇中心属于市区环境，建筑物的高度一般大于 20 m。

(6)郊区环境 (suburban environment)

郊区环境指建筑密度中等的地区。

城镇郊区是郊区环境的一个例子。建筑物的高度一般约在 20 m 和 10 m 之间。

(7)野外环境 (rural environment)

野外环境指建筑密度低的地区。

乡下是野外环境的一个例子。建筑物的高度一般小于 10 m。但中国尤其是中国北方许多建筑物密度较大、村舍集中的村落不属于野外环境，只有农户房屋分布零散的小规模村落才算是野外环境。

(8)标称冲击耐受电压 U_W (rated impulse withstand voltage level)

标称冲击耐受电压又称耐冲击过电压额定值，它是由制造商为设备或设备某一部分指明的冲击耐受电压值，表征其绝缘材料对冲击过电压的特定耐受能力。在 IEC 60664-1 1.3.9.2 中有专门的定义。这里主要考虑相线与地之间的共模冲击耐受电压。

例如：低压电气设备的冲击耐受电压 U_W 一般如表 5.8 所示，它表示的是 220/380 V(230/400 V)三相配电系统中各种设备耐冲击过电压额定值。

表 5.9 是通信设备预期耐共模冲击过电压值。

表 5.8 作为低压电气设备类型的函数的冲击耐受电压 U_W

设备位置	电源设备	配电线路和分支线路设备	用电设备	需要保护的特殊设备
耐压类型	Ⅳ类	Ⅲ类	Ⅱ类	Ⅰ类
耐压额定值(kV)	6	4	2.5	1.5

注：Ⅰ类——需要将瞬态过电压限制到特定水平的设备；

Ⅱ类——家用电器、手提工具和类似负荷；

Ⅲ类——配电盘、断路器、布线系统和工业设备。

表 5.9 通信设备预期耐共模冲击过电压值

设备名称	预期耐共模冲击过电压
电话交换局或电信中心的数字	1.0 kV(10/700 μs)
电信用户终端设备	1.5 kV(10/700 μs)
建筑物内的 ISDS T/S 总线设备	1.0 kV(1.2/50 μs)

(9)电气系统 (electrical system)

包含低压供电部件的系统。比如建筑电气等。

(10)电子系统 (electronic system)

包含了诸如通讯设备、计算机、控制和仪表系统、无线电系统以及电力电子装置等敏感电子部件的系统。

(11)内部系统 (internal system)

建筑物内的电气和电子系统。

(12)需保护的服务设施 (service to be protected)

按照 IEC 防雷标准,需要作雷电效应防护的入户服务设施。包括输电线、通讯线、信号线、控制线、天馈线以及各种入户管道(供水、供气以及各种工业管道)等。

(13)通讯线路 (telecommunication lines)

用于在设备之间进行通讯的传输媒介(例如电话线和数据线),这些设备可能位于不同的建筑物内。

(14)供电线路 (power lines)

为建筑物内的电气和电子设备供电的传输线路,例如低压配电线路或高压输配电线路。

(15)管道 (pipes)

用于将流体(液体或气体)输入或输出建筑物的管道系统,例如煤气管道、天然气管道、供水管道、输油管道。

(16)危险事件 (dangerous events)

雷电击中需保护对象或其附近的事件是危险事件,有可能造成损失。

(17)直接雷击 (lightning flash to an object)

直接击中需保护对象的雷击事件。

(18)附近雷击 (lightning flash near an object)

击中需保护对象附近足够近以至于能产生危险过电压的雷电。

危险过电压主要由临近雷击引起的静电感应和电磁感应造成。危险过电压大小与雷击点和被保护对象的距离以及雷电流强度有关。

(19)雷击建筑物导致的危险事件次数 N_D(number of dangerous events due to flashes to a structure)

预计年平均因雷击建筑物而引起的危险事件次数。主要取决于建筑物所处位置的雷电环境及建筑物的特性。

(20)雷击服务设施导致的危险事件次数 N_L(number of dangerous events due to flashes to a service)

预计年平均因雷击服务设施而引起的危险事件次数。主要取决于服务设施所处位置的雷电环境及服务设施的特性。

(21)雷击建筑物附近导致的危险事件次数 N_M(number of dangerous events due to flashes near a structure)

预计年平均因雷击建筑物附近而引起的危险事件次数。主要取决于建筑物所处位置的雷电环境。

(22)雷击服务设施附近导致的危险事件次数 N_I(number of dangerous events due to flashes near a service)

预计年平均因雷击服务设施而引起的危险事件次数。

(23)雷电电磁脉冲 LEMP (lightning electromagnetic impulse)

雷电电磁脉冲是一种雷电流的电磁效应。指围绕整个系统(它犹如一个天线),具有宽带大功率效应的脉冲。包括传导性电涌以及辐射性的冲击电磁场效应。

其中的大功率效应是指仅在强信号情况下发生的效应。采用传统的频率分析处理方法(即频率指配、互调制、附加响应等)既不能预测也无法避免这种效应。它包括永久的电磁损坏和暂时的性能降级这两种情况,而且与是否存在天线关系不大。

性能降级是指电气电子装置、设备或系统的工作性能与正常性能的非期望偏离。

(24)电涌 (surge)

电涌有时又形象的称为浪涌,它是 LEMP 引起的以过电压或过电流形式出现的瞬态波。通过感应效应,雷电流会在设施环路中产生浪涌,并对下游的 SPD 构成剩余威胁。

(25)节点 (node)

服务设施线路上浪涌的传播可以近似认为中断的点。

例如,HV/LV 变压器处的配线箱、通讯线路上的多路复用器以及线路上安装的符合 IEC 62305-5 要求的 SPD 等都是节点。

(26)物理损害 (physical damage)

雷电的机械、热力、化学和爆炸效应对建筑物(或其内存储物)或服务设施造成的损害。

(27)生物伤害 (injury to living beings)

雷电引起的接触和跨步过电压所导致的人员或动物伤害,包括死亡。

(28)电气和电子系统失效 (failure of electrical and electronic systems)

LEMP 对电气和电子系统造成的永久性损害。

(29)失效电流 I_a(failure current)

导致线路损害的最小的雷电流峰值。

失效电流 I_a 与线路的特性、入户服务设施的数量以及所采取的保护措施有关。

(30)损害概率 P_X(probability of damage)

一次危险事件导致需保护对象受损的概率。

(31)损失 L_X(loss)

一次危险事件引起的与某种损害类型相对应的平均损失量,与需保护对象的价值(人员和货物)有关。

(32)风险 R (risk)

雷击引起的年均可能损失量(人员和货物),与需保护对象的价值总量有关。

(33)风险分量 R_X(risk component)

取决于损害源和损害类型的部分风险。

(34)容许的风险 R_T(tolerable risk)

需保护对象能够容许的最大风险值。

当雷击涉及人员生命损失,或者涉及到社会或文化损失时,国际上给出了典型的具有代表性的风险容许值的 R_T。

例如,人的价值是无法衡量的,因而国际上一般取由于雷击造成的人身伤亡容许风险 R_T 典型值为 10^{-5}(1×/年)。其数值含义相当于对某一个人而言,由于雷击造成的人身伤亡概率为 10 万年一次。或者相当于在 1 年中,每 10 万人中有一人遭雷击伤亡。

典型的公众服务损失风险允许值 R_T 为 10^{-3}(1×/年)。

典型的文化遗产损失风险允许值 R_T 为 10^{-3}(1×/年)。

(35)建筑物的区域 Z_S(zone of a structure)

在风险分量的评估中仅涉及一组参数的具有同等特性的建筑物的一部分。

(36)服务设施的区段 S_S(section of a service)

在风险分量的评估中仅涉及一组参数的具有同等特性的服务设施的一部分。

(37)防雷区 LPZ (lightning protection zone)

防雷区是需要规定和控制雷击电磁脉冲环境的区域。一般将防雷空间分

为 $LPZ0_A$ 区、$LPZ0_B$ 区、LPZ1 区、LPZ2 区……等。

防雷措施(如 LPS、屏蔽线、磁屏蔽和 SPD)等决定了防雷区(LPZ)。一般防雷区域的序号数愈大,电磁环境参数愈低,LEMP 明显减小。

$LPZ0_A$ 是受直接雷击和全部雷电电磁场威胁的区域,其内部系统可能受到全部或部分雷电流的影响。

$LPZ0_B$ 是直接雷击的防护区域,但该区域的威胁仍是全部雷电电磁场。其内部系统可能受到部分雷电流的影响。

LPZ1 是由于分流和边界处 SPD 的作用使浪涌电流受到限制的区域。空间屏蔽可能衰减雷电电磁场。

LPZ2～LPZn 是由于分流和边界处附加 SPD 的作用,使浪涌电流受到进一步限制的区域。附加的空间屏蔽可能进一步衰减雷电电磁场。

作为防雷的一般规律,受保护的对象应置于电磁特性与该对象耐受冲击过电压能力相兼容的 LPZ 内。使雷电损害(物理损害、过电压使电气和电子系统失效)减小。

值得注意的是,LPZ 的边界并不一定是墙、地板或天花板等物理边界。

(38)防雷级别 LPL (lightning protection level)

防雷级别是与一组雷电流参数值对应的数字,在自然界发生雷电时,该参数值与最大和最小设计值不被超出的概率有关。

防雷保护级别用于按照对应的一组的雷电流参数来设计保护措施,参见图 5.5。

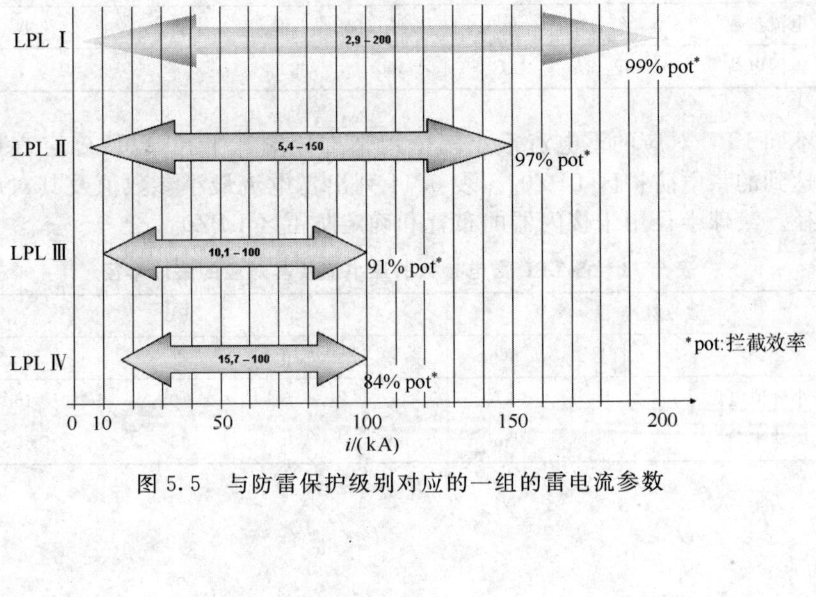

图 5.5 与防雷保护级别对应的一组的雷电流参数

表 5.10 给出不同雷电防护水平的雷电流最大参数值。这些最大值用来设计雷电防护部件如导体截面积、金属板厚度、SPD 的通流量、防止危险火花的最小分隔距离等，还可确定模拟雷电流对这些部件影响的测试参数。

表 5.10　各 LPL 对应的雷电流参数最大值

首次短雷击			LPL			
电流参数	符号	单位	Ⅰ	Ⅱ	Ⅲ	Ⅳ
峰值电流	I	kA	200	150	100	
短雷击电荷	Q_{sbon}	C	100	75	50	
单位能量	W/R	MJ/Ω	10	5.6	2.5	
时间参数	T_1/T_2	μs/μs	10/350			
后续短雷击			LPL			
电流参数	符号	单位	Ⅰ	Ⅱ	Ⅲ	Ⅳ
峰值电流	I	kA	50	37.5	25	
平均陡度	di/dt	kA/μs	200	150	100	
时间参数	T_1/T_2	μs/μs	0.25/100			
长雷击			LPL			
电流参数	符号	单位	Ⅰ	Ⅱ	Ⅲ	Ⅳ
长雷击电荷	Q_{long}	C	200	150	100	
时间参数	T_{long}	s	0.5			
雷闪			LPL			
电流参数	符号	单位	Ⅰ	Ⅱ	Ⅲ	Ⅳ
雷闪电荷	Q_{flash}	C	300	225	150	

不同 LPL 对应的雷电流最小幅值用来推导滚球半径，以便确定直接雷击不能达到的雷电防护区 $LPZ0_B$。表 5.11 列出雷电流最小参数值及其对应的滚球半径。滚球半径用于接闪器的布置和确定防雷区 $LPZ0_B$。

表 5.11　各 LPL 雷电参数的最小值及其对应的滚球半径

截收标准			LPL			
	符号	单位	Ⅰ	Ⅱ	Ⅲ	Ⅳ
最小峰值电流	I	kA	3	5	10	16
滚球半径	R	m	20	30	45	60

(39)保护措施 (protection measures)

在需保护对象中为了减少雷击引起的风险而采取的措施。

(40)防雷系统 LPS (lightning protection system)

用于减少雷击建筑物引起的物理损害的完整系统,由外部防雷系统和内部防雷系统组成。外部防雷系统由接闪器系统、引下线系统和接地体系统构成,内部防雷系统由等电位连接和/或与外部 LPS 的电气绝缘组成。完整的防雷系统如图 5.6 所示。

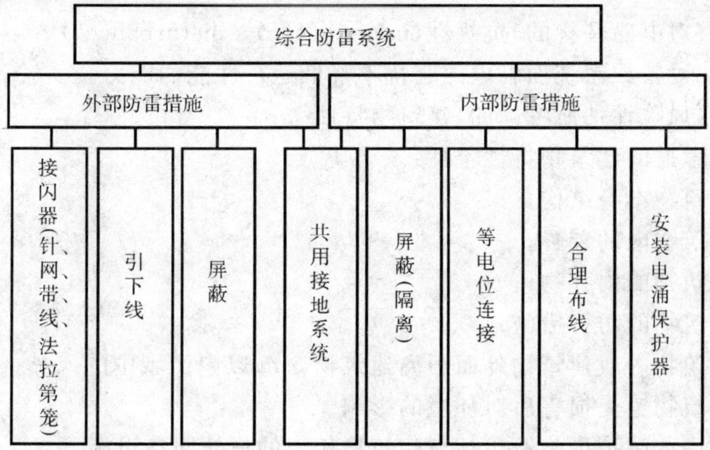

图 5.6　符合 IEC 要求的完整的防雷系统

(41)LEMP 防护系统 LPMS (LEMP protection measures system)

由内部系统 LEMP 防护措施组成的完整系统。

(42)屏蔽线 (shielding wire)

用于减少雷击服务设施引起的物理损害的金属线。

(43)磁屏蔽 (magnetic shield)

包围需保护对象或需保护对象一部分的闭合格栅形或连续的金属屏蔽(体),用于减少电气和电子系统发生失效的情况。

(44)防雷电缆 (lightning protective cable)

具有加强绝缘强度以及其金属护套直接或通过导电性塑料覆盖层与土壤有着连续接触的特制电缆。

(45)防雷电缆管道(lightning protective cable duct)

与土壤接触的低电阻率的电缆管道。(例如,结构性钢筋互连的混凝土或金属管道)。

(46)电涌保护器 SPD (surge protective device)

用于限制瞬态过电压以及分流电涌电流的器件,至少包含一个非线性部件。

(47)配合的 SPD 保护 (coordinated SPD protection)

为了减少电气和电子系统发生失效的情况而正确选择和安装的一组相互配合的 SPD。

(48)(对电磁骚扰的)抗扰性(immunity(to a disturbance))

装置、设备或系统面临电磁骚扰不降低运行性能的能力。

(49)(风险评估所考虑的)建筑物特性

需要考虑的建筑物特性包括:

①建筑物本身结构;

②建筑物内的装置;

③建筑物的内存物;

④建筑物的防护措施;

⑤建筑物内或建筑物外面距离建筑物 3 m 以内区域中的人员;

⑥建筑物遭受损害后对环境的影响。

所考虑的防护措施不包括与建筑物相连的户外服务设施。

所考虑的建筑物可能会划分为几个不同特性区域。

(50)(风险评估所考虑的)服务设施特性

所考虑的服务设施是以下两者之间的物理连接:

①电信交换站与用户大楼之间或两个电信交换站之间或两个用户大楼之间的通讯线路(TLC);

②电信交换站或用户大楼与配线节点之间,或两个配线节点之间的通讯线路;

③高压变电站与用户大楼之间的电力线路;

④配电站与用户大楼之间的管道。

所考虑的服务设施包括线路设备以及线路终端设备,例如:

① 多路复用器,功率放大器,光纤网络单元,仪表,线路终端设备等;

② 断路器,过电流保护系统,仪表等;

③ 控制系统,安全系统,仪表等。

与雷电影响有关的服务设施的主要特性有：

①结构(线路：架空、埋地、屏蔽、非屏蔽、光纤；管道：地面上、埋地、金属、塑料)；

②用途(通信线路、电力线路、金属管道)；

③受服务的建筑物(结构、存贮物、大小、位置)；

④已有的防雷措施(如屏蔽线、SPD、线路冗余、贮液系统、发电机组、不间断电源系统)。

所考虑的防护措施不包括用户设备或者连接到服务设施末端的建筑物。

5.3　雷电灾害风险评估的基本原则及基本程序

实施雷电灾害风险评估时，应根据委托方提供的资料，结合当地雷电灾害预警能力、应急响应能力和现场勘测报告以及雷暴天气卫星云图、雷暴天气大气环流形势、雷暴天气雷达回波、闪电定位等相关资料和数据及评估对象所在地的地理信息系统资料，通过高性能计算机，应用数学模型对评估对象的雷电灾害风险进行分析、处理、计算、评估，并编制雷电灾害风险评估报告。

5.3.1　基本原则

在雷电灾害风险评估时，明确评估原则是十分必要的。一般应掌握以下几个评估原则：

(1)必须保证雷电灾害风险评估所依据历史资料的完整性和可靠性

资料的完整性主要是雷电环境分析所用的历史资料必须有足够的年份。目前，传统的雷电观测资料一般都有30年以上的资料积累。由于历史数据量较大，统计分析出来的规律比较有意义。根据这些数据建立的雷电风险概率分布，可以比较好地揭示雷电灾害发生频率的统计规律。但由于传统的雷电观测资料只记录雷电发生的时间，没有雷电流强度的记录，并且不能区分云闪和地闪，所以雷电灾害损失程度与雷电流之间的关系等规律无法通过统计分析得出。虽然近几年已经有了更全面的闪电定位系统观测资料，但由于年份太短，统计意义比较有限。此外，由于闪电定位系统设备性能还不完善，标定工作也未有效进行，故测量数据的可靠性也不能得到保障，只可以作为参考资料使用来反映一些趋势性的规律。

(2)必须保证评估现场资料的完整性和可靠性

在风险评估工作中,要认真调阅基建档案,仔细进行现场勘查,确保评估现场资料的完整性和可靠性,为雷电易损性分析打下基础。

(3)应认真调查被评估对象雷击史(如果有的话),并加以认真分析,根据以往雷击史分析的结果最容易判断出雷电灾害危险源、雷电引入通道以及防雷环节的薄弱处。这有助于提高雷电危险性分析和易损性分析的准确度。

(4)针对不同的评估对象,选择符合其适用范围的评估标准。

应该根据评估对象有针对性、有重点地处理问题。一些风险评估注重人身伤害评估,一些注重公众服务损失评估,更多的需要同时考虑经济损失评估。目前有多种雷电灾害风险评估方法和评估标准可供使用,但每个标准或规范都有局限性。评估时要选择合适的标准,有的标准甚至需要做变通处理后才能使用。由于各种技术和产品的更新与发展日新月异,评估方法和标准需要不断更新和完善。特别是 LEMP 危害逐渐占据主导地位时,通信、电子和网络等行业的发展给雷电灾害风险评估提出了更多需要解决的问题。

(5)重视风险承担者的参与。风险对于不同的评估主体(评估者)具有不确定性,风险评估应该考虑评估主体的风险偏好和承受能力。但涉及人身伤害和环境危害的除外。

(6)评估报告中风险控制对策应考虑雷电防护的必要性和经济合理性,大多数情况下应进行费用分析,使防雷工程设计方案和设计参数的选择具备高效、合理和可操作性。

5.3.2 雷电灾害风险评估的工作流程和技术流程

(1)工作流程

雷电灾害风险评估的工作流程应在国家法律框架内进行,符合气象主管机构的管理要求。在开展评估工作时,作为评估主体的评估者(防雷工程师和防雷用户),以评估对象(建筑物或服务设施等)为中心,选择合适的评估标准,确定有效的评估方法,对评估因子分析与计算,得出全面而准确的评估结论,按照评估结论提出适当的防护措施。一般而言,评估工作的工作流程为:

第一,接受委托,确定评估对象,明确评估范围;

第二,收集资料,包括雷电环境资料、地理信息资料、建设工程土建资料以及设备资料;

第三，进行工程分析，主要对以上资料进行分析；

第四，进行现场勘测与调研；

第五，选择评估标准，包括评估体系、评估指标及其基准值，确定评价方法包括评估公式，制定评估方案；

第六，进行分析与评估；

第七，提供评估结论包括评估等级，编制评估报告，报告内需提出适当的对策与相应的措施。

第八，提交报告给用户或主管部门。

雷电灾害风险评估基本的工作程序见图 5.7。

(2)技术流程：

雷电灾害风险评估的基本方程是：

$$R = NPL$$

所以风险评估的技术步骤应围绕危险事件的次数 N、损害概率 P、损失 L 来展开。

当选定了风险容许值的上限，风险评估技术流程允许选择采取合适的保护措施以把风险减少到容许限度之内。

对建筑物或服务设施进行防雷保护的决定、以及保护措施的选择应当按照 IEC 62305-1 进行。应当执行以下程序：

(1)识别需保护对象及其特性；

(2)识别需保护对象中所有类型的损失以及相应的风险 R (R_1 到 R_4)；

(3)计算每种类型损失相应的风险 R (R_1 到 R_4)；

(4)通过将建筑物风险 R_1，R_2 和 R_3 (对于服务设施为 R_2')与风险容许值 R_T 作比较来评价保护需要；

(5)如果需要保护，选择合适的保护措施；

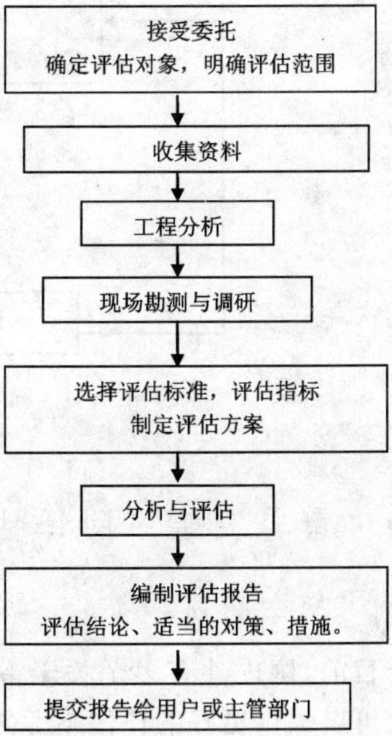

图 5.7　雷电灾害风险评估工作程序框图

(6)再行计算采取保护措施后的风险值并与风险容许值 R_T 作比较，直至符合要求。

风险评估技术流程如图 5.8 所示。其中 N_X、P_X、L_x 分别是雷电危险事件的次数 N、损害概率 P 和损失 L 的各种分量。

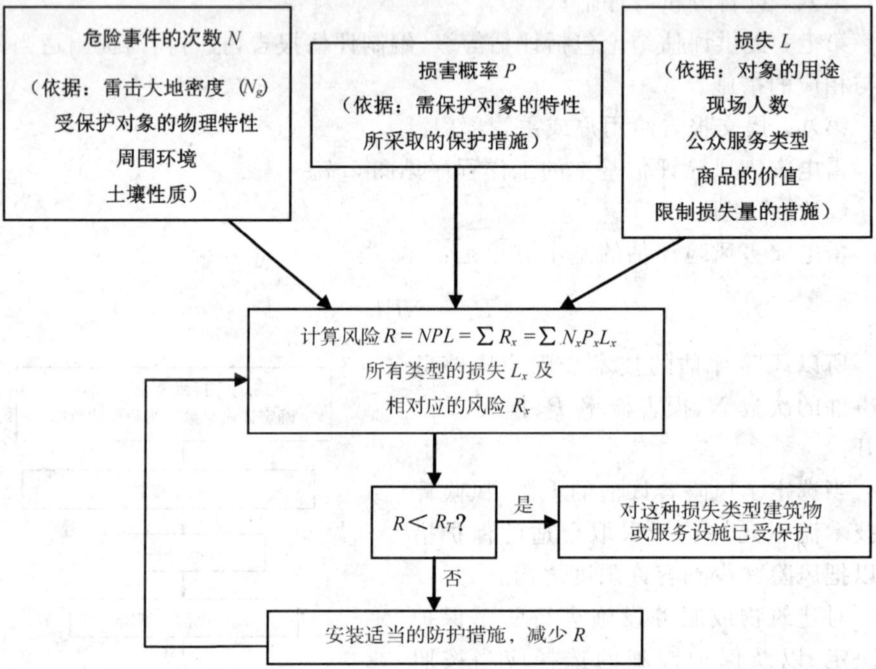

图 5.8　确定是否要采取防护设施的程序

5.4　雷电灾害风险评估的常用方法

目前，国内外有多个关于雷电灾害风险评估的标准，对各个标准的分析和比较可以提供更好的评估参考。尽管这些标准有这样那样的缺陷，但在没有更好的标准时，目前的处理方法是最好的。以下对主要涉及的标准做一简要介绍，适用面较广的 IEC62305-2 标准将在第六章中作重点介绍。

5.4.1 GB50343-2004《建筑物电子信息系统防雷技术规范》中的评估方法

建筑物电子信息系统防雷技术规范中风险评估的适用范围是由雷击电磁脉冲(LEMP)对建筑物内电子信息系统造成损害风险的评估。风险评估的中心内容是确定年平均直击雷次数 N 和年平均允许雷击次数 N_c。

该雷电风险评估方法结构简单，使用方便，适用于被评估对象为建筑物内的电子信息系统，且评估任务和区域比较单一的场合。

(1)该技术规范中有关雷电防护分级的规定

①建筑物电子信息系统的雷电防护等级应按防雷装置的拦截效率划分为A、B、C、D四级。

②雷电防护等级应按下列方法之一划分

a. 按建筑物电子信息系统所处环境进行雷击风险评估，确定雷电防护等级；

b. 按建筑物电子信息系统的重要性和使用性质确定雷电防护等级。

③对于特殊重要的建筑物，宜采用4.1.2条规定的两种方法进行雷电防护分级，并按其中较高防护等级确定。

其中按雷击风险评估确定雷电防护等级的方法是：

1)按建筑物年预计雷击次数 N_1 和建筑物入户设施年预计雷击次数 N_2 确定 N(次/年)值，$N=N_1+N_2$。

2)建筑物电子信息系统系统设备，因直击雷和雷电电磁脉冲损坏可接受的年平均最大雷击次数 N_C 可按下式计算：$N_C=5.8\times10^{-1.5}/C$(次/年)，C 表征各类因子的作用(详见下面说明)。

3)将 N 和 N_C 进行比较，确定电子信息系统设备是否需要安装雷电防护装置：

①当 $N<N_C$ 时，可不安装雷电防护装置；

②当 $N>N_C$ 时，应安装雷电防护装置。

4)按防护装置拦截效率 E 的计算公式

$$E=1-N_C/N$$

确定其雷电防护等级：

① 当 $E>0.98$ 时定为A级，

② 当 $0.90<E\leqslant0.98$ 时定为B级，

③ 当 $0.80<E\leqslant0.90$ 时定为C级，

④ 当 $E \leqslant 0.80$ 时定为 D 级。

其中，N 建筑物及入户设施年预计雷击次数，主要决定于建筑物所处地区雷击大地的年平均密度、建筑物和建筑物入户设施截收相同雷击次数的等效面积以及建筑物所处地理环境位置。

而 N_C 是因直击雷和雷电电磁脉冲引起电子信息系统设备损坏的可接受的最大年平均雷击次数，它的计算可按下式确定：

$$N_C = 5.8 \times 10^{-1.5} / C$$

式中 C 是各类因子，主要有以下六个因子：

① 信息系统所在建筑物材料结构因子；

② 信息系统重要程度因子；

③ 电子信息系统设备耐冲击类型和抗冲击过电压能力因子；

④ 电子信息系统设备所在雷电防护区(LPZ)的因子；

⑤ 电子信息系统发生雷击事故的后果因子；

⑥ 区域雷暴等级因子。

(2)建筑物电子信息系统对 LEMP 防护等级选择

1)为了从多方面的因素综合分析确定建筑物电子信息系统的雷电磁脉冲防护等级，应考虑下列几个因素：

① 应根据信息系统设备对 LEMP 的敏感度和抗干扰强度的要求；

②按建筑物防雷(外部)分类条件分析；

③根据建筑物用户负荷分级条件分析；

④根据建筑物的功能性质、建筑高度；

⑤当地气象条件来分析；

⑥用户对信息系统设备；

⑦安全度的要求(二次设计确定)；

⑧对信息系统风险评估计算结果分析。

2)根据以上条件，综合分析各种因素，从定性及定量两个方面来选择信息系统雷电防护级别，采取相适配的技术措施；作到安全可靠，技术先进，经济适用，维护方便。

(3)《建筑物电子信息系统防雷技术规范》中的评估方法应用例

这里我们举一个河北保定天威集团计算机网络雷灾分析及风险评估例子，本例素材由保定市防雷中心提供。

1）天威集团局域网简介

保定天威集团有限公司(前身为保定变压器厂)始建于1958年，经过技术改造，已经成为新型的高新技术企业，公司以电力变压器为主导产品，是目前国内最大的综合型变压器制造企业，也是核电工业变压器产品唯一供应商，与德国西门子公司合作为三峡电站提供主变压器。

公司的系统集成包括科技楼信息中心配置主交换机和部分工作组交换机，整个大楼为快速以太网，采用星形网络结构，以3COM交换机和COMPAQ、IBM服务器为主组成网络，桌面带宽为100 m，布线符合EIA/TIA568A结构化布线标准。外部配套设施包括五处联网节点，采用散射状主干连线，使用多模光缆与各节点主交换机相连，架空线路，各楼与科技楼的距离不超过1000 m。各节点交换机使用双绞线与各车间工作终端连接。信息中心有一条光缆与电信局相连，两条双绞线与主交换机相连。

该地区土壤电阻率$\rho=\Omega\cdot m$；年平均雷电日数$T_d=31.3$ d/a；建筑物内存放的物品为普通材料，建筑物及物品总价值1000万元；建筑物内有小型消防设备；建筑物有4条电源线、30条电话线、4条双绞线、1条光缆，全部埋地敷设，无屏蔽(电源线、电话线、数据线从不同方向进入建筑物)。

2)天威集团局域网雷电灾害情况及分析

2002年8月4日，当地发生强雷暴天气，雷电击中科技楼楼顶一座废弃的铁塔，产生火球，瞬时造成周围大范围的网络设备破坏，损坏情况如下：

集线器10台、服务器2台、调制解调器4台、计算机10台、显示器10台、网卡20块、网络交换机20台(3COM交换机)、UPS：2台、考勤设备：2套(含主机、考勤机、读卡机、通讯Modem)。损坏的设备分布在科技楼、行政楼(各层)、仓库、结构车间、铁芯车间、绝缘车间、500厂房、总装车间、门卫、试验站等地。

雷电灾害有以下特点：

①雷电灾害是由雷电电磁脉冲在线路上的耦合造成的，也就是通常说的雷电感应；

②损坏的设备大部分是网络交换设备，安装在LPZ0到LPZ1的交界处；

③厂区主干网采用了光缆，与光缆连接的各节点的设备接口没有损坏，而与双绞线相连的设备接口大部分都遭到破坏；

④行政楼、科技楼和各车间的电源线路采用了埋地方式，对抗击雷电电磁脉冲起到了作用，从电源线进入的雷电流影响不大，只有少量的主机和UPS受到破坏。但是考勤系统相关设备全部损坏，除了通过网络线路破坏的接口设备

外，该系统的供电线路是架空线，计算机、读卡机等设备的损坏是电源线上感应雷击造成的。

雷电灾害情况分析：

① 火球的电磁脉冲极强，如果雷电击中物体后产生火球，周围的电器设备一般会受到严重破坏，这一点已经被几次雷电灾害所证实。遭到雷击的计算机网络所在的建筑物附近往往建有通讯塔或避雷塔，直击雷一般是击在塔上，在周围的线路上产生感应雷击。

② 雷电侵入计算机系统的途径主要有三条：

a. 通过通讯线路、信号线路的感应进入系统，从而破坏设备；

b. 直击雷落在建筑物上或邻近地区产生雷电放电，在计算机网络中存在的各种环路中产生瞬态过电压，破坏设备；

c. 通过供电线路上的感应引入电源系统，造成设备损坏。

③ 线路采用埋地方式能有效地防御雷击。光纤是抵御雷电袭击的较理想的线路材料，但是光纤内有抗拉钢芯时，光纤两端要做好接地处理。

3)对天威集团信息系统的雷击风险评估

以下使用《建筑物电子信息系统防雷技术规范》中的评估方法对天威集团信息系统的雷击风险评估。

通过现场勘察，得到信息中心的物理状况为：

①建筑物材料结构因子：钢筋混凝土结构，$C_1=1.0$；

②信息系统重要程度因子：$C_2=3.0$；

③设备耐冲击类型和抗冲击能力因子：计算机信息系统设备，$C_3=3.0$；

④信息系统所处的雷电防护分区（LPZ）因子：建筑物内，无特别屏蔽措施，属于 LPZ 1 区。$C_4=1.0$；

⑤信息系统发生事故后的后果因子：不可中断，但中断无严重后果，$C_5=1.0$；

⑥区域雷暴等级因子：保定地区 $T_d=31.3$ (d/a)，属于多雷区，$C_6=1.0$。

当地雷击大地的年平均密度 N_g：

$$N_g=(0.024\cdot T_d^{1.3})\approx 2.11\ (次/\text{km}^2\cdot \text{a})$$

建筑物的等效截收面积 A_e：

科技楼为长方形、孤立楼体，长(L)、宽(W)、高(H)分别为 90 m、15 m、20 m。故，每边扩大的宽度：

$$D = H(200 - H) = 60(\mathrm{m})$$

$$A_e = [LW + 2(L + W)D + \pi D^2] \times 10^{-6} = 2.5254 \times 10^2 (\mathrm{km}^2)$$

$$A_e = A_{e_1} + A_{e_2} = 3 \times (2 \times ds \times L \times 10^{-6})$$

$$= 3 \times 2 \times 70 \times 1000 \times 10^{-6} = 0.4(\mathrm{km}^2)$$

建筑物年预计雷击次数 N：

$$N = K \times N_g \times (A_e + A_e')$$

$$= K \times (0.024 \cdot T_d^{1.3})(A_e + A_e')$$

$$= 0.8973\ (次/\mathrm{a})$$

式中 k 为校正系数，本例子中取 $k=1$。

可接受的最大年平均雷击次数 N_c 中信息系统各类总系数为：

$$C = C_1 + C_2 + C_3 + C_4 + C_5 + C_6 = 10.0$$

则　$$N_C = 5.8 \times 10^{-1.5}/C = 5.8 \times 10^{-2.5} (次/\mathrm{a})$$

由此，信息系统雷击电磁脉冲防护分级中预期的防护设施的效率为：

$$E = 1 - N_C/N \approx 0.98$$

本例中，$E=0.98$，所以天威集团信息系统雷电防护方案应按 A 或 B 级防护设计，低压配电系统应安装 3 级—4 级 SPD。

5.4.2　ITU-T K.39 雷电风险评估方法

ITU-T K.39 是由国际电信联盟发布的，其名称为通信局站雷电损坏危险的评估。该标准的主要内容包括标准适用范围、危险程度的决定因素、损失、评估原则、有效面积的计算、概率因子、损失因子和可承受风险（允许风险）等。

ITU-T K.39 适合于通信局站雷电过电压（过电流）造成的设备危害和人员安全危害的风险的评估。

该评估方法中的危险程度的决定因素包括：

1）输入线路的类型（电源线和通信线）；

2）设备所在建筑物的形状、大小及其屏蔽效果；

3）内部布局；

4)防护措施。

损失分为硬件损害、软件资源破坏和服务中断等 3 类。

评估方法也是以损害次数以及风险值为主,包括:

1) 损害次数 $F=F_d+F_n+F_s+F_a$,

其中 $F_d=N_gA_dP_d$, $F_n=N_gA_nP_n$, $F_s=N_gA_sP_s$, $F_a=N_gA_aP_a$。

对于面积 A_d, A_n, A_s 和 A_a,在评估时要注意各类有效面积可能重叠,而对于损害次数 F,一般情况以 F_s 为主,各项分开评估是为了分清损害的来源,便于实施雷电防护。

2) $R=(1-e^{-F*t})\ \delta\approx F\delta=\sum F_i\delta_i$,

其中 R 是风险,δ 损失。

有效面积 A 的计算:

$$A_d = ab + 6h(a+b) + \pi(3h)^2,$$

其中 a、b 和 h 分别是通信局站的长度、宽度和高度;A_n 主要与土壤电阻率有关;A_s 主要与线路性质和线路长度;A_a 是附近关联目标的直接雷击面积,与 A_d 的计算方法相同。

概率因子 P:概率因子的确定方法基本上来自于经验,其大小与设备自身性质和特定的保护措施有关。整个风险评估的可信度和准确性主要取决于概率因子 P 的确定方法和具体数值。

损失因子 δ:δ 表示为损失值与总价值的比值,是一个相对值。对于人身损失,人可能遭受严重伤害时 $\delta=1$。

对于服务损失,$\delta=(t/8760)(n/n_t)$,其中 t 是服务中断时间,n 是服务中断用户数目,n_t 是服务用户总数;对于物理损失,一般网络接口 $\delta=0.2$,而无任何防护措施的局站 $\delta=0.8$。

可承受风险(允许风险)R_a:除人身损失外,R_a 一般由业主(用户)来决定,但提供了一定的参考值,如 $R_a=10^{-3}$ 和 $R_a=10^{-4}$。

5.4.3 QX-3《气象信息系统雷击电磁脉冲防护规范》中的雷击风险评估方法

与 GB50343-2004《建筑物电子信息系统防雷技术规范》中的评估方法类似,气象信息系统雷击电磁脉冲的防护,主要是考虑信息系统所处的环境因素、信息系统设备的重要性和发生雷击事故的后果严重程度等因素进行雷击风险综合评估。评估方法也是先评估建筑物年预计雷击次数 N,再评估确定因直击雷和雷击电磁脉冲引起信息系统设备损坏的可接受的最大年平均雷击次数N_c，然后依据公式$E=1-N_c/N$将信息系统雷击电磁脉冲的防护分为A、B、C、D四级，分别采用相应的防护措施。其中，在计算信息系统所处建筑物预期的年平均直击雷次数N时，采用以下公式计算：

$$N = kN_gA_e$$

式中N为建筑物年预计雷击次数，次/a；k为校正系数，在一般情况下取1，在下列情况下取相应数值：位于旷野孤立的建筑物取2；金属屋面的砖木结构建筑物取1.7；位于河边、湖边、山坡下或山地中土壤电阻率较小处、地下水露头处、土山顶部、山谷风口等处的建筑物，以及特别潮湿的建筑物取1.5；N_g为建筑物所处地区雷击大地的年平均密度，次/(km^2·a)，N_g按式$N_g=0.024T_d^{1.3}$确定。式中T_d为年平均雷暴日，根据当地气象台、站资料确定，d/a。

A_e为与建筑物截收相同雷击次数的等效面积，km^2。A_e的计算方法与GB50057-94《建筑防雷设计规范》相同。

而N_c的计算按$N_c=5.8\times10^{-3}/C$来进行。

式中C为各类因子，即

$$C = C_1 + C_2 + C_3 + C_4 + C_5$$

C_1：信息系统所在建筑物材料结构因子。

当建筑物屋顶和主体结构均为金属材料时，C_1取0.5；

当建筑物屋顶和主体结构均为钢筋混凝土材料时，C_1取1.0；

当建筑物为砖混结构时，C_1取1.5；

当建筑物为砖木结构时，C_1取2.0；

当建筑物为木结构或其他易燃材料时，C_1取2.5。

C_2：信息系统重要程度因子。

一般计算机、通讯设备，C_2取0.5；

《计算机场站安全要求》中划为C类的机房，C_2取1.0；

《计算机场站安全要求》中划为B类的机房，C_2取2.0；

《计算机场站安全要求》中划为A类的机房，C_2取3.0。

C_3：信息系统设备耐冲击类型和抗冲击能力因子。

本因子与设备的耐各种冲击的能力有关，与采用的等电位连接及接地措施有关，与供电线缆、信号线屏蔽接地状况有关，一般可原则分为：

一般，C_3 取。0.5；

较弱，C_3 取 1.0；

相当弱，C_3 取 3.0。

注：一般指设备为 GB/T16935.1-1997 中所指的 I 类安装位置的设备，且采取了较完善的等电位连接、接地、线缆屏蔽措施。

较弱指设备为 GB/T16935.1-1997 中所指的 I 类安装位置的设备，但使用架空线缆，因而风险较大。

相当弱指设备集成化程度很高，通过低电压、微电流进行逻辑运算的计算机或通讯设备。

C_4：信息系统设备所在雷电防护区（LPZ）的因子。

设备在 LPZ2 或更高层雷电防护区内时，C_4 取 0.5；

设备在 LPZ1 区内时，C_4 取 1.0；

设备在 $LPZO_B$ 区内时，C_4 取 1.5；

设备在 $LPZO_A$ 区内时，C_4 取 2.0。

C_5：信息系统发生雷击事故的后果因子。

信息系统业务中断不会产生不良后果时，C_5 取 0.5；

信息系统业务原则上不允许中断，但在中断后无严重后果时，C_5 取 1.0；

信息系统不允许中断，中断后会产生严重后果时，C_5 取 1.5。

在确定了 N 和 N_C 之后，信息系统雷击电磁脉冲防护分级依据以下公式进行：

$$E = 1 - N_C/N$$

当 $E > 0.98$ 为 A 级；$0.95 < E \leqslant 0.98$ 为 B 级；$0.80 < E \leqslant 0.95$ 为 C 级；$E \leqslant 0.80$ 为 D 级。

按照评估所得信息系统雷击电磁脉冲防护分级所采取的电涌保护措施为：

A 级宜在低压系统中采取 3 级～4 级 SPD 进行保护；

B 级宜在低压系统中采取 2 级～3 级 SPD 进行保护；

C 级宜在低压系统中采取 2 级 SPD 进行保护；

D 级宜在低压系统中采取 1 级或其以上的 SPD 进行保护。

5.4.4　IEC62305-2 雷电防护第 2 部分：风险管理

IEC62305-2 标准在第六章中介绍。

5.4.5 几种雷电风险评估标准的比较

GB50343-2004、QX3-2000、ITU-T k.39 和 IEC62305-2 等标准的雷电灾害风险评估都把评估的重点放在雷电灾害损害次数这个参数上，而决定损害次数的子参数的选取大多以经验为主。各标准都需要计算出预期损害次数（实际可能发生的风险）和允许损害次数（允许风险），然后给出风险级别并提供适当的防护措施。

各标准在处理雷电灾害损失和雷电灾害风险时，都使用相对值，大部分参数都以表格等形式给出一定的典型值，取值不连续而且很难达到比较高的精度。

各标准都要求精确得到被评估对象（建筑物或服务设施）的雷击有效面积，乘上当地的雷击密度而计算其可能雷击次数，然后需要求得或给出典型的允许雷灾风险水平（可承受雷灾水平）。

从风险评估的复杂程度来看，IEC62305 是最复杂的，应该说也是应用范围最广、最准确且可信度最高的。通过对各个标准之间做比较，可以发现 ITU-T k.39 和 IEC62305-2 都是以公式 $R=NPL$ 基本计算公式，两个标准都考虑了人身损失和财产损失等，都是通过人为提供允许风险（可承受风险）来最终确定评估对象的雷电防护必要性和防护等级（防护级别）。

以上各个标准之间也存在许多区别。GB50343-2004 和 QX3-2000 标准的评估重点是确定年平均允许雷击次数 N_c，而 $N_c=5.8\times10^{-3}/C$ 或 $N_c=5.8\times10^{-4}/C$，其中 $C=C_1+C_2+C_3+C_4+C_5$（GB50343-2004 有 C_6），因此其评估精度主要取决于建筑材料因子、信息系统重要程度因子、设备耐冲击类型因子、设备的 LPZ 因子和雷击后果因子等。

ITU-T k.39 标准的评估重点是确定雷电损害次数 F，$F=F_d+F_n+F_s+F_a$，其中 $F_d=N_gA_dP_d$，$F_n=N_gA_nP_n$，$F_s=N_gA_sP_s$，$F_a=N_gA_aP_a$，一般情况下以 F_s 为主。而面积 A_d，A_n，A_s和 A_a，在评估时要注意各类面积可能重叠，概率因子 P 的确定方法基本上来自于经验，其大小与设备自身性质和特定的保护措施有关。

IEC62305 标准的评估重点是确定雷灾风险 R，$R=NPL$，因此包括三个评估重点，即确定雷击次数 N、确定雷灾概率 P 和确定雷灾损失 L。在具体计算时，按雷灾损失分类，由 $R=\sum N_iP_iL_i$，分别确定各类风险的雷击次数 N_i、雷灾

概率 P_i 和雷灾损失 L_i。

5.5 风险评估所需基础数据及其获得方法

能否准确进行雷电灾害风险评估，关键是评估者是否能掌握尽可能全的风险评估所需基础数据。

5.5.1 风险评估所需基础数据

通常，以下资料对全面的雷电灾害风险评估工作起重要作用：

雷暴天气卫星云图资料；雷暴天气大气环流形势资料（历史上的主要雷暴路径）；雷暴天气雷达回波资料；闪电定位系统资料（雷电发生的时间、地点、强度、极性）；常规气象观测资料（主要是雷暴日观测统计资料）；大气电场资料（强度、分布）；评估对象所在地的地理信息系统资料（地理地貌、地质条件、下垫面情况）；现场勘测报告（土壤特性、建筑特性（结构类型、用途、使用性质、人员数量、逗留时间、疏散难易程度和已有防雷措施等）和服务设施的特性（结构类型、用途、受服务的建筑物和已有防雷措施等））；本单位历史相关雷电灾害损失资料（本行业或相近行业同类单位的历史雷电灾害损失情况也有价值）等。雷电灾害调查资料，它是在雷电灾害发生后，对事故现场情况、背景情况的勘察、取证、鉴定、评估以及做出结论的全过程资料。

雷电管理资料，包括事业单位、工矿企业的防雷安全规程及执行情况，特别是化学危险品场所的生产工艺流程和内部与安全有关规章制度及执行情况。当地雷电灾害预警能力、应急响应能力。例如：现场勘测常常需要了解并详细记录以下建筑物和服务设施的物理特性：

建筑物长、宽、高、结构类型，内存物性质、价值，地表土壤电阻率，楼板电阻率，遮拦措施，绝缘物，有无警示牌，大地等电位措施情况，原有 LPS 情况（LPL、有效性等），配合的 SPD 保护，空间屏蔽情况，外部线路的屏蔽，内部线路的屏蔽，线路架设方式（埋地、架空、金属桥架、屏蔽电缆、屏蔽层接地情况），有无合理布线（包括回路面积），等电位连接网络，火灾敏感度，火灾预警、灭火能力，有无特殊伤害（人员数量、疏散难易度、是否会污染环境），设备、线路冲击耐受电压（线路和设备的电压等级），防雷电缆，每千米电阻是电缆屏蔽层的电阻（Ω/km），屏蔽层两端接地与否。

5.5.2 风险评估所需基础数据获得方法

风险评估所需基础数据获得有以下途径：

从当地气象局获得被评估对象所在地邻近气象台(站)地面观测记录，包括：历史雷电发生时的日期及初始和终止时间、雷电移动路径、风向、风速、降水量、云的类型，与发生雷电灾害地点的水平距离、方位、气象技术人员的描述等；

从气象局调查气象卫星云图资料、天气雷达回波资料；

从气象局调查闪电监测定位系统的资料包括雷电灾害发生的时间、位置、强度、极性等；

从气象局获得大气电场仪记录的电场强度、电场变化曲线、电场分布曲线、电荷分布的位置等数据；

现场勘测或借助地理信息系统调查被评估对象所在地半径 1 km 范围内的环境因素；

现场勘测或借助地理信息系统调查被评估对象周围山脉、水体、植被的分布状况等自然环境状况；

现场勘测被评估对象周围主要建筑物分布状况；电力、通信线路、金属管线、轨道等金属体的现实状况；

现场勘测或借助地理信息系统或从当地地质勘察院索取地质状况资料，包括：土壤、山脉岩质、地下矿藏、地下水等；

现场勘测影响电磁环境的状况，包括：主要建筑物屋顶材质、无线电接收发射天线、地面覆盖铁质或其他金属材料、送变电设施等；

现场勘测调查被评估对象周围大气烟尘等现实状况；

调阅被评估对象及周边区域历史上及近年来雷击灾害资料。听取现场相关人员的口头描述并笔录，以了解事故发生时现场的情况；

调阅被评估对象及相关设施等建设资料和历史变迁状况；

现场勘测检查接闪器、引下线、接地装置，查验防雷装置检测报告；

如果是发生雷电事故的第一现场，根据雷电流的热效应、机械效应、电磁效应和剩磁法、金相法等来判定是否发生雷击。利用剩磁法和金相法在雷击现场查找雷击点和雷击痕迹。

对直观可见的雷击受损情况拍摄现场照片，对于现场熔珠、熔痕导体，应近距离拍照并提取样品留作进行“金相法”检查。

运用“剩磁法”测量接闪器、引下线、接地装置及现场铁磁体的剩磁。

查看受损设备现场状态，拍摄现场照片，对于能在现场观察到的雷击痕迹宜拆开设备外壳观察，对于现场难以判断设备损坏部位的情况，宜运用替换方法判断故障的准确部位；

现场勘测测量接地电阻，防雷装置连接处的过渡电阻；

现场勘测调查建筑物内部共用接地系统总等电位连接状况，测量预留等电位连接接地端子的接地电阻，测量所有进入建筑物的线缆屏蔽管路及铠装电缆屏蔽层与共用接地系统的等电位连接电阻。测量建筑物内金属外壳设备等电位连接接地及设备之间等相关部位等电位连接过渡电阻；

现场勘测调查建筑物内机房等相关部位的屏蔽情况；

现场勘测调查安装的SPD的型号，技术参数及其配合状况，查看其直观状况，记录SPD标识标志的技术参数，检查或取样检测SPD技术性能，对低压配电SPD观察其状态显示窗，指示灯的状态。查看SPD后备保护器空气开关或熔断器的状态；

现场勘测调查建筑物内部、外部安装的电子信息系统设备的安装位置、管线走向，低压配电线路的配置，信息系统、自控系统与建筑外的信息传输方式，内部信息传输方式以及选用的设备，调查综合布线的情况。

5.5.3 雷电灾害风险评估现场勘查所需仪器设备

现场勘查工作常用测量工具和仪器及主要性能和技术指标

(1)尺。主要用来测量建筑物的尺寸以及接闪器、引下线、接地装置等外部防雷装置的规格尺寸。

钢直尺：测量上限(mm)：150、300、500、1000、1500、2000。

钢卷尺：自卷式或制动式测量上限(m)：1、2、3、3.5、5。

摇卷盒式或摇卷架式测量上限(m)：5、10、15、20、50、100。

卡钳：全长(mm)：100、125、200、250、300、350、400、450、500、600。

游标卡尺：全长(mm)：0～150

分度值(mm)：0.02

数字式测厚仪：用于接闪器规格、封闭金属管罐及金属保护层的厚度测量。

测试范围：1.5～200 mm。

分辨率：0.1 mm。

(2)经纬仪。用于测量不便于登高场所的高度,比如烟囱、水塔等。

测风经纬仪:测量范围:仰角 −5°～180°。

方位 0°～360°。

读数最小格值:0.1°。

(3)便携式激光测距仪。便携式激光测距仪是更加方便的专业测距工具。其测量精度高,操作简便,测量时间短,易于携带。可精确测试房屋面积、安全距离等,只需用可见激光瞄准目标,就可以看到打到目标上的激光点,按键,立刻就可以测出并显示到激光点照准目标的距离。

便携式激光测距仪与经纬仪结合,利用勾股定律可以间接测量不便于登高场所的高度。

测距范围:0.2～200 m。

测量精度(典型值):±1.5～3 mm(100 m 处)。

(4)工频接地电阻测试仪。

便携式工频接地电阻测试仪的一般测量参数为:

测量范围:0～1 Ω	最小分度值:0.01 Ω
0～10 Ω	0.1 Ω
0～100 Ω	1 Ω

便携式工频接地电阻测试仪的测量电流一般仅为毫安级,若要进行大地网的测试,或对有较大地电压干扰的场合进行测试,还需配备数安培乃至数十安培的大电流接地电阻测试仪,或者使用变频原理抗干扰的接地电阻测量仪器。

工频接地电阻测试仪应具有的性能和要求:

①在下列情况下,最大误差不应超过±30%:

噪声电压为 3 V/400 Hz,60 Hz,50 Hz,16.66 Hz 或直流电流连接在 E(ES)与 S 测试端子之间。

②辅助探头的电阻为 $100 \cdot R_E$或 50 kΩ(以数值低者为先)。

③应采用交流测试电压。

④测试电压应低于 50 V_{eff}(70 V_p),或测试电流应低于 3.5 mA_{eff}(5 mA_p),或测试信号应存在至少 30 ms。

⑤测试仪表必须显示辅助测试探头的过量电阻。

⑥高达额定电源电压的 120%并与测试设备相连的外部电压,不应损坏该设备或对操作人员造成任何危险,并且测试设备中的保险丝不应熔断。

(5)土壤电阻率测试仪。主要利用文纳四级法在大地表面测量不同深度范围内的平均土壤电阻率。

许多工频接地电阻测试仪具有土壤电阻率测试功能，综合多种测试仪，一般仪器主要参数指标见表 5.12。

表 5.12　土壤电阻率测试仪主要参数指标

测量范围/(Ω·m)	分辨率/(Ω·m)	精度
0～19.99	0.01	
20～199.9	0.1	$+(2\%+2\pi a\ 0.02\Omega)$；$\frac{\rho}{2\pi a}\leqslant 19.99\Omega$
200～1999	1	
2×10^3～19.99×10^3	10	$+(2\%+2\pi a\ 0.2\Omega)$；$19.99\ \frac{\rho}{2\pi a}\leqslant 199.9\Omega$
20×10^3～199.9×10^3	100	$+(2\%+2\pi a\ 2\Omega)$；$\frac{\rho}{2\pi a}\leqslant 199.9\Omega$

(6) 毫欧表(或智能型等电位测试仪)

毫欧表主要用以电气连接过渡电阻的测试，含等电位连接有效性的测试，其主要参数指标见表 5.13。

表 5.13　毫欧表参数指标

测量范围/mΩ	分辨率/mΩ	测量电流/A	精度
0～19.9	0.01	0.1	±(0.1%+3d)
20～200	0.1	0.1	±(0.1%+2d)

毫欧表应具有的性能和要求：

①最大误差不应超过±30%。

②可以采用 4～24 V 范围内的交流或直流电压。

③在直流测试电压的情况下，测试设备应能够使测试电压极性反向。

④在最小测试范围内，测试电流不应大于 200 mA。

⑤最小测试范围应包括 0.2～2 Ω。

⑥应确保数字仪表上的分辨率为 0.01 Ω，同时应能在简单仪表上清晰显示所超过的极限值。

⑦在补偿测试导线或辅助外部电阻的情况下，必须显示出这种情况。

⑧高达额定电源电压的 120%并与测试设备相连的外部电压，不应损坏该设备或对操作人员造成任何危险，但是测试设备中的熔断器应熔断。

(7)绝缘电阻测试仪

绝缘电阻测试主要用于采用 S 型连接网络时,除在接地基准点(ERP)外,是否达到规定的绝缘要求和 SPD 的绝缘电阻测试要求。

绝缘电阻测试仪器主要为兆欧表。除兆欧表外,也可以使用 1.2/50 μs 波形的冲击电流发生器进行冲击,以测试 S 型网络除 ERP 外的绝缘。

兆欧表或绝缘电阻测试仪主要参数指标见表 5.14。

表 5.14 兆欧表或绝缘电阻测试仪主要参数指标

额定电压/V	量限/MΩ	延长量限/MΩ	准确度等级
100	0~200	500	1.0
250	0~500	1 000	1.0
500	0~2000	∞	1.0
1000	0~5000	∞	1.0
2500	0~10000	∞	1.5
5000	$2\times10^3\sim5\times10^5$		1.5

绝缘电阻测试仪应具有的性能和要求:

①最大误差不应超过±30%。

②应采用直流测试电压。

③在与被测电阻($R_i=U_n\cdot$ 1000 Ω/V)串联的 5 μF 电容器的情况下,测试结果应与没有连接电容器的情况不同,并大于 10%。

④测试电压不应超过 1.5 · U_n 的数值。

⑤流过被测电阻的测试电流 $U_n\cdot$ 1000 Ω/V 应至少为 1 mA。

⑥测试电流不应超过 15 mA_p 的数值,而交流分量不应超过 1.5 mA。

⑦高达 1.2U_n、与测试设备相连并持续 10 s 的外部交流或直流电压,不应损坏该设备。

(8)环路电阻测试仪

N-PE 环路电阻测试仪不仅可应用于低压配电系统接地型式的判定,也可用于等电位连接网络有效性的测试,其主要参数指标见表 5.15。

环路电阻测试仪应具有的性能和要求:

①最大误差不应超过±30%。

②测试仪表应显示测试导线的电阻是否被补偿。

③高于 50 V 的接触电压不应在测试过程中出现，或该电压必须在 30 ms 内消除。

表 5.15 环路电阻测试仪主要参数指标

显示范围/Ω	分辨率/Ω	精度
0.00～19.99	0.01	
20.0～199.9	0.1	±(2%+3d)
200～1999	1	

④高达额定电源电压的 120%并与测试设备相连的外部电压，不应损坏该设备或对操作人员造成任何危险，并且测试设备中的保险丝不应熔断。

⑤高达额定电源电压的 173%、与测试设备相连并持续 1 分钟的外部电压，不应损坏该设备或对操作人员造成任何危险，但是测试设备中的电位保险丝应熔断。

(9)指针或数字万用表

万用表应有交流(a.c)和直流(d.c)的电压、电流、电阻等基本测量功能，也可有频率测量的性能，例如，可以测量零地电位差。其主要参数指标见表 5.16。

表 5.16 万用表主要参数指标

性能	量程	分辨率	精度
电阻	30 MΩ	1 Ω	±(0.1%+5d)
	0.2 V	0.1 mV	
	2 V	1 mV	
直流电压(d.c)	20 V	10 mV	±(0.8%+2d)
	200 V	100 mV	
	400 V	1 000 mV	
	200 V	0.1 V	
交流电压(a.c)	400 V	1 V	±(1.5%+10d)
	750 V	10 V	
电流(a.c 或 d.c)	10 A	1 mA	±(0.5%+30d)

(10) 压敏电压测试仪

压敏电压测试仪主要参数指标见表 5.17。

表 5.17　压敏电压测试仪主要参数指标

量程	允许误差	恒流误差	$0.75U_{1\ mA}$下漏电流量程	漏电流测试允许误差	漏电流分辨率
0～1700 V	≤±(2%+1d)	5 μA	0.1 μA～199.9 μA	≤2 μA±1 d	0.1 μA

(11)电磁屏蔽用测试仪

电磁屏蔽用测试仪主要参数指标见表 5.18。

表 5.18　电磁屏蔽测试仪主要参数指标

频率范围	输入电平范围	参考电平准确度
0.15 MHz～1 GHz	−100 dBm～20 dBm	±1 dBm(80 MHz)

(12)剩磁测试仪

剩磁法(residual magnetic method)是采用对雷电周围铁磁体剩磁检测判定是否发生雷击的方法。剩磁仪主要参数指标:测量范围为 0～200 mT,分辨率为 0.1 mT,环境条件为 5～40℃。

(13)特斯拉计:量程为 0～100 mT,精度为±2.5%,使用温度为 5～40℃。

(14)剩磁法工具

1)取样工具,采样袋,试样封装袋;

2)清洗工具,毛刷、镊子等;

3)酒精、丙酮等清洗溶剂。

(15)数码照相机、摄像机

一般满足现场照相、摄像要求即可。如果是采用金相法寻找雷击点痕迹,应配备显微照相设备。显微照相放大倍数一般为 50～1500 倍。

(16)频谱分析仪

主要参数指标见表 5.19。

表 5.19　频谱分析仪主要参数指标

型号	频率范围	中心频率显示精度	扫描宽度	幅度
AT5010	0.15～1050 MHz	±100 kHz	100 kHz/格～100 kHz/格	−100～+1.3 dBm

(17)GPS 定位仪

GPS 定位仪主要参数指标见表 5.20。

表 5.20 GPS 定位仪主要参数指标

通道	12(L1 码)
更新率	1 Hz
首次捕获时间	40 s
协议	NMEA(GGA GSA GSV RMC)
精度(水平)单机定位	5～10 m

(18)其他常用的测试仪器

表面电阻测试仪和静电电压表:主要用于主机房地板、工作台面等绝缘体的绝缘度测量、主机房及工作台面静电泄露电阻、主机房内绝缘体静电电位测量;体积电阻率测试、接地限流电阻测量。重要机房的防静电措施等的检查。

电源质量分析仪:主要用于供电负荷等级、供电电源质量等级、供配电系统综合指标测量如电压波动、频率波动、电压电流波形失真率等测量。

网络线路测试仪等。主要用于信号类 SPD 的传输特性测量。

第六章 IEC62305-2 雷电灾害风险评估方法

IEC 62305-2 雷电防护第 2 部分：风险管理(Protection against lightning—Part 2：Risk management)适用于建筑物或服务设施的雷击风险评估。这是目前国际上适用面最广的雷击风险评估方法。

IEC 62305-2 引用了以下规范性文件：

IEC 60079-10：2002，Electrical apparatus for explosive gas atmosphere—Part 10：Classification of hazardous areas 爆炸气体环境中的电气设施——第 10 部分：危险区域的分类。

IEC 61241-10：2004，Electrical apparatus for use in the presence of combustible dust—Part 10：Classification of areas where combustible dusts are or may be present 有可燃粉尘场合用电气设备，第 10 部分：可燃粉尘场合的分类。

IEC 62305-1，Protection against lightning—Part 1：General principles 雷电防护——第 1 部分：总则。

IEC 62305-3，Protection against lightning—Part 3：Physical damages and life hazard in structures 雷电防护——第 3 部分：对建筑物的物理损害和生命危害。

IEC62305-4，Protection against lightning—Part 4：Electrical and electronic systems within structures 雷电防护——第 4 部分：建筑物内的电气和电子系统。

IEC 62305-5，Protection against lightning—Part 5：Services 雷电防护——第 5 部分：服务设施。

ITU-T Recommendation K. 46：2000，Protection of telecommunication lines using metallic symmetric conductors against lightning induced surges. 使用金属对称导线的通讯线路的雷击浪涌防护。

ITU-T Recommendation K. 47：2000，Protection of telecommunication lines using metallic conductors against direct lightning discharges. 使用金属导线的通讯线路的直击雷防护。

6.1 雷击损害类型、损失类型及对应的风险

6.1.1 雷击损害类型

雷击损害根据需保护对象特性的不同，雷击可能会引起各种损害。其中最重要的特性包括：建筑物的结构类型、内存物、用途、服务设施的类型以及所采取的保护措施。

在实际的风险评估中，将雷击引起的基本损害类型划分为以下三种（见表 6.1 和表 6.2）：

D_1：生物伤害；

D_2：物理损害；

D_3：电气和电子系统失效。

雷电对建筑物的损害可能被限制在建筑物的某一部分，也可能扩展到整个建筑物，还可能涉及四周的建筑物或环境，例如化学污染或辐射性的扩散。

影响服务设施的雷电可以对线路或管道本身以及相关电气和电子系统造成物理损害。损害还可能扩展到与服务设施相连的内部系统。

6.1.2 雷击损失类型

每种单独发生或共同发生的损害类型，可以在需保护对象中导致不同的间接损失（损失后果）。可能出现的损失类型取决于需保护对象的特性及其内存物。应当考虑以下几种类型的损失（见表 6.1）：

建筑物中的损失类型包括：

L_1：人员生命损失；

L_2：公众服务损失；

L_3：文化遗产损失；

L_4：经济损失（建筑物及其内存物的损失）。

服务设施中的损失类型包括：

L'_2：公众服务的损失；

L'_4：经济损失（服务设施以及活动中断的损失）。

在 IEC 62305-2 标准中，服务设施中的损失，没有考虑人员生命损失这一损失类型。

表 6.1　按照雷击点区分的损害源、损害类型和损失类型

	建筑物			服务设施	
雷击点	损害源	损害类型	损失类型	损害类型	损失类型
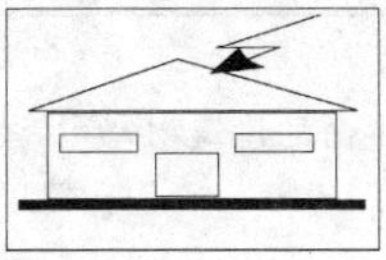	S_1	D_1	L_1，L_4 [2)]	D_2	L′2，L′4
		D_2	L_1，L_2，L_3，L_4	D_3	L′2，L′4
		D_3	L_1，L_2，L_4		
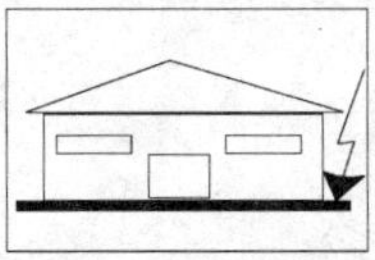	S_2	D_3	L_1 [1)]，L_2，L_4		
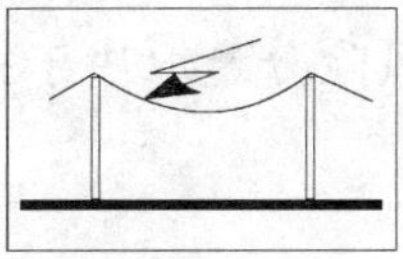	S_3	D_1	L_1，L_4 [2)]	D_2	L′2，L′4
		D_2	L_1，L_2，L_3，L_4	D_3	L′2，L′4
		D_3	L_1 [1)]，L_2，L_4		
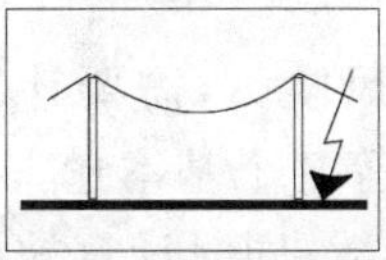	S_4	D_3	L_1 [1)]，L_2，L_4	D_3	L′2，L′4

1）仅对于具有爆炸危险的建筑物或医院或其他内部系统的失效马上会危及人员生命的建筑物。

2）仅对于可能出现牲畜损失的情况。

6.1.3　建筑物中各种损害和损失类型对应的风险

表 6.2 是建筑物中各种损害和损失类型对应的风险，其中的 R_S、R_F 和 R_O 分别代表雷击引起的生物伤害风险、物理损害风险和电气或电子系统失效风险。

表 6.2 建筑物中各种损害和损失类型对应的风险

损失 损害	L_1 人员生命损失	L_2 公众服务损失	L_3 文化遗产损失	L_4 经济损失
D_1 生物伤害	R_S	–	–	R_S 1)
D_2 物理损害	R_F	R_F	R_F	R_F
D_3 电气或电子系统的失效	R_O 2)	R_O	–	R_O

1)仅对于可能出现牲畜损失的情况。

2)仅对于具有爆炸危险的建筑物或医院或其他内部系统的失效马上会危及人员生命的建筑物。

6.2 IEC62305-2 雷电灾害风险评估体系

IEC 62305-2 确定的雷电灾害风险评估的基本方程是：

$$R = NPL = \sum N_X P_X L_X$$

为了计算风险值 R，应当定义并计算有关的风险分量（风险分量取决于损害源和损害类型）。每种风险都是其对应风险分量的总和。

6.2.1 IEC 62305-2 确定的雷电灾害风险评估体系

图 6.1 给出了雷电灾害风险评估体系结构图，为了得到风险 R，需要计算年预计雷击次数 N，雷电灾害损失概率 P 和雷电灾害损失 L 等 3 个基本量。

获得 N 的方法是确定建筑物或服务设施所处环境位置系数，同时计算被评估建筑物或服务设施的有效雷击截收面积 A 和雷击大地密度 N_g（雷击大地密度 N_g 是每年每平方千米雷击大地的次数）。

而 N_g 的获得方法有两种，一种方法是根据当地的雷暴日数 T_d（可从当地气象局获得该资料），利用公式 $N_g = 0.1T_d$（该公式适用于温带地区，全球不同区域此公式可能有所不同，决定于气候类型，详细内容请参见 6.3.1）求得。另一种方法是通过当地地闪定位网络系统资料得到更准确的被评估对象所在位置的雷击大地密度 N_g 值。例如，第四章 4.2.1.3 介绍的利用闪电定位系统资料获得了覆盖整个黄山风景区区域（118.05°～118.13°E、30.06°～30.09°N），以 1 km^2（1 km×1 km）范围为基本单元的黄山风景区雷击大地密度分布图（参见图 4.18 闪电频数随空间变化图）。

N 的计算方法在 6.3 节中详细介绍。

P 可以根据建筑物雷击点的位置和损害类型分为 P_A、P_B、P_C、P_U、P_V、P_W、P_M、P_Z 八个概率分量(对服务设施而言有 P_B'、P_C'、P_V'、P_W'、P_Z'五个概率分量)。其中:P_A 是雷击建筑物引起生物伤害的概率；P_B 是雷击建筑物引起物理损害的概率；P_C 是雷击建筑物造成内部电气电子系统失效的概率；P_M 雷击建筑物附近造成建筑物内部系统失效的概率；P_U 雷击相连的服务设施生物伤害的概率；P_V 是雷击与建筑物相连的服务设施使建筑物遭受物理损害的概率；P_W 是雷击与建筑物相连的服务设施使建筑物内部系统失效的概率；P_Z 是雷击与建筑物相连服务设施的附近使建筑物内部系统失效的概率；P_B'是雷击服务设施引起物理损害的概率；P_C'雷击建筑物引起服务设备失效的概率；P_V'是雷击服务设施引起服务设施遭受损害的概率；P_W'是雷击服务设施使服务设备失效的概率；P_Z'是雷击服务设施附近使服务设备失效的概率。

L 可以由各类雷灾损失来求得,6.5 节和 6.7 节有详细介绍。

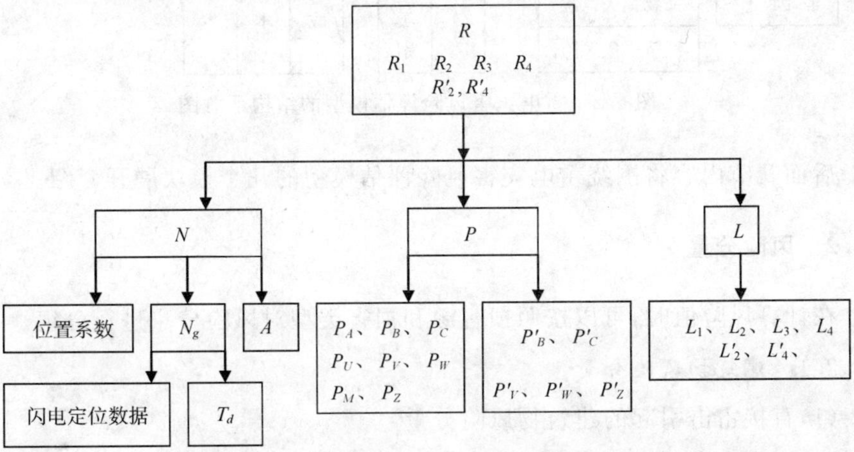

图 6.1　雷电灾害风险评估体系结构图

图中,建筑物中可能需要计算的风险包括 R_1、R_2、R_3 和 R_4,而服务设施中可能需要计算的风险包括 R'_2,R'_4。

图 6.2 是更全面的模块化雷电灾害风险评估体系框图,反映了雷电灾害风险评估的模型结构,其中包含了雷电灾害风险模块、频数模块、概率模块、损失模块、缩减增加因子模块、允许风险模块、雷电防护成本模块和防护级别与效率

模块八个模块。

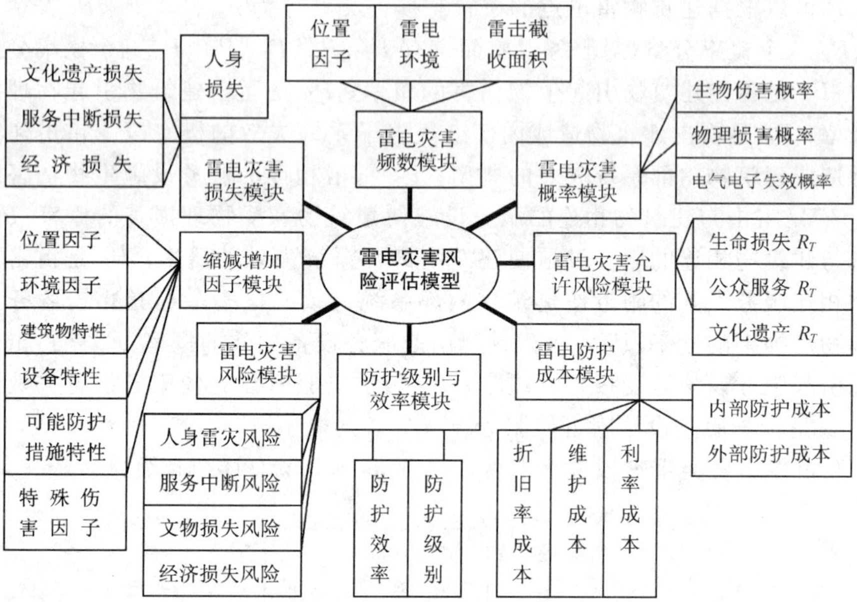

图 6.2　雷电灾害风险评估模型的结构示意图

后面几节内容将围绕雷电灾害风险评估模型的几个模块展开介绍。

6.2.2　风险分量

在计算风险值时，可以按照损害源和损害类型对风险分量进行分组。

6.2.2.1　建筑物风险分量

（1）直接雷击引起的建筑物风险分量

R_A：建筑物户外距离建筑物 3 m 以内的区域中与接触和跨步电压造成生物伤害有关的风险分量。可能出现 L_1 类型的损失，当有农业财产时，还可能出现 L_4 类型的损失。

在 IEC 本部分内容中，没有考虑雷击建筑物时，户内因接触和跨步电压造成生物伤害的风险分量。

在特定的建筑物中，人们可能有遭受直接雷击的危险（例如停车库的顶层或露天运动场）。这些情况也可以用本部分的理念来考虑。

R_B：与建筑物内因危险火花放电触发火灾有关的风险分量，这种情况还可能会对环境造成危险。所有类型的损失（L_1，L_2，L_3，L_4）都可能发生；

R_C：与 LEMP 造成内部系统失效有关的风险分量。所有情况下都可能出现 L_2、L_4 类型的损失，在具有爆炸危险的建筑物或医院或其他内部系统的失效马上会危及人员生命的建筑物中还可能伴随出现 L_1 类型的损失。

(2)邻近雷击引起的建筑物风险分量

R_M：与 LEMP 引起内部系统失效有关的风险分量。所有情况下都可能出现 L_2 和 L_4 类型的损失，在具有爆炸危险的建筑物或医院或其他内部系统的失效马上会危及人员生命的建筑物中还可能伴随出现 L_1 类型的损失。

(3)雷击相连服务设施引起的建筑物风险分量

R_U：与建筑物内雷电流注入入户线路产生的接触电压造成人身伤害有关的风险分量。可能会出现 L_1 类型的损失，当有牲畜时，还可能出现 L_4 类型的损失。

R_V：与雷电流经过入户服务设施产生的物理损害（入户设施和金属部件之间的危险火花放电触发火灾或爆炸，通常位于线路入户处）有关的风险分量。所有类型的损失（L_1，L_2，L_3，L_4）都可能出现。

R_W：与入户线路上感应出的并传导进入建筑物内的过电压引起内部系统失效有关的风险分量。在所有情况下都可能出现 L_2 和 L_4 类型的损失，在具有爆炸危险的建筑物或医院或其他内部系统的失效马上会危及人员生命的建筑物中还可能伴随出现 L_1 类型的损失。

在 IEC 评估中所考虑的服务设施仅仅指进入建筑物的线路。基于管道已经连接到等电位连接排，所以没有把雷击管道或管道附近考虑为损害源。如果没有安装等电位连接排，应当考虑这种威胁。

(4)雷击相连服务设施附近引起的建筑物风险分量

R_Z：与入户线路上感应出的以及传导进入建筑物内的过电压引起内部系统失效有关的风险分量。在所有情况下都可能出现 L_2 和 L_4 类型的损失，在具有爆炸危险的建筑物或医院或其他内部系统的失效马上会危及人员生命的建筑物中还可能伴随出现 L_1 类型的损失。

在 IEC 评估中所考虑的服务设施仅仅是进入建筑物的线路。基于管道已经连接到等电位连接排，所以没有把雷击管道或管道附近考虑为损害源。如果没有等电位连接排，应当考虑这种威胁。

6.2.2.2 服务设施风险分量

(1)直接雷击引起的服务设施风险分量

R'_V:与雷电流的机械、热力效应造成的物理损害有关的风险分量。可能出现 L'_2、L'_4 类型的损失,当有管道的时候,还可能出现 L_1 类型的损失。

R'_W:与电阻性耦合产生的过电压造成相连设备失效有关的风险分量。可能出现 L'_2、L'_4 类型的损失。

(2)邻近雷击引起的服务设施风险分量

R'_Z:与线路上的感应过电压造成线路或相连设备失效有关的风险分量。可能出现 L'_2、L'_4 类型的损失。

(3)雷击相连建筑物引起的服务设施风险分量

R'_B:与流经线路的雷电流的机械、热力效应造成物理损害有关的风险分量。可能出现 L'_2、L'_4 类型的损失,当有管道的时候,还可能出现 L_1 类型的损失。

R'_C:与线路上的感应过电压造成线路或相连设备失效有关的风险分量。可能出现 L'_2、L'_4 类型的损失。

6.2.3 建筑物风险分量的组合

建筑物内所考虑的各种损失的相应风险分量如下:

R_1: 人员生命损失的风险;

$$R_1 = R_A + R_B + R_C{}^{2)} + R_M{}^{2)} + R_U + R_V + R_W{}^{2)*} + R_Z{}^{2)}$$

1) 仅对于具有爆炸危险的建筑物或医院或其他内部系统的失效马上会危及人员生命的建筑物。

R_2:公众服务损失的风险;

$$R_2 = R_B + R_C + R_M + R_V + R_W + R_Z$$

R_3: 文化遗产损失的风险;

$$R_3 = R_B + R_V$$

R_4:经济价值损失的风险。

$$R_4 = R_A{}^{2)} + R_B + R_C + R_M + R_U{}^{2)} + R_V + R_W + R_Z$$

---

* 上角 2)的注释见表 6.3 下

2）仅对于可能出现牲畜损失的情形。

各种损失类型对应的风险分量组合在表 6.3 中给出。

表 6.3　建筑物中各种损失类型对应的风险分量

损害源	雷击建筑物 S_1			雷击建筑物附近 S_2	雷击连接到建筑物的线路 S_3			雷击连接到建筑物的线路附近 S_4
风险分量	R_A	R_B	R_C	R_M	R_U	R_V	R_W	R_Z
各种损失类型对应的风险								
R_1	*	*	*1)	*1)	*	*	*1)	*1)
R_2		*	*	*		*	*	*
R_3	*2)	*				*		
R_4		*	*	*	*2)	*	*	*

1）仅对于具有爆炸危险的建筑物或医院以及其他内部系统的失效马上会危及人员生命的建筑物。

2）仅对于可能出现牲畜损失的情况。

损害源对应的风险分量组合(见表 6.35)

$$R = R_D + R_I$$

式中 R_D 是雷击建筑物产生的风险(损害源 S_1)，定义为以下几个风险分量的总和：

$$R_D = R_A + R_B + R_C$$

R_I 是中建筑物但对其产生影响的雷击产生的风险(损害源：S_2，S_3 和 S_4)，定义为以下几个风险分量的总和：

$$R_I = R_M + R_U + R_V + R_W + R_Z$$

损害类型对应的风险分量组合（见表 6.35)

$$R = R_S + R_F + R_O$$

式中 R_S 是人身伤害产生的风险，定义为以下几个风险分量的总和

$$R_S = R_A + R_U$$

R_F 物理损害产生的风险，定义为以下几个风险分量的总和：

$$R_F = R_B + R_V$$

R_O 是内部系统失效产生的风险，定义为以下几个风险分量的总和：

$$R_O = R_M + R_C + R_W + R_Z$$

以上的风险分量及其组合情况请另参见(见表 6.35)。

6.2.4 服务设施的风险分量组合

服务设施中的各种损失相应的风险分量如下：

R'_2：公众服务损失的风险

$$R'_2 = R'_V + R'_W + R'_Z + R'_B + R'_C$$

R'_4：经济价值损失的风险

$$R'_4 = R'_V + R'_W + R'_Z + R'_B + R'_C$$

表 6.4 中给出所考虑的服务设施中各种损失类型对应的风险分量。

表 6.4 服务设施的各种损失类型相应的风险分量

损害源	雷击服务设施 S_3		雷击服务设施附近 S_4	雷击建筑物 S_1	
风险分量	R'_V	R'_W	R'_Z	R'_B	R'_C
各种损失类型对应的风险					
R'_2	*	*	*	*	*
R'_4	*	*	*	*	*

损害源对应的风险分量组合(见表 6.37)

$$R' = R'_D + R'_I$$

式中 R'_D 是雷击服务设施产生的风险(损害源 S_3)，定义为以下几个风险分量的总和：

$$R'_D = R'_V + R'_W$$

R'_I 是没有直接击中服务设施但对其造成影响的雷击产生的风险(损害源 S_1 和 S_4)，定义为以下几个风险分量的总和：

$$R'_I = R'_B + R'_C + R'_Z$$

损害类型对应的风险分量组合(见表 6.37)

$$R' = R'_F + R'_O$$

式中 R'_F 是物理损害(D_2)产生的风险，定义为以下风险分量的总和：

$$R'_F = R'_V + R'_B$$

R'_O 是电气和电子设备失效(D_3)产生的风险，定义为以下风险分量的总和：

$$R'_O = R'_W + R'_Z + R'_C$$

以上服务设施的风险分量的组合请参见表 6.37。

6.2.5　风险分量的影响因子

(1)建筑物风险分量的影响因子

影响建筑物风险分量的建筑物特性以及可能防护措施特性在表 6.5 中给出。

表 6.5　建筑物风险分量的影响因子

建筑物或内部系统的特性，保护措施	R_A	R_B	R_C	R_M	R_U	R_V	R_W	R_Z
截收面积	X	X	X	X	X	X	X	X
地表土壤电阻率	X							
楼板电阻率					X			
遮拦措施，绝缘物，警示牌，大地等电位	X							
LPS	$X^{1)}$	X	$X^{2)}$	$X^{2)}$	$X^{3)}$	$X^{3)}$		
配合的 *SPD* 保护			X	X			X	X
空间屏蔽			X	X				
外部线路的屏蔽					X	X	X	X
内部线路的屏蔽			X	X				
合理布线			X	X				
等电位连接网络			X					
火灾预警		X				X		
火灾敏感度		X				X		
特殊伤害		X				X		
冲击耐受电压			X	X	X	X	X	X

1）如果“自然”LPS或符合标准的LPS的引下线间隔小于10 m，或采取遮拦措施时，与接触和跨步电压造成人身伤害有关的风险可以忽略不计。

2）仅对于格栅形外部LPS。

(2)服务设施风险分量的影响因子

影响服务设施风险分量的服务设施的特性、与服务设施相连的建筑物的特性以及可能防护措施的特性在表6.6中给出。

表6.6 服务设施风险分量的影响因子

服务设施的特性防护措施	R'_V	R'_W	R'_Z	R'_B	R'_C
截收面积	X	X	X	X	X
电缆屏蔽	X	X	X	X	X
防雷电缆	X	X	X	X	X
防雷电缆导管	X	X	X	X	X
附加屏蔽导体	X	X	X	X	X
冲击耐受电压	X	X	X	X	X
SPD	X	X	X	X	X

6.2.6 风险容许值 R_T

确定风险容许值是政府部门的职责。当雷击涉及人员生命损失，或者涉及到社会或文化损失时，表6.7给出了具有代表性的风险容许值的 R_T。

表6.7 典型的风险容许值 R_T

损失类型	R_T(1×/a)
人员生命损失	10^{-5}
公众服务损失	10^{-3}
文化遗产损失	10^{-3}

6.3 年平均雷电风险事件次数 N 的评估

对于需保护建筑物，所考虑的雷电风险事件有：雷击建筑物、雷击建筑物附近、雷击入户服务设施、雷击入户服务设施附近、雷击与入户服务设施相连的建筑物。

对于服务设施，所考虑的雷电风险的事件有：雷击服务设施、雷击服务设施附近、雷击与服务设施相连的建筑物。

6.3.1 雷击大地密度

(1)概述

雷击大地密度是防雷工作中最重要的技术参数之一，反映了一个区域雷击发生的严重程度，直接关系到建(构)筑物防雷类别的选取。影响需保护对象的雷击引起的年均危险事件次数 N 取决于需保护对象所处区域雷暴活动的情况以及需保护对象的物理特性。普遍接受的 N 的计算方法是：将雷击大地密度 N_g 乘上需保护对象的等效截收面积，同时还要考虑需保护对象物理特性所对应的修正因子。

雷击大地密度 N_g 是每年每平方千米雷击大地的次数。在世界上的大部分地区，这个数值可以根据地闪定位网络系统得到。

如果没有 N_g 的分布图，则应该根据雷击大地密度与雷暴日数的密切关系推算，一般用公式 $N_g=\alpha T_d^{1+c}$ 来表示。

(2)雷击大地密度与雷暴日数的关系

国内，在《建筑物防雷设计规范》GB50057-94(2000年版)中规定，雷击大地密度与雷暴日数呈唯一的对应关系，全国用统一的公式：

$$N_g = 0.024 T_d{}^{1.3}。$$

由于我国幅员辽阔，各地气候差异较大，雷击大地密度与雷暴日数的关系相对比较复杂。

国际上，在温带地区，可以作以下估算：

$$N_g = 0.1 T_d$$

这里，T_d 是年平均雷暴日，可以从雷暴日分布图上得出。

雷电是积雨云云中、云间或云地之间产生的放电现象。表现为闪电兼有雷声，有时亦可只闻雷声而不见闪电。雷暴日的统计是通过人耳听来确定的，即一天内只要听到一次或一次以上的雷声就算是一个雷暴日。在中国，一般一个县只有一个气象观测场，仅仅凭借这些观测点来观测全县区域的雷暴日是远远不够的，并不能保证观测员能听到所有的雷声。通常情况下，距离观测点15 km以内的雷电可以听到其雷声，超出此范围的雷电不能够被听到。也就是说，该指定区域的范围是以观测点为圆心，以 15 km 为半径的圆形区域。因此就产生了一定的观测误差。这里的雷声既包括云地闪发出的，也包括云内闪和云际闪发出的，并不能准确表征地面落雷的频繁程度。所以某一个雷暴日不能反映雷击大地密度，只有长期的平均值才能体现与雷击大地密度的关系，雷暴日数资料一般应有 30 年以上的积累，才能体现其统计平均状况。因此，在进行建筑物年预计雷击次数的估算时，最好以建筑物所在区域测得的地闪密度为准，而不应以通过雷暴日计算的地闪密度为准。当测量地闪密度困难或不可能时，可用通过雷暴日计算得出的地闪密度进行计算，但误差较大。

卫星观测的闪电资料是总闪，包括云闪和云地闪，雷击大地密度是指云地闪密度，故需把总闪次数转换成云地闪次数。

其转换方法使用下面的公式：

$$N_C/N_g = 4.16 + 2.16\cos(3\varphi)$$

式中 N_C 为云闪次数；N_g 为云地闪次数；φ 为纬度。

马明、吕伟涛、张义军等对中国雷电活动特征进行分析后指出：闪电密度(总闪密度)和雷暴日在中国的地理分布是有差异的，青藏高原及邻近地区是雷暴日的次高值区，却是闪电密度的次低值区；华北、华东是雷暴日的次低值区，却是闪电密度的次高值区。可见闪电密度与雷暴日数不是唯一固定的关系，不同的区域呈现出不同的关系。

表 6.8 为中国不同地区雷击密度对比表。其中平均总闪密度和平均地闪密度等的闪电资料来自美国的全球水文资料中心(GHRC)，是由卫星光学瞬态探测器(OTD)、闪电成像传感器(LIS)观测获取的，这两种仪器探测的是总闪，不区分云闪和云地闪。OTD 观测时间为 1995 年 4 月到 2000 年 3 月，LIS 观测时间为 1997 年 12 月到 2005 年 12 月。

从表中可见，按国家标准 GB50057-94《建筑物防雷设计规范》中相应公式计算的雷击大地密度，其值大部分明显高于卫星观测转换得到的数据，有 18 个省(区、市)高出一倍以上，其中海南省、四川省和云南省高出三至四倍，其值已接近卫星观测得到的总闪次数，青海省和西藏自治区的计算值则高于卫星观测得到的总闪次数，西藏更是高出二倍以上，这是明显不合理的。总的分析，青藏高原及其东部的四川相对误差最大，海南、云南等南方地区次之，华北、东北及华东地区相对小些。这与马明、吕伟涛、张义军等对中国雷电活动特征的分析基本一致。

表 6.8　中国不同地区雷击密度对比表

地区	平均总闪密度（次/(km²·a)）	平均地闪密度（次/(km²·a)）	平均雷暴日（d/a）	按国标计算的地闪密度（次/(km²·a)）	相对误差（%）
北京市	8.9	2.18	36.3	2.56	17.3
天津市	9.7	2.32	29.3	1.94	−16.5
河北省	7.9	1.89	34.3	2.38	25.8
山西省	5.0	1.14	36.5	2.58	126.1
内蒙古	3.6	0.95	30.6	2.05	116.4
辽宁省	6.4	1.65	27.4	1.78	7.9
吉林省	4.5	1.18	32.7	2.23	88.7
黑龙江	4.1	1.18	31.8	2.15	82.9
上海市	7.4	1.47	28.4	1.86	26.9
江苏省	8.5	1.76	33.5	2.31	30.8
浙江省	8.2	1.56	44.6	3.34	115.1
安徽省	8.1	1.64	38.9	2.80	70.6
福建省	8.5	1.52	58.0	4.71	210.6
江西省	9.7	1.76	61.2	5.05	186.0
山东省	8.1	1.85	28.0	1.83	−1.1
河南省	6.6	1.37	25.6	1.63	18.7
湖北省	7.0	1.39	39.7	2.88	107.3
湖南省	8.1	1.50	52.0	4.08	171.5
广东省	16.6	2.80	76.9	6.79	142.8
广西	12.6	2.12	81.0	7.27	242.2
海南省	11.5	1.81	104.3	10.09	456.1
重庆市	8.5	1.65	35.4	2.48	50.4
四川省	4.7	0.93	49.6	3.84	312.4
贵州省	10.2	1.86	56.9	4.59	147.4
云南省	6.0	1.03	66.9	5.67	450.3
西藏	1.7	0.34	64.4	5.39	1500.8
陕西省	3.5	0.76	25.9	1.65	116.9
甘肃省	2.6	0.61	19.5	1.14	87.9
青海省	2.1	0.47	41.8	3.07	557.7
宁夏	3.0	0.68	24.4	1.53	123.2
新疆	1.3	0.33	17.5	0.99	203.7

分析闪电定位资料和人工观测雷暴日资料所得雷击大地密度值不同的原因，首先要了解闪电的成因。闪电的成因主要有两种，一种是天气系统过境时形成系统性闪电，另一种是局地热对流形成闪电。一般而言，一次系统过境形成的系统性闪电次数要明显大于一次局地热对流形成的闪电次数。在青藏高原，由于海拔高，空气稀薄，空气热容较小，受下垫面影响，晴天午后近地面空气

温度升高得快，容易出现局地层结不稳定，又由于高原地形起伏较大，在地形的抬升作用下，较易出现局地热对流而形成闪电。张义军、葛正谟等通过对青藏高原东部地区雷暴天气电场特征分析后指出：该地区雷暴持续时间短，大约有73.3%的雷暴持续时间小于0.5 h，闪电较少。因此青藏高原的雷暴日以局地热对流为主，闪电密度相对于雷暴日显得小一些。同理，在华南地区，冷空气影响比较少，系统性闪电不多，而气候炎热，同样以局地热对流为主。而华北、东北及华东地区冷空气活动相对频繁，因此系统性闪电相对较多，使其雷击大地密度相对较大。

6.3.2 年平均雷击建筑物的次数 N_D 以及雷击连接到线路"a"端的建筑物的次数 N_{Da} 的评估

（1）截收面积 A_d 的确定

对于平地上的孤立建筑物来说，截收面积 A_d 是与建筑物上沿接触的斜率为1/3的直线沿建筑物旋转一周在地面上划出的面积。可以通过作图法来确定 A_d 的值。

1）矩形建筑物

对于长度为 L，宽度为 W，高度为 H 的孤立矩形建筑物，截收面积等于：

$$A_d = LW + 6H(L + W) + 9\pi(H)^2 \tag{6.2}$$

式中 L，W 和 H 是所考虑建筑物的尺寸，单位是m（图6.3）。

考虑建筑物与建筑物周围3H距离内的对象或大地之间的相对高度后可以得到更精确的计算结果。

2）形状复杂的建筑物

如果建筑物具有复杂的形状，例如具有突兀的屋顶（图6.4），应当用作图法来计算 A_d（图6.5），因为如果使用最大值（$A_{d\max}$）或最小值（$A_{d\min}$）时，差别可能太大（表6.9）。

截收面积的一个可以接受的近似值是 $A_{d\min}$ 和 A_d' 之间的最大值：

$$A_d' = 9\pi(H_p)^2 \tag{6.3}$$

这里 H_p 是突兀屋顶的高度。

按照上述各种方法得出的截收面积的值在表6.9中给出。

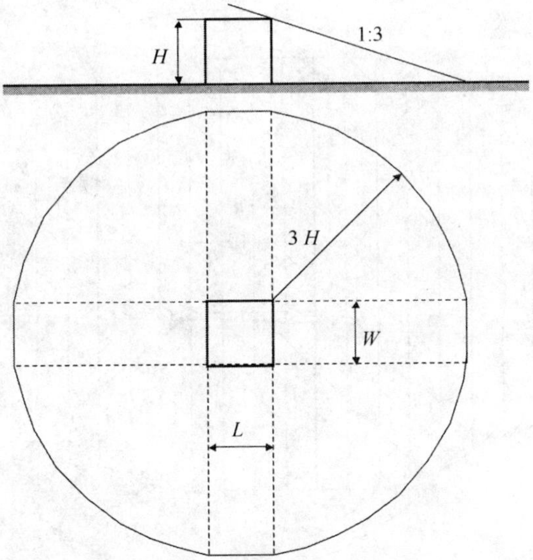

图 6.3　孤立建筑物的截收面积 A_d

表 6.9　各种方法得出的截收面积(m^2)

	作图法	建筑物(最大尺寸)	建筑物(最小尺寸)	突兀屋顶 H_p
建筑物尺寸(m) (L,W,H)	(图 6.4)	70×30×40	70×30×25	40
截收面积(m^2)	A_d＝47700	$A_{d\max}$＝71316	$A_{d\min}$＝34770 (图 6.5)	$A_d{}'$＝45240 (图 6.5)

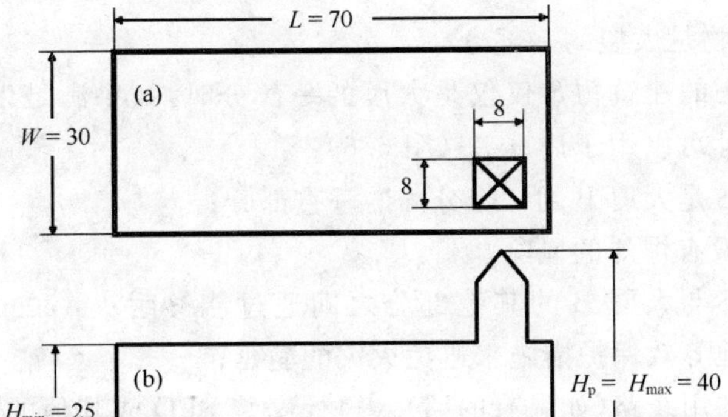

图 6.4　具有突兀的屋顶的复杂形状建筑物(单位:m)

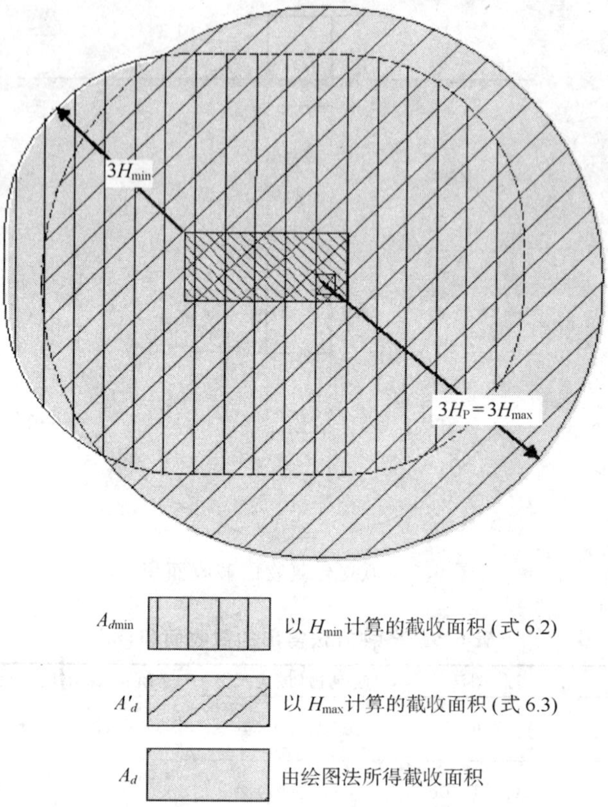

图 6.5　不同方法得出的图 6.4 所示的建筑物的截收面积

3）建筑物是大厦的一部分

当所考虑的建筑物 S 仅仅是大厦的一部分时，如果满足以下条件的话，建筑物 S 的尺寸可以用于计算 A_d（图 6.6）：

建筑物 S 是大厦 B 的一个分离的垂直部分；

大厦 B 没有爆炸的风险；

建筑物 S 与大厦 B 的其他部分之间通过能够耐火 120 min 的墙体（REI 120）或者其他等效保护措施来避免火灾的蔓延；

通过在共用线路（如果有的话）入户处安装 SPD 或其他的等效保护措施来避免过电压沿着共用线路传播。

REI 的定义和资料请参见《欧盟公报》，1994/28/02，n. C 62/63。

如果不能满足这些条件，应当使用整个大厦 B 的尺寸计算 A_d。

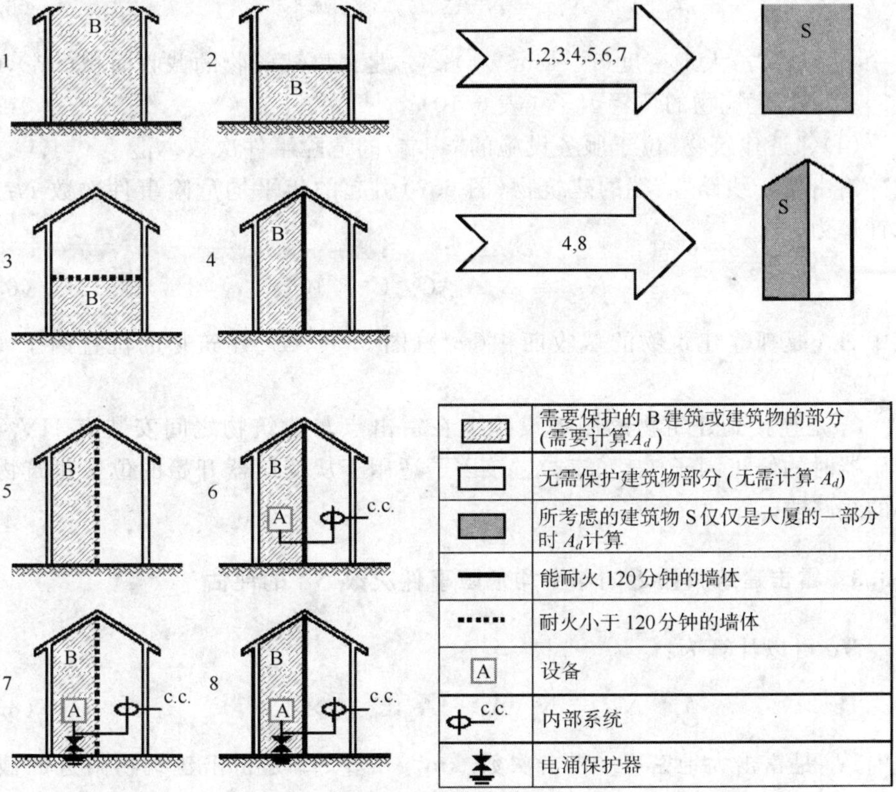

图 6.6 所考虑的建筑物 S 仅仅是大厦的一部分时 A_d 计算

(2)建筑物的相对位置

通过位置因子 C_d 考虑建筑物相对位置的影响，例如被其他对象围绕或处在暴露场所等(表 6.10)。

表 6.10 位置因子 C_d

相对位置	C_d
被更高的对象或树木所包围	0.25
被相同高度的或更矮的对象或树木所包围	0.5
孤立对象：附近没有其他的对象	1
小山顶或山丘上的孤立对象	2

(3)建筑物(位于服务设施“b”端)的危险事件次数 N_D 可以计算为：

$$N_D = N_g A_{d/b} C_{d/b} \times 10^{-6} \tag{6.4}$$

式中 N_g 是雷击大地密度(次/km^2 · a)；$A_{d/b}$是孤立建筑物的截收面积(m^2)(图 6.3)；$C_{d/b}$是建筑物的位置因子（表 6.10）。

(4)邻近建筑物(位于服务设施的“a”端)的危险事件次数 N_{Da}

雷击位于线路“a”端的建筑物(图 6.7)引起的年平均危险事件次数 N_{Da} 可以计算为：

$$N_{Da} = N_g A_{d/a} C_{d/a} C_t \times 10^{-6} \tag{6.5}$$

式中 $A_{d/a}$是孤立建筑物的截收面积(m^2)(图 6.3)；$C_{d/a}$ 建筑物的位置因子（表 6.10）。

C_t 是连接到建筑物的服务设施上在雷击点与建筑物之间安装有 HV/LV 变压器时的修正因子（表 6.12）。该因子适用于从变压器开始的位于建筑物上游的线路段。

6.3.3 雷击建筑物附近的年平均危险事件次数 N_M 的评估

N_M 可以计算为：

$$N_M = N_g (A_m - A_{d/b} C_{d/b}) \times 10^{-6} \tag{6.6}$$

式中 N_g 是雷击大地密度（雷击次数/km^2 · a）；A_m 是雷击建筑物附近的截收面积（m^2)；A_m 延伸到距离建筑物周边 250 m 远的地方(见图 6.7)。

如果 $N_M < 0$，则假定 $N_M = 0$。

6.3.4 雷击服务设施的年平均危险事件次数 N_L 的评估

对于一段服务设施，N_L 可以计算为：

$$N_L = N_g A_l C_d C_t \times 10^{-6} \tag{6.7}$$

这里，A_l雷击服务设施的截收面积(m^2)（表 6.11 和图 6.7)；C_d 服务设施的位置因子（表 6.10)；C_t 当雷击点与建筑物之间有 HV/LV 变压器时的修正因子(表 6.12)。这个因子适用于从变压器开始的建筑物上游的线路段。

表 6.11　取决于服务设施特性的截收面积 A_l 和 A_i

	架空	埋地
A_l	$(L_c-3(H_a+H_b))6H_c$	$(L_c-3(H_a+H_b))\sqrt{\rho}$
A_i	$1000L_c$	$25L_c\sqrt{\rho}$

表 6.11 中，A_l 是雷击服务设施的截收面积（m^2）；A_i 是雷击服务设施附近大地的截收面积（m^2）；H_c 是服务设施导线的离地高度（m）；L_c 是建筑物与第一个节点之间的服务设施线路段的长度（m），最大值为 1000 m；H_a 是连接到服务设施"a"端的建筑物的高度（m）；H_b 是连接到服务设施"b"端的建筑物的高度（m）；ρ 是线路埋设处的土壤电阻率（Ω·m），最大值为 500 Ω·m。

为了进行计算：

当不知道 L_c 的值时，假定 $L_c=1000$ m；

当不知道土壤电阻率的值时，假定 $\rho=500$ Ω·m；

对于全部穿行在高密度网格形接地装置中的埋地电缆，假定等效截收面积 $A_i=A_l=0\ m^2$；

需保护的建筑物应当假定为连接到建筑物的"b"端。

关于截收面积 A_l 和 A_i 的更多资料可以在 ITU K.46 以及 K.47 建议中找到。

表 6.12　变压器因子 C_t

变压器	C_t
服务设施具有双绕组变压器	0.2
仅有服务设施	1

6.3.5　雷击服务设施附近的年平均危险事件次数 N_I 的评估

对于只有一段线路（架空，埋地，屏蔽，非屏蔽等）的服务设施，N_I 的值可以计算为：

$$N_I = N_g A_i C_e C_t \times 10^{-6} \qquad (6.8)$$

式中 A_i 是雷击服务设施附近的截收面积（m^2）（图 6.7）；C_e 是环境因子（表 6.13）；C_t 当雷击点与建筑物之间有 HV/LV 变压器时的修正因子（表 6.12）。

这个因子适用于从变压器开始的建筑物上游的线路段。

表 6.13　环境因子 C_e

环境	C_e
具有高层建筑的市区1)	0
市区2)	0.1
郊区3)	0.5
农村	1

1)建筑物的高度大于 20 m。

2)建筑物的高度在 20 m 和 10 m 之间。

3)建筑物的高度小于 10 m。

服务设施的截收面积 A_i 由其长度 L_c 和侧向距离 D_i（图 6.7）来确定，雷击与服务设施之间的距离小于侧向距离时会（在服务设施上）导致不小于 1.5 kV 的过电压。

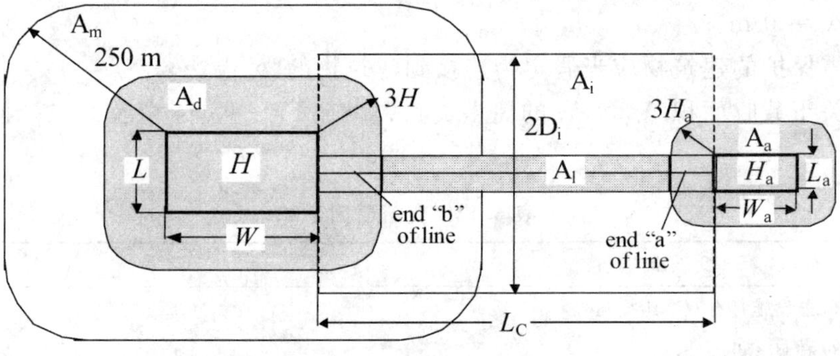

图 6.7　截收面积（A_d、A_m、A_i、A_l）

6.4　建筑物内损害概率 P_X 的评估

（1）雷电对普通建筑物的损害影响

雷电对普通建筑物的损害影响主要有：

1）对住宅

电气装置击穿、火灾或损害材料；

损害通常限于暴露于雷击点或暴露于雷电流通道的对象；

装设的电气电子设备和系统失效(电视机计算机调制解调器电话等)。

2)对农舍

火灾、危险的跨步电压以及材料的损害是首要的风险；

其次的风险是由于电源断电、通风系统、饲料供应系统、电子控制失效等，使牲畜生命受到伤害。

3)剧院、宾馆、学校、百货商店和运动场等公共场所

电气装置损害(如电灯照明)很可能导致恐慌；

火警失效使消防延误。

4)银行、保险公司、商业公司等

同上 3)，还有通信不畅、计算机失效和数据丢失所产生的问题。

5)医院疗养院监狱

同上，还有特护人员问题、行动不便人员的救援困难等。

6)工厂

额外的影响取决于工厂的存贮物，影响范围从轻微的损害到不可接受损害和停产。

7)博物馆、美术馆、教堂

文化遗产不能复原的损失。

8)电信、电厂

对公众服务不可接受的损失。

9)烟花厂、军火厂

火灾和爆炸危及工厂和四邻。

10)化工厂、冶炼厂、核工厂、生化实验室和工厂

工厂发生火灾和故障给当地和全球环境带来不利的后果。

以下是雷击引起的各种损害概率计算，如果保护措施符合以下标准的要求，本节中给出的雷击损害概率值是有效的。

IEC 62305-3，适用于为了减少生物伤害和物理损害而采取的保护措施；

IEC 62305-4，适用于为了减少内部系统失效而采取的保护措施。

如果能够证实的话，也可以选择其他值。

如果保护措施或特性对于整个建筑物或需保护的建筑物区域(Z_S)以及所有相关设备都是有效的，概率 P_X 只能取小于 1 的值。

(2)雷击建筑物导致生物伤害的概率 P_A

作为典型保护措施的函数，表 6.14 中给出了雷击建筑物导致人员因接触和跨步电压触电的概率 P_A 的数值。

表 6.14 雷击产生的接触和跨步电压导致生物触电的概率 P_A 的数值

保护措施	P_A
无保护措施	1
暴露引下线的电气绝缘（例如，最少 3 mm 厚的交链聚乙烯）	10^{-2}
有效的大地等电位连接	10^{-2}
警示牌	10^{-1}

如果采取了一项以上的措施，P_A 的值是各个相应 P_A 值的乘积。

更多的资料可参见 IEC 62305-3 的 8.1 和 8.2。

当利用了建筑物的钢筋构件或框架作为引下线时，或者安装了遮拦物时，概率 P_A 的数值可以忽略不计 。

(3)雷击建筑物导致物理损害的概率 P_A

雷击建筑物导致物理损害的概率 P_B 的数值作为防雷级别(LPS)的函数在表 6.15 中给出。

表 6.15 取决于减少物理损害的保护措施的 P_B 的数值

建筑物特性	LPS 的级别	P_B
建筑物没有 LPS 保护	–	1
建筑物受到保护	IV	0.2
	III	0.1
	II	0.05
	I	0.02
建筑物具有符合 LPS I 要求的接闪器以及作为自然引下线的连续金属框架或钢筋混凝土框架		0.01
建筑物具有金属屋顶或可能包含自然部件的接闪器，所有的屋顶装置都有着完善的直击雷防护，具有作为自然引下线的连续金属框架或钢筋混凝土框架		0.001

在详细调查的基础上，并考虑了 IEC 62305-1 中定义的尺寸要求以及拦截标准，P_B 也可以取表 6.15 以外的值。

(4)雷击建筑物导致内部系统失效的概率 P_c

雷击建筑物导致内部系统失效的概率 P_c 取决于所采用的配合的 SPD 保护：

$$P_c = P_{SPD}$$

表 6.16 给出了各个雷电防护等级对应的 P_{SPD} 的值，SPD 按照防雷等级来进行设计。

表 6.16　各个 LPL 对应的概率 P_{SPD} 的数值，SPD 按照 LPL 设计

LPL	P_{SPD}
没有配合的 SPD 保护	1
III－IV	0.03
II	0.02
I	0.01
注 3	0.005～0.001

注 1：只有配合的 SPD 保护作为保护措施对于减少 P_c 才是适合的。只有在具有包括等电位连接和接地在内的 LPS 保护或作为自然 LPS 的连续金属框架或钢筋混凝土框架的建筑物内，配合的 SPD 保护才能有效地减少 P_c。

注 2：连接到由防雷电缆或穿行在防雷管道、金属管道中的电缆组成的外来线路的有屏蔽的内部系统，可以不需要配合的 SPD 保护。

注 3：当在相应安装位置的 SPD 的保护特性比 LPL I 的要求更好时(更高的电流耐受能力，更低的电压保护水平等)，P_{SPD} 的值可能会更小。

(5)雷击建筑物附近导致内部系统失效的概率 P_M

雷击建筑物附近引起内部系统失效的概率 P_M 取决于所采用的与对应于因子 K_{MS} 的防雷措施(LPM)。

如果没有提供符合 IEC62305-4 要求的配合的 SPD 保护时，P_M 的值等于的 P_{MS} 值。

表 6.17 中给出了作为 K_{MS} 的函数的 P_{MS} 的值，K_{MS} 是考虑了所采用的保护措施的因子。

如果提供了符合 IEC62305-4 要求的配合的 SPD，P_M 的值应当是 P_{SPD} 和 P_{MS} 两者中的较小值。

表 6.17 作为因子 K_{MS} 的函数的概率 P_{MS}

K_{MS}	P_{MS}
0.4	1
0.15	0.9
0.07	0.5
0.035	0.1
0.021	0.01
0.016	0.005
0.015	0.003
0.014	0.001
0.013	0.0001

对于设备不符合相关产品标准对电压耐受水平要求的内部系统，应当假定 $P_{MS}=1$。

因子 K_{MS} 的值计算如下：

$$K_{MS} = K_{S1}K_{S2}K_{S3}K_{S4}$$

这里：K_{S1} 考虑了建筑物的屏蔽效能，在 LPZ 0/1 的交界处具有 LPS 或其他的屏蔽物；K_{S2} 考虑了在建筑物内部 LPZ X/Y（$X>0, Y>1$）交界处的屏蔽物的屏蔽效能；K_{S3} 考虑了内部布线的特性（表 6.18）；K_{S4} 考虑了受保护系统的冲击耐受电压。

在 LPZ 内部，当与屏蔽物边界之间的距离不小于网格宽度 w 时，LPS 或空间格栅形屏蔽体的因子 K_{S1} 和 K_{S2} 可以计算为：

$$K_{S1} = K_{S2} = 0.12\,w$$

式中 w (m)是格栅形空间屏蔽或者网格状 LPS 引下线系统的网格宽度，或是作为自然 LPS 的建筑物金属柱子的间距或钢筋混凝土框架的间距。

对于完全连续的金属护套的屏蔽，当屏蔽体厚度 s 的范围在 0.1 mm 到 0.5 mm 之间时，应当假定 $K_{S1} = K_{S2} = 10^{-4} \sim 10^{-5}$。

注 1：如果提供了符合 IEC 62305-4 要求的网格形等电位连接网络时，K_{S1} 和 K_{S2} 的值可以缩小一半。

如果感应环路靠近 LPZ 边界屏蔽体布设，与屏蔽体之间的距离小于安全距离，K_{S1} 和

K_{S2} 的值会更高。例如，当与屏蔽体之间的距离在 0.1w 到 0.2w 的范围内时，K_{S1} 和 K_{S2} 的值要增加一倍。

对于多级的 LPZ，最后一级 LPZ 的 K_{S2} 是各级 LPZ 的 K_{S2} 的乘积。

注 2：K_{S1} 的最大值不能超过 1。

表 6.18　因子 K_{S3} 的值取决于内部布线

内部布线的类型	K_{S3}
无屏蔽的电缆——为了避免形成环路而合理布线[1)]	1
无屏蔽的电缆——为了避免形成大的回路而合理布线[2)]	0.2
无屏蔽的电缆——为了避免形成回路而合理布线[3)]	0.02
有屏蔽的电缆，屏蔽层单位长度的电阻[4)] $5<R_S\leqslant 20\ \Omega/\text{km}$	0.001
有屏蔽的电缆，屏蔽层单位长度的电阻[4)] $1<R_S\leqslant 5\ \Omega/\text{km}$	0.0002
有屏蔽的电缆，屏蔽层单位长度的电阻[4)] $R_S\leqslant 1\ \Omega/\text{km}$	0.0001

1）导线在大厦中以分开的路线布设（环路面积大约为 50 m^2）。

2）导线布设在同一电缆导管中或导线在较小建筑物中分开布设（环路面积大约为 10 m^2）。

3）导线布设在同一电缆导管中（环路面积大约为 0.5 m^2 左右）。

4）屏蔽层两端以及设备连接到同一等电位连接排的电缆，屏蔽层单位长度的电阻为 R_S。

对于穿行在两端都连接到等电位连接排的连续金属导管中的电线，K_{S3} 的值应当乘上 0.1。

因子 K_{S4} 应当计算为：

$$K_{S4}=1.5/U_W$$

式中 U_W 是受保护系统的额定冲击耐受电压，单位是 kV。

如果在内部系统中，有着若干具有不同冲击耐受电压水平的设备，K_{S4} 应当假定为最低的冲击耐受电压水平所对应的值。

（6）雷击服务设施导致生物伤害的概率 P_U

雷击入户服务设施导致生物因接触电压受到伤害的概率取决于服务设施屏蔽物的物理特性、连接到服务设施的内部系统的冲击耐受电压、典型的保护措施以及在服务设施入户处所安装的 SPD。

当没有按照 IEC 62305-3 的要求为了进行等电位连接而安装 SPD 时，P_U 的值等于 P_{LD} 的值，这里 P_{LD} 是雷击相连服务设施导致内部系统失效的概率。

表 6.19 中给出了 P_{LD} 的值。

当按照 IEC 62305-3 的要求为了进行等电位连接而安装 SPD 时，P_U 的值

等于 P_{SPD}(表 6.16)与 P_{LD} 之间的较小值。

在这里,符合 IEC62305-4 要求的配合的 SPD 保护对于减小 P_U 来说不是必须的。符合 IEC 62305-3 要求的 SPD 就足够了。

表 6.19 取决于电缆屏蔽层电阻 R_S 以及设备冲击耐受电压 U_W 的概率 P_{LD} 的值

U_W(kV)	$5<R_S\leqslant 20$(Ω/km)	$1<R_S\leqslant 5$(Ω/km)	$R_S\leqslant 1$(Ω/km)
1.5	1	0.8	0.4
2.5	0.95	0.6	0.2
4	0.9	0.3	0.04
6	0.8	0.1	0.02

注:R_S(Ω/km):电缆屏蔽层单位长度的电阻。

对于无屏蔽的服务设施,应当假定 $P_{LD}=1$ 。

当采取了遮拦物、警示牌等保护措施时,概率 P_U 的值通过与表 6.14 中给出的概率 P_A 的值相乘而进一步减少。

(7)雷击服务设施导致物理损害的概率 P_V

雷击入户服务设施导致物理损害的概率的值取决于服务设施屏蔽体的特性、连接到服务设施的内部系统的冲击耐受电压以及所安装的 SPD。

当没有按照 IEC 62305-3 的要求为了进行等电位连接而安装 SPD 时,P_V 的值等于 P_{LD} 的值,这里 P_{LD} 是雷击相连服务设施导致内部系统失效的概率。

表 6.19 给出了 P_{LD} 的值。

当按照 IEC 62305-3 的要求为了进行等电位连接而安装 SPD 时,P_V 的值取 P_{SPD}(表 6.16) 和 P_{LD} 的两者之间的较小值。

在这里,符合 IEC 62305-4 要求的配合的 SPD 保护对于减小 P_U 来说不是必须的。符合 IEC 62305-3 要求的 SPD 就足够了。

(8)雷击服务设施导致内部系统失效的概率 P_W

雷击服务设施导致内部系统失效的概率 P_W 的数值取决于服务设施屏蔽的特性、连接到服务设施的内部系统的冲击耐受电压以及所安装的 SPD。

如果没有安装符合 IEC 62305-4 要求的配合的 SPD,P_W 的值等于 P_{LD} 的值,P_{LD} 是雷击相连服务设施导致内部系统失效的概率。

表 6.19 给出了 P_{LD} 的数值。

如果安装了符合 IEC 62305-4 要求的配合的 SPD,P_W 的值取 P_{SPD}(表

6.16）和 P_{LD} 的两者之间的较小值。

(9)雷击入户服务设施附近导致内部系统失效的概率 P_Z

雷击入户服务设施附近导致内部系统失效的概率取决于服务设施屏蔽的特性、连接到服务设施的内部系统的冲击耐受电压以及所采取的保护设施。

如果没有安装符合 IEC 62305-4 要求的配合的 SPD，P_Z 的值等于 P_{LI} 的值，P_{LI} 是雷击相连服务设施导致内部系统失效的概率。

表 6.20 给出了 P_{LI} 的数值。

如果安装了符合 IEC 62305-4 要求的配合的 SPD，P_Z 的值取 P_{SPD}（表 6.16）和 P_{LI} 两者之间的较小值。

表 6.20　取决于电缆屏蔽层电阻 R_S 以及设备冲击耐受电压 U_w 的概率 P_{LI} 的数值

U_w(kV)	无屏蔽	屏蔽层没有连接到与设备相连的等电位连接排	屏蔽层连接到与设备相连的等电位连接排		
			$5<R_S\leqslant20$ (Ω/km)	$1<R_S\leqslant5$(Ω/km)	$R_S\leqslant1$(Ω/km)
1.5	1	0.5	0.15	0.04	0.02
2.5	0.4	0.2	0.06	0.02	0.008
4	0.2	0.1	0.03	0.008	0.004
6	0.1	0.05	0.02	0.004	0.002

R_s：电缆屏蔽层的电阻（Ω/km）

在 ITUK.46 建议中可以找到 K_s 的更精确的计算方法。

6.5　建筑物损失量 L_X 的评估

损失量 L_X 的数值应当由防雷设计人员或业主来进行计算或确定。本书中给出的数值是 IEC 建议采用的数值。在计算以及有文档记录的假定的基础上，也可以选用其他的数值。

建议应用给出的近似关系式。

(1)年均损失相对量

损失 L_X 与雷击可能引起的某一特定类型损害的平均相对量、损害的程度及其后果有关。

其数值取决于：

人员的数量以及人员在危险场所逗留的时间；

公众服务的类型及其重要性；

损害所影响的货物的价值。

损失 L_X 随着所考虑的损失类型（L_1，L_2，L_3 和 L_4）而变化，对于每一种损失类型，还随着导致损失的损害类型（D_1，D_2 和 D_3）而变化。以下是所使用的符号：

L_t 接触和跨步电压导致伤害的损失；

L_f 物理损害导致的损失；

L_o 内部系统失效导致的损失。

(2)人员生命损失

人员生命损失可以按照以下近似关系式，用受害者的相对量来确定 L_t、L_f 和 L_o 的数值：

$$L_x = n_p/n_t \cdot t_p/8760$$

式中 n_p 是可能受到威胁的人员的数量（受害者）；n_t 是预期的总人数（建筑物内）；t_p 是以小时计算的人员每年处于危险场所的时间，包括建筑物外（只有 L_t）和建筑物内（L_t，L_f 和 L_o）。

表 6.21 中给出了当无法或很难确定 n_p，n_t 和 t_p 时，L_t，L_f 和 L_o 所应当假定的典型平均值。

表 6.21 L_t，L_f 和 L_o 的典型平均值

建筑物的类型	L_t
所有类型——(人员处于建筑物内)	10^{-4}
所有类型——(人员处于建筑物外)	10^{-2}
建筑物的类型	L_f
医院、旅馆，民用建筑	10^{-1}
工业建筑，商业建筑、学校	5×10^{-2}
公共娱乐场所，教堂，博物馆	2×10^{-2}
其他	10^{-2}
建筑物类型	L_o
爆炸的风险	10^{-1}
医院	10^{-3}

人员生命损失受建筑物特性的影响，通过引入增长因子(h)和缩减因子(r_f，r_p，r_a，r_u)对建筑物特性加以考虑：

$$L_A = r_a L_t$$

$$L_U = r_U L_t$$

$$L_B = L_V = r_p h r_f L_f$$

$$L_C = L_M = L_W = L_Z = L_O$$

式中 r_a 是减少人员生命损失的因子，取决于土壤类型（表 6.22）；r_u 是取决于地板类型的减少人员生命损失的因子（表 6.22）；r_p 是减少物理损害导致的损失的因子，取决于所采取的减小火灾后果的措施（表 6.23）；r_f 是减小物理损害导致的损失的因子，取决于建筑物的火灾危险（表 6.24）；h 是在具有特殊伤害的时候增加物理损害导致的损失的因子（表 6.25）。

表 6.22　取决于土壤或地板表面类型的缩减因子 r_a 和 r_u 的数值

表面类型	接触电阻（kΩ）[1]	r_a 和 r_u
农地，混凝土	1	10^{-2}
大理石，陶瓷	1～10	10^{-3}
沙砾，毛毯，地毯	10～100	10^{-4}
沥青，油毡，木头	100	10^{-5}

1) 400 cm^2 电极在加 500 N 压力时与无穷远点之间测量到的数值。

表 6.23　取决于所采取的减小火灾后果的缩减因子 r_p 的数值

措施	r_p
无措施	1
以下措施之一：灭火器、固定的人工灭火装置，人工报警装置，消防栓，防火隔间，有保护的逃生通道	0.5
以下措施之一：固定的自动灭火装置、自动报警装置[1]	0.2

1)仅当具有过电压和其他损害的防护并且消防员能够在 10 分钟之内赶到时。

如果采取了一项以上措施，r_p 的数值应当是各相应数值中的最小值。

在具有爆炸危险的建筑物内部，任何情况下，$r_p = 1$ 。

表 6.24　取决于建筑物火灾危险的缩减因子 r_f 的数值

火灾危险	r_f
爆炸	1
高	10^{-1}
一般	10^{-2}
低	10^{-3}
无	0

注 1：当建筑物具有爆炸危险以及建筑物内存储有爆炸性混合物质时，可能需要更精确地计算 r_f。

注 2：由易燃材料建造的建筑物或者屋顶由易燃材料建造的建筑物或者单位面积燃料荷载大于 800 MJ/m² 的建筑物可以看作具有高火灾风险的建筑物。

注 3：单位面积燃料荷载在 400 MJ/m² 到 800 MJ/m² 之间的建筑物应当看作具有一般火灾风险的建筑物。

注 4：单位面积燃料荷载小于 400 MJ/m² 的建筑物或者只是偶尔存储有易燃性物质的建筑物应当看作具有低火灾风险的建筑物。

注 5：单位面积燃料荷载是建筑物内全部易燃物质的能量与建筑物总的表面积之比。

表 6.25　在具有特殊伤害时，增加损失相对量的因子 h 的数值

特殊伤害的种类	h_Z
无特殊伤害	1
低度惊慌（例如，建筑物不高于两层，人员数量不大于 100）	2
一般程度的惊慌（例如，为了文化或体育活动而设计的建筑物，同时，参加人员的数量在 100 到 1000 之间）	5
疏散困难（例如，具有移动不便的人员的建筑物，医院）	5
高度惊慌（例如，为了文化或体育活动而设计的建筑物，同时，参加人员的数量大于 1000）	10
对周围或环境造成危害	20
对四周环境造成污染	50

(3)不可接受的公众服务中断损失

L_f 和 L_o 的数值可以按照从下列近似关系式得到的可能损失的相对量来确定：

$$L_X = n_p/n_t \cdot t/8760$$

式中 n_p 是可能遭受危害的人员的平均数量(失去服务的用户)；n_t 是总人数（接受服务的用户)；t 是用小时表示的年平均服务中断时间。

表 6.26 中给出了当无法或很难确定 n_p，n_t 和 t_p 时，L_f 和 L_o 所应当假定的典型平均值。

表 6.26　L_f 和 L_o 的典型平均值

服务类型	L_f	L_o
煤气，水	10^{-1}	10^{-2}
电视，TLC(通讯)，供电	10^{-2}	10^{-3}

公众服务中断受到建筑物的特性以及以下若干缩减因子(r_p)的影响：

$$L_B = L_V = r_p r_f L_f$$

$$L_C = L_M = L_W = L_Z = L_o$$

表 6.23 和表 6.24 中分别给出因子 r_p 和 r_f 的数值。

(4)无法替代的文化遗产损失

L_f 的数值可以按照从下列近似关系式得到的可能损失的相对量来确定：

$$L_X = c/c_t$$

式中 c 是用货币表示的建筑物可能损失的平均值(例如，货物可能损失的可保价值)；c_t 是用货币表示的建筑物总价值(例如，建筑物内全部现有货物的总可保价值)。

当无法或很难确定博物馆或展览厅的 n，n_t 和 t 时，L_f 所应当假定的典型平均值为：

$$L_f = 10^{-1}$$

无法替代的文化遗产损失通过缩减因子(r_p)受到建筑物特性的影响：

$$L_B = L_V = r_p \cdot r_f \cdot L_f$$

表 6.23 和表 6.24 中分别给出因子 r_p 和 r_f 的数值。

(5)经济损失

可以按照下列近似关系式,用可能损失的相对量来确定 L_t，L_f 和 L_o 的数值：

$$L_X = c/c_t$$

式中 c 用货币表示的建筑物损失的平均数值（包括其存储物的损失、相应活动的中断及其间接后果）；c_t 是用货币表示的建筑物的总价值（包括其存储物以及有关活动的价值）。

表 6.27 中给出了当无法或很难确定 n，n_t 和 t 时,所有类型建筑物的 L_t，L_f 和 L_o 所应当假定的典型平均值。

表 6.27　L_t，L_f 和 L_o 的典型平均值

建筑物的类型	L_t
所有类型 - 建筑物内	10^{-4}
所有类型 - 建筑物外	10^{-2}
建筑物的类型	**L_f**
医院,工业,博物馆,农业	0.5
旅馆,学校,办公楼,教堂,公众娱乐场所，经济性大楼	0.2
其他	0.1
建筑物类型	**L_o**
爆炸风险	10^{-1}
医院,工业,办公楼,旅馆,经济性大楼	10^{-2}
博物馆,农业建筑,学校,教堂,公众娱乐场所	10^{-3}
其他	10^{-4}

经济价值的损失通过以下增长因子(h)和缩减因子(r_p，r_a，r_f，r_u)受到建筑物特性的影响：

$$L_A = r_a L_t$$

$$L_U = r_u L_t$$

$$L_B = L_V = r_p r_f h L_f$$

$$L_C = L_M = L_W = L_Z = L_o$$

式中因子 r_a 和 r_u 的数值在表 6.22 中给出；因子 r_p 的数值在表 6.23 中给出；因子 r_f 的数值在表 6.24 中给出；因子 h_z 的数值在表 6.25 中给出。

6.6 服务设施损害概率 P'_X 的评估

对服务设施产生影响的雷电可能损害与之相联的电气和电子设备，也对用于提供服务的实际设施(线路或管道)本身造成损害。雷电侵害的对象有：

电信交换局与用户楼宇，或两电信交换局，或两用户楼宇之间的通信线TLC；

电信交换局或用户楼宇与分配装置之间，或两分配装置之间的通信线TLC；

高压变电站 HV 与用户楼宇之间的电力线；

主分配站与用户楼宇管道。

损害波及范围与服务设施的性质、电气和电子系统的类型和延伸的范围大小以及雷电性质有关。

本节中给出的概率值是 IEC 同意的数值。如果得到证实，也可以选择其他的数值。

如果保护措施符合 IEC 62305-5 的要求，本节中给出的概率值是有效的。

(1)雷击与线路相连的建筑物造成服务设施损害的概率 P'_B 和 P'_C

雷击与线路相连的建筑物造成服务设施物理损害的概率 P'_B 以及雷击与线路相连的建筑物造成相连设备失效的概率 P'_C 与失效电流 I_a 有关，失效电流 I_a 又与线路的特性、入户服务设施的数量以及所采取的保护措施有关。

对于无屏蔽的线路，可以假定 $I_a = 0$。

对于有屏蔽的线路，失效电流 I_a(kA) 应当按照下式计算：

$$I_a = 25nU_w/(R_s K_d K_p)$$

式中 K_d 是取决于线路特性的因子 (表 6.28)；K_p 是考虑了所采取保护措施的效应的因子(表 6.29)；U_W 是冲击耐受电压(kV) (电缆请参见表 6.30，设备请参见表表 6.31)；R_S 是电缆屏蔽层的电阻 (Ω/km)；n 是入户服务设施的数量。

备注 1：在入户处安装 SPD 提高失效电流 I_a 上限，并起到保护作用。

备注 2：ITU k.47 建议中给出与通讯线路有关的详细资料。

表 6.28 作为有屏蔽电缆特性的函数的因子 K_d 的数值

线路	K_d
具有屏蔽层，与土壤有接触	1
具有屏蔽层，与土壤无接触	0.4

表 6.29 作为保护措施的函数的因子 K_p 的数值

保护措施	K_P
无保护措施	1
附加的屏蔽线——单根导线[1)]	0.6
附加的屏蔽线——两根导线[1)]	0.4
防雷电缆导管	0.1
防雷电缆	0.02
附加的屏蔽线－钢管	0.01

1)单根屏蔽线安装在电缆正上方大约 30 cm 处；两根屏蔽线则对称地布置在电缆轴线上方大约 30 cm 处。

表 6.30 作为电缆类型的函数的冲击耐受电压 U_w

电缆的类型	U_n(kV)	U_w(kV)
TLC- 纸绝缘	—	1.5
TLC- PVC，聚乙烯绝缘	—	5
电力	1	15
电力	3	45
电力	6	60
电力	10	75
电力	15	95
电力	20	125

表 6.31 作为设备类型的函数的冲击耐受电压 U_w

设备的类型	U_w(kV)
电子	1.5
电气设备(U_n<1 kV)	2.5
电子网络设备(U_n<1 kV)	6

作为失效电流 I_a 数值的函数的 P_B'和 P_C'的值在表 6.32 中给出。

如果安装了符合 IEC 62305-5 要求的 SPD，P_B'和 P_C'的值为 P_{SPD}（表 6.16）的数值。

表 6.32　作为失效电流 I_a 的函数的概率 P_B'，P_C'，P_v' 和 P_W'的数值

I_a(kA)	P_B'，P_C'，P_v'，P_W'
0	1
3	0.99
5	0.95
10	0.9
20	0.8
30	0.6
40	0.4
50	0.3
60	0.2
80	0.1
100	0.05
150	0.02
200	0.01
300	0.005
400	0.002
600	0.001

(2)雷击线路导致损害的概率 P_v' 和 P_W'

雷击线路导致物理损害的概率 P_v'以及雷击线路导致相连设备失效的概率 P_W'与失效电流 I_a 有关，失效电流 I_a 与线路的特性以及所采取的服务的保护措施有关。

对于无屏蔽的线路，应当假定 $I_a=0$。

对于有屏蔽的线路，失效电流 I_a 应当按照下式计算：

$$I_a = 25\,U_W/(R_S K_d K_p)$$

式中 K_d 是取决于线路特性的因子（见表 6.28）；K_P 考虑了所采取保护措施的

因子（见表 6.29）；U_W 是冲击耐受电压(kV)（电缆请参见表 6.30，设备请参见表 6.31）；R_S 是电缆屏蔽层的电阻 (Ω/km)。

在计算电信线路的 P_V'时，要假定的失效电流 I_a 的最大数值为：

对于具有铅护套的电缆，$I_a = 40$ kA；

对于具有铝护套的电缆，$I_a = 20$ kA。

备注 1：这些数值是对在雷击点处达到损害典型电信电缆的测试电流(I_t)大小的粗略估计。如果有证据表明该数值不适用于给定的电缆设计，应当使用 IEC62305-5 中所说明的方法来计算失效电流。

表 6.32 中给出了作为失效电流 I_a 的函数的 P_v' 和 P_W'的数值。

备注 2：关于线路的详细资料在 ITU K 46 建议中给出。

(3)雷击线路附近引起损害的概率 P_Z'

雷击线路附近造成相连设备失效的概率 P_Z'取决于线路的特性以及所采用的保护措施。

如果没有安装符合 IEC 62305-5 要求的 SPD，P_Z'的数值等于数值 P_{LI}。表 6.20 中给出了 P_{LI}的数值。

如果安装了符合 IEC 62305-5 要求的 SPD，P_Z'的数值等于 P_{SPD}（表 6.16）和 P_{LI}的两者之间的较小值。

6.7　服务设施损失量 L_x'的评估

(1) 雷电对常用服务设施的影响

雷电对常用服务设施的影响主要为：

1)电信线路

雷击造成线路的机械损伤，屏蔽层和导体的熔化；

雷击造成电缆和设备绝缘的击穿导致直接失效使对公众服务立即受到损失；

雷击造成光缆受损害造成间接失效，但不会导致对公众服务的损失。

2)电力线路

雷击使低压 LV 架空线路绝缘子损坏，电缆绝缘层击穿，线路设备和变压器的绝缘击穿造成对公众服务的间接损失。

3)水管

电气和电子控制设备受损有可能造成对公众服务的损失。

4)煤气管

非金属法兰盘衬垫的穿孔有可能造成火灾或爆炸。

5)燃料管

电气和电子控制设备受损有可能造成对公众服务的损失。

(2)服务设施的雷电损害源和损害类型

对服务设施而言,雷电流是损害源,按雷击点相对于所考察的服务设施来分:

1)S_1 雷击支撑服务设施的建筑物

雷击支撑服务设施的建筑物可能导致:

流入服务设施的部分雷电流由于阻性加热而使金属线或电缆屏蔽层熔化;

由于电阻耦合使线路和相连设备的绝缘击穿;

管道法兰盘中非金属衬垫及绝缘连接处衬垫的穿孔。

注 1:雷击支撑服务设施的建筑物不会使无金属光纤受到影响。

2)S_3 雷击入户服务设施

雷击入户服务设施可能导致:

雷电流产生的电动应力或热效应(使金属线屏蔽层或管道的断裂和/或熔化)和由于雷电等离子弧本身的热(使塑料保护层穿孔)使金属线或管道直接受到机械损害;

线路(绝缘击穿)和与之相连设备的直接电气损害;

架空的薄金属管道和法兰盘的非金属衬垫的穿孔其结果可能引起火灾和爆炸由所传送液体性质而定。

3)S_4 雷击入户服务设施邻近大地

雷击入户服务设施邻近大地可能导致:

电感耦合(感应过电压)使线路及与其相连的设备绝缘击穿;

注 2:无金属导体的光纤电缆不受雷击大地的影响

因此对服务设施,雷电可能导致二种基本损害类型:

D_2:雷电流的热效应造成有形损害(火灾、爆炸、机械损坏、化学品泄漏);

D_3:过电压使电气和电子系统失效。

(3)年平均相对损失量

损失 L_X' 与某一特定损害类型的平均相对量,其程度以及雷击服务设施可能造成的间接效应有关,其数值取决于:

提供给公众的服务的类型及其重要性;

损害所影响的商品的价值。

损失 L_X' 随着所考虑的损失类型而变化，而且，对于每种损失类型（L_1'，L_2' 和 L_4'），还随着造成损失的损害类型（D_2 和 D_3）而变化。其中：

L_f' 物理损害造成的损失；L_o' 内部系统失效造成的损失。

（4）不可接受的对公众服务的中止

L_f' 和 L_o' 的数值可以通过以下近似关系式按照可能损失的相对量来确定：

$$L_X' = (n_p/n_t)\ t/8760$$

式中 n_p 是失去服务的用户的平均数量；n_t 用户的总数量；t 是每年失去服务的时间，单位是小时。

当无法或很难确定 n_p，n_t 时，表 6.33 中给出了 L_f' 和 L_o' 所应假定的典型平均数值。

表 6.33　L_f' 和 L_o' 典型的平均值

服务设施的类型	L_f'	L_o'
煤气，水	10^{-1}	10^{-2}
TV，TLC，供电	10^{-2}	10^{-3}

如下式所示，公众服务设施的损失受到服务设施特性的影响：

$$L_B' = L_V' = L_f'$$

$$L_C' = L_W' = L_Z' = L_o'$$

（5）经济损失

L_f' 和 L_o' 的数值可以通过以下近似关系式按照可能损失的相对量来确定：

$$L_X' = c/c_t$$

式中 c 是用货币表示的建筑物、其内存物以及有关活动可能损失的平均价值；c_t 是用货币表示的建筑物、其内存物以及有关活动的价值。

当无法或很难确定 n_p，n_t 和 t 时，L_f' 和 L_o' 所应假定的典型平均数值为：

$$L_f' = 10^{-1}$$

$$L_o' = 10^{-3}$$

如下列所示，经济价值的损失受到服务设施特性的影响：

$$L_B' = L_V' = L_f'$$

$$L_C' = L_W' = L_Z' = L_o'$$

6.8　雷击风险分量的评估

6.8.1　与建筑物有关的雷击风险分量

(1)建筑物的直接雷击风险分量的评估（S_1）

下列关系式用于计算与建筑物遭受直接雷击有关的风险分量：

1)与生物伤害有关的分量（D_1）

$$R_A = N_D P_A L_A$$

2)与物理损害有关的分量（D_2）

$$R_B = N_D P_B L_B$$

3)与内部系统失效有关的分量（D_3）

$$R_C = N_D P_C L_C$$

表 6.34 中给出了评估这些风险分量时所用的参数。

(2)建筑物的邻近雷击风险分量的评估（S_2）

以下关系式用于计算与雷击建筑物附近有关的风险分量：

与内部系统失效有关的分量（D_3）

$$R_M = N_M P_M L_M$$

表 6.34 中给出了评估风险分量时所用的参数。

(3)雷击与建筑物相连的线路产生的风险分量的评估（S_3）

以下关系式用于计算与雷击入户线路有关的风险分量的评估：

1)与人身伤害有关的分量（D_1）

$$R_U = (N_L + N_{Da}) P_U L_U$$

2)与物理损害有关的分量（D_2）

$$R_V = (N_L + N_{Da}) P_V L_V$$

3)与内部系统失效有关的分量（D_3）

$$R_W = (N_L + N_{Da}) P_W L_W$$

表 6.34 中给出了评估这些风险分量时所用的参数。

表 6.34 与建筑物风险分量评估有关的参数

符号	名称	参考取值
	雷击引起的年均危险事件次数	
N_D	雷击建筑物	6.3 节
N_M	雷击建筑物附近	6.3 节
N_L	雷击入户线路	6.3 节
N_I	雷击入户线路附近	6.3 节
N_{Da}	雷击处于线路"a"端的建筑物（图 6.8）	6.3 节
	一次雷击建筑物事件造成损害的概率	
P_A	人身伤害	6.4 节
P_B	物理损害	6.4 节
P_C	内部系统的失效	6.4 节
	一次雷击建筑物附近事件导致损害的概率	
P_M	内部系统的失效	6.4 节
	一次雷击线路事件导致损害的概率	
P_U	人身伤害	6.4 节
P_V	物理损害	6.4 节
P_W	内部系统的失效	6.4 节
	一次雷击线路附近事件导致损害的概率	
P_Z	内部系统的失效	6.4 节
	雷击损失	
$L_A = r_a L_t$ $L_U = r_u L_t$	人身伤害	6.5 节
$L_B = L_V = r_p r_f h L_f$	物理损害	6.5 节
$L_C = L_M = L_W = L_Z = L_o$	内部系统的失效	6.5 节

6.5 节以及表 6.21 至表 6.25 给出了损失 L_t，L_f，L_o、损失缩减因子 r，r_a，r_u 以及损失增长因子 h 的值。

如果线路不止一个区段，R_U，R_V 和 R_W 的值是各区段线路的 R_U，R_V 和 R_W 值的和。只需考虑建筑物和第一个配线节点之间的各个区段。

如果建筑物有着多于一条并且布线方式不同的线路，应当对各条线路分别进行计算。

(4)雷击与建筑物相连的线路附近产生的风险分量的评估（S_4）

以下关系式适用于计算和雷击与建筑物相连的线路附近有关的风险分量。

与内部系统失效有关的风险分量(D_3)

$$R_Z = (N_I - N_L)\ P_Z\ L_Z$$

表 6.34 中给出了评估风险分量所需的参数。

如果线路不止一个区段,R_Z的值是各区段线路的 R_Z值的总和。只需考虑建筑物与第一个配线节点之间的各个区段。

关于 TLC 线路的详细资料在 ITU K 46 建议中给出。

如果建筑物有着多于一条并且布线方式不同的线路,应当对各条线路分别进行计算。

在本评估方法中,如果 $(N_I - N_L) < 0$,则假设$(N_I - N_L) = 0$。

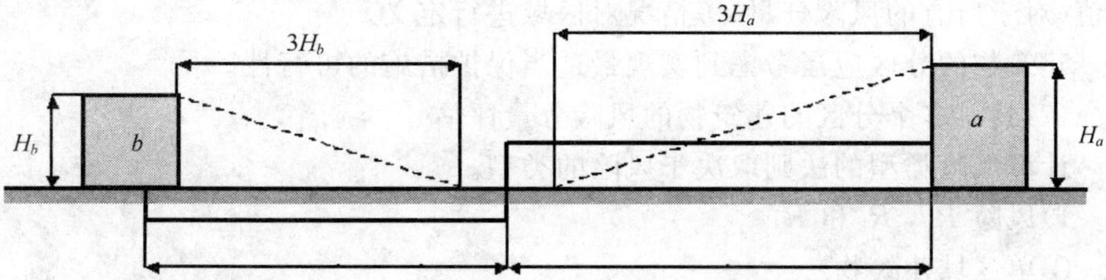

图 6.8　雷击处于线路"a"端的建筑物

(5)建筑物中的风险分量汇总

表 6.35 中按照不同的损害类型以及不同的损害源对建筑物风险分量作了汇总。

表 6.35　各种损害类型和损害源对应的建筑物风险分量

损害源 损害类型	S_1 雷击建筑物	S_2 雷击建筑物附近	S_3 雷击入户服务设施	S_4 雷击服务设施附近	根据损害类型划分的风险结果
D_1 人身伤害	$R_A = N_D\ P_A\ r_a\ L_t$		$R_U = (N_L + N_{Da})\ P_U\ r_u\ L_t$		$R_S = R_A + R_U$
D_2 物理损害	$R_B = N_D\ P_B\ r_p\ hr_f L_f$		$R_V = (N_L + N_{Da})\ P_V r_p hr_f L_f$		$R_F = R_B + R_V$
D3 电气和电子系统的失效	$R_C = N_D P_c L_o$	$R_M = N_M P_M L_o$	$R_W = (N_L + N_{Da})\ P_W L_o$	$R_Z = (N_I - N_L) P_Z L_o$	$R_O = R_C + R_M + R_W + R_Z$
根据损害源划分的风险结果	$R_D = R_A + R_B + R_C$		$R_I = R_M + R_U + R_V + R_W + R_Z$		

如果将建筑物划分为各个区域 Z_S，应当对各个区域 Z_S 进行风险分量的计算。建筑物的总风险是构成建筑物的各个区域 Z_S 的相应风险分量的总和。

(6)建筑物的分区

为了对各个风险分量进行评估，可以将建筑物划分为若干个各自具有均一特性的分区 Z。然而，一幢建筑物可以是或可以假定为一个单独的区域。

区域的划分主要根据以下情况来进行定义：

土壤或地板的类型（风险分量 R_A 和 R_U）；

防火隔间（风险分量 R_B 和 R_V）；

空间屏蔽(风险分量 R_C，R_M，R_W 和 R_Z)。

此外，还可以根据内部系统的布置、已有的或将采取的保护措施和损失 L_X 的值(对于所有的风险分量)等情况对区域进行定义。

建筑物的分区应当考虑到实现最适当保护措施的可行性。

(7)具有多个分区的建筑物的风险分量评估

计算风险类型的法则取决于风险的类型。

1)风险 R_1，R_2 和 R_3

①单区域建筑物

在这种情况下，建筑物内只定义了一个区域，正好是建筑物本身。风险 R 是建筑物内的风险分量 R_X 的总和。对于风险分量 R_A，R_B，R_U，R_U，R_W 和 R_Z，每个所涉参数只能有一个确定值。当参数的可选值大于一个时，应当选择其中的最大值。

对于风险分量 R_C 和 R_M，如果区域中涉及的内部系统大于一个，P_C 和 P_M 的值应当计算如下：

$$P_C = 1 - (1 - P_{C1})(1 - P_{C2})(1 - P_{C3})$$

$$P_M = 1 - (1 - P_{M1})(1 - P_{M2})(1 - P_{M3})$$

参数 P_{Ci}，P_{Mi} 与内部系统 i 有关。

根据建筑物的用途，区域中的缺省 L 值可以假定为 6.5 节给出的典型平均值。

除了 P_C 和 P_M 以外，如果区域中的参数有一个以上的可选值，应当采用导致最大风险结果的参数值。

将建筑物假定为只有一个区域可能会导致保护措施花费高昂，因为保护措施要延伸到保护整个建筑物。

②多区域建筑物

在这种情况下,建筑物被划分为多个区域。建筑物的风险 $R_{(structure)}$ 是建筑物各个区域相应风险 $R_{(zone)}$ 的总和;在每个区域中,风险 $R_{(zone)}$ 是该区域中各个相关风险分量 $R_{x(zone)}$ 的总和。

对建筑物进行分区使得设计人员在计算风险分量时能考虑到建筑物每一部分的特性,对每个区域分别选择最合适的保护措施以减少防雷的总费用。

2)风险 R_4

不管是否有必要确定减少风险 R_1,R_2,R_3 的保护措施,在选取保护措施时,为了减少经济损失风险 R_4,计算其经济合理性是有用的。

要作风险 R_4 评估的项目,应当在以下范围中定义:

整个建筑物;建筑物的一部分;内部装置;内部装置的一部分;设备的一部分;建筑物的内存物。

区域内损失的费用按照 6.9 节有关内容来进行计算;建筑物损失的全部价值是建筑物各个区域的损失价值的总和。

6.8.2　服务设施风险分量的评估

服务设施各个风险分量 R'_V,R'_W,R'_Z,R'_B 和 R'_C 的评估,可以用以下一般方程表示:

$$R'_X = N_X P'_X L'_X$$

(1)服务设施直接雷击风险分量的评估(S_3)

以下关系式适用于计算与服务设施遭受直接雷击有关的风险分量:

与物理损害有关的风险分量(D_2)

$$R'_V = N_L P'_V L'_V$$

与相连设备失效有关的风险分量(D_3)

$$R'_W = N_L P'_W L'_W$$

表 6.36 中给出了评估这些风险分量所用的参数。

(2)服务设施邻近雷击风险分量的评估(S_4)

以下关系式适用于计算与雷击服务设施附近有关的风险分量:

与相连设备失效有关的风险分量(D_3)

$$R'_Z = (N_I - N_L) P'_Z L'_Z$$

表 6.36 中给出了评估这些风险分量所用的参数。

对于本风险评估，如果（$N_I - N_L$）< 0，那么应当假定（$N_I - N_L$）=0。

(3)雷击与服务设施相连的建筑物引起的风险分量的评估（S_1）

以下关系式适用于对服务设施段进行与雷击连接到服务设施上的各幢建筑物有关的风险分量的评估：

与物理损害有关的风险分量（D_2）：

$$R'_B = [N_{Da} + N_{Db}] P'_B L'_B$$

与设备失效有关的风险分量（D_3）：

$$R'_C = [N_{Da} + N_{Db}] P'_C L'_C$$

表 6.36 中给出了评估该风险分量所用的参数。

表 6.36　与服务设施风险分量评估有关的参数

符号	名称	参考取值
	年平均雷击次数	
N_D	雷击与服务设施相连的建筑物	6.3 节
N_L	雷击服务设施	6.3 节
N_I	雷击服务设施附近	6.3 节
	雷击相邻建筑物造成损害的概率	
P'_B	物理损害	6.6 节
P'_C	相连设备的失效	6.6 节
	雷击服务设施造成损害的概率	
P'_V	物理损害	6.6 节
P'_W	相连设备的失效	6.6 节
	雷击服务设施附近造成损害的概率	
P'_Z	相连设备的失效	6.6 节
	相应的损失	
$L'_B = L'_V = L'_f$	物理损害	6.7 节
$L'_C = L'_W = L'_Z = L'_o$	相连设备的失效	6.7 节

(4)服务设施风险分量汇总

表 6.37 按照不同的损害类型和损害源对服务设施的风险分量作了汇总。

表 6.37 各种损害类型和损害源对应的服务设施风险分量

损害来源 损害	S_3 雷击服务设施	S_4 雷击服务设施邻近	S_1 雷击与服务设施相连的建筑物	不同损害类型导致的风险
D_2 物理损害	$R'_V = N_L P'_V L'_V$		$R'_B = N_D P'_B L'_B$	$R'_F = R'_V + R'_B$
D_3 电气和电子系统失效	$R'_W = N_L P'_W L'_W$	$R'_Z = (N_l - N_L) P'_Z L'_Z$	$R'_C = N_D P'_C L'_C$	$R'_O = R'_Z + R'_W + R'_C$
不同损害来源导致的风险	$R'_D = R'_V + R'_W$		$R'_I = R'_Z + R'_B + R'_C$	

如果服务设施被划分为若干个区段 S_S，服务设施的风险分量 R'_V，R'_W 应当计算为各段相应的风险分量的总和。

应当在两段服务设施之间的过渡点对风险分量 R'_Z 进行计算，并将最高的值假定为 R'_Z 值。

与 TLC 线路有关的详细资料在 ITU K 46 建议中给出。

服务设施风险分量 R'_B，R'_C 应为各个连接到服务设施的建筑物的相应风险分量的总和。

服务设施的总风险 R 是各个风险分量 R'_B，R'_C，R'_V，R'_W，R'_z 的总和。

(5)将服务设施划分区段为 S_S

为了对各个风险分量进行评估，可以将服务设施划分区段为 S_S。然而，一个服务设施可以是，或可以假设为一个单独的区段。

对于所有的风险分量（R'_B，R'_C，R'_V，R'_W，R'_Z），区段 S_S 主要根据以下情况进行划分：

服务设施的类型(架或埋地)；

影响截收面积的因子(C_d，C_e，C_t)；

服务设施的特性（电缆绝缘的类型，屏蔽层的电阻）。

区段 S_S 还可以根据以下情况进一步进行划分：

相连设备的类型；

已有的或将采取的保护措施；

服务设施的区段划分应当考虑到采取最适当保护措施的可行性。

如果一个区段中的参数不止一个值，应当假设其为能够导致最大风险的值。

网络操作员或服务设施的业主应当评价每次损害造成的服务设施的预期损失相对量。如果这种评价无法进行，建议采用6.7节中给出的代表值。

6.9 雷电防护的必要性、合理性及损失费用的计算

6.9.1 雷电防护的必要性

为了减少社会价值损失L_1、L_2和L_3，应对受保护对象雷电防护的必要性进行估算。

如果风险R（R_1至R_3）大于风险容限R_T即：

$$R > R_T,$$

则雷电防护措施是必要的。这种情况下应采取雷电防护措施使风险R（R_1至R_3）减少至不大于风险容限R_T即：

$$R \leqslant R_T$$

如果受保护对象可能出现多种损失类型，则对每一种损失类型（L_1，L_2和L_3）都应满足条件$R \leqslant R_T$。

凡是雷电导致多种社会价值损失的地方风险容限R_T值应由各国有关部门考虑。

注1：有管辖权当局可能不经风险评估就规定特殊应用场合必须采取雷电防护措施。在这些情况下（主要是有可能造成人员伤亡产生重大社会影响的场所），所需的雷电防护水平将由当局规定。在某些情况下，风险评估可能作为判断是否放弃雷电防护要求而进行的一项技术措施。

图6.9是判断防护必要性的程序流程图。

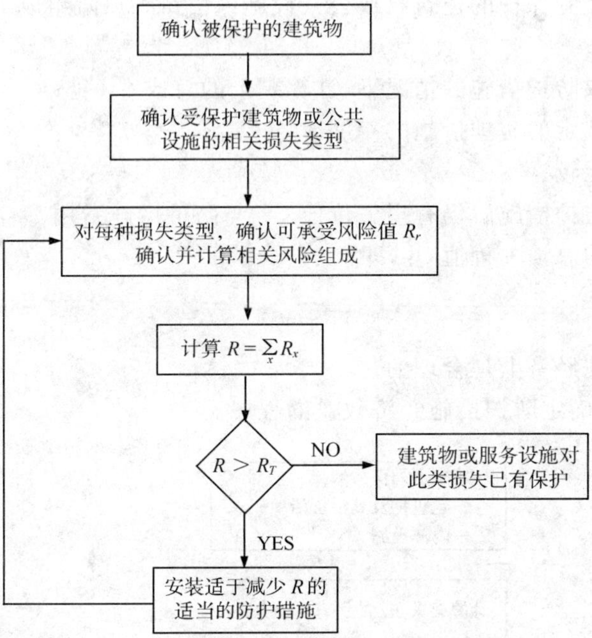

图 6.9　判断防护必要性的程序流程图

6.9.2　雷电防护措施的经济合理性

除了受保护对象雷电防护的必要性外，为了减少经济损失 L_4，估算所提供的防护措施的经济效益是有用的。在这种情况下，为了计算这种费用，需要对建筑物、内存物及服务设施，甚至服务活动（经营活动）的风险分量 R_4 进行评估（对于服务设施则为 R_4'）。风险 R_4 的评估应分别计算采取防护措施前后的经济损失。

确定防护措施经济性的程序如下：

——确认 R_4 型风险的组成部分 R_X；

——计算无防护措施下被确认的风险组成部分 R_X 的值；

——计算每种风险组成 R_X 导致的损失成本；

——计算无防护措施下总损失的成本 C_L；

——采用选定的防护措施；

——在选定防护措施的情况下，计算风险组成部分 R_X 的值；

——计算在受保护的建筑物或公共设施内由每种风险组成 R_X 导致的剩余损失成本；

——在采取防护措施的情况下，计算剩余的总成本 C_{RL}；

——计算选定的防护措施的年度成本 C_{PM}；

——成本比较。

如果采取防护措施后仍有损失价值 C_{RL} 与防护措施费用 C_{PM} 的和低于未采取防护措施时的总损失价值 C_L，即：

$$C_{RL} + C_{PM} < C_L$$

则采取防护措施经济上是合理的。

图 6.10 是确定防护措施经济效益的程序。

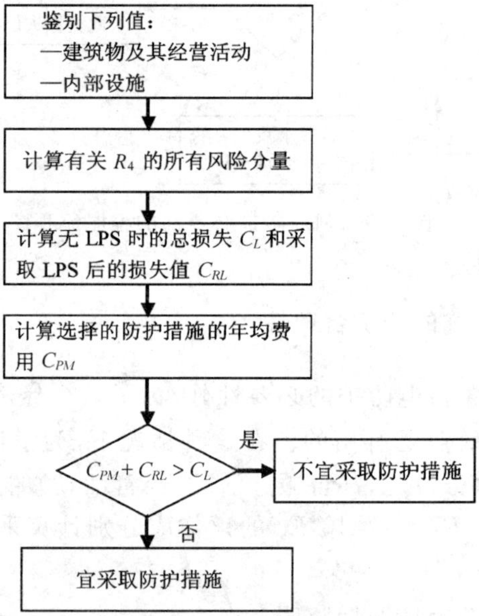

图 6.10　确定防护措施经济效益的程序

6.9.3　损失费用计算

全部损失的费用 C_L 可以通过以下公式进行计算：

$$C_L = (R_A + R_U) \times C_A + (R_B + R_V) \times (C_A + C_B + C_S + C_C) +$$

$$(R_C + R_M + R_W + R_Z) \times C_S$$

式中 R_A 和 R_U 是与牲畜损失有关的风险分量,没有保护措施;R_B 和 R_V 是与物理损害有关的风险分量,没有保护措施;R_C, R_M, R_W 和 R_Z 是与电气和电子系统失效有关的风险分量,没有保护措施;C_A 是牲畜的价值;C_S 是建筑物中的系统的价值;C_B 是建筑物的价值;C_C 是内存物的价值。

当没有保护措施的时候,剩余损失的总花费 C_{RL} 可以通过以下公式进行计算:

$$C_{RL} = (R'_A + R'_U) \times C_A + (R'_B + R'_V) \times (C_A + C_B + C_S + C_C) + (R'_C + R'_M + R'_W + R'_Z) \times C_S$$

式中 R'_A 和 R'_U 是与牲畜损失有关的风险分量,有保护措施;R'_B 和 R'_V 是与物理损害有关的风险分量,有保护措施;R'_C, R'_M, R'_W 和 R'_Z 是与电气和电子系统失效有关的风险分量,有保护措施。

保护措施的年平均费用 C_{PM} 可以通过以下公式进行计算:

$$C_{PM} = C_P \times (i + a + m)$$

式中 C_P 是保护措施的费用;i 是利率;a 是折旧率;m 是维护费率。

每年节约的费用为:

$$S = C_L - (C_{PM} + C_{RL})$$

如果年平均节省的金钱 $S>0$,防雷保护措施是经济合理的。

6.10 雷击损害风险评估实例

以下为几个 IEC62305 自带的雷击损害风险评估实例

在应用实例中给出了一些与住宅、办公楼、医院、和公寓有关的实例,为了展示:

——风险的计算方法和确认防护需要;

——不同的风险组成对整个风险的贡献;

——不同的防护措施对减轻此类风险的效果;

——针对各种防护措施,考虑经济因素在内的选择方法。

6.10.1 应用实例 1:乡村住宅雷击灾害风险评估

作为第一个个例分析,考虑一个要计算保护需要的乡村房屋。

对于这种情况,应当确定人员生命损失的风险 R_1 并与容许值 $R_T=10^{-5}$ 进行比较并选择减轻这种风险的保护措施。

(1)有关的数据及特性

1)表 6.38 给出了房屋本身及其环境的数据和特性;

2)表 6.39 中给出了入户线路及其相连内部系统的数据和特性。

表 6.38 建筑物的数据及特性

参数	说明	符号	值	参考
尺寸 (m)	—	(L_b, W_b, H_b)	15, 20, 6	
位置因子	孤立[1]	C_d	1	表 6.10
LPS	无	P_B	1	表 6.15
在建筑物边界有屏蔽	无	K_{S1}	1	6.4 节公式
建筑物内部有屏蔽	无	K_{S2}	1	6.4 节公式
户外有人员活动	无[2]			
雷击大地密度	$1/(km^2 \cdot a)$	N_g	4	—

1) 平地,无相邻建筑物。

2)人员触电的风险 $R_A=0$。

表 6.39 线路及其相连内部系统的数据和特性

参数	说明	符号	数值	参考
土壤电阻率	$(\Omega \cdot m)$	ρ	500	
低压线路及其内部系统				
长度 (m)		L_c	1000	
高度 (m)	埋地	H_c	—	
变压器	None	C_t	1	表 6.12
线路位置因子[1]	孤立	C_d	1	表 6.10
线路环境因子	农村	C_e	1	表 6.13
线路屏蔽	无	P_{LD}	1	表 6.19
内部合理布线	无	K_{S3}	1	表 6.18
内部系统的耐受能力	$U_w=2.5$ kV	K_{S4}	0,6	6.4 节公式
配合的 SPD 保护	无	P_{SPD}	1	表 6.16

续表

参数	说明	符号	数值	参考
通讯线路及其内部系统				
长度（m）		L_c	1000	
高度（m）		H_c	6	
线路位置因子1)	孤立	C_d	1	表 6.10
线路环境因子	农村	Ce	1	表 6.13
线路屏蔽	无	P_{LD}	1	表 6.19
内部合理布线	无	K_{S3}	1	表 6.18
内部系统的耐受能力	U_w= 1.5 kV	K_{S4}	1	6.4 节公式
配合的 SPD 保护	无	P_{SPD}	1	表 6.16

1）平地，线路孤立（没有邻近建筑物，附近没有建筑物连接到线路的远端（“a”端）（$N_{Da}=0$）。

考虑到：

户外和户内的地表面类型不同；建筑物是一个单独的防火隔间；没有空间屏蔽。

可以定义以下主要区域：Z_1（户外）；Z_2（户内）。

当假定了以下情况，不需要进一步定义区域：

全部内部系统（电力和通讯）在区域 Z_2 中；

区域 Z_2 中的损失 L 假定为常数。

户外无人员活动，区域 Z_1 的风险可以忽略，风险评估可以仅对区域 Z_2 进行。

表 6.40 中给出了区域 Z_2 的特性。

按照防雷设计人员的评价结果，对与风险 R_1 有关的年平均损失相对量的典型平均数值作了假定（表 6.21）。

表 6.40　区域 Z_2（户内）的特性

参数	说明	符号	数值	参考
地板表面类型	木头	r_u	10^{-5}	表 6.22
火灾风险	低	r_f	10^{-3}	表 6.24
特殊伤害	无	h	1	表 6.25
火灾防护	无	r_p	1	表 6.23
空间屏蔽	无	K_{S2}	1	
内部电力系统	有	连接到低压电力线路	—	
内部电话系统	有	连接到通讯线路	—	
接触和跨步电压造成的损失	有	L_t	10^{-4}	表 6.21
物理损害造成的损失	有	L_f	10^{-1}	表 6.21

(2)相关量的计算

表 6.41 中给出了截收面积的计算结果，表 6.42 中给出了预期危险事件次数的计算结果。

表 6.41 建筑物和线路的截收面积

面积的符号	公式或表的序号	截收面积的计算公式	数据源表	数值(m^2)
A_d	表 6.11	雷击建筑物：$A_d=[L_bW_b+6H_b\times(L_b+W_b)+\pi\times(3H_b)^2]$	表 6.38	2.58×10^3
$A_1(P)$	表 6.11	雷击电力线路：$A_1(P)=(L_c-3(H_a+H_b))\sqrt{\rho}$	表 6.39	2.2×10^4
$A_i(P)$	表 6.11	雷击电力线路附近：$A_l(P)=25L_c\sqrt{\rho}$	表 6.39	5.6×10^5
$A_1(T)$	表 6.11	雷击通讯线路：$A_l(T)=(L_c-3H_b)\times6H_c$	表 6.39	3.5×10^4
$A_i(T)$	表 6.11	雷击通讯线路附近：$A_i(T)=1000\times L_c$	表 6.39	10^6

表 6.42 预期的危险事件年均次数

符号	公式所在章节	计算闪击次数的公式	数据源表	数值 (1/a)
N_D	6.3 节	雷击建筑物：$N_D=N_gA_dC_d\times10^{-6}$	表 6.38、表 6.41	10^{-2}
$N_L(P)$	6.3 节	雷击电力线路：$N_L(P)=N_g\times A_l(P)\times C_d(P)\times C_t(P)\times10^{-6}$	表 6.38、表 6.39、表 6.41	8.78×10^{-2}
$N_i(P)$	6.3 节	雷击电力线路附近：$N_i(P)=N_g\times A_i(P)\times C_t(P)\times C_e(P)\times10^{-6}$	表 6.38、表 6.39、表 6.41	2.24
$N_L(T)$	6.3 节	雷击通讯线路：$N_L(T)=N_g\times A_l(T)\times C_d(T)\times10^{-6}$	表 6.38、表 6.39、表 6.41	1.41×10^{-1}
$N_i(T)$	6.3 节	雷击通讯线路附近：$N_i(T)=N_g\times A_i(T)\times C_e(T)\times10^{-6}$	表 6.38、表 6.39、表 6.41	4

为了确定防护需要所作的风险计算

在所考虑的例子中，应当计算风险 R_1。

$$R_1=R_B+R_{U(\text{Power line})}+R_{V(\text{Power line})}+R_{U(\text{Telecom line})}+R_{V(\text{Telecom line})}$$

表 6.43 中给出了所涉及的风险分量和总风险的计算结果。

表 6.43　所涉及的风险分量及其计算结果（数值×10^{-5}）

分量的符号	计算分量的公式	数据源表	数值（10^{-5}）
R_B	雷击建筑物造成物理损害：$R_B=N_DP_Bhr_pr_fL_f$	表 6.38、表 6.40	0.103
$R_U(P)$	雷击电力线路造成触电事故：$R_U=(N_L+N_{Da})P_Ur_aL_t$		0.000009
$R_V(P)$	雷击电力线路造成物理损害：$R_V=(N_L+N_{Da})P_Vhr_pr_fL_f$		0.878
$R_U(T)$	雷击电话线路造成触电：$R_U=(N_L+N_{Da})P_Ur_aL_t$		0.000014
$R_V(T)$	雷击电话线路造成物理损害：$R_V=(N_L+N_{Da})P_Vhr_pr_fL_f$		1.41
总的 R_1	$R_A+R_B+R_U(P)+R_V(P)+R_U(T)+R_V(T)$	表 6.43	2.39

(3)从 R_1 计算结果中得出的结论：

因为 $R_1=2.39\times10^{-5}$ 高于风险容许值，需要对建筑物进行防雷保护。

(4)保护措施的选择

风险分量的组合结果如下：

$$R_D=R_A+R_B+R_C=R_B=0.103\times10^{-5}$$

$$R_I=R_M+R_U+R_V+R_W+R_Z=R_U+R_V\approx2.287\times10^{-5}$$

$$R_S=R_A+R_U=R_U\approx0$$

$$R_F=R_B+R_V\approx2.39\times10^{-5}$$

$$R_O=R_M+R_C+R_W=0$$

这个组合结果表明建筑物的风险主要是由于雷击相连线路导致物理损害而引起的。

根据表 6.43，风险值的主要贡献来自：

分量 $R_{V\,(\text{Telecom line})}$（雷击通讯线路）占 59 %；

分量 $R_{V\,(\text{Power line})}$（雷击电力线路）占 37 %；

分量 R_B（雷击建筑物）占 4%。

为了把风险 R_1 降低到一个可以容许的数值，应当考虑影响分量 R_V 和 R_B 的保护措施，适合的措施有：

a)服务设施入口处安装防雷保护级别为 IV 级的 SPD，以保护电力和电话线路。根据表 6.16，这样可以把 P_U 和 P_V 和的值从 1 降低到 0.03(由于在线路上安装了 SPD)；

b)安装保护级别为 IV 的 LPS，按照表 6.15 和表 6.16，这就把 P_B 的值从 1

降低到 0.2，把 P_U 和 P_V 的值从 1 降低到 0.03(由于在线路上安装了 SPD)。

把这些数值代入表 6.43 的公式当中，我们得到如表 6.44 所示的新的风险分量值。

表 6.44　合适情况下与风险 R_1 有关的风险分量值(数值 10^{-5})

	风险分量整改前 a)	数值 10^{-5} 整改后 b)
R_A	0	0
R_B	0.103	0.0206
$R_U(P)$	≈ 0	≈ 0
$R_V(P)$	0.0263	0.0263
$R_U(T)$	≈ 0	≈ 0
$R_V(T)$	0.0423	0.0423
合计	0.1716	0.0892

所采取的解决方案要达到技术与经济的最优结合。

6.10.2　应用实例 2:办公楼的雷电灾害风险评估

作为第二个个例分析，让我们考虑一幢需要计算保护的办公楼。

为了这个目的，首先应当确定人员生命损失的风险 R_1，并与容许值 $R_T=10^{-5}$ 相比较。应当选择降低这种风险的保护措施。按照业主所作的决定，不计算所采取的保护措施的成本效率。

(1)有关的数据和特性

建筑物本身及其周围环境的数据和特性在表 6.48 中给出；

内部电气系统及有关的入户电力线路的数据和特性在表 6.49 中给出；

内部电子系统及有关的入户通讯线路的数据和特性在表 6.50 中给出。

表 6.48　建筑物特性

参数	注释	符号	数值
尺寸 (m)	—	$(L_bW_bH_b)$	40×20×25
位置因子	孤立	C_d	1
LPS	无	P_B	1
建筑物边界的屏蔽	无	K_{S1}	1
建筑物内部的屏蔽	无	K_{S2}	1
雷击大地密度	1/(km² · a)	N_g	4
建筑物中的人员	户外和户内	n_t	200

表 6.49 内部供电系统以及相连供电线路的特性

参数	说明	符号	数值
长度（m）		L_c	200
高度（m）	架空	H_c	6
H_V/L_V变压器	无	C_t	1
线路位置因子	孤立	C_d	1
线路环境因子	农村	C_e	1
线路屏蔽	无	P_{LD}	1
		P_{LI}	0.4
内部合理布线	无	K_{S3}	1
设备耐受电压 U_W	$U_W=2.5$ kV	K_{S4}	0.6
配合的 SPD 保护	无	P_{SPD}	1
线路"a"端建筑物的尺寸(m)	无	$(L_aW_aH_a)$	—

表 6.50 内部通讯系统以及相连通讯线路的特性

参数	说明	符号	数值
土壤电阻率	(Ω·m)		250
长度（m）	—	L_c	1000
高度（m）	埋地	—	—
线路位置因子	孤立	C_d	1
线路环境因子	农村	C_e	1
线路屏蔽	无	P_{LD}	1
		P_{LI}	1
内部合理布线	无	K_{S3}	1
设备耐受电压 U_W	$U_W=1.5$ kV	K_{S4}	1
配合的 SPD 保护	无	P_{SPD}	1
线路"a"端建筑物的尺寸(m)	无	$(L_a\times W_a\times H_a)$	—

(2)办公楼内区域的划分及其特性

考虑到以下因素：

入口、花园和建筑物内部的地表类型不同；

建筑物和档案库为防火隔间；

没有空间屏蔽；

计算机中心内的损失 L 假定比办公楼其他地方的损失小。

所以，定义了以下主要的区域：

Z_1（建筑物的入口处），Z_2（花园），Z_3（档案馆是单独的防火隔间），Z_4（办公区），Z_5（计算机中心）。

区域 Z_1 的特性在表 6.51 中给出，区域 Z_2 的特性在表 6.52 中给出，区域 Z_3 的特性在表 6.53 中给出，区域 Z_4 的特性在表 6.54 中给出，区域 Z_5 的特性在表 6.55 中给出。

在防雷设计人员进行评价以后，分区域考虑潜在的处于危险情况的人员的数目与建筑物内的总人数之比时，与风险 R_1（见表 6.21）有关的年平均损失相对量的典型平均值简化为：

$$L_t = 10^{-2}（户外）$$

$$L_t = 10^{-4}（户内）。$$

$$L_f = 10^{-2}$$

表 6.51　区域 Z_1（建筑物的入口处）的特性

参数	说明	符号	数值
地表类型	大理石	r_a	10^{-3}
触电保护	无	P_A	1
接触和跨步电压造成的损失	有	L_t	2×10^{-4}
区域中潜在地处于危险的人员			4

表 6.52　区域 Z_2（花园）的特性

参数	说明	符号	数值
地表类型	草地	r_a	10^{-2}
触电保护	栅栏	P_A	0
接触和跨步电压造成的损失	有	L_t	10^{-4}
区域中潜在地处于危险的人员			2

表 6.53　区域 Z_3(档案库)的特性

参数	说明	符号	数值
地板类型	油布	r_u	10^{-5}
火灾风险	高	r_f	10^{-1}
特殊伤害	低度惊慌	h	2
火灾防护	无	r_p	1
空间屏蔽	无	K_{S2}	1
内部电力系统	有	连接到低压电力线路	—
内部电话系统	有	连接到电信线路 e	—
接触和跨步电压造成的损失	有	L_t	10^{-5}
物理损害造成的损失	有	L_f	10^{-3}
区域中潜在地处于危险的人员			20

表 6.54　区域 Z_4(办公区)的特性

参数	说明	符号	数值
地板类型	油布	r_u	10^{-5}
火灾风险	低	r_f	10^{-3}
特殊伤害	低度惊慌	h	2
火灾防护	无	r_p	1
空间屏蔽	无	K_{S2}	1
内部电力系统	有	连接到低压电力线路	—
内部电话系统	有	连接到电信线路	—
接触和跨步电压造成的损失	有	L_t	8×10^{-5}
物理损害造成的损失	有	L_f	8×10^{-3}
区域中潜在地处于危险的人员			160

表 6.55　区域 Z_5(计算机中心)的特性

参数	说明	符号	数值
地板类型	油布	r_u	10^{-5}
火灾风险	低	r_f	10^{-3}
特殊伤害	低度惊慌	h	2
火灾防护	无	r_p	1
空间屏蔽	无	K_{S2}	1
内部电力系统	有	连接到 LV 电力线路	—
内部电话系统	有	连接到电信线路	—
接触和跨步电压造成的损失	有	L_t	7×10^{-6}
物理损害造成的损失	有	L_f	7×10^{-4}
区域中潜在地处于危险的人员			14

(3)相关量的计算

表 6.56 中给出了截收面积的计算结果,表 6.57 中给出了危险事件预期次数的计算结果,表 6.58 中给出了预期年平均损失的评估情况。

表 6.56　建筑物和线路的截收面积

符号	数值(m^2)
A_d	2.7×10^4
A_l(Power)	4.5×10^3
A_i(Power)	2×10^5
A_l(Telecom)	1.45×10^4
A_i(Telecom)	3.9×10^5

表 6.57　预期的年平均危险事件次数

符号	数值 (1/a)
N_d	1.1×10^{-1}
N_l(Power)	1.81×10^{-2}
N_i(Power)	8×10^{-1}
N_l(Telecom)	5.9×10^{-2}
N_i(Telecom)	1.581

(4)用于决定保护需要的风险计算

表 6.58 中给出了各个区域所涉及的风险分量以及总的风险计算结果。

表 6.58　各个区域的风险 R_1 的值（数值×10^{-5}）

	Z_1（入口处）	Z_2（花园）	Z_3（档案库）	Z_4（办公室）	Z_5（计算机中心）	建筑物
R_A	0.002	0				0.002
R_B			2.21	0.177	0.016	2.403
$R_U(P)$			≈0	≈0	≈0	≈0
$R_V(P)$			0.362	0.029	0.002	0.393
$R_U(T)$			≈0	≈0	≈0	≈0
$R_V(T)$			1.18	0.094	0.008	1.282
合计	0.002	0	3.752	0.3	0.026	4.078

(5)从 R_1 计算结果得出的结论

因为 $R_1 = 4.08 \times 10^{-5}$ 高于容许值 $R_T = 10^{-5}$，需要对建筑物进行防雷保护。

(6)保护措施的选择

表 6.59 中给出了风险分量的组合：

表 6.59　各个区域的风险分量 R_1 的组成部分(数值×10^{-5})

	Z_1（入口处）	Z_2（花园）	Z_3（档案库）	Z_4（办公室）	Z_5（计算机中心）	建筑物
R_D	0.002	0	2.21	0.177	0.016	2.405
R_I	0	0	1.542	0.123	0.01	1.673
合计	0.002	0	3.752	0.3	0.026	4.078
R_S	0.002	0	≈0	≈0	≈0	0.002
R_F	0	0	3.752	0.3	0.026	4.312
R_O	0	0	0	0	≈0	0
合计	0.002	0	3.752	0.3	0.026	4.078

表中 $R_D = R_A + R_B + R_C$

$R_I = R_M + R_U + R_V + R_W + R_Z$

$R_S = R_A + R_U$

$R_F = R_B + R_V$

$R_O = R_M + R_C + R_W$

这个风险分量组合结果表明，建筑物的风险主要是雷击建筑物或相连线路在区域 Z_3 中造成的物理损害所引起的，区域 Z_3 中的火灾风险（物理损害）占总风险的 92%。

根据表 6.58，区域 Z_3 中风险 R_1 值主要的贡献因子为：

分量 R_B（雷击建筑物）占 54%；

分量 R_V(Power)（雷击电力线路）约占 9%；

分量 R_V(Telecom)（雷击电信线路）约占 29%。

为了把风险降低到容许值以下，可以采取以下保护措施：

a)用符合 IEC 62305-3 要求的保护级别为 IV 级的 LPS 对建筑物进行保护，以减少分量 R_B。LPS 没有格栅形空间屏蔽的特性。表 6.48，表 6.49，表 6.50 中的参数将有以下变化：

$P_B = 0.2$

$P_U = P_V = 0.03$（由于在入户线路上安装了 SPD）。

b)在档案库（区域 Z_3）中安装自动灭火（或监测）系统，在电力和电话线路进入建筑物的地点安装 LPL 为 IV 级的 SPD，以减少在区域中的风险 R_B 和 R_V。表 6.49、表 6.50、表 6.53 中的参数将有以下变化：

$r_p = 0.2$，仅对于区域 Z_3。

$P_U = P_V = 0.03$（由于在入户线路上安装了 SPD）。

表 6.60 中根据所选择的解决方案得出各个区域的风险值。

表 6.60 根据所选择的解决方案得出的风险 R_1 的值（数值$\times10^{-5}$）

	Z_1	Z_2	Z_3	Z_4	Z_5	合计
解决方案 a)	0.002	0	0.488	0.039	0.003	0.532
解决方案 b)	0.002	0	0.451	0.18	0.0158	0.649

两种解决方案都把风险降低到了容许值之下。

所采取的解决方案要达到技术与经济的最优结合。

6.10.3 应用实例 3：医院的雷电灾害风险评估

接下来的这个个例是一所具有手术台和重病护理间的医院。

人员生命的损失(L_1)以及经济价值的损失(L_4)是对这种类型的机构产生影响的分量。要求计算保护需要以及保护措施的经济合理性。这样我们将计算风险 R_1 和 R_4。

(1)有关的数据和特性

1)表 6.61 中给出了建筑物本身及其周围环境的数据和特性；

2)表 6.62 中给出了内部电气系统以及有关入户电力线路的数据和特性；

3)表 6.63 中给出了内部电子系统以及有关电信线路的数据和特性。

表 6.61 建筑物特性

参数	说明	符号	数值
尺寸 (m)	—	($L_b \times W_b \times H_b$)	50×150×10
位置因子	孤立	C_d	1
LPS	无	P_B	1
建筑物边界的屏蔽	无	K_{S1}	1
建筑物内部的屏蔽	无	K_{S2}	1
雷击大地密度	1/(km² · a)	N_g	4
建筑物内的人员	户内和户外	n_t	1000

表 6.62 内部电力系统以及有关入户电力线路的特性

参数	说明	符号	数值
土壤电阻率	(Ω · m)	ρ	200
长度 (m)	—	L_c	500
高 (m)	埋地	—	—
HV/LV 变压器	在建筑物的入户处	C_t	0.2
线路位置因子	被其他较矮的对象包围	C_d	0.5
线路环境因子	郊区	C_e	0.5
线路屏蔽层:连接到等电位连接排,设备也连接到同一个等电位连接排	<1 Ω/km	P_{LD}	0.2
		P_{LI}	0.008
内部的合理布线	无屏蔽的电缆 - 合理布线以避免形成大的环路	K_{S3}	0.2
设备耐受电压 U_W	U_W = 2.5 kV	K_{S4}	0.6
配合的 *SPD* 保护	无	P_{SPD}	1
位于线路"a"端的建筑物的尺寸(m)	无	($L_a \times W_a \times H_a$)	—

表 6.63　内部电信系统以及有关入户线路的特性

参数	说明	符号	数值
土壤电阻率	(Ω·m)	ρ	200
长度（m）	—	L_c	300
高度（m）	埋地	—	—
线路位置因子	被其他较小的对象包围	C_d	0.5
线路环境因子	郊区	C_e	0.5
线路屏蔽层:连接到等电位连接排,设备也连接到同一个等电位连接排	$1<R_S\leqslant 5\ \Omega/\mathrm{km}$	P_{LD}	0.8
		P_{LI}	0.04
内部的合理布线	无屏蔽电缆 - 合理布线以避免形成大的环路	K_{S3}	0.02
设备耐受电压 U_W	$U_W=1.5$ kV	K_{S4}	1
配合的 SPD 保护	无	P_{SPD}	1
线路"a"端建筑物的尺寸(m)	无	$(L_a\times W_a\times H_a)$	20×30×5
建筑物"a"的位置因子	孤立	C_{da}	1

(2)办公楼中区域的定义及其特性

考虑到以下因素：

建筑物户外和户内的地表类型不同;建筑物和手术室是防火隔间;没有空间屏蔽;重病护理间内部有高度敏感的电子系统,可能采取空间屏蔽作为保护措施;在重病护理间中的损失 L 假定为比建筑物内其他地方的高。所以定义以下主要的区域：

Z_1(户外)；Z_2(房间区)；Z_3(手术区)；Z_3(重病护理间)。

表 6.64 中给出了区域 Z_1 的特性,表 6.65 中给出了区域 Z_2 的特性,表 6.66 中给出了区域 Z_3 的特性,表 6.67 中给出了区域 Z_4 的特性。

表 6.64　区域 Z_1(户外)的特性

参数	说明	符号	数值
地表类型	混凝土	r_a	10^{-2}
触电保护	无	P_A	1
接触和跨步电压造成的损失	有	L_t	10^{-4}
区域中潜在地处于危险的人员			10

在防雷设计人员进行评价以后,对于区域 Z_1，Z_2 和 Z_3,与风险 R_1 有关的年平均损失相对量的典型平均值(表 6.21)简化为：

$L_t = 10^{-2}$(户外);$L_t = 10^{-4}$(户内);$L_f = 10^{-1}$;$L_o = 10^{-3}$。

对于区域 Z_4,由于该区域具有特殊的性质,假定 $L_o = 10^{-3}$。

对于风险 R_4,假定了损失相对量(表 6.21)为典型的平均数值:

$L_f = 5\times10^{-1}$;$L_o = 10^{-2}$。

表 6.65　区域 Z_1(住房区)的特性

参数	说明	符号	数值
地板类型	油布	r_u	10^{-5}
火灾风险	一般	r_f	10^{-2}
特殊伤害	疏散困难	h	5
火灾保护	无	r_p	1
空间屏蔽	无	K_{S2}	1
内部电力系统	连接到电力线路	—	—
内部电信系统	连接到电信线路	—	—
接触和跨步电压造成的损失(与 R_1 有关)	有	L_t	9.5×10^{-5}
物理损害造成的损失(与 R_1 有关)	有	L_f	9×10^{-2}
内部系统失效造成的损失(与 R_1 有关)	无	L_o	—
物理损害造成的损失(与 R_4 有关)	有	L_f	5×10^{-1}
内部系统失效造成的损失(与 R_4 有关)	有	L_o	10^{-2}
区域中潜在地处于危险的人员			950

表 6.66　区域 Z_3(手术室)的特性

参数	说明	符号	数值
地板类型	油布	r_u	10^{-5}
火灾风险	低	r_f	10^{-3}
特殊伤害	疏散困难	h	5
火灾防护	无	r_p	1
空间屏蔽	无	K_{S2}	1
内部电力系统	连接到电力线路	—	—
内部电信系统	连接到电信线路	—	—
接触和跨步电压造成的损失(与 R_1 有关)	有	L_t	3.5×10^{-6}
物理损害造成的损失(与 R_1 有关)	有	L_f	8×10^{-2}
内部系统失效造成的损失(与 R_1 有关)	无	L_o	—
物理损害造成的损失(与 R_4 有关)	有	L_f	5×10^{-1}
内部系统失效造成的损失(与 R_4 有关)	有	L_o	10^{-2}
区域中潜在地处于危险的人员			35

表 6.67 区域 Z_4(重病护理间)的特性

参数	说明	符号	数值
地板类型	油布	r_u	10^{-5}
火灾风险	低	r_f	10^{-3}
特殊伤害	疏散困难	h	5
火灾防护	无	r_p	1
空间屏蔽	无	K_{S2}	1
内部电力系统	连接到电力线路	—	—
内部电信系统	连接到电信线路	—	—
接触和跨步电压造成的损失(与 R_1 有关)	有	L_t	5×10^{-7}
物理损害造成的损失(与 R_1 有关)	有	L_f	5×10^{-4}
内部系统失效造成的损失(与 R_1 有关)	有	L_o	10^{-3}
物理损害造成的损失(与 R_4 有关)	有	L_f	5×10^{-1}
内部系统失效造成的损失(与 R_4 有关)	有	L_o	10^{-2}
区域中潜在地处于危险的人员			5

(3)危险事件的预期年平均次数

按照 6.3 节计算危险事件的年平均次数,数据在表 6.68 中给出。

表 6.68 危险事件的预期年平均次数

符号	数值 (1/a)
N_D	8.98×10^{-2}
N_M	1.13
N_L(Power)	2.67×10^{-3}
N_i(Power)	7.1×10^{-2}
N_L(Telecom)	7.26×10^{-3}
N_i(Telecom)	2.13×10^{-1}
N_{Da}(Telecom)	1.13×10^{-2}

(4)人员生命损失风险的评估:R_1

表 6.61 到表 6.68 中给出了计算风险分量所需要的参数。表 6.69 中给出了要计算的风险分量。表 6.70 中给出了概率 P 的数值。

表 6.69　对于风险 R_1，各个区域划分需要考虑的风险分量

	Z_1	Z_2	Z_3	Z_3
R_A	x			
R_B		x	x	x
R_C				x
R_M				x
R_U(Power)		x	x	x
R_V(Power)		x	x	x
R_W(Power)				x
R_Z(Power)				x
R_U(Telecom)		x	x	x
R_V(Telecom)		x	x	x
R_W(Telecom)				x
R_Z(Telecom)				x

表 6.70　对于风险 R_1，无保护建筑物的概率 P 的数值

概率	Z_1	Z_2	Z_3	Z_4
P_A	1		—	
P_B	—		1	
P_C(power system)	—		1	
P_C(telecom system)	—		1	
P_C	—		1	
P_M(power system)	—		0.9	
P_M(telecom system)	—		1	
P_M	—		0.91	
P_U(power line)	—		0.2	
P_V(power line)	—		0.2	
P_W(power line)	—		0.2	
P_Z(power line)	—		0.008	
P_U(telecom line)	—		0.8	
P_V(telecom line)	—		0.8	
P_W(telecom line)	—		0.8	
P_Z(telecom line)	—		0.04	

表 6.71 中给出了无保护建筑物的风险分量的数值。

表 6.71　对于风险 R_1，无保护建筑物的各个区域的风险分量值(数值×10^{-5})

	Z_1	Z_2	Z_3	Z_4	建筑物
R_A	0.009				0.009
R_B		40.4	3.59	0.022	44.01
R_C				8.98	8.98
R_M				103	103
P_U(power line)		0	0	0	0
P_V(power line)		0.241	0.021	0	0.26
P_W(power line)				0.053	0.053
P_Z(power line)				0.055	0.055
P_U(telecom line)		0	0	0	0
P_V(telecom line)		6.68	0.594	0.004	7.278
P_W(telecom line)				1.48	1.48
P_Z(telecom line)				0.825	0.825
合计	0.009	47.32	4.2	114.42	165.95

(5)从 R_1 的计算结果得到的结论

因为 $R_1 = 165.95\times10^{-5}$ 高于容许值 $R_T = 10^{-5}$，需要对建筑物进行防雷保护。

(6)保护措施的选择

表 6.72 中给出了风险分量的组成部分：

表 6.72　各个区域的风险分量 R_1 的组成部分(数值×10^{-5})

	Z_1	Z_2	Z_3	Z_4	建筑物
R_D	0.009	40.4	3.59	9.01	53
R_I	0	6.92	0.61	105.41	112.95
合计	0.009	47.32	4.2	114.42	165.95
R_S	0.009	0	≈0	≈0	0.009
R_F	0	47.3	4.21	0.026	51.56
R_O	0	0	0	114.39	114.39
合计	0.009	47.3	4.21	114.42	165.95

表中：

$R_D = R_A + R_B + R_C$

$R_I = R_M + R_U + R_V + R_W + R_Z$

$R_S = R_A + R_U$

$R_F = R_B + R_V$

$R_O = R_M + R_C + R_W$

这个组成部分表明建筑物风险 R_1 主要是雷击建筑物附近造成区域 Z_4 中内部系统失效引起的。

风险 R_1 受到以下因素的影响：

——区域 Z_4 中内部系统的失效（分量 R_M约占 62% 以及 R_C 约占 5% 总风险）；

区域 Z_2 中的物理损害（分量 R_B 约占 24% 以及 R_V 约占 4% 总风险）。

分量 R_B 也可以通过以下方式减少：

——用于整幢建筑物的符合 IEC 62305-3 的 LPS；

——为区域 Z_2 提供保护措施以减少火灾后果（例如灭火器，自动火灾探测系统等）。

分量 R_C和 R_V 可以通过为内部电力和电信系统提供符合 IEC 62305-4 要求的配合的 SPD 保护来减少。

区域 Z_4 中的分量 R_M 可以通过以下措施来减少：

——为内部电力和电信系统提供符合 IEC 62305-4 要求的配合的 SPD 保护；

——为区域 Z_4 提供符合 IEC 62305-4 要求的充分的空间格栅形屏蔽。

(7)可以采取的保护措施：

a)第一个方案

用 I 类的 LPS 对建筑物进行保护；

为电力和电信系统安装 LPL 为 I 级的配合的 SPD 保护；

为区域 Z_2提供自动火灾探测系统；

为区域 Z_4提供格栅宽度为 1 m 的网格状屏蔽。

应用这种方案时，表 6.65 中的参数将发生改变；从而得到表 6.73 中的概率值。区域 Z_2 中影响损失的火灾防护措施因子 r_p变为 0.2。

b)第二个方案

用 I 类的 LPS 对建筑物进行保护；

为内部电力和电信系统安装增强的(3x)配合的 SPD 保护，使得 $P_{SPD} = 0.001$；

为区域 Z_2 提供灭火器。

表 6.73 对于风险 R_1,按照方案 a 得到的受保护建筑物的概率 P 值

概率	Z_1	Z_2	Z_3	Z_4
P_A	1		—	
P_B	—		0.02	
P_C(power system)		—		0.01
P_C(telecom system)		—		0.01
P_C		—		0.0199
P_M(power system)		—		0.0001
P_M(telecom system)		—		0.0001
P_M		—		0.0002
P_U(power line)	—		0.01	
P_V(power line)	—		0.01	
P_W(power line)		—		0.01
P_Z(power line)		—		0.008
P_U(telecom line)	—		0.01	
P_V(telecom line)	—		0.01	
P_W(telecom line)		—		0.01
P_Z(telecom line)		—		0.01

应用这种方案时,表 6.65 中的参数将发生改变;从而得到表 6.74 中的概率值。区域 Z_2 中影响损失的火灾防护措施因子 r_p 变为 0.5。

表 6.74 对于 R_1,按照方案 b 得到的受保护建筑物的概率 P 的值

概率	Z_1	Z_2	Z_3	Z_4
P_A	1		—	
P_B	—		0.02	
P_C(power system)	—		0.001	
P_C(telecom system)	—		0.001	
P_C	—		0.002	
P_M(power system)	—		0.001	
P_M(telecom system)	—		0.001	

续表

概率	Z_1	Z_2	Z_3	Z_4
P_M	—		0.002	
P_U(power line)	—		0.001	
P_V(power line)	—		0.001	
P_W(power line)	—		0.001	
P_Z(power line)	—		0.001	
P_U(telecom line)	—		0.001	
P_V(telecom line)	—		0.001	
P_W(telecom line)	—		0.001	
P_Z(telecom line)	—		0.001	

c) 第三个方案

用 I 类的 LPS 对建筑物进行保护；

为内部电力和电信系统安装增强的(2x)配合的 SPD 保护，使得 $P_{SPD}=0.002$；

为区域 Z_2 提供自动火灾探测系统。

应用这种方案时，表 6.65 中的参数将发生改变；从而得到表 6.75 中的概率值。区域 Z_2 中影响损失的火灾防护措施因子 r_p 变为 0.2。

表 6.75 对于 R_1，按照方案 c 得到的受保护建筑物的概率 P 的值

概率	Z_1	Z_2	Z_3	Z_4
P_A	1		—	
P_B	—		0.02	
P_C(power system)	—		0.002	
P_C(telecom system)	—		0.002	
P_C	—		0.004	
P_M(power system)	—		0.002	
P_M(telecom system)	—		0.002	
P_M	—		0.004	
P_U(power line)	—		0.002	
P_V(power line)	—		0.002	

续表

概率	Z_1	Z_2	Z_3	Z_4
P_W(power line)	—		0.002	
P_Z(power line)	—		0.002	
P_U(telecom line)	—		0.002	
P_V(telecom line)	—		0.002	
P_W(telecom line)	—		0.002	
P_Z(telecom line)	—		0.002	

表 6.76 中给出了按照所选择的方案得到的各个区域的风险值。

表 6.76 对于 R_1,按照所选择的方案得到的风险值(数值×10^{-5})

	Z_1	Z_2	Z_3	Z_4	合计
方案 a)	0.009	0.181	0.08	0.484	0.754
方案 b)	0.009	0.41	0.072	0.274	0.765
方案 c)	0.009	0.166	0.073	0.548	0.796

所有的方案把风险降低到了容许值之下。所采取的解决方案要达到技术与经济的最优结合。

(8)用于成本效益分析的数据

总损失的费用可以通过 6.9 节的公式来进行计算。表 6.77 中给出了各个区域的经济价值,包括活动损失。

表 6.77 各区域的损失价值(\$ ×10^6)

	建筑物(B)	存储物 I	电力系统(A)	电信系统(A)	合计
Z_1	—	—	—		—
Z_2	70	6	3	0.5	79.5
Z_3	2	0.9	5	0.5	8.4
Z_4	1	0.1	0.015	1	2.1
合计	73	7	8	2	90

表 6.78 中给出了与保护措施有关的利率、折旧率以及维护费率的假定值。

表 6.78　与费率有关的数值

比率	符号	数值
利率	i	0.04
折旧率	a	0.05
维护费率	m	0.01

(9)经济损失风险 R_4 的评估

表 6.71—表 6.78 中给出了计算风险分量所需要的参数。

表 6.79 中给出了无保护建筑物的风险分量值。

表 6.79　风险 R_4 - 无保护建筑物各个区域的风险分量值（数值 $\times 10^{-5}$）

	Z_2	Z_3	Z_4
R_B	4.49	4.49	4.49
R_C(power line)	89.8	89.8	89.8
R_C(telecom line)	89.8	89.8	89.8
R_M(power line)	1020	1020	1020
R_M(telecom line)	113	113	113
R_V(power line)	0.027	0.027	0.027
R_W(power line)	0.53	0.53	0.53
R_Z(power line)	0.55	0.55	0.55
R_V(telecom line)	7.42	0.74	0.74
R_W(telecom line)	14.8	14.8	14.8
R_Z(telecom line)	8.25	8.25	8.25

(10)成本效益分析

一旦按照所选择的保护措施计算了新的风险分量值(见方案 a)，b) 和 c)，剩余损失 C_{RL} 的费用可以通过 6.9 节的公式来进行计算。

表 6.80 中给出了无保护的建筑物的损失费用 C_L，以及按照方案 a)，b)，和 c)进行保护的建筑物的剩余损失费用 C_{RL}。

表 6.80　损失 C_L 和 C_{RL} ($) 总数

	C_L(无保护)	C_{RL}(按方案 a)保护)	C_{RL}(按方案 b)保护)	C_{RL}(按方案 c)保护)
Z_2	74412	3772	3533	3370
Z_3	56787	5607	5011	5078
Z_4	2846	92	927	940
合计	133685	9420	9470	9388

表 6.81 给出了保护措施的费用 C_P 以及年平均费用 C_{PM}。

表 6.81 保护措施的费用 C_P 和 C_{PM} ($)

保护措施	C_P	C_{PM}
I 类 LPS	100000	10000
火灾监测系统	50000	5000
灭火器	10000	1000
区域 Z_4 屏蔽	20000	2000
电力系统上的 *SPD LPL I*	20000	2000
电力系统上的 *SPD* (2x)	24000	2400
电力系统上的 *SPD* (3x)	30000	3000
电信系统上的 *SPD LPL I*	10000	1000
电信系统上的 *SPD* (2x)	12000	2000
电信系统上的 *SPD* (3x)	15000	1500

年均节约费用 S：

$$S = C_L - (C_{RL} + C_{PM})$$

在表中 6.82 给出。

表 6.82 年平均节约费用 ($)

方案 a)	84186
方案 b	89248
方案 c)	84078

6.10.4 应用实例 4:公寓楼的雷电灾害风险评估

作为建筑物风险评估的最后一个研究个例,假设要计算一幢公寓楼的风险 R_1,该公寓所在地区的雷击大地密度为 $N_g = 4$ 次/(km^2 · a)。应当对风险分量 R_B, R_U和 R_V 进行计算。

建筑物位置:孤立,附近没有建筑物。

入户服务设施有: LV(低压) 电力线路和电话线路。

表 6.83 中给出了建筑物的特性。

表 6.83　建筑物特性

参数	说明	符号	数值
尺寸（m）	—	$(L_b \times W_b \times H_b)$	30×20×20
位置因子	孤立	C_d	1
LPS	无	P_B	1
雷击大地密度	次/(km^2·a)	N_g	4

定义了以下防雷区：

Z_1（户外）；Z_2（户内）。户外无人员活动；区域 Z_1 中的风险 R_1 可以忽略不计，不要求进行经济估算。

表 6.44 中给出了区域 Z_2 的参数。

表 6.84　区域 Z_2 中的参数

参数	说明	符号	数值
地板类型	木头	r_u	0.00001
火灾风险	变量	r_f	—
特殊伤害	无	h	1
火灾防护	无	r_p	1
触电保护	无	—	—
内部电力系统	连接到低压线路	—	—
内部电话系统	连接到电信线路	—	—
接触和跨步电压造成的损失（与 R_1 有关）	有	L_t	10^{-4}
物理损害造成的损失（与 R_1 有关）	有	L_f	10^{-1}

表 6.85 和表 6.86 中分别给出了内部电力系统和内部通讯系统及其相应入户线路的特性。

表 6.85　内部电力系统及有关入户线路的参数

参数	说明	符号	数值
土壤电阻率	（Ω·m）		250
长度(m)	—	L_C	200
高度（m）	埋地	—	—
HV/LV 变压器	无	C_t	1
线路位置因子	被其他较矮小对象包围	C_d	0.5
线路环境因子	郊区	C_e	0.5

续表

参数	说明	符号	数值
线路屏蔽	无屏蔽	P_{LD}	1
		P_{LI}	0.4
设备耐受电压 U_W	U_W= 2.5 kV	K_{S4}	0.6
配合的 *SPD* 保护	无	P_{SPD}	1
线路"*a*"端建筑物的尺寸(m)	无	$(L_a \times W_a \times H_a)$	—

表 6.86 内部电信系统以及相应入户线路的参数

参数	说明	符号	数值
土壤电阻率	(Ω·m)		250
长度 (m)	—	L_C	100
高度 (m)	埋地	—	—
线路位置因子	被其他较矮小对象包围	C_d	0.5
线路环境因子	郊区	C_e	0.5
线路屏蔽	无	P_{LD}	1
		P_{LI}	1
设备耐受电压 U_W	U_W= 1.5 kV	K_{S4}	1
配合的 SPD 保护	无	P_{SPD}	1
线路"a"端建筑物的尺寸(m)	无	$(L_a \times W_a \times H_a)$	—

表 6.87 中依照建筑物的高度及其火灾风险给出了风险 R_1 的数值以及把风险降低到风险容许程度 $R_T=10^{-5}$ 以下所要采取的保护措施。

表 6.87 根据建筑物的高度及其火灾风险所采取的保护措施

火灾风险	高度(m)	LPS 类别	防火措施	$R_1(10^{-5})$	受保护的建筑物
低		—	—	0.77	x
一般		—	—	7.7	No
		III	—	0.74	x
		IV	(2)	0.73	x
高		—	—	77	No
		II	(3)	0.74	x
		I	—	1.49	No
		I	(1)	0.74	x

续表

火灾风险	高度(m)	LPS 类别	防火措施	$R_1(10^{-5})$	受保护的建筑物
低		—	—	2.33	No
一般		—	(3)	0.46	x
		IV	—	0.46	x
		—	—	23.3	No
高		IV	(3)	0.93	x
		I	—	0.46	x
		—	—	233	No
		I	(3)	0.93	x

(1) 灭火器;(2) 消防栓;(3) 自动报警

6.10.5　应用实例 5：需要保护的通讯线路

此例专门研究线路的雷击风险评估。考虑的服务设施为图 6.11 中的使用金属导体的通信线路。公共设施损失(L_2)和经济价值损失(L_4)可能会涉及此类公共设施。因此,其对应的风险 R'_2 和 R'_4 应加以评估。但应网络管理者的要求,只考虑风险。

(1)基础数据

线路所在地区的雷击密度为:

$$N_g = 4(1/(\text{km}^2 \cdot \text{a}))$$

如图 6.11 所示,沿线没有设备。

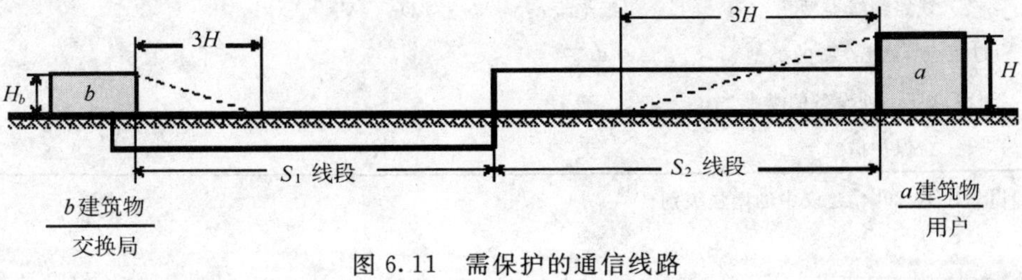

图 6.11　需保护的通信线路

(2)线路特性

线路包含两个线路区段：

线路段 1：连接到用户建筑物的埋地屏蔽线路，没有保护措施；

线路段 2：连接到交换局的埋地屏蔽线路，没有保护措施；

线路还包含 3 个过渡点：

T_b：线路段 S_1 在建筑物“b”(例如交换局)的入口处：在该点没有采取保护措施；

$T_{1/2}$：线路段 1 和 2 之间：在该点没有采取保护措施；

T_a：线路段 S_2 在建筑物“a”(例如用户大楼)的入口处：在该点没有采取保护措施。

线路段 2 屏蔽层的两端接地(例如接到交换局 T_b 以及过渡点 $T_{1/2}$ 处的等电位连接排)，接地电阻约为数十欧姆。

表 6.88 和 6.89 中分别给出了线路段 S_1 和线路段 S_2 的特性。

表 6.88　线路段 S_1 的特性

参数	说明	符号	数值
土壤电阻率	Ω·m	ρ	500
长度 (m)	—	L_c	600
高度 (m)	—	—	—
线路位置因子	被包围	C_d	0.5
线路环境因子	野外	C_e	1
线路屏蔽层电阻 R (Ω/km)	—	R_S	0.5
屏蔽层类型	铅	—	—
屏蔽层特性	与土壤无接触	K_d	0.4
线路绝缘类型	纸绝缘	U_W(kV)	1.5
过渡点 T_b 处设备的类型	电子	U_W(kV)	1.5(1)
过渡点 $T_{1/2}$ 处设备的类型	无	—	—
保护措施	无	K_P	1

(1)ITU-T K.20[4]建议中的增强级别。

表 6.89　线路段 S_2 的特性

参数	说明	符号	数值
土壤电阻率	Ω·m	ρ	500
长度 (m)	—	L_c	800
高度 (m)	架空	H_C	6
线路位置因子	被包围	C_d	0.5
线路环境因子	野外	C_e	1
线路屏蔽层电阻 R(Ω/km)	无屏蔽	—	—
线路绝缘类型	塑料绝缘	U_W(kV)	5
过渡点 T_a 处设备的类型	电子	U_W(kV)	1.5(1)
过渡点 $T_{1/2}$ 处设备的类型	无	—	—
保护措施	无	K_P	1

(1)ITU-T K.20[4]建议中的增强级别。

(3)线路末端建筑物的特性

表 6.90 中给出了线路末端建筑物的特性。

表 6.90　线路末端建筑物的特性

建筑物	尺寸 (m)($L\times W\times H$)	位置因子 C_d	连接到建筑物的服务设施个数 n
“a”	25×20×15	2	10
“b”	20×30×10	0.5	3

(4)危险事件的年预期次数

危险事件的年预期次数按照 6.3 节来计算。

表 6.91 中给出了数据。

表 6.91　危险事件的年预期次数

参数	数值 (次/a)
N_{Da}	0.0873
N_{Db}	0.0129
$N_L(S_1)$	0.0235
$N_I(S_1)$	0.617
$N_L(S_2)$	0.0522
$N_I(S_2)$	1.6

(5)风险分量

表 6.92 中给出了各段线路所涉及的风险 R_2' 的分量。

表 6.92 各段线路的风险 R_2' 的分量

参数	S_1	S_2
$R_B'(a)$	—	x
$R_B'(b)$	x	—
$R_C'(a)$	—	x
$R_C'(b)$	x	—
R_V'	x	x
R_W'	x	x
R_Z'	x	x

表 6.93 中给出了计算风险分量所需的失效电流和发生概率。

表 6.93 对于风险 R_2'，无保护建筑物的失效电流值和概率 P'

参数	S_1	S_2
$I_{a(B,C)}$(kA)	>600(1)	0(2)
$I_{a(V)}$(kA)	40(3)	0(2)
$I_{a(W)}$(kA)	125(4)	0(2)
$P'_{B(a)(/a(B))}$	—	1(5)
$P'_{B(b)(/a(B))}$	0.001 (5)	—
$P'_{C(a)(/a(C))}$	—	1(5)
$P'_{C(b)(/a(C))}$	0.001(5)	—
$P'_{V(/a(V))}$	0.4	1
$P'_{w(/a(w))}$	0.035	1
$P'_{Z(T_a)}$(过渡点 T_a 处的设备,$U_W=1.5$ kV)(6)	0.5(8)	1(8)
$P'_{Z(T_b)}$(过渡点 T_b 处的设备,$U_W=1.5$ kV)(6)	0.02(7)	1(8)
$P'_{Z(T_{1/2})}$(过渡点 $T_{1/2}$ 处的设备,$U_W=1.5$ kV)(6)	0.5(9)	1(8)

(1) $I_a=25nU_w/(R_sK_dK_p)$,$K_p=1$,$K_d=0.4$(见 6.6 节)

(2)对于无屏蔽线路,$I_a=0$(见 6.6 节)

(3)由于铅护套,限制为 40 kA(见 6.6 节)

(4)$I_a= 25U_w/(R_sK_dK_p)$,$K_p=1$,$K_d=0.4$(见 6.6 节及表 6.28)

(5)见表 6.32

(6)的值在表 6.20 中给出。以下为对屏蔽线路段应用表 6.20 的原则:

当所考虑的过渡点位于两段屏蔽线路之间或者屏蔽线路段入户处且屏蔽层连接到设备所接的等电位连接排时,表 6.20"屏蔽层连接到"一栏中的数值应用于有屏蔽的线路段。

在其他情况下,如果屏蔽层至少在两端接地并且接地电阻约为数十欧姆时,表 6.20 "屏蔽层连接到"一栏中的数值应用于有屏蔽的线路段,否则应当作为无屏蔽线路处理。

(7) 表 6.20 中"屏蔽层连接到"一栏中的数值。

(8) 表 6.20 中"无屏蔽层"一栏中的数值。

(9) 表 6.20 中"屏蔽层没有作等电位连接"一栏中的数值。

(6)风险 R'_2 的评估

基于网络操作员的经验，按照防雷设计人员的评价结果，与风险 R'_2 有关的年平均损失相对量的数值假定为：

$$L_f = 3 \times 10^{-3}$$

$$L_O = 10^{-3}\text{（缺省值）}$$

表 6.94 给出无保护的线路的风险分量值。

表 6.94　对于风险 R'_2，各段无保护线路的风险分量值(数值×10^{-3})

	S_1	S_2	线路
$R'_{B(a)}$ (1)	—	0.261	0.261
$R'_{B(b)}$ (1)	≈0	—	≈0
$R'_{C(a)}$ (2)	—	0.0873	0.0873
$R'_{C(b)}$ (2)	≈0	—	≈0
R'_V (3)	0.0282	0.01566	0.1848
R'_W (4)	0.0008	0.0522	0.053
$R' = R'_{B(a)} + R'_{B(b)} + R'_{C(a)} + R'_{C(b)} + R'_V + R'_W$			0.5861
$R'_{Z(Ta)}$ (5)	0.2967	1.5478	1.845
$R'_{Z(Tb)}$ (6)	0.0119	1.5478	1.59
$R'_{Z(T1/2)}$ (7)	0.2967	1.5478	1.845
$R'_{2(Ta)} = R' + R'_{Z(Ta)}$			2.4311
$R'_{2(Tb)} = R' + R'_{Z(Tb)}$			2.1761
$R'_{2(T1/2)} = R' + R'_{Z(T1/2)}$			2.4311

(1) $R'_B = N_D P'_B L'_f$

(2) $R'_C = N_D P'_C L'_f$

(3) $R'_V = N_L P'_V L'_f$

(4) $R'_W = N_L P'_W L'_O$

(5) $R'_{Z(Ta)} = (N_I - N_L) N_D P'_{Z(Ta)} L'_O$

(6) $R'_{Z(Tb)} = (N_I - N_L) N_D P'_{Z(Tb)} L'_O$

(7) $R'_{Z(T1/2)} = (N_I - N_L) N_D P'_{Z(T1/2)} L'_O$

由于 $R'_2=3.508\times10^{-3}$ 高于容许值 $R_T=10^{-3}$，线路需要防雷保护。

从表 6.94 看出，由于线路段 S_2 的风险分量 R'_Z 较大，过渡点 T_a、T_b 以及 $T_{1/2}$ 处的风险 R'_2 超过了容许值。因此要降低该风险分量。由于线路已经安装完毕(所以不能再用将非屏蔽线改为屏蔽线之类的方法)，所以必须安装符合 IEC 62305-5 要求的 SPD 作为保护措施。

为了将风险 R'_2 降低到容许值以下，按照 III 级 LPL 来选择 SPD($P_{SPD}=0.03$)就足够了(见表 6.16)。

安装在过渡点 T_a、$T_{1/2}$ 处的 SPD：

将概率 $P'_{Z(Ta)}$ 和 $P'_{Z(T1/2)}$ 降低到 P_{SPD}；

对概率 P'_V 和 P'_W 没有影响；

由于线路段 S_2 是架空的，所以对其概率 P'_V、P'_W 没有影响；

由于线路段 S_1 的概率 P'_B、P'_C 没有影响，因为它们的值比 P_{SPD} 还低。

而且，过渡点 $T_{1/2}$ 安装了 SPD 以后，对于过渡点 T_b 来说，它成为了一个“节点”，线路段 S_2 对于风险分量 R'_Z 不再有贡献(见 IEC 62305-5 的附录 A)。

表 6.95 给出受保护线路的损害概率 P'。

表 6.95 对于风险 R'_2，有保护线路的损害概率 P'

参数	S_1	S_2
$P'_{B(a)(/a(B))}$	—	1
$P'_{B(b)(/a(B))}$	0.001	—
$P'_{C(a)(/a(C))}$	—	1
$P'_{C(b)(/a(C))}$	0.001	—
$P'_{V(/a(V))}$	0.4	1
$P'_{w(/a(w))}$	0.035	1
$P'_{Z(Ta)}$(过渡点 T_a 处的设备，$U_W=1.5$ kV)	0.03	0.03
$P'_{Z(Tb)}$(过渡点 T_b 处的设备，$U_W=1.5$ kV)	0.02	—
$P'_{Z(T1/2)}$(过渡点 $T_{1/2}$ 处的设备，$U_W=1.5$ kV)	0.03	0.03

表 6.96 给出受保护线路的风险分量值，风险 R'_2 小于容许值，因此达到线路的防雷要求。

表 6.96　各段线路的风险 R'_2 的分量

	S_1	S_2	线路
$R'_{B(a)}$	—	0.261	0.261
$R'_{B(b)}$	≈0	—	≈0
$R'_{C(a)}$	—	0.0873	0.0873
$R'_{C(b)}$	≈0	—	≈0
R'_V	0.0282	0.1566	0.1848
R'_W	0.0008	0.0522	0.053
$R' = R'_{B(a)} + R'_{B(b)} + R'_{C(a)} + R'_{C(b)} + R'V + R'W$			0.5861
$R'_{Z(Ta)}$	0.0178	0.0553	0.0731
$R'_{Z(Tb)}$	0.0119	—	0.0119
$R'_{Z(T1/2)}$	0.0178	0.0553	0.0731
$R'_{2(Ta)} = R' + R'_{Z(Tb)}$			0.6592
$R'_{2(Tb)} = R' + R'_{Z(Ta)}$			0.598
$R'_{2(T1/2)} = R' + R'_{Z(T1/2)}$			0.6592

6.10.6　应用实例 6:黄山龙爪松雷电灾害风险评估

本例是一个非建筑物实体的雷电灾害风险评估项目,所以,IEC62305-2 不能完全照搬使用。黄山名松及古树的雷电灾害风险评估不同于一般性的建筑物,它有自己的特点。为实施评估,可以将其抽象为塔状或其他形状的独立对象,并考虑其生长的地理位置,地理环境及气象条件,使用 IEC62305-2 方法对其进行雷电灾害风险评估时,一些参数的含义已经发生变化。

黄山风景旅游区作为国家级风景名胜区和世界文化与自然遗产,其珍贵程度不言而喻,正确评价黄山风景区的雷电灾害现状,确定景区雷电灾害的风险程度,给景区雷电防护技术方案提供决策依据是很有意义的工作。

前面在第四章 4.2 节已经对黄山景区雷电灾害风险的危险性和易损性进行了分析。本部分内容主要针对雷电直接击中名松及古树、结合雷电击中周围树木波及考察对象的风险来源,考虑多种风险影响因素,重点对雷击名松及古树造成的人员伤亡风险及雷击造成的名松及古树燃烧爆裂等自身物理损害的风险进行定量分析。

现以龙爪松为评估对象探讨黄山景区名松及古树雷电风险现状。

(1) 龙爪松物理状况

龙爪松高 12.8 m,胸围 1.6 m,冠幅 9.6×11.7 m。

一侧是甬道,年平均客流量达六千人次/天,旺季可达近万人次/天(数据参考网上资料)。

雷暴日数 T_d=49.6 d。

按照黄山风景区雷电危险性分析的结果(闪电定位资料分析结果),龙爪松所在地的雷击大地密度 N_g 为 3.42 次/(km² · a)。而根据传统方法利用雷暴日计算的结果是:

$$N_g = 0.1T_d = 4.96 \text{ 次} /(\mathrm{km}^2 \cdot \mathrm{a})$$

备注 1:这里的雷击大地密度计算公式采用了较大的温带型计算公式。若采用国家标准计算,则:$N_g=0.024T_d^{1.3}=3.84$ 次/(km² · a)。

备注 2:出于对闪电定位资料完整性的疑虑(闪电定位数据积累仅有 3 年),为安全起见,风险的计算取较大的 N_g,即选取 N_g 为 4.96 次/(km² · a)。

(2)龙爪松年预计雷击次数计算

将龙爪松及其他松树看成一个个塔状建筑物,则其雷击有效截收面积如图 6.12。其中 A 松距其 4 m 处,高 11 m,旁侧 20 m 处有 B 松高约 15 m。

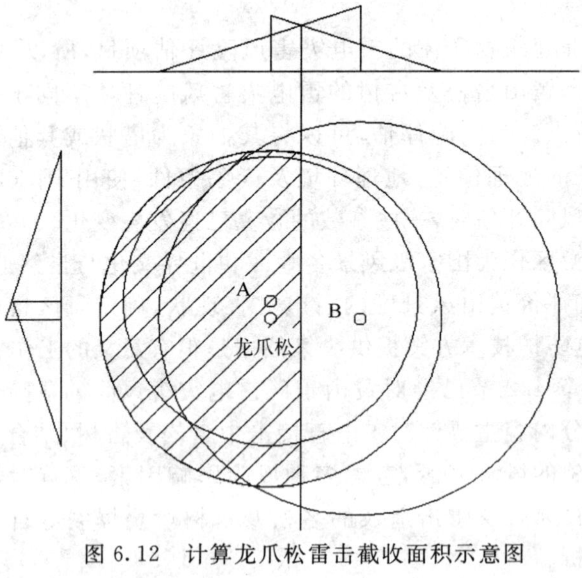

图 6.12 计算龙爪松雷击截收面积示意图

1)作图法确定龙爪松年预计雷击次数的方法

注:图中阴影面积即为所求有效截收面积,A、B 分别为其周围古松。由作图法可得:

$$A_e = 2825.4942\ \mathrm{m}^2$$

$$N_D = kN_gA_e \times 10^{-6} = 1 \times 4.96 \times 2825.4942 \times 10^{-6} = 1.4 \times 10^{-2}\ 次/\mathrm{a}$$

2)工时法确定龙爪松年预计雷击次数的方法

龙爪松树可能的年遭危险事件次数 N_D 可以计算为:

$$\begin{aligned} N_D &= N_g A_{d/b} C_{d/b} \times 10^{-6} \\ &= 4.96 \times 9\pi H^2 \times 0.5 \times 10^{-6} \\ &= 1.15 \times 10^{-2}(次/\mathrm{a}) \end{aligned}$$

式中 $A_{d/b}$ 是龙爪松作为塔状孤立体的有效截收面积(m^2),$A_{d/b}=9\pi H^2$。

$C_{d/b}$ 是龙爪松的位置因子。这里,虽然有一颗更高为 15 m 的树,但距离较远为 20 m 且仅此一颗,不属于被更高的对象或树木所包围,所以采用被相同高度的或更矮的对象或树木所包围这种情形更合适,故,$C_{d/b}$ 取较保守的 0.5(况且,此树还处于空旷的山上)。

两种方法计算所得结果接近,为保险起见,还是按较大的 1.4×10^{-2} 次/a 取值。

(3)龙爪松雷击风险分析

如前所说,通常,雷电造成龙爪松的各种损害的成因有雷电直接击中龙爪松引起的旁络闪击和接触电压、跨步电压导致人员伤亡事故发生,以及当雷电流较大时,可能会由于雷电流的热效应或机械作用(主要是内压力)导致古树被劈开或起火而损毁的事故发生。

所以,龙爪松需要计算的风险分量有:

R_1:人员生命损失风险;

R_3:不可复原的自然遗产和文化遗产损失风险;

R_4:由于雷击事故引起的旅游人数下降等原因引起的经济损失。(间接损失,本次风险评估不予考虑)

(4) 针对龙爪松损害类型为人身伤亡的风险评估(R_1)

直接雷击下的接触电压和跨步电压可以引起损害类型 1 人身伤亡,雷电直接击中龙爪松引起的旁络闪击也可引起损害类型1人身伤亡。

1)龙爪松特征数据

特征数据见以下各表。

表 6.97　龙爪松特征数据 1

参数	注释	符号	数值	参考
尺寸(m)	宽度为最宽处	L,W,H	11.7,9.6,12.8	
土壤类型	土夹石,人行道上为石板和混凝土	r_a	10^{-2}	
地域因子	周围有相同高度树木包围	C_d	0.5	
直接雷击致生物触电	由接触或跨步电压引起(无保护措施)	P_A	1	
LPS	无	P_B	1	
相关人员	龙爪松周围	n_t	40	考虑承载量的龙爪松附近游客数量
雷击密度	1/(km²·a)	N_g	4.96	$N_g=0.1T_d$

这里，土壤类型为:大树下为土夹石,接触电阻≤1 kΩ,人行道上为石板和混凝土,虽然石板的接触电阻可能会大于1 kΩ,但考虑到户外经常处于潮湿状态,故 r_a 仍取 10^{-2}。

表 6.98　龙爪松特征数据 2

参数	注释	符号	数值	参考
土壤电阻率	(Ω·m)	ρ	990	
地板表面类型	土夹石,人行道上为石板和混凝土	r_u	10^{-2}	
旁络闪击、树木爆裂等风险	高	r_f	10^{-1}	
特别伤害	无特殊伤害	h_z	1	
防火措施	无	r_p	1	
生物触电损失概率	跨步电压和接触电压	L_t	3×10^{-2}	$L_t=n_p/n_t\cdot t_p/8760$
物理伤害损失概率	旁络闪击、树木爆裂等	L_f	3×10^{-2}	$L_f=n_p/n_t\cdot t_p/8760$

有以下几个注意点需要加以说明：

注 1：当 $a=2$ m 时，$\rho=990$ Ω·m。它代表了从地表面到地下 6 m 左右的深度岩土的平均电阻率。

当 $a=3$ m 时，$\rho=1790$ Ω·m。它代表了从地表面到地下 9 m 左右的深度岩土的平均电阻率。

从实测结果以及岩土分层情况看，表层为数百 Ω·m 的岩土，向下即为数千上万 Ω·m 的花岗岩体，与表层岩土形成明显的垂直双层土壤结构。这里主要考虑的是表层电阻率对跨步电压的影响，所以 ρ 取 990Ω·m。

注 2：火灾危险因子 r_f 的选取本来应该是选取低等或一般，但这里考虑到大树易发生旁络闪击、树木爆裂等风险，所以将该值取为高危险的值 10^{-1}。

注 3：接触和跨步电压导致伤害的 L_t 损失的取值使用公式

$$L_t = (n_p/n_t)t_p/8760$$

考虑到龙爪松附近能够同时容纳的游览人数为 40 人左右，故取 $n_t=40$，其中靠大树较近的易发生雷击危险的为 15 人左右，故取 $n_p=15$。人员每年处于迎客松附近有雷击危险场所的时间 t_p 为 720 小时。故：

$$L_t = (n_p/n_t)t_p/8760 = 15/40 \times 720/8760 = 3 \times 10^{-2}$$

注 4：物理损害导致的损失 L_f（与龙爪松因危险旁络闪击及雷击的机械作用导致树木爆裂伤人有关的损失）的取值使用公式

$$L_f = (n_p/n_t)t_p/8760$$

与 L_t 相比，n_p、n_t、t_p 各项数据没有什么变化，故 $L_f=3\times10^{-2}$。

2）人身伤亡风险分量

表 6.99　龙爪松人身伤亡风险分量

符号	计算分量的公式	数值
R_A	$N_D\times P_A\times r_a\times L_t$	4.2×10^{-6}
R_B	$N_D\times P_B\times r_p\times h_z\times r_f\times L_f$	4.2×10^{-5}
$R_1=R_A+R_B$		4.6×10^{-5}

表中：

R_A：距离松树 3 m 以内的区域中与接触和跨步电压造成生物伤害有关的风险分量。

$$R_A = N_D P_A r_a L_t = 1.4 \times 10^{-2} \times 1 \times 10^{-2} \times 3 \times 10^{-2} = 4.2 \times 10^{-6}$$

R_B:与龙爪松因危险旁络闪击及雷击的机械作用导致树木爆裂伤人有关的风险分量。

$$R_B = N_D P_B r_p h_z r_f L_f$$

$$= 1.4 \times 10^{-2} \times 1 \times 1 \times 1 \times 10^{-1} \times 3 \times 10^{-2} = 4.25 \times 10^{-5}$$

我们可以得出损害类型 1 人身伤亡风险评估结论。假定人身伤害允许风险值取国际通用的典型值 $R_T = 10^{-5}$,显然:

$$R_1 = 4.6 \times 10^{-5} > R_T = 10^{-5}(\text{次}/\text{a})$$

将人身伤亡风险值 R_1 与所能接受的风险 R_T 相比较。由于 $R_1 \leqslant R_T$ 的条件不能满足,因此,可以确定:黄山风景区龙爪松的损害类型为人身伤亡的风险较大,应加强防雷保护措施。

从以上数据分析可知,风险分量的主要来源是 R_B。

(5)针对损害类型 3:不可复原的文化遗产和自然遗产损失的风险评估

黄山松作为黄山松文化成为一种无价的宝贵资源,珍贵程度不言而喻,一旦由于雷击原因导致蜚声中外的名松损毁,将给黄山这个世界文化遗产带来不可估量的损失。它属于不可复原的文化遗产和自然遗产损失。

树木爆裂,起火燃烧等物理损害导致的损失 L_f 的数值当无法或很难确定 n,n_t和 t 时,L_f 所应当假定的典型平均值为:

$$L_f = 10^{-1}$$

无法替代的文化遗产损失通过缩减因子(r_p)受到龙爪松特性的影响:

$$L_B = r_p r_f L_f$$

取决于所采取的减小火灾后果的缩减因子 r_p 的数值,由于无有效防火措施,r_p 取为 1。

这里的火灾危险因子 r_f 的选取不同于前面人身伤亡风险评估中的选取方法,那里的火灾危险因子 r_f 主要考虑旁络闪击、树木爆裂等对人身安全的影响。这里的 r_f 仅考虑物理损害对树木本身的损害。由于雷电击中大树时,大多数情况下,当雷电流强度不是特别大时,雷电流极有可能沿潮湿的(经常是雨淋的)树表面下泄,通过四处延伸的根须向岩土泄放能量,在龙爪松这种有一定土壤植被利于散流的条件下，一般树木发生爆裂的可能性不大。此种情况只会造成古树的轻微损伤，可以自行恢复（一些没有土壤而将根扎于岩缝的情形可能会有较大爆裂的可能）。从本书第四章 4.2 节中有关黄山闪电强度分布规律研究的结果来看，黄山各月平均闪电强度在 40 kA 左右，各月均有半数以上的样本其强度在平均闪电强度以下，平均闪电强度无明显的年变化规律。午后强对流易发时段 13—18 时，强度大于 10 kA 的闪电出现概率均大于 75%，且闪电强度分布比较集中，超过 50%的闪电强度介于 10～30 kA 之间，这样的雷电能量在有一定泄流能力的情况下一般不足于引起树木爆裂。易引起树木爆裂的强闪电（大于 100 kA）在 6、7、8 月出现的几率不到 5%。故，这里的 r_f 取为 10^{-3}。

所以，无法替代的文化遗产损失通过缩减因子（r_p）受到龙爪松特性的影响：

$$L_B = r_p r_f L_f = 1 \times 10^{-3} \times 10^{-1} = 10^{-4}$$

$$R_B = N_D P_B L_B = 1.4 \times 10^{-2} \times 1 \times 10^{-4} = 1.4 \times 10^{-6}$$

选取国际上通常采用的无法替代的文化遗产损失风险允许值 $R_T = 10^{-3}$，则有：

$$R_B = 1.4 \times 10^{-6} > R_T = 10^{-3}$$

因此，可以确定：黄山风景区龙爪松的损害类型为物理损害的风险较小，也即龙爪松遭雷击起火或爆裂引起的损毁风险较小，一般不必采取专门防雷措施。但龙爪松毕竟是十大名松，若有条件，也可采取一定措施，使松树因雷击损毁的风险进一步降低。

（6）龙爪松雷击风险评估结论

1）黄山风景区龙爪松的损害类型为人身伤亡的风险较大，超过允许风险值。应加强防雷保护措施。

风险原因主要为：

a. 当发生雷电直接击中龙爪松情况时，由于游人距松树较近，将会由于旁络闪击（树干向人体闪击以及树冠向人体闪击）及雷击的机械作用导致树木爆裂伤人。

b. 距离松树较近（一般 3 m 以内）的区域中与接触和跨步电压导致人员伤亡事故发生。

其中,a 原因所占比重较大,约占百分之九十左右。由于树冠较大,导致雷电由树冠向人体闪击的范围较大。

2)黄山风景区龙爪松的损害类型为物理损害的风险较小,也即龙爪松遭雷击起火或爆裂引起的损毁风险较小,一般不必采取专门防雷措施。

龙爪松能生存数百年,本身说明局地地形、地质条件决定了它遭雷击损毁的可能性较小,从雷击年预计雷击次数为 1.4×10^{-2}(次/a)的数据可以看出,龙爪松遭雷击的概率为百年一次,而真正能使龙爪松损毁的强雷电又仅占雷电发生频次的 80%、90%,所以,龙爪松遭雷击起火或爆裂引起的损毁风险更小,将会达到数百年一遇的几率。

6.11　雷电灾害风险评估软件的开发应用

建筑物的雷电风险评估是一个相当繁琐的过程,涉及的参数众多,关系复杂,计算量大,容易出错。为了减轻雷电风险评估人员的工作量,有必要设计一些专用的软件,将风险评估工作软件化,为风险评估提供一个实用的评估平台,帮助防雷技术人员解决一些繁琐的计算,加快评估进程,减轻工作量。由于雷电灾害风险评估非常复杂,现在还没有一个全面满足工作需要的并且便于使用的评估软件。

本节首先介绍一个 IEC62305 自带的一个简易评估软件。然后介绍一个适用于专业人员使用的解决复杂建筑物雷电截收面积的软件。另外,还要介绍一般风险评估软件应具有的功能。

6.11.1　IEC 62305-2 自带的建筑物风险评估的简化软件

(1)基本原理

简化 IEC 风险评估计算器(SIRAC)是一种基于 IEC 62305-2 给出的计算方法的工具软件,用于帮助计算简单建筑物的风险分量。该软件的目的是支持作为用于防雷目的的风险管理的 IEC 62305-2 标准的应用。需要指出,这个工具软件只是所写的标准中的更加严格的风险管理的处理方法的一个简化的蕴涵处理。该工具软件对于希望得到风险敏感程度初步评估结果的用户设计得相对更为直观。

SIRAC 的设计目的及其局限性包括:

为了使更多的 IEC 62305-2 的普通用户能够对典型建筑物进行计算，无需他们对标准主要部分所覆盖的细节和方法有深度的认识；

为了提高该标准的应用程度并扩大详细的风险评估方法的读者和用户。相信这样一个对用户友好的工具软件也可以有助于在更广泛的防雷界中提高该标准的接受程度；

为了专门对典型的、不复杂的建筑物以及更普通的情况进行风险计算提供一个工具。为了达到这个目的，参数默认为固定值，仅要求用户在一个更有限的子集当中选择；

该软件没有执行到标准的全部功能——如果要执行这样的功能，工具软件将会增加不想要的复杂性。当对复杂的建筑物或特殊的环境进行评估时，鼓励用户使用该标准进行更详细的风险处理；

该软件仅适用于单区域建筑物；

SIRAC 应当看作该标准的伴随工具，并且会通过 IEC 的 FTP 服务器的在线升级功能来进行支持，当软件进行了需要的改动后，可以从该服务器上下载。

(2)参数说明

工具软件中计算风险分量的重要参数分为三类：

要求用户根据标准中提供的定义和可能性进行选择的参数（表 6.100）；

表 6.100　用户可以自由选择的参数

参数	缩写/符号
需保护建筑物的长度，宽度和高度	L, W, H
雷击大地密度	N_g
位置因子	C_d
环境因子	C_e
服务设施的类型（电力线路，其他架空服务设施，其他埋地服务设施）注释：只有电力线路可能有变压器	
符合 IEC62305-3 要求的 LPS	P_B
服务设施的浪涌(过电压)保护器 —仅在入户处安装（等电位连接 SPD）； —或者是为连接到服务设施的整个内部系统安装的符合 IEC 62305-4 要求的配合的 SPD 保护。 注释：用户可以仅选择 SPD 保护的一个值。这个值对于全部服务设施以及整个受保护建筑物都是有效的。	P_{SPD}
建筑物的火灾风险或物理损害	r_f
火灾保护	r
特殊伤害	h
相应损失的选择（损失类型）	

用户只能从标准提供的有限子集中进行选择的参数（表 6.101）；

在代码中确定而且用户不能修改的参数（表 6.102）。

表 6.101 供用户选择的有限参数集

参数	缩写/符号
建筑物屏蔽效能	K_{S1}
内部线路类型	K_{S3}
外部服务设施的屏蔽（外部电缆的类型）	P_{LD}，P_{LI}
火灾引起的损失因子：询问用户受保护建筑物的类型 注释：像标准的附录 C 中所定义的那样对四种损失类型来计算 L_f 是不可能的。用户不得不从给定的列表中选择受保护建筑物的类型。	L_f
过电压引起的损失因子 注释：像标准的附录 C 所定义的那样对四种损失类型来计算 L_o 是不可能的。用户不得不从给定的列表中选择受保护建筑物的类型。	L_o
对于 L_4 经济类型损失，在本简化的软件方法中没有进行保护措施的经济合理性的调查，所以，用户不得不选择经济损失的容许风险。	

表 6.102 固定参数（用户不能修改）

参数	缩写	固定值
服务设施的长度	L_c	1000 m
如果是架空服务设施：高度	H_c	6 m
没有考虑邻近的建筑物	N_{Da}	0
没有考虑建筑物内部区域的屏蔽效能	K_{S2}	1
连接到该服务设施的内部设备的冲击耐受电压（1.5 kV）	K_{S4}	1
生物触电的概率	P_A	1
土壤或地板的类型	r_a	10^{-2}
对于损失类型 L_1 - 人员生命的损失 —受保护建筑物以外距离建筑物不大于 3 m 的区域内跨步电压和接触电压的损失因子	L_t	0.01

注：关于参数值的更多的资料可以直接从 SIRAC 中找到（用鼠标点击下拉菜单）。

(3)软件应用例

图 6.13 为 IEC62305 自带软件截屏，显示的是乡村房屋的风险评估（见评估案例 1（没有防雷装置）），图 6.14 截屏显示的是乡村房屋的风险评估（见评估案例 1（有防雷装置））。

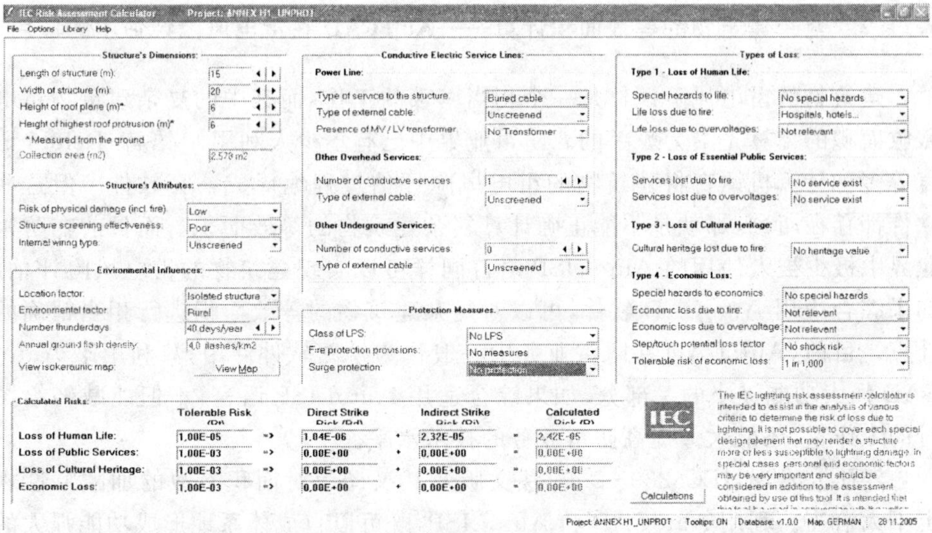

图 6.13　乡村房屋的风险评估(见评估案例 1(没有防雷装置))

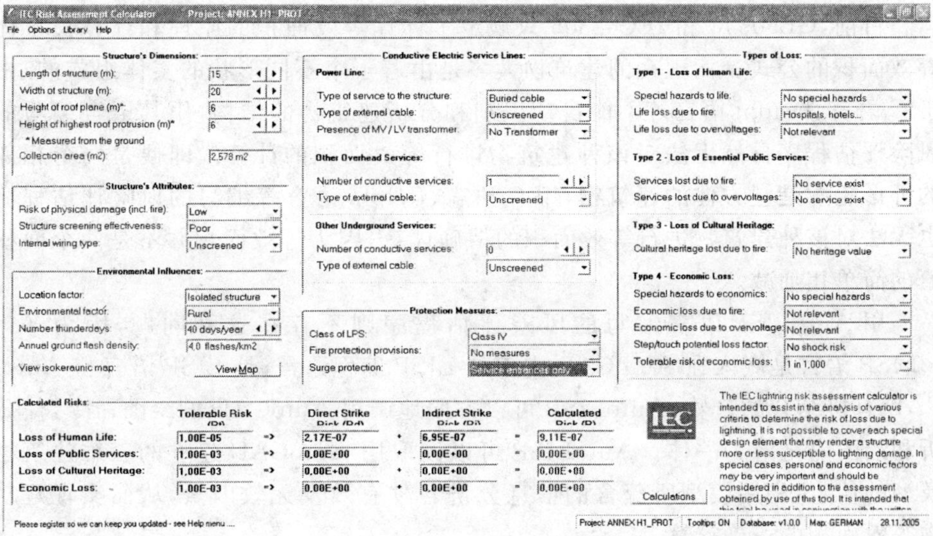

图 6.14　乡村房屋的风险评估(见评估案例 1(有防雷装置))

6.11.2 复杂建筑物的等效面积计算——AutoCAD 在雷电风险评估中的应用

建筑物的雷电风险评估是一个相当繁琐的工作，而其中的复杂建筑物雷电截收面积的计算是最为棘手的。防雷业界中已有不少人利用 C 语言，Delphi 语言等多种计算机语言将建筑物的雷电风险评估过程编译成一套软件。但这些软件都存在瓶颈，那就是不能正确计算复杂建筑物的等效面积。而目前在防雷业界中极少被人使用的 AutoLISP 语言同样可以实现建筑物的雷电风险评估，如果综合应用 AutoCAD 软件，可以对复杂建筑物的等效面积进行相当精确的计算。目前，AutoCAD 在防雷业务中一般作为绘图软件使用，只利用了 AutoCAD 强大功能极小的一部分，如果综合适用 AutoLISP 语言，不但能减轻绘图时的工作量，还能大大提高防雷业务的技术水平。

经研究发现，IEC62305-2 英/法文版及其汉译版对面积参数的加减特性规定不太恰当。利用 AutoCAD 和 AutoLISP，既可以自成体系地形成功能强大的风险评估软件，又可以为其他风险评估软件提供一个基础性的技术支持，解决对企事业单位进行的雷电风险评估时存在的先天不足问题。

目前，GB50343 和 IEC62305 只规定了计算等效面积的原理和计算长方体等效面积的公式。而现在的建筑物大多是由若干个不同形状的实体组成的，由于 C 语言、Delphi 语言等不能自动识别和分析建筑物的结构，用其语言编写的风险评估程序自然无法对该种建筑物进行等效面积的计算。即便是两个相邻的外形轮廓是立方体的建筑物，用 C 语言、Delphi 语言等编写的风险评估程序也无法对该种建筑物进行等效面积的精确计算，因为等效面积并不是两个面积值的简单相加减。

用 AutoLISP 语言编写的风险评估程序则不存在这种问题，因为 AutoLISP 语言是嵌入在 AutoCAD 内部的 LISP 编程语言，是 LISP 语言与 AutoCAD 有机结合的产物，AutoLISP 可以方便地调用 AutoCAD 的绘图命令，使分析和绘图完全溶为一体。AutoLISP 可以读取用 AutoCAD 建立的三维建筑物模型的信息，利用模型所蕴含的信息分辨各种有效及无效因素，从而实现建筑物等效面积的正确计算。

由于用各种语言编写的风险评估程序流程大同小异，所以这里只阐述如何利用 AutoCAD 和 AutoLISP 对建筑物的等效面积进行计算。

(1)GB50343 和 IEC623052 对等效面积计算的特点

1)GB50343 和 IEC62305 所采纳的等效面积 A_e 或 A_d 计算方法的特点

GB50343 和 IEC62305-2 对简单建筑物的等效面积的计算给出了立方体的计算公式。对于比较复杂的建筑物的等效面积计算，GB50343 并没有提出一个行之有效的方法，而 IEC62305-2 某汉译版对形状复杂的建筑物的等效面积的计算规定是：

"如果建筑物具有复杂的形状，例如具有突兀的屋顶，应当用作图法来计算，因为如果使用最大值($A_{d\max}$)或最小值($A_{d\min}$)时，差别可能太大。

截收面积的一个可以接受的近似值是 $A_{d\min}$ 和 A'_d 之间的最大值。

$$A'_d = 9\pi(H_p)^2$$

这里 H_p 是突兀屋顶的高度。"

由两个标准的等效面积计算公式可知，在建筑物的长宽尺寸都确定的情况下，GB50343 和 IEC62305-2 对等效面积的规定都只与高度有关。由此可见，计算复杂建筑物的等效面积有三种方法：①作图法；②用最大值或者最小值；③利用 $A'_d = 9\pi(H_p)^2$ 来算。

第一种方法除非用计算机画图和计算，否则任何人工的绘图和计算都是费时、繁杂和不准确的。

第二种方法最为计算简单，目前是其他风险评估软件所采用的，只适合外形轮廓与立方体类似的建筑物的等效面积计算，否则误差太大。

第三种方法计算比较简单，但只能用于建筑物的主楼较高，而裙楼较矮且占地面积较小的建筑，此时主楼的等效面积 A_e 或 A_d 能够将裙楼的等效面积 A_e 或 A_d 包含在内，否则误差也会很大。

风险评估中等效面积中的误差过大，会严重影响风险评估的准确性，并在日后的设计安装防雷装置中给企业增加不必要的负担。

2) IEC62305-2 中关于等效面积说明的不妥之处

IEC62305-2 中对等效面积的加减特性没有做一个详细的说明，以 IEC62305-2 某汉译版对雷击建筑物附近的年平均危险时间次数 N_M 的评估为例：

"N_M 可以计算为：

$$N_M = N_g(A_m - A_{d/b}C_{d/b}) \cdot 10^{-6}$$

式中 N_g 是雷击大地的密度；A_m 是雷击建筑物附近的截收面积；截收面积 A_m

延伸到距离建筑物周边 250 m 远的地方。

如果 $N_M<0$，则假定 $N_M=0$。”

由上述的规定可知：由于雷击大地密度 N_g 是一个大于零的数值，因此只有 $A_m-A_{d/b}C_{d/b}$ 小于零时，N_M 才能小于零。

$A_m-A_{d/b}C_{d/b}$ 是一个面积，其真正含义是建筑物邻近雷击的截收面积 A_m 与建筑物的等效面积 A_dC_d 的差集所形成的面积，与数学上关于两个向量相加减的计算规定相类似，而不是两个面积值的直接相减。两个面积的数值相减，可能会使得数小于零，但不等于两个面积差集之后的所得的面积小于零。这种情况会出现在同时具有高层建筑和低层建筑的建筑物的风险评估的等效面积计算中。

以某孤立的附近没有其他对象的建筑物为例，其三视图如图 6.15 所示：

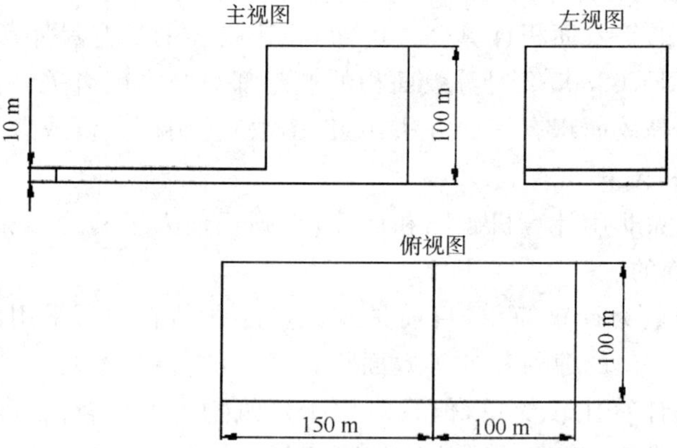

图 6.15　某建筑物的三视图

通过计算可以得出以下结果：

①建筑物实际的等效面积 A_d 为 412743.0 m^2。

②从建筑物周边延伸至 250 m 的区域面积 A_m 为 396349.5 m^2。

③面积 $A_m-A_{d/b}C_{d/b}$ 为 53062.7 m^2。其中位置系数 $C_{d/b}=1$。

若按照 IEC62305-2 附录 A 中对面积 $A_m-A_{d/b}C_{d/b}$ 的计算方法来计算该面积，其结果是：

$A_m-A_{d/b}C_{d/b}=396349.5-412743.0=-16393.5$ m^2。因为所得的面积数值小于零，所以 $A_m-A_{d/b}C_{d/b}=0$。由此可以得出 $N_M=0$。

而事实上 $A_m-A_{d/b}C_{d/b}$ 的实际面积值是 53062.7 m^2。即使对 $A_m-A_{d/b}C_{d/b}$

＝－16393.5 m² 取绝对值，两者之间的面积值也将近差了 3.24 倍！

由此可见，等效面积之间的相加减是向量间的相加减，是共集和差集的关系，而不是普通的算术相加减，而 IEC62305-2 对此并没有作详细的说明，这是不妥的。有理由相信 IEC62305-2 对等效面积的计算公式只是建立在建筑物的形状是长方体，并且建筑物的高度不是很高的基础上的，因为此时的等效面积 A_d 全部被包含在建筑物邻近雷击的截收面积 A_m 之内，只有满足该条件，等效面积的计算才可以利用普通的算术相加减的方法来计算。

各个面积的图形如图 6.16 所示：

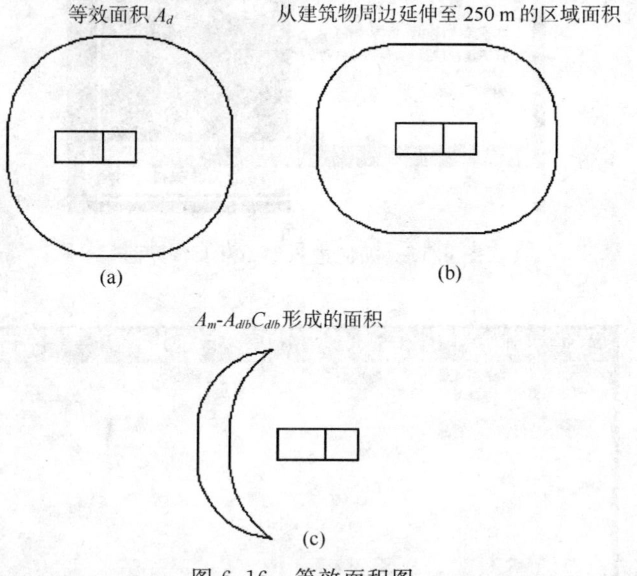

图 6.16　等效面积图

(2)利用程序进行等效面积计算的步骤

利用程序计算建筑物的等效面积的过程如下：

1）先双击 AutoCAD 图标运行 AutoCAD。

2）在屏幕上建立建筑物的三维外形轮廓。

3）在 AutoCAD 菜单中选择“工具(T)”|“AutoLISP(S)”|“加载…”按钮，进入“加载/卸载应用程序”页面。如图 6.17 所示。

4）进入“加载/卸载应用程序”页面后选择所需要运行的后缀名为 .Lsp 或者 .fas 的程序，然后依次点击“加载(L)”按钮和“关闭(C)”按钮，即可运行程序。如图 6.18 所示：

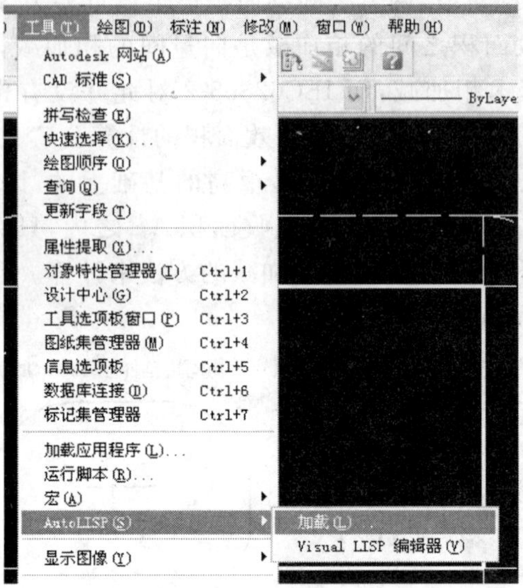

图 6.17 如何进入 AutoLISP 界面

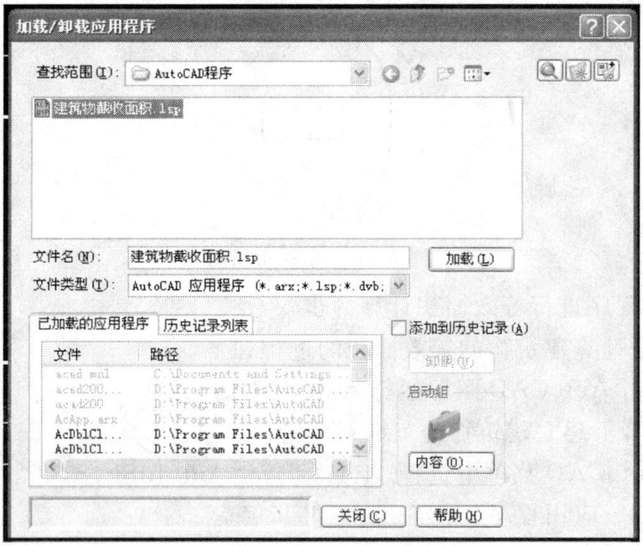

图 6.18 如何加载程序

5）在 AutoCAD 的屏幕界面输入执行该程序的命令“xxx”后按回车，即可进入程序的操作界面。该程序具有防止误操作以及漏操作的功能。通过点击按钮实现参数的选择，在选择参数的同时程序可以自动隐藏不需要用户操作的按钮，只有所有的参数都选择完毕后，程序才能往下执行。操作界面如图 6.19-1、6.19-2 和 6.19-3 所示。

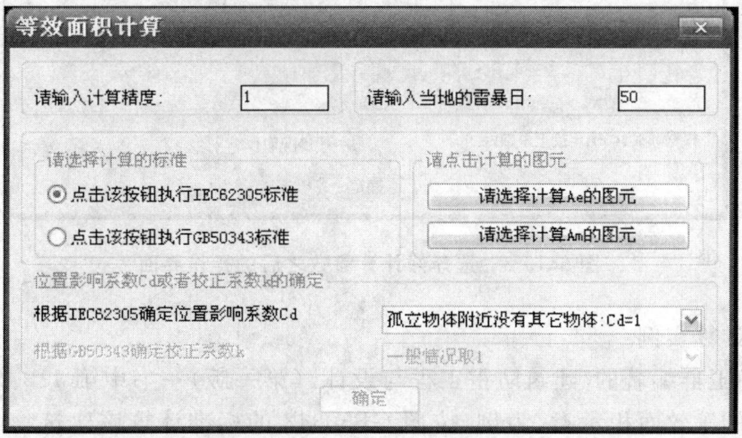

图 6.19-1　默认的操作界面

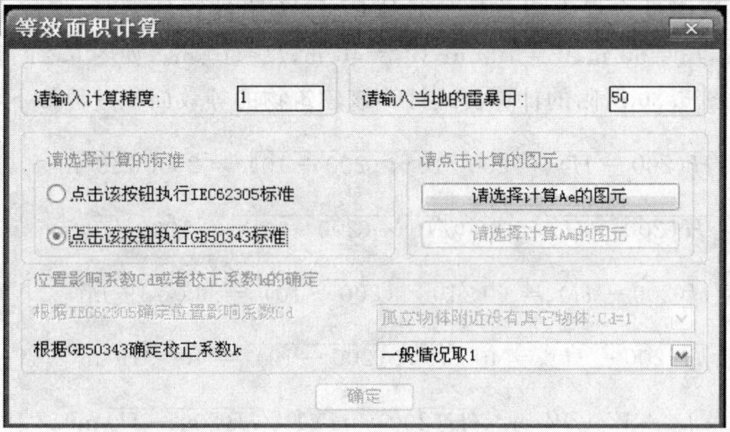

图 6.19-2　点击了按钮之后的操作界面

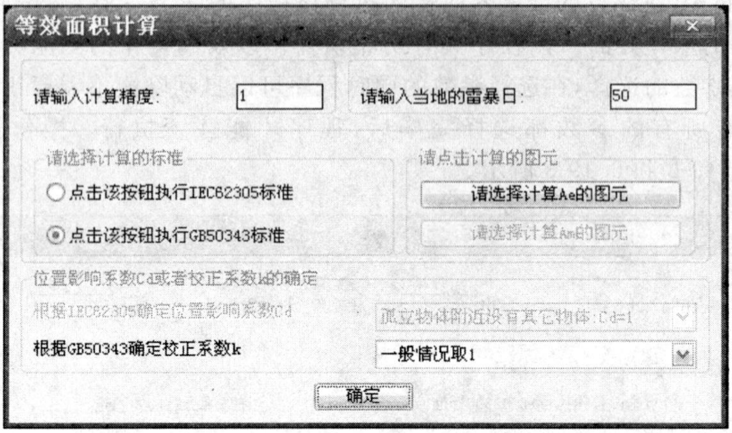

图 6.19-3 选择好计算参数之后的操作界面

(3)计算实例

以梅卫群编著的《建筑防雷工程与设计》(第一版)一书中第 110 页图 2.45“建筑物的等效面积示意”为例,按照 GB50343 的标准计算该建筑物的等效面积,如图 6.20 所示。

1)人工计算

由于该图没有规定建筑物的具体尺寸,为了计算的需要,现规定其尺寸:$L=200\ \text{m}$,$L_1=60\ \text{m}$,$W=100\ \text{m}$,$W_1=40\ \text{m}$,$H=10\ \text{m}$。如图 6.21 所示。

利用图 6.20 所附的计算公式计算该建筑物的等效面积过程如下:

$$A_{e1}=L\sqrt{H(200-H)}=200\sqrt{10\times(200-10)}=2000\sqrt{19}\ \text{m}^2$$

$$A_{e2}=W\sqrt{H(200-H)}=100\sqrt{10\times(200-10)}=1000\sqrt{19}\ \text{m}^2$$

$$A_{e3}=L_1\sqrt{H(200-H)}=60\sqrt{10\times(200-10)}=600\sqrt{19}\ \text{m}^2$$

$$A_{e3}=W_1\sqrt{H(200-H)}=40\sqrt{10\times(200-10)}=400\sqrt{19}\ \text{m}^2$$

$$A_{e4}=(L-L_1+W-W_1+\sqrt{H(200-H)})\sqrt{H(200-H)}\,\text{m}^2$$

$$=(200-60+100-40+\sqrt{10\times(200-10)})\times\sqrt{10\times(200-10)}=\ \text{m}^2$$

$$A_{e5}=L_1(W-W_1)+W_1\times L_1+W_1(L-L_1)$$

$$= 60 \times (100 - 40) + 40 \times 60 + 40 \times (200 - 60) = 11600 \text{ m}^2$$

$$A_{e6} = 5\pi H(200 - H)/4 = 5\pi \times 10 \times (200 - 10)/4 = 2375\pi \text{ m}^2$$

$$A_e = A_{e1} + A_{e2} + A_{e3} + A_{e4} + A_{e5} + A_{e6} = 473314.7 \text{ m}^2$$

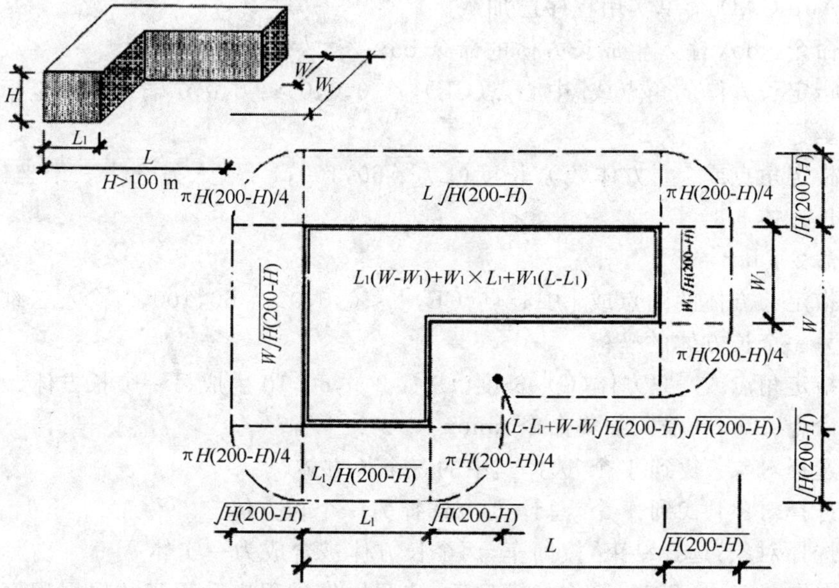

图 6.20　建筑物的等效面积示意图

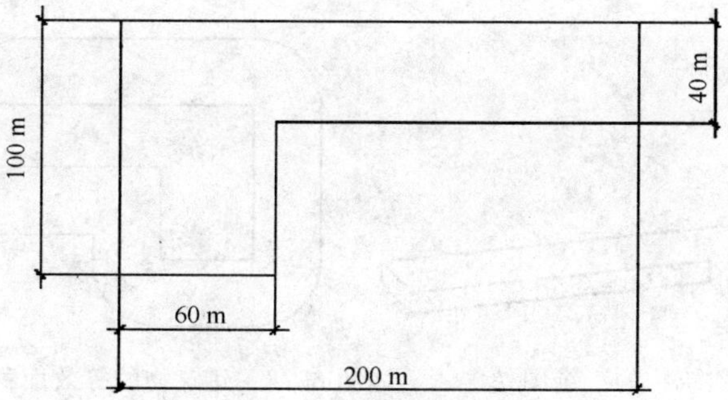

图 6.21　建筑物尺寸

2)计算机建模计算该实例

利用程序进行计算，首先在 AutoCAD 中建立能反映该建筑物高度信息和外形轮廓的图像，如图 6.22 所示。其模型建立的 AutoCAD 操作过程如下：

正在重生成模型。

AutoCAD 菜单实用程序已加载。

命令：box 输入生成长方体的命令 box

指定长方体的角点或[中心点(CE)] <0,0,0>：0,0,0 输入三维坐标确立一个坐标点

指定角点或 [立方体(C)/长度(L)]：60,100,10 输入另一个三维坐标点，生成长方体

命令：box

指定长方体的角点或 [中心点(CE)] <0,0,0>：60,100,0 输入三维坐标确立另一个长方体的坐标

指定角点或 [立方体(C)/长度(L)]：200,60,10 生成另一个长方体

命令：union 输入共集命令 union

选择对象：找到 1 个 选择其中的一个长方体

选择对象：找到 1 个，总计 2 个选择另一个长方体

选择对象：选择结束，按回车，两个长方体被合成为一实体

在屏幕建立好该建筑物的模型后，按照操作过程启动程序。根据程序的提示语句进行操作后，最后算出的等效面积 A_e 是 473314.7 m^2，如图 6.23 所示。可见用程序算出来的结果与用公式计算的结果一致。

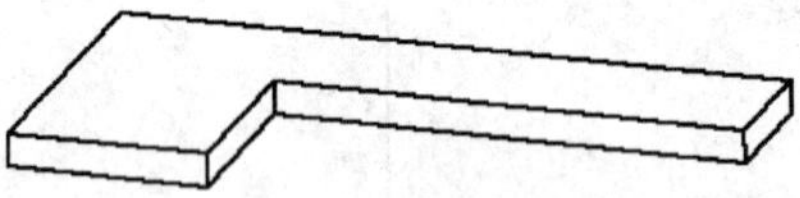

图 6.22 建筑物的三维图像

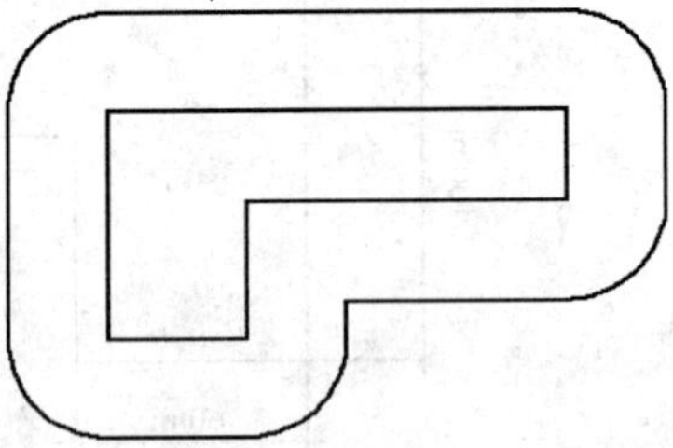

图 6.23 建筑物的等效面积俯视图

(4)运行程序时的注意事项

1) 线型的规定

程序只能识别直线，圆和圆弧，以及一些曲线组成的建筑物外形轮廓。对于球体等无明显边界的实体，目前的程序暂时不能识别，只能在其上画辅助线的形式，通过计算该辅助线来近似计算球体等实体的等效面积。

2）默认长度单位

程序默认的长度是米，在屏幕上建立模型时要格外注意。

3）计算的精度

该程序对位置系数为 1 的建筑物的等效面积计算结果是准确的，为了保证图形的与计算结果的一致性，对于其他的位置系数的计算是通过逼近方法来实现的，存在着一定的误差，但误差比较小，不影响后续计算的结果。

6.11.3 一般雷电灾害风险评估软件应具有的功能

一般风险评估软件应以 IEC62305-2 的雷电灾害风险评估标准为基础，帮助防雷工作者更好地进行风险评估。将复杂的参数选取和烦琐的风险评估计算等工作融入到和谐的人机界面中，为用户提供真正的方便。

软件应区分不同级别的使用者，对一般用户应能满足典型参数的输入输出，对高级使用者，软件应能提供使用者自主选择参数的方法。在设计时，可以分步开发，逐渐实现全部功能。在分步实现中，软件框架把评估指导作为软件的主线，各个评估界面围绕评估指导界面展开，同时做到各个评估阶段的顺序连接，步步推进。

评估软件一般可分为几个模块：

第 1 个模块部分是评估参数的输入部分，输入雷电灾害风险评估结构模型(参见图 6.2)中几个模块的有关参数。

频数模块：

位置因子、雷电环境（T_d 或 N_g）、雷击截收面积（输入简单的 L,W 和 H 参数或输入作图法计算结果或自带专用软件计算结果）。

缩减增加因子模块：

位置因子、环境因子、建筑物特性因子、设备特性因子、可能防护措施特性、特殊伤害因子。

雷电灾害允许风险模块：

生命损失 R_T、公众服务 R_T、文化遗产 R_T。

雷电防护成本模块：

折旧率成本、维护成本、利率成本。

这些参数的输入主要是实测值和典型值。

第 2 部分是风险的计算部分，根据已输入的各种参数使用雷电灾害风险模块、概率模块、损失模块、缩减增加因子模块等进行风险评估，计算出雷灾风险和其他评估结果，同时显示评估结果，结果显示分为图表和报告两种形式来显示。

第 3 部分是风险管理模块。根据雷灾风险和其他评估结论选择防护措施，并通过允许风险模块、雷电防护成本模块和防护级别与效率模块等进行费用和效益的分析。

评估软件的开发应实现以下功能：

① 软件实现人机对话，软件使用方便，界面友好，能实现基于 IEC62305 等标准的实时帮助(链接到标准的相关内容)。

② 软件标准化和实用化，除了按照 IEC62305 等标准的风险评估要求来进行建筑物雷电灾害的风险评估外，考虑到 IEC62305 风险评估等标准还不成熟，允许使用者自主选择或设计的方法。

③ 软件模块化，便于软件的更新，并附加部分实用的工具。

④ 进行适当的软件创新，将分步实现和一步到位的方案融合在一起，把评估指导作为系统化评估帮助的中心。

6.11.4 雷电灾害风险评估系统 V1.0 简介

雷电灾害风险评估系统(V1.0)是南京信息工程大学雷电科学与技术系开发的应用软件。以下作简单介绍。

(1) 开发语言及技术

系统开发利用了 java 语言。Java 是一种跨平台，适合于分布式计算环境的面向对象编程语言。具体来说，它具有如下特性：简单性、面向对象、分布式、解释型、可靠、安全、平台无关、可移植、高性能、多线程、动态性等。该系统利用 struts＋hibernate 技术构建了 MVC 架构的雷电灾害风险评估的 WEB 系统。后台数据的存储利用 Oracle 数据库，Oracle10g 数据库支持多种系统平台、具有分布优化查询功能、数据安全级别为 C2 级(最高级)、支持多种语言文字编码、支持大型数据库，数据类型支持数字、字符、大至 4GB 的二进制数据等优点。

(2)评估流程及框架

该系统以 IEC62305-2 为主要标准，构建了建筑物、服务设施的风险评估体系。参见图 6.24。

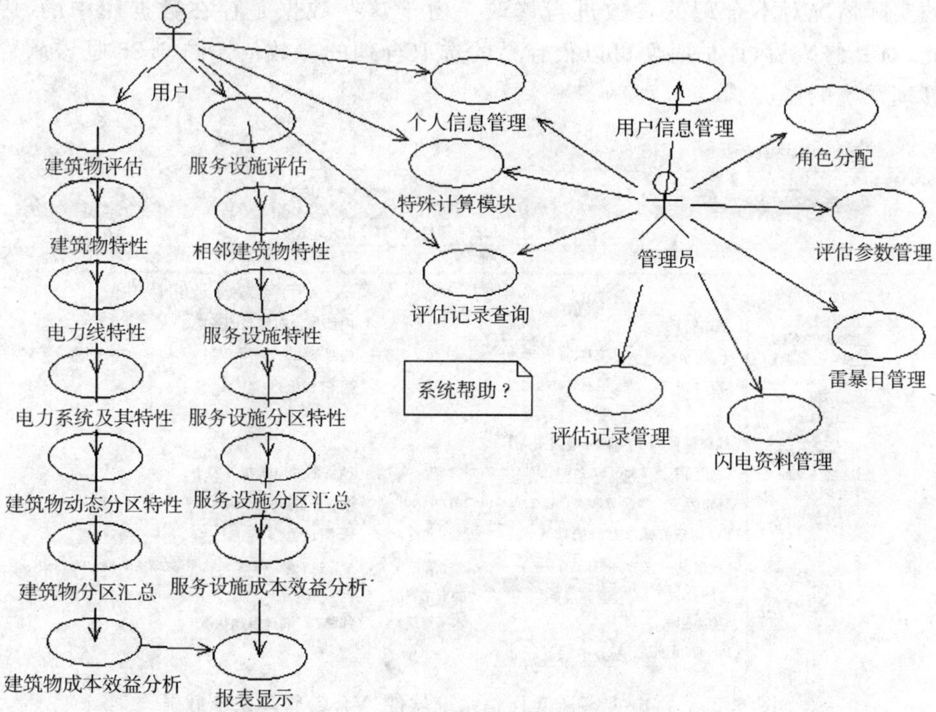

图 6.24　雷电灾害风险评估系统 V1.0 框架

(3)评估软件特色

该系统的特色主要表现在：

1)能实现建筑物及服务设施的动态分区，根据实际需要进行分区，例如：建筑物分区时，只要给相应的分区选取户内或户外特性即可。分区过多或不合理的分区立即可以删除。

2) 实现后台管理员的管理，能修改普通用户的个人信息，高级管理员也可以对所有用户的权限进行修改，该系统的管理模块完全用动态效果展示的，即：不同的用户对应不同的菜单(功能模块)，高级管理员拥有最高的管理权限，对应所有的菜单，管理员菜单信息相应减少；普通用户的菜单，不具备太多的管理模块，他拥有建筑物、服务设施、特殊计算、个人信息管理、历史记录查询等相关模块。

3)实现了建筑物、服务设施评估参数的管理。IEC62305-2 提供的参数只是一些国际标准的典型值,针对这种情况,有必要对评估参数实行管理,根据我国的实际情况对不合理的参数进行修改。由于这些数据是存在数据库中的,因此,对其修改后,评估时便可以很容易的选取合理的参数值。图 6.25 是该软件管理系统的截屏。

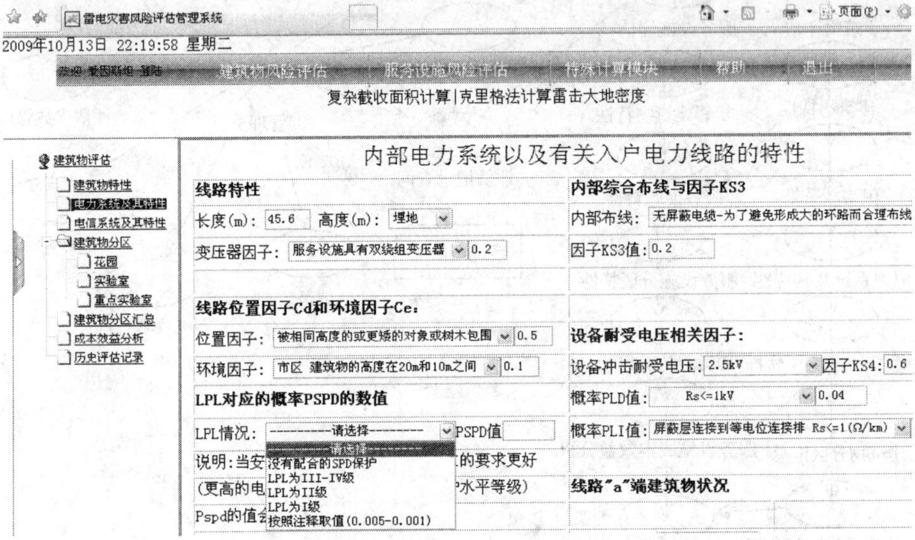

图 6.25 雷电灾害风险评估系统软件(V1.0)管理系统截屏

4)在做评估时,利用下拉列表进行选取合理的数值时,若该参数值不合理,可以手动修改。避免机械选取规范中设定的参数值。

5)实现了雷暴日、闪电资料的管理。闪电资料的导入,数据的分析等。利用克里格插值法,输入经纬度就可以很容易的计算出雷击大地密度。

(4)后续开发的功能

该系统还可以结合地理信息系统(ArcGIS Server)开发出更友好的界面及强大的功能。广义的风险评估包括雷电预警、风险评估及管理等。利用一定的算法,将雷达、闪电、电场仪资料叠加与地理信息系统之上还可以实现预警业务。

6.11.5　闪电定位网数据的处理方法简介

目前,闪电监测网在我国逐步建成,主要应用于气象和电力部门两个领域。准实时(几秒以内)地闪探测技术已较为成熟,为雷电的监测预警工作提供帮助。如何利用好闪电定位资料并结合其他资料,寻找区域雷电活动规律并对雷电的发生做出准确预报成为防雷减灾事业的关键工作。

闪电定位数据一般以 txt 或 excel 或 Access 的格式给出,一般以一天的数据保存为一个文档数据包。一般来说,每个定位信息中主要包括地闪发生位置的经纬度、雷电流强度、极性回击方式以及误差和定位方式等信息。只是不同的闪电定位系统所给出的信息格式略有不同。以目前江苏省内的两套闪电定位系统为例,电力部门的闪电定位系统是由武汉高压研究所所研制的。定位系统采用定向定位和时差定位的方法,如图 6.26 所示,其提供的资料中含有 13 项参数,主要包括有:Latitude(经度)、Longitude(纬度)、Intension(电流强度)、Slope(陡度)、Charge(电荷量)、Energy(能量)、Error(误差)、Location(定位方式)、Datatime(时间)、Minisecond(微秒级)、County(县市)、District(地区)和 ID(序号)。

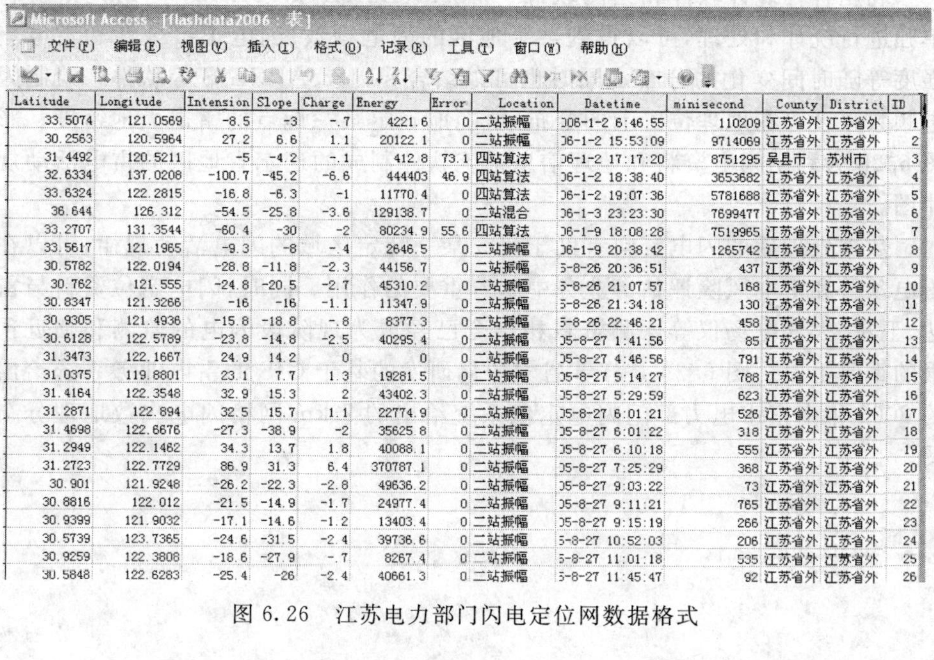

Latitude	Longitude	Intension	Slope	Charge	Energy	Error	Location	Datetime	minisecond	County	District	ID
33.5074	121.0569	-8.5	-3	-.7	4221.6	0	二站振幅	)06-1-2 6:46:55	110209	江苏省外	江苏省外	1
30.2563	120.5964	27.2	6.6	1.1	20122.1	0	二站振幅	)6-1-2 15:53:09	9714069	江苏省外	江苏省外	2
31.4492	120.5211	-5	-4.2	-.1	412.8	73.1	四站算法	)6-1-2 17:17:20	8751295	吴县市	苏州市	3
32.6334	137.0208	-100.7	-45.2	-6.6	444403	46.9	四站算法	)6-1-2 18:38:40	3653682	江苏省外	江苏省外	4
33.6324	122.2815	-16.8	-6.3	-1	11770.4	0	四站算法	)6-1-2 19:07:36	5781688	江苏省外	江苏省外	5
36.644	126.312	-54.5	-25.8	-3.6	129138.7	0	二站混合	)6-1-3 23:23:30	7699477	江苏省外	江苏省外	6
33.2707	131.3544	-60.4	-30	-2	80234.9	55.6	四站算法	)6-1-9 18:08:28	7519965	江苏省外	江苏省外	7
33.5617	121.1965	-9.3	-8	-.4	2646.5	0	二站振幅	)6-1-9 20:38:42	1265742	江苏省外	江苏省外	8
30.5782	122.0194	-28.8	-11.8	-2.3	44156.7	0	二站振幅	5-8-26 20:36:51	437	江苏省外	江苏省外	9
30.762	121.555	-24.8	-20.5	-2.7	45310.2	0	二站振幅	5-8-26 21:07:57	168	江苏省外	江苏省外	10
30.8347	121.3266	-16	-16	-1.1	11347.9	0	二站振幅	5-8-26 21:34:18	130	江苏省外	江苏省外	11
30.9305	121.4936	-15.8	-18.8	-.8	8377.3	0	二站振幅	5-8-26 22:46:21	458	江苏省外	江苏省外	12
30.6128	122.5789	-23.8	-14.8	-2.5	40295.4	0	二站振幅	)5-8-27 1:41:56	85	江苏省外	江苏省外	13
31.3473	122.1667	24.9	14.2	0	0	0	二站振幅	)5-8-27 4:46:56	791	江苏省外	江苏省外	14
31.0375	119.8801	23.1	7.7	1.3	19281.5	0	二站振幅	)5-8-27 5:14:27	788	江苏省外	江苏省外	15
31.4164	122.3548	32.9	15.3	2	43402.3	0	二站振幅	)5-8-27 5:29:59	623	江苏省外	江苏省外	16
31.2871	122.894	32.5	15.7	1.1	22774.9	0	二站振幅	)5-8-27 6:01:21	526	江苏省外	江苏省外	17
31.4698	122.6676	-27.3	-38.9	-2	35625.8	0	二站振幅	)5-8-27 6:01:22	318	江苏省外	江苏省外	18
31.2949	122.1462	34.3	13.7	1.8	40088.1	0	二站振幅	)5-8-27 6:10:18	555	江苏省外	江苏省外	19
31.2723	122.7729	86.9	31.3	6.4	370787.1	0	二站振幅	)5-8-27 7:25:29	368	江苏省外	江苏省外	20
30.901	121.9248	-26.2	-22.3	-2.8	49636.2	0	二站振幅	)5-8-27 9:03:22	73	江苏省外	江苏省外	21
30.8816	122.012	-21.5	-14.9	-1.7	24977.4	0	二站振幅	)5-8-27 9:11:21	765	江苏省外	江苏省外	22
30.9399	121.9032	-17.1	-14.6	-1.2	13403.4	0	二站振幅	)5-8-27 9:15:19	266	江苏省外	江苏省外	23
30.5739	123.7365	-24.6	-31.5	-2.4	39736.6	0	二站振幅	5-8-27 10:52:03	206	江苏省外	江苏省外	24
30.9259	122.3806	-18.6	-27.9	-.7	8267.4	0	二站振幅	5-8-27 11:01:18	535	江苏省外	江苏省外	25
30.5848	122.6283	-25.4	-26	-2.4	40661.3	0	二站振幅	5-8-27 11:45:47	92	江苏省外	江苏省外	26

图 6.26　江苏电力部门闪电定位网数据格式

江苏省气象部门目前采用的是是由中国科学院空间科学与应用研究所研制的 ADTD 雷电探测仪，闪电定位网于 2005 年 8 月建成。该系统也是采用到达时间法(时差法)和定向时差联合法对雷电进行定位的。如图 6.27 所示。其所提供的关于闪电的资料主要包括时间、经度、纬度、雷电流强度、陡度、误差、定位方式和定位区域等参数。

1	2009-05-27	00:23:31.188938	纬度=39.0858	经度=129.1562	强度=-318	陡度=-30.2	误差=0	定位方式:三站混合	省:江苏省外	市:江苏省外	县:江苏省外
2	2009-05-27	04:06:03.6704161	纬度=30.2154	经度=121.0397	强度=-38.2	陡度=-6.9	误差=0	定位方式:二站混合	省:江苏省外	市:江苏省外	县:江苏省外
3	2009-05-27	04:38:15.8380520	纬度=24.9112	经度=116.0688	强度=196.1	陡度=29.5	误差=0	定位方式:二站振幅	省:江苏省外	市:江苏省外	县:江苏省外
4	2009-05-27	06:00:49.264967	纬度=32.5182	经度=131.0497	强度=-230.2	陡度=-37.8	误差=0	定位方式:三站混合	省:江苏省外	市:江苏省外	县:江苏省外
5	2009-05-27	07:48:18.5370565	纬度=30.6993	经度=159.5343	强度=-866	陡度=-95.6	误差=0	定位方式:二站振幅	省:江苏省外	市:江苏省外	县:江苏省外
6	2009-05-27	07:59:05.7879352	纬度=33.2680	经度=130.2972	强度=-187.4	陡度=-29.3	误差=0	定位方式:三站混合	省:江苏省外	市:江苏省外	县:江苏省外
7	2009-05-27	09:14:33.3278656	纬度=28.8222	经度=121.7599	强度=-77.3	陡度=-12.2	误差=0	定位方式:二站混合	省:江苏省外	市:江苏省外	县:江苏省外
8	2009-05-27	09:25:22.7144230	纬度=32.5220	经度=120.3208	强度=-30.2	陡度=-6.9	误差=0	定位方式:二站振幅	省:江苏省	市:南通市	县:海安县
9	2009-05-27	11:54:55.1435129	纬度=31.8036	经度=113.6786	强度=-149.8	陡度=-20	误差=0	定位方式:二站振幅	省:江苏省外	市:江苏省外	县:江苏省外
10	2009-05-27	13:30:43.8042834	纬度=29.7422	经度=105.642	强度=-271.7	陡度=-74	误差=0	定位方式:二站振幅	省:江苏省外	市:江苏省外	县:江苏省外
11	2009-05-27	15:55:05.7486961	纬度=30.8390	经度=118.7669	强度=34.3	陡度=6.4	误差=0	定位方式:二站振幅	省:江苏省外	市:江苏省外	县:江苏省外
12	2009-05-27	16:15:37.24616	纬度=34.0104	经度=123.9555	强度=123.2	陡度=22.9	误差=0	定位方式:二站混合	省:江苏省外	市:江苏省外	县:江苏省外
13	2009-05-27	19:07:42.471450	纬度=33.0267	经度=120.8983	强度=31.9	陡度=5.7	误差=0	定位方式:二站振幅	省:江苏省外	市:江苏省外	县:江苏省外

图 6.27　江苏气象部门闪电定位网数据格式

利用各种统计软件和绘图软件(如 SAS、Excel、MATLAB 等)对闪电资料单独进行统计和处理，可以得到某个地区的闪电频数、闪电正负极性和雷电流强度等随时间变化的分布。同时也可以结合 surfer、ARCGIS 等软件来绘制闪电频数强度等在地理位置上的分布，精确地确定某一地点的雷击大地密度。彩图 6.28 为利用闪电资料和地理信息系统软件制成的辽宁省地区的雷电活动规律图。

数据处理后的闪电资料有助于研究某一特定区域的闪电活动规律，可以在雷电预警和雷电风险评估等业务中起着重要的作用。同时，闪电定位资料与雷达、卫星、大气电场仪等探测资料相结合已经成为现阶段闪电的监测和临近预报的重要手段。图 6.29 是江苏省气象局研发的基于 GIS 的雷电业务系统给出的 2006 年南京市电力部门闪电定位系统给出的 2 km 网格闪电次数地理分布图。

第七章　雷电灾害风险的预防、控制与管理

一个完整的防雷减灾系统工程应包括灾害监测、风险评估、预报、预警、防灾、抗灾、灾情评估、救助、恢复与重建、保险与基金、教育与立法、规划与指挥。

防雷减灾工作原则是安全第一、预防为主、防治结合。

风险评估的最终目的是减轻灾害造成的损失和影响。一旦雷电灾害风险评估结论表明需要加强防雷技术措施，则可采取的措施主要有以下几方面：

(1)准确预报，做好准备。建立灾害预警预报系统和应急广播、疏散、避灾系统。

(2)制定工程、建筑的防雷抗灾标准。

(3)着眼于建筑物保护的措施。增加防雷实施(抑或提高建筑物防雷级别)提高建筑物防雷抗灾能力。

(4)重视重要工程的选点或采取灾害预防措施。进行雷电灾害风险区划。雷电风险区划应该建立在由闪电定位资料得出的雷击大地密度分布以及基于地理信息系统的人口分布、城市乡村建设、经济发展水平和发展规划等因素综合考虑得出。

(5)改变自然灾害的特性，阻止改变(例如，使用激光或火箭进行人工消雷作业)。

(6)制定、落实各项应急措施，紧急预案。为决策者提供信息和通信保障的指挥系统，以期做出有时效性的合理有效的灾害管理决策。

(7)加强在全社会进行防雷减灾知识的宣传、普及工作，以期提高公众防灾意识。

下面几节的内容，就以上防雷减灾措施作介绍。

7.1　雷电灾害风险控制措施之躲避——雷电监测预警

现代防雷技术第一个就是 Avoiding，也就是“躲避”的意思。航天器由于天气原因推迟发射、雷雨即将来临时危险地带人员的疏散以及非不可中断业务的电子设备暂时拔掉电源和通信接口等都是利用了防雷躲避技术。躲的前提是要有基于遥感与地理信息系统的雷电监测预警方法。

一般来讲，遥感技术可以为雷电灾害风险预测提供致灾因子状态、灾情等数据，利用各种载有不同类型传感器的星载、机载或地面平台获得对地面的实时监测，并根据不同平台数据特点，结合遥感模型定量获得灾害风险预测及评价所需的参数。如地面闪电定位网、雷达、卫星（闪电监测、高分辨率摄像）以及大气电场仪网等，为雷电监测预警及风险评估提供了极好的数据源。进而利用GIS技术获取区域基础地理信息及相关社会经济背景数据，充分发挥GIS在空间数据处理、空间分析功能，对雷电灾害发生范围、强度和引起的损失进行预测和评估。

7.1.1 雷电监测预警系统

对闪电的监测乃至预报预警是非常必要和紧迫的，世界各国都在积极开展对闪电监测的研究。

建设雷电灾害监测预警与应急系统工程是全面提升防灾减灾，提高应急响应能力的需要。随着国民经济和社会迅速发展、人口持续增加和社会财富的不断积累，我国现有雷电灾害监测预警和应急业务体系与国家防灾减灾以及经济社会安全保障的需求不相适应，雷电灾害监测预警和应急响应能力不足，表现在以下两个方面：

① 雷电灾害监测水平不高，尚未实现对灾害性强对流雷暴天气进行全天候无缝隙的实时监测，应急移动观测系统尚未建立，针对性观测尚未完全开展，尤其是一些重点地区，包括资料收集都不能满足突发雷电灾害事件的应急观测需要；

② 尚未建立客观的雷暴临近和短时预报业务系统，制约了突发气象灾害预警水平的提高。

雷电预警系统是一种能在雷闪发生前提供实时安全决策信息的系统，能够对雷暴进行预防性侦测，并在第一次雷击前探测到雷击即将发生并传输信息提示危险。

目前，世界上的发达国家几乎都建立了全国范围的雷电监测定位网络。其中最为典型的就是美国国家闪电探测网（NLDN）。NLDN由113个IMPACT ESP探测器联网组成，探测精度优于500 m，并与加拿大CLDN联网组成了200个探测站点的大范围探测网。NLDN能区分一次闪电中的20多次闪击，并对其定位。与此同时美国也已经在各种气象试验中使用综合探测系统（ISS:

Integrated Sounding System）和移动综合探测系统（MISS：Mobile Integrated Sounding System）。

综合探测系统的建立可以有效地为应急气象环境监测提供保障。其中包括美国海军研究所P23探测飞机，超声波探测飞机，SMART雷达（SR21），移动探测车辆，区域协调车辆，移动中尺度自动气象站，车顶探路仪器（天线、采集器、传感器）等，这其中就安装了雷电预警系统。美国、法国等国家还在局部地区，利用VHF定位探测技术（时间差定位法、干涉仪定位法）开展闪电过程的三维时空分布特征研究，及其在雷暴预警上的应用。现阶段的主要仪器有LDAR系列应用VHF技术的全闪电探测仪器、LS8000综合应用了VHF干涉技术、LF TOA和MDF技术等。

国内的闪电定位技术从20世纪80年代末得到了迅速的发展。目前国内一些专业部门已经发展了一定规模的闪电定位系统，雷电监测网主要由气象、电力、电信、民航、部队等部门建设和使用。国家重点工程项目“大气监测自动化系统工程”2003年底已在气象部门建设拥有90个闪电探测子站的全国闪电监测网，目前大部分省市气象局建设了雷电定位系统，总探测站数达上百个，且多为覆盖全省市的联网系统，这大大提高了探测精度和效率。在京津冀地区、长江中下游地区、珠江三角洲地区建设了兼有云闪探测功能的区域性雷电监测系统。2004年，港、澳、粤雷电监测系统已经建成，对90％以上发生在珠三角地区的雷电进行定时监测。这些监测站网和系统在雷电及对流性灾害天气过程的监测、预测、人工影响作业指挥、雷电防护等多方面得到了广泛应用。

雷电预警系统不仅可以利用三维云（卫星技术、探空和气象雷达等）、地闪定位系统来确定雷电地闪通道的闪电放电信号所辐射出的电磁脉冲波强及信号的定向、定位，从而采取相应的预防措施，而且能更为灵活、快捷、及时地监测闪电、在短期内预报雷电灾害，将雷电自然灾害控制在最小范围，从而减轻国家财产损失，保护人民生命财产安全。

雷电灾害是强对流性天气造成的主要灾害之一，由于雷电形成迅速而给其预警预报带来了极大的困难。我国在雷电预警预报方面的工作相对薄弱，雷电预警预报业务工作水平有待提高。

完善的雷电预警系统必须将雷达、卫星、闪电定位仪、大气电场仪以及地面观测场、探空等设备相结合，将卫星资料、闪电定位系统资料、大气电场资料与雷达回波融合。采取联合探测方法揭示雷电活动规律，做好雷电预警的工作。

大气电场仪是测量大气静电场及其变化的设备，它能监测雷暴活动时近地面电场变化、预报雷暴活动的发生、监测和预报静电电荷的积累量。

雷电定位监测系统(闪电定位仪)是利用闪电回击辐射的声、光、电磁场特性来遥测闪电回击放电参数的一种自动化探测系统,该系统对大自然落雷情况进行监视、定位,能大范围实时遥测地闪发生的时间、地点、雷电流幅值、极性与回击次数,呈现雷电活动的实时动态图。这一系统具有较高的监测能力和定位精度,能实时对雷电发生的方位、强度、距离和频次进行准确测定,并建立雷电监测信息数据库,以便随时查阅与调用。监测落雷位置的精确度达到 1 km 以内,强度准确率在 95%以上,雷电探测率在 95%以上。

将闪电定位仪组网以监测雷暴,这样监测精度更高、效果更好,能快速实时地探测和记录数百千米以内雷电发生的时间、位置、强度和极性等雷电信息,并将有关信息直观地标注和显示在带有电子地图背景的计算机屏幕上。

目前,中国气象局已经进一步规划布局和建设全国雷电监测系统。全国规划建设 300 多个云地闪探测站、在经济发达地区、大城市建设 10 个云间闪监测系统以及大气电场观测系统 。图 7.1 全国雷电综合监测网规划布局图。我国第二代地球静止轨道气象卫星 FY-4 号也将携带 FY-4 卫星闪电成像仪上天,对中国及临近陆地和海洋区域的闪电,进行连续观测成像和定位,成为提供连续、实时、高探测率的雷电探测有效手段,是雷电监测新的生力军。

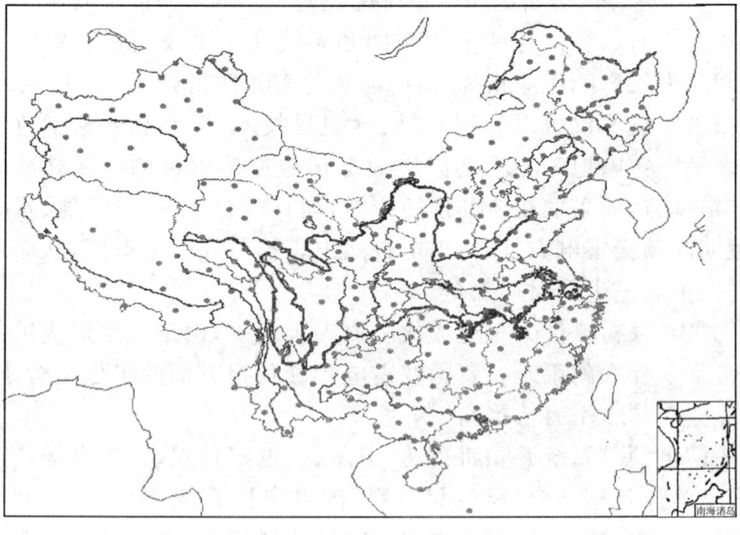

图 7.1 全国雷电综合监测网规划布局图

7.1.2　雷电潜势预报——逐步消空法在雷电潜势预报中的应用

我国雷电预警预报研究工作起步较晚,近几年在雷电诊断分析及预警预报技术和方法的研发工作方面取得了一些初步成果。但我国目前基本没有开展有针对性的雷电预警预报业务。随着部分省市局域雷电定位网的建立,个别省市按有无雷电发生进行了一些定性的发布。总体而言,我国在雷电预警预报方面的工作还相当薄弱,没有成熟的可供预报服务实际使用的业务产品,还不能完全满足目前社会经济发展对雷电监测预警预报业务的需求。

在小概率灾害性天气中,雷电的危害尤为严重。虽然提高雷电这种小概率风险事件的气象服务质量与许多环节有关,但提高预报成功率却是关键的一环。为此,国内外许多专家都提出了许多方法:Anthes 认为,中尺度天气现象,如飓风、强雷暴以及雹暴等都不是随机发生的现象,而是强烈地取决于大尺度环流系统以及有关的热力场与水汽场;刘玉玲分析了多种对流参数在强对流天气潜势预测中的作用。彭治班等提出了提高小概率事件预报成功率的方法,即"变小概率事件为条件概率下的大概率事件"。但将天气形势作为条件概率,结合对流参数,使用逐步消空法,将雷电这个小概率事件变为大概率事件,还未应用于雷电潜势预报中。同时逐步消空法在其他强对流天气——雹云和暴雨的识别效果明显。因此,应该借鉴逐步消空法来进行雷电潜势预报。

(1)雷电潜势预报中逐步消空法的数学表述

根据目前我国天气预报质量检验和评估的规定,引入临界成功指数 CSI、探测概率 POD 与虚假报警率 FAR。根据表 7.1,有

$$CSI = \frac{x}{x + y + z}$$

$$POD = \frac{x}{x + y}$$

$$FAR = \frac{z}{x + z}$$

表 7.1　定义 *CSI*、*POD*、*FAR* 用表

预报(雷电)	观测(雷电)		总计
	有	无	
有	x	z	$x+z$
无	y	w	$y+w$
总计	$x+y$	$z+w$	N

表 7.1 中引入的 CSI、POD、FAR 是衡量预报质量、预报指标或预报方法优劣很有用的参数。提高预报准确率，就是使 CSI 的数值加大；寻找预报指标，就是寻找使表 1 中 y 和 z 减小、CSI 变大的条件。而所谓的逐步消空法就是一种寻找预报指标集的数学方法，就是使 $y=0$、使 z 逐步变小的方法，用探测概率 POD 与虚假报警率 FAR 来表示就是：

$$POD = 100.0\% \tag{7.1}$$

$$100.0\% > FAR = m > 0 \tag{7.2}$$

$$[(FAR)_{i-1} - (FAR)_i] > m_i\% > 0 \tag{7.3}$$

式(7.3)中 $(FAR)_i$ 表示为第 i 个指标的虚假报警率。其中式(7.1)表示“勿漏”；式(7.2)、式(7.3)表示“宁空”；式(7.1)～(7.3)共同表示“宁空勿漏”，也就是“逐步消空法”的数学表述。

(2)雷暴特征——以上海地区为例

利用上海市 1999—2007 年的历史天气图对上海地区雷暴日天气形势进行分类(以 500 hPa 和 850 hPa 天气图为主)，大体可以划分为五种天气类型：高空槽型(59.5%)、中低空切变线型(15.0%)、东风波型(包括台风外围影响)(9.4%)、热对流型(13.6%)、复合型(热对流与高空槽共同作用)(2.5%)。每种类型后面圆括号中的百分率为雷暴日中该类型雷暴日所占的百分比。这里的雷暴日定义为：上海地区 11 个地面观测站一天内有一站或多于一站观测到闪电或者闻雷。通过对 1999—2007 年的地面观测资料的统计和分析：这九年中共出现了 382 个雷暴日。其中 6—8 月所占的百分比共为 67.7%，6 月为 13.72%，7 月为 24.34%，8 月为 29.64%。由此可见，上海地区的雷暴日有将近六成发生在高空槽型，同时 6—8 月为雷暴活动高发时段，将近 7 成在夏季发生。因此，本书以高空槽型 6—8 月份的雷暴日为例进行分析。

(3) 利用天气型消空

雷电等强对流天气，必须在有利的大尺度环境条件下，才有可能发生、发展。因为特定的大尺度环境能够提供强对流天气发生、发展的能源、触发条件和组织机制，也能提供制约强对流天气系统移动的基本流场及强天气发展的不稳定机制。中尺度天气现象，如强雷暴、雹暴等都不是随机发生的现象，而是与大尺度环流系统以及有关的热力场与水汽场密切相关。Ostby 认为，美国局地强风暴室(SELS，1953—1995 年) 制作预报强对流事件的原理开始于大尺度天气系统。可能正是出于以上考虑，美国局地强风暴室非常看重天气型识别在强天气事件潜势预测中的作用。因此，首先将大尺度环流形势作为逐步消空法的第一个因子。

高空槽型是指高空(500 hPa)影响系统为较明显低压槽，中低层(700、850 hPa)也多表现为低压槽，而非切变线，如图 7.2 所示(以 2005 年 6 月 27 日天气图为例)。这种高低空形势配置，不但有利于层结不稳定的进一步发展，而且有利于出现抬升作用，有一定的触发机制同时又有较为充足的水汽条件，很好地满足了雷暴天气发生的三个基本条件。

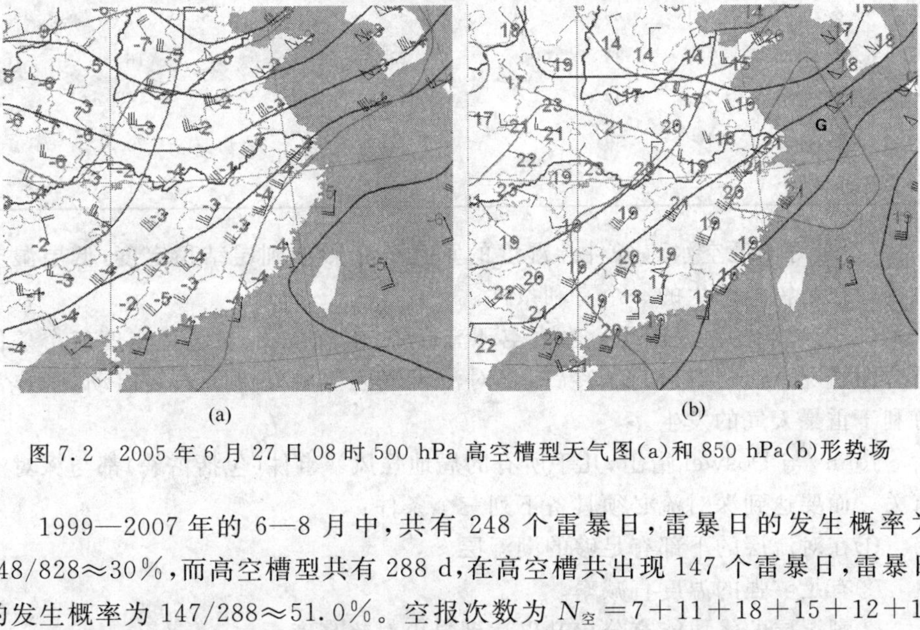

(a)　(b)

图 7.2　2005 年 6 月 27 日 08 时 500 hPa 高空槽型天气图(a)和 850 hPa(b)形势场

1999—2007 年的 6—8 月中，共有 248 个雷暴日，雷暴日的发生概率为 248/828≈30%，而高空槽型共有 288 d，在高空槽共出现 147 个雷暴日，雷暴日的发生概率为 147/288≈51.0%。空报次数为 $N_{空}=7+11+18+15+12+18+22+19+19=141$(d)，如表 7.2。由此可见，增加高空槽型的条件后，雷暴日的概率增加了 21%，使较小概率事件变为较大概率事件的效果比较明显。因此，将高空槽型天气形势作为第一个预报因子，记为 X_b。

(4) 利用 K 指数消空

国外研究认为，下述三个条件有利于雷暴的发生、发展和维持：

1)层结不稳定。理论和实践都证明不稳定的层结有利于强对流性天气的发生。Colman 的分析表明，条件性对称不稳定(CSI)在雷暴的产生中起了重要作用。早在 1950 年代，人们提出大量表示条件性不稳定的指数，例如：沙氏指数 SI 和抬升指数 LI，70 年代有引入对流有效位能 CAPE。

表 7.2 高空槽型雷暴日表

时间(月/年)	高空槽型出现天数(d)	雷暴日(d)	高空槽型作用下出现的雷暴日(d)
6—8/1999	21	22	14
6—8/2000	25	23	14
6—8/2001	34	31	16
6—8/2002	29	25	14
6—8/2003	29	34	17
6—8/2004	34	23	16
6—8/2005	37	22	15
6—8/2006	39	34	20
6—8/2007	40	34	21

(2)较好的低空水汽条件。湿度的垂直分布影响到层结稳定度，低层湿空气的存在是雷暴产生的一个有利条件。

(3)有适当的触发因子。当高空环流形势、水汽条件、对流稳定度三个条件适合的情况下，一旦有切变、冷锋、强对流天气区等触发因子入侵启动，则非常有利于雷暴天气的发生。

Johns 与 Doswel 指出，几乎所有的局地强风暴事件(包括雷暴)都与深对流有关。而要达到深对流必须具备下列三个条件：

①在对流层的下部有足够的潮湿层。

②有足够强的温度直减率。

③潮湿层的气块能充分抬升以达到自由对流高度。

K 指数很好地定量表示了前两个条件。

K 指数的定义为

$$K = (T_{850} - T_{500}) + T_{d850} - (T - T_d)_{700}$$

式中 T_{850}、T_{500}、T_{d850}、$(T - T_d)_{700}$ 分别表示 850 hPa、500 hPa 温度，850 hPa 露点以及 700 hPa 温度露点差，上式中第一项表示温度直减率，第二项表示低层水汽条件，第三项表示中层饱和程度。由此可以看出 K 指数反映了高低空温度、湿度差异，是反映大气层结稳定性的参数。通常当 K 指数大于 35℃时，层结就相当不稳定了。

由 1999—2007 年 6—8 月的探空资料得出，所有高空槽型雷暴日的 K 指数（所用的 K 指数是雷暴发生前 08 时和 20 时探空资料所得），它们的值均大于、等于 30。于是，选取 $K \geqslant 30$ 作为一个预报因子，并记为 X_1。

1999—2007 年 6—8 月满足 X_1 高空槽型共有（20＋18＋26＋17＋18＋20＋22＋26＋30）＝197(d)，而且该 197 d 中雷暴日共出现 147 d，雷暴日发生的概率为 147/197≈74.6%。由此得出，增加预报指数 X_1 后，雷暴日几率增加了约 23.6%，使空报次数从上一次的 141 减少为（6＋4＋10＋3＋1＋4＋7＋6＋9）＝50(d)，显示出 X_1 在消空及使小概率事件变为大概率事件方面有一定作用。

(5)利用沙氏指数 S_i 消空

郝莹等曾指出沙氏指数能对强对流天气的发生有较好的指示作用，并且利用沙氏指数等对流参数作为预报因子，对雷暴有较好的指示意义。

沙瓦特指数(S_i)也称沙氏指数，其值等 850 hPa 等压面上的湿空气团沿干绝热线上升，到达凝结高度后再沿湿绝热线上升至 500h Pa 时所具有的气团温度与 500hPa 等压面上的环境温度的差值，即：

$$S_i = (T_{500} - T_{850})$$

式中 T_{500}、T_{850} 分别表示 500 hPa 等压面上的环境温度和 850 hPa 等压面上的湿空气团抬升至 500 hPa 所具有的气团温度。沙氏指数也是一种反映大气稳定程度的参数，常与 K 指数一起使用。一般 $S_i<0$ 时，大气层结不稳定，且负值越大，不稳定程度越大，反之，则表示气层是稳定的。

根据 1999—2007 年 6—8 月所有高空槽型雷暴日的探空资料得出（所用的 S_i 指数是雷暴发生前 08 时和 20 时探空资料所得），它们的 S_i 指数均小于等于 0.72。因此，选取 $S_i \leqslant 0.72$ 作为第二个预报因子，记为 X_2。

同时满足 X_1 与 X_2 的高空槽型共有（16＋15＋17＋15＋18＋17＋18＋23＋25）＝164(d)，其雷暴日几率为 147/164≈89.6%。由此得出，增加预报指标 X_2 后，雷暴日几率增加了约 15 个百分点，同时使空报次数从上一次的 50 天减少为（2＋1＋1＋1＋1＋1＋3＋3＋4）＝17 d，显示出 X_2 在消空及使小概率事件变为大概率事件方面的作用非常明显。

(6) 利用对流有效位能 CAPE 消空

对流有效位能(CAPE)是一个与环境联系最为密切的热力学变量，广泛应用于国内外强对流天气诊断分析。郑栋等用北京地区闪电定位资料和探空资料，分析了大气不稳定参数与闪电活动的关系，发现对流有效位能与闪电活动具有较好的相关性，并提出了闪电活动预报的诊断指标；Petersen 用探空资料发现 CAPE 与 24 小时内的闪电次数存在弱的正相关，CAPE 越大、对流负能量(CIN)越小、对流层垂直风切变越弱，会对应越大的对流降水比例、越强的闪电密度、越强的对流垂直发展结构；Halverson 用探空资料对闪电活动进行了分析，发现巴西地区 CAPE 大于 1500 J/kg 时，对流闪电活动活跃。

当气块的重力与浮力不相等且浮力大于重力时，一部分位能可以释放，由于这部分能量对大气对流有着积极的作用，并可转化成大气动能，故称其为对流有效位能。其表达式为：

$$CAPE = g\int_{z_f}^{ze} \frac{1}{T_{ve}}(T_{va} - T_{ve})\mathrm{d}z$$

式中 T_v 表示虚温，下标 a 为地面上升量，Z_f 为自由对流高度，是 $T_{va}-T_{ve}$ 由负值转正值的高度。下标 e 为环境相关量在平衡高度处，环境对气块的浮力加速度为 0 ，在此高度之上，对流将因为环境的负浮力作用而受到削弱。CAPE 为在自由对流高度之上，气块可从正浮力做功而获得的能量。它从理论上反映出上升运动受环境浮力做功所能达到垂直运动的强度，这种能量对大气对流发展有积极意义。

由上海地区 1999 年至 2007 年 6—8 月高空槽型雷暴日的探空资料得出(所用的 CAPE 指数是雷暴发生前 08 时和 20 时探空资料所得)，它们的对流有效位能均大等于 511.89 J/kg。因此，选取 CAPE≥511.89 J/kg 作为一个预报因子，记为 X_3。同时满足 X_1、X_2、X_3 的高空槽型共有 147 d，其雷暴日几率为 100%。由此得出，增加指标 X_3 后，雷暴日几率增加了 10.4%，使空报次数从上一次的 17 d 减少为 0 d，X_3 具有一定的消空作用与使小概率事件变为大概率事件的作用。

由上述结果得出，X_b、X_1、X_2 和 X_3 为上海地区 6—8 月高空槽天气型下雷电潜势预报识别的指标集。

(7)预报流程

利用逐步消空法得出的指标集(以高空槽型为例)：

先从当天的 MICAPS 天气图资料(一般为早晚 8 时 500 hPa 和 850 hPa 形势场)判断天气类型是否属于满足雷暴发生的形势场，满足则用下一指标 K 指数来判别；不满足则判断为无雷暴。

再以 K 指数作为判别条件，如果 K 指数大等于 30，则进入下一个指标 S_i 的判断；如不满足则为无雷暴。

同样再判断第三个指标 S_i 指数，如果满足 S_i 指数小等于 0.72，则进入下一个指标 CAPE 的判别，否则为无雷暴。

最后当 CAPE 的值大等于 511.89 J/kg，才能判断有雷暴，否则为无雷暴。

通过四个指标的层层筛选，在逐步减小空报率的同时增加预报准确率，直到雷电预报指标集合中每一个的临界值都达到时，才预报未来有雷暴，具体的预报流程如图 7.3 所示。

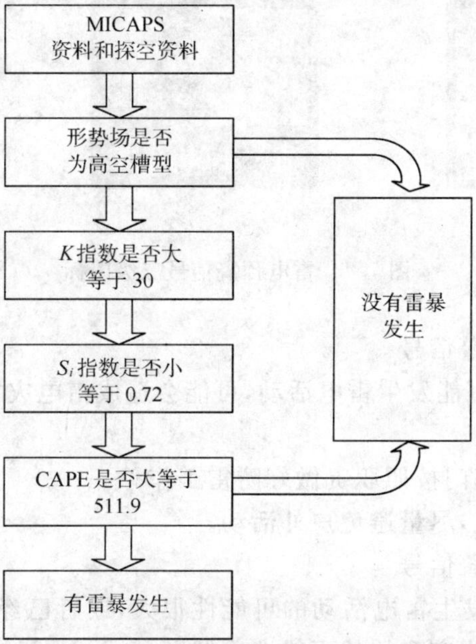

图 7.3　雷暴预报流程图

(8)效果检验

为了检验逐步消空法在雷电潜势预报中的使用效果，利用上述得出的指标集，使用 1998 年 6—8 月上海地区的资料进行检验（以高空槽型为例）。1998 年 6—8 月高空槽型天气有 34 d，雷暴日 32 d，高空槽型雷暴日 19 d。逐步消空法预报的结果是雷暴日 22 d，没有漏报，只有 3 d（分别是 1998 年 7 月 1 日、7 月 20 日和 8 月 10 日）指标集识别为雷暴日，但实际不是，属于空报，CSI＝19/22＝

86%。结果表明,其成功率较高,对雷电的潜势预报识别效果明显。

在今后的研究中,还可结合闪电定位仪资料、雷达资料和卫星资料,将它们与雷电潜势预报有机地结合起来,以期达到更好的效果。

7.1.3　雷电预警信号

雷电预警信号分三级,分别以黄色、橙色、红色表示。图标分别如图 7.4 所示。

图 7.4　雷电预警信号三级图标

(1)雷电黄色预警信号

标准:6 小时内可能发生雷电活动,可能会造成雷电灾害事故。

防御指南:

1)政府及相关部门按照职责做好防雷工作;

2)密切关注天气,尽量避免户外活动。

(2)雷电橙色预警信号

标准:2 小时内发生雷电活动的可能性很大,或者已经受雷电活动影响,且可能持续,出现雷电灾害事故的可能性比较大。

防御指南:

1)政府及相关部门按照职责落实防雷应急措施;

2)人员应当留在室内,并关好门窗;

3)户外人员应当躲入有防雷设施的建筑物或者汽车内;

4)切断危险电源,不要在树下、电杆下、塔吊下避雨;

5)在空旷场地不要打伞,不要把农具、羽毛球拍、高尔夫球杆等扛在肩上。

(3)雷电红色预警信号

标准: 2 h 内发生雷电活动的可能性非常大,或者已经有强烈的雷电活动发生，且可能持续，出现雷电灾害事故的可能性非常大。

防御指南：

1)政府及相关部门按照职责做好防雷应急抢险工作；

2)人员应当尽量躲入有防雷设施的建筑物或者汽车内，并关好门窗；

3)切勿接触天线、水管、铁丝网、金属门窗、建筑物外墙，远离电线等带电设备和其他类似金属装置；

4)尽量不要使用无防雷装置或者防雷装置不完备的电视、电话等电器；

5)密切注意雷电预警信息的发布。

7.2 雷电灾害风险控制措施之一——工程控制

7.2.1 防雷的基本原则

(1)防雷技术措施优先考虑减少人身伤亡损失，关系到重大人身安全的场合要提高防雷级别。

(2)尊重科学，实事求是，经济合理。

(3)高效的系统性防雷工程。

(4)防雷设施建设与防雷管理并重。

7.2.2 现代防雷技术措施

现代防雷技术措施简单地归结为A、B、C、D、E、G、S七个字母，即Avoiding、Bonding、Conducting、Dividing、Eliminating、Grounding and Shielding，中文意思是“躲避”、“等电位连结”、“传导(接闪)”、“分流”、“消雷”、“接地”和“屏蔽”。可以讲，防雷工程是一个系统性工程，必须综合使用所有防雷技术才能最大限度地减轻雷电造成的损失。不可能只用其中的某些技术就可解决所有防雷问题。例如，入户服务设施(线路)的防雷只考虑安装电涌保护器而忽视屏蔽、接地、等电位连接等措施，其效果将大打折扣。

图7.5是现代防雷技术的框架，符合IEC防雷技术的全部要求。

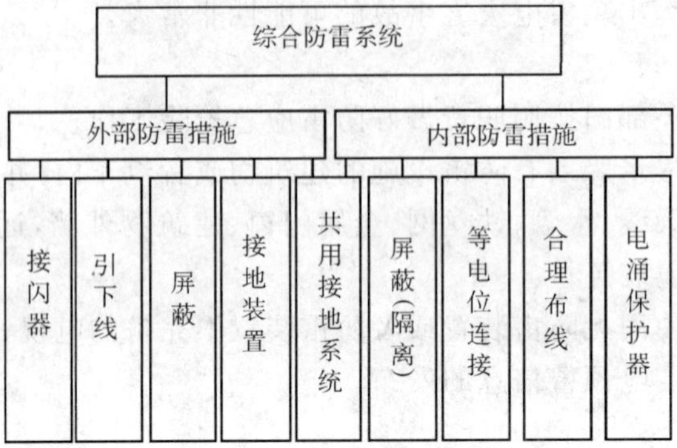

图 7.5 符合 IEC 要求的现代防雷技术框架

7.2.3 防雷技术措施的选择

采取防雷保护技术措施的目的是应对各种损害类型以减小损失风险。只有当保护措施符合现代防雷技术理念、符合相关标准的要求时，才认为是有效的。可以参考的主要防雷技术标准有：

IEC 62305-3 用于减少建筑物中的物理损害和人身伤害的保护；

IEC 62305-4 用于减少内部系统失效的保护；

IEC 62305-5 用于服务设施的保护。

应注意，各 IEC 成员国可能已经将防雷国际标准转化为本国强制性标准，在选择使用防雷技术方案时，应优先执行本国强制性防雷标准。

具体的防雷技术保护措施选择应当由有资质的防雷设计师按照以下情况来选择最适当的保护措施：

1)各个风险分量在总风险中所占的比例；

2)各种保护措施的技术性和经济性。

必须要确定关键的参数以决定减少风险 R 的更有效的措施。

对于每种损失类型，有着多种单独或共同使用，使 $R \leqslant R_T$ 的条件得到满足的保护措施。选择所采用的解决方案应当考虑到技术和经济方面的情况。图 7.6 中的流程示出了为建筑物选择保护措施的简化程序，图 7.7 中的流程示出为服务设施选择保护措施的简化程序。在任何情况下，安装人员或设计人员都要识别并减小最重要的风险分量，同时还要考虑到经济方面的情况。

为确保所采取的防雷技术措施有效，必须确认：

1)防雷设计和施工单位的资质是否符合规定；

2)防雷设计所依据资料的完整性和可靠性；

3)防雷设计方法和设计参数的合理性；

4)防雷设计选择方案的可行性；

5)保证工程环境安全措施的可靠性；

6)防雷安全知识的教育与培训；

7)防雷装置定期检查和检测。

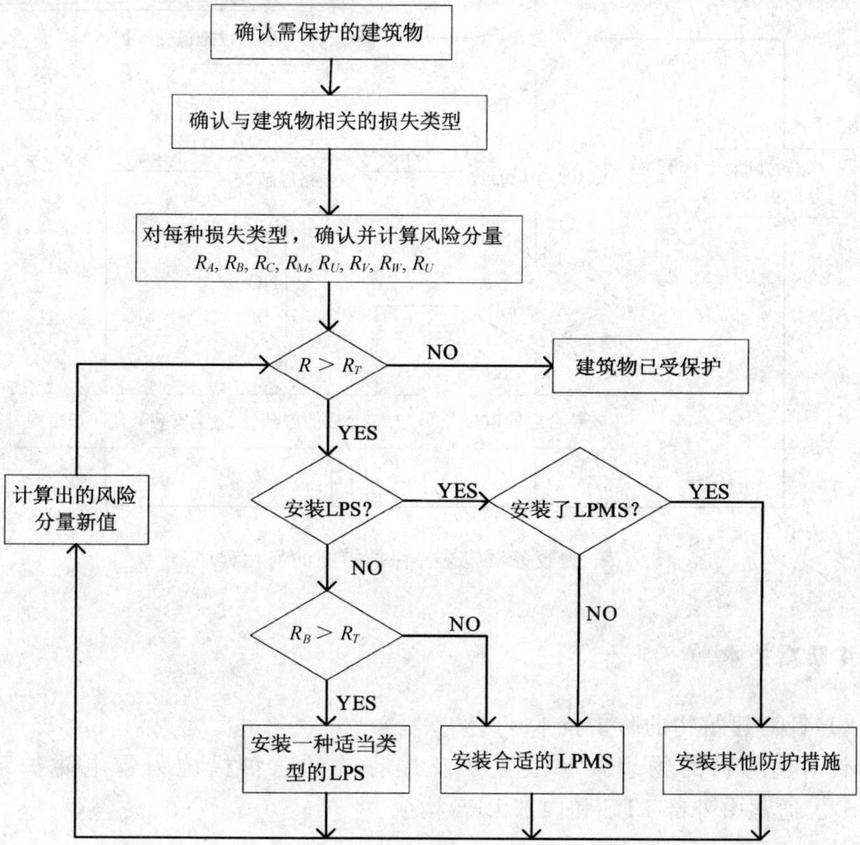

图 7.6　为建筑物选择保护措施的简化程序

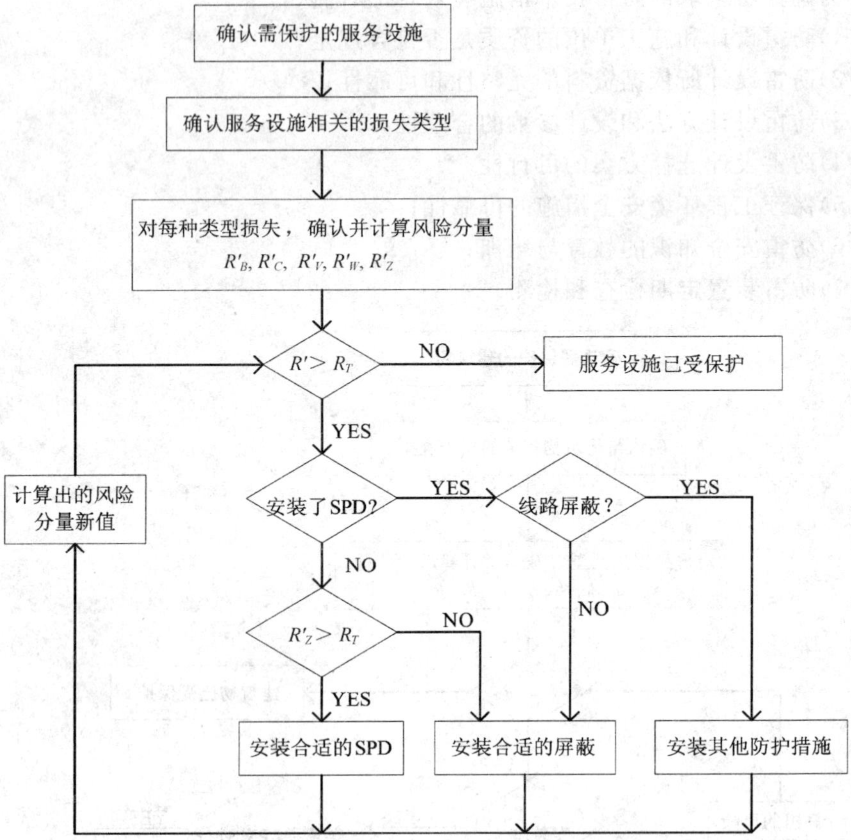

图 7.7 为服务设施选择保护措施的简化程序

7.2.4 防雷技术

(1)针对建筑物的防雷技术

针对建筑物的物理损害最主要及最有效的防护措施为雷电防护系统(LPS)。通常由外部 LPS 和内部 LPS 构成。

外部 LPS 的目的包括：

a. 使用接闪器防止雷电直击建筑物；

b. 使用引下线使接闪的雷电流的安全接地；

c. 使用接地极迅速分散入地雷电流。

内部 LPS 通过使用等电位连接带以及保证外部 LPS 与建筑内部导体的隔离距离，防止危险火花。

防止由于接触和跨步电压导致的人身伤害的主要措施包括：

a. 通过绝缘可接触导体表面或增大可接触导体表面电阻减小通过人体的电流；

b. 通过物理限制或警告标识降低危险接触和跨步电压的发生机会。

LPS 的位置及类型应考虑新建筑的初始设计，充分利用建筑电气导通性上的优势。考虑到上述因素，整个 LPS 的设计和结构能够实现最小投资和最大功效。整体外观也更符合美学标准。如果 LPS 的设计施工能与建筑物的设计施工步骤相互协调，这种设计无论技术上还是经济上都是最优的。特别注意的是，在建筑物设计时应事先考虑将建筑物内金属部件作为 LPS 的一部分的可能性。

必须在建筑开始施工之前考虑接地通道以及有效地利用建筑的埋地钢筋构成地网。因此，在 LPS 项目实施的初始阶段应考虑土壤的电阻率。土壤电阻率对于地网的设计是关键性的且影响建筑的地基设计。

LPS 的设计者施工人员应定期讨论以达到最小投资和最大功效的目的。

如需在现有建筑物内加装新的防雷装置，应尽可能使新装置符合国家标准的相关准则，另外，LPS 的类型和位置应考虑到现有建筑物的特点。

图 7.8 是符合 IEC 防雷标准的 LPS 设计流程图。LPS 设计过程要求建筑师电气工程师和防雷设计人员进行全面合作。

(2)针对建筑物内部电气和电子系统的防雷技术

雷电电磁脉冲(LEMP)会危及电气和电子系统，因此应采取 LEMP 防护措施以避免建筑物内部的电气和电子系统失效。

对 LEMP 的基本防护措施包括：

1)接地和搭接

接地装置将雷电流传导并泄放到大地。搭接网络将最大程度地降低电势差，减少磁场。

2)磁屏蔽和布线

空间屏蔽衰减了雷电直击建筑物或其附近而在 LPZ 内部产生的磁场，并减少了内部浪涌。

使用屏蔽电缆或屏蔽电缆管道屏蔽内部线路，最大限度地减少了感应浪

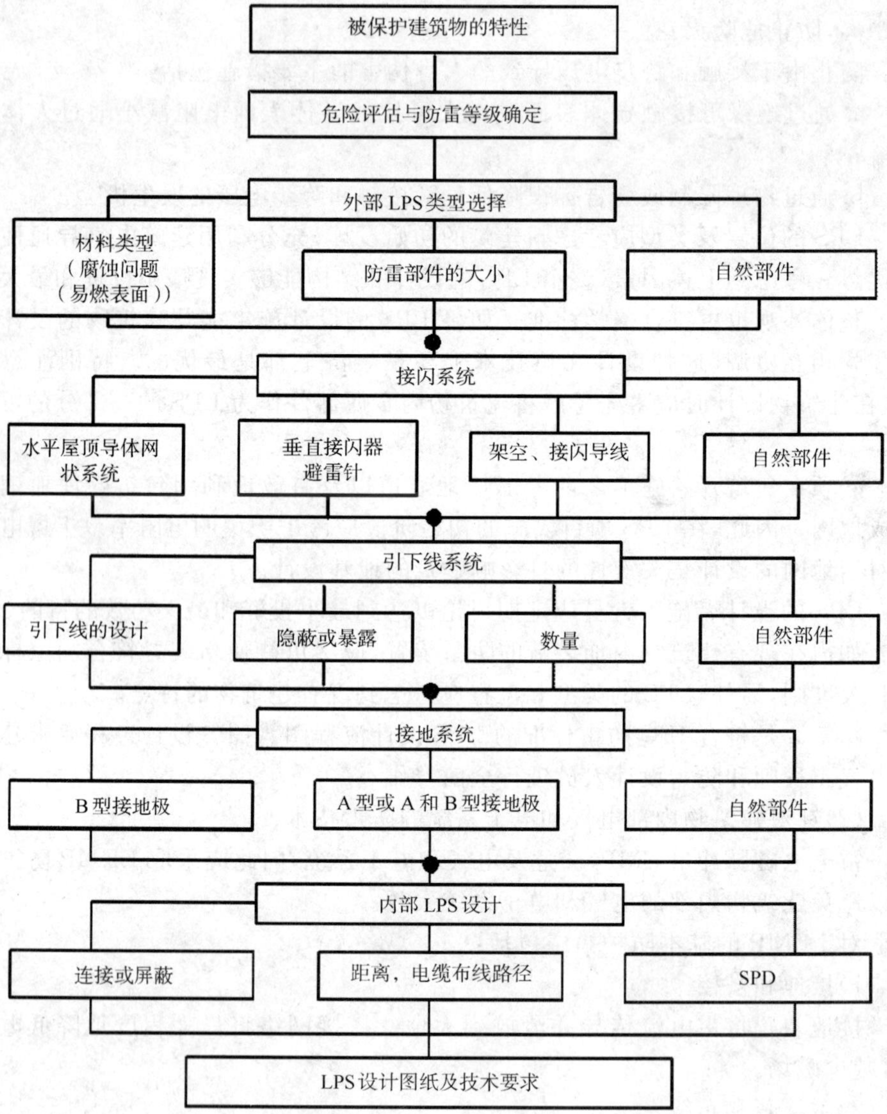

图 7.8　LPS 设计流程图

涌。

内部线路合理布线能够最大限度地减少感应回路，从而减小内部浪涌。

注 1：空间屏蔽、内部线路屏蔽和合理布线可以同时使用，也可以单独使用。进入建筑物的外部线路屏蔽减少了传导到内部系统的浪涌。

3）协调配合的 SPD 防护

协调配合的 SPD 防护限制了外部和内部浪涌。

应始终确保接地和搭接，特别是在进入建筑物的入口处，将每个导电设施直接或通过等电位连接的 SPD 进行搭接。

雷电等电位搭接（EB）仅能对危险放电进行防护。内部系统对浪涌进行防护需要协调配合的 SPD 防护。其他 LEMP 防护措施可以单独或配合使用。

LEMP 防护措施应能耐受安装地点的各种工况影响（例如，温度、湿度、大气污染、震动、电压和电流的影响）。

确定选择最合适的 LEMP 防护措施，应基于雷电灾害风险评估的结果，充分考虑技术和经济因素。

实现 LEMP 防护措施的进一步资料可在 IEC 60364-4-44 中找到。

7.3　雷电灾害风险管理

雷电灾害风险管理专业性极强，特别需要发挥学科专业科技成果的作用来降低风险，制定综合减损对策，有针对性地指导各个环节上的防雷减灾工作。

自《中华人民共和国气象法》（以下简称《气象法》）实施以来，防雷法规和标准体系不断完善。中国气象局相继发布了多部部门规章，全国各省（区、市）在地方性法规中对防雷减灾工作进行了规定；大部分省（区、市）计划单列市专门制定了政府规章或以政府规范性文件的形式颁布了防雷减灾的管理办法。为了推进防雷标准化建设，国家成立了“全国雷电防护标准化委员会”，中国气象局成立了“气象行业标准化委员会雷电专业委员会”，许多专业部门都在抓紧制定防雷技术规范、标准，有力地促进了防雷减灾工作的规范发展。

按照《气象法》等有关规定，我国已基本形成了防雷管理机构、雷电科研、基础业务、防雷技术服务等管理和业务体系。中国气象局作为全国防雷减灾工作的组织管理和指导部门，成立了中国气象局雷电防护管理办公室，负责全国雷电防护的组织管理工作，省、地、县分别成立了行使防雷减灾管理职能的管理机构。

通过科学、有效的宣传和正确引导，提高了广大群众的防雷意识。目前，防雷工作已经引起了各级领导的高度重视和广大人民群众的密切关注，全社会防雷减灾的知识水平有所提高，利用科学技术防雷减灾的意识不断增强。

同时，随着国内防雷技术应用领域的扩展和防雷技术水平的提高，与雷电防护相关的市场需求迅速增大，防雷工程设计、施工企业和防雷产品的生产、销售企业大量涌现。目前全国从事防雷产品生产、销售和防雷工程设计、施工的企业已有1000余家(拥有资质的企业)，全社会从事防雷专业技术工作的人员有数万人。

在目前和今后一段时间内，国家有关部门仍然要坚持依法加强行政管理，履行社会管理职能，深化雷电业务技术体制改革，提升雷电防御能力和水平，进一步加强部门、行业间合作与交流，广泛组织防雷减灾知识宣传，提高社会防雷减灾意识，特别要重视和加强农村防雷减灾工作。

7.3.1 防灾减灾是一个系统工程

评价灾害的聚集、发展、生成的过程，需要有统一的思想、统一的标准、统一的规范。随着市场机制的逐步完善，社会综合减灾事业已经不单纯是一项社会公益性事业，也不单纯是研究灾害形成的因果关系，而是要主动地综合研究灾害造成的社会影响、经济关系与经济利益问题，不仅涉及自然灾害的技术问题，也要涉及人为的、社会的、环境的因素。不仅提出防灾减损对策，而且还要认真核算防灾减灾投入与效益。因此，综合减灾不仅是一项自然科学的研究，而且是一项自然科学与社会科学密切协调、系统配合的实践。这无疑是一项十分浩繁的工作，不仅涉及社会面广，而且时限性很强，必须通过建立全社会综合防灾减灾系统工程才能完成。

目前我国防雷减灾体系初步形成，国家各防雷减灾机构发挥着测、报、防、抗、救、援六大环节的专业功能。但由于种种原因，防雷减灾工作水平还亟待提高。所以完善综合减灾机制，实现高效、规范、综合减灾决策指挥，提高防灾减灾管理水平，必然是一项在政府统一领导下的系统工程建设。只有实施政府统一、科学的防灾减灾方案，才能实现国家可持续发展的战略目标。

综合减灾的社会功能不仅需要制定长远综合减灾规划，而且要求快速提供综合防灾、救灾的行动方案。每个城市和乡村防灾、减灾能力的大小，不但取决于经济实力的大小，更重要的是取决于城市和乡村范围内是否存在一个综合有效的防灾减灾社会机制。这个社会机制需要整个社会具有防灾减灾知识、基础设施作为保证。

7.3.2　雷电灾害管理业务流程

雷电灾害风险管理业务主要有雷电监测业务，包括全国雷电监测网建设以及雷电监测业务；雷电预警预报，包括雷电预警预报业务和预警信息发布；雷电研究开发，主要包括以各种监测资料为基础，开展雷电机理和应用理论、监测技术、预警、防护技术的研究，以及防护产品研发和其他技术开发等；雷电防护技术服务，主要包括开展防雷装置检测、防雷装置检测技术标准研究、防雷产品测试、雷电灾害的调查和分析以及雷击风险评估和技术鉴定等；防雷管理协调业务，主要包括组织防雷立法和防雷标准以及技术规范修订工作，依法开展防雷的行政许可和行政执法，实施防雷行业管理等。

(1)雷电灾害趋势预报

雷电灾害趋势预报内容应包括：

雷电灾害等级；

雷电灾害评估；

雷电灾害影响区；

雷电灾害出现时间范围；

雷电灾害类来发展趋势预报及预报的理由。

(2)雷电灾害预警

一旦出现可能威胁人身和财产安全的雷暴天气，需要按照《气象灾害预警信号发布与传播办法》的规定发布雷电灾害警报。在收到雷电灾害警报解除指令时，雷电灾害警报解除；或者在雷电灾害警报发布范围内，后期收到同类别雷电灾害警报，原雷电灾害警报随着同类别新雷电灾害警报的发布自动解除。

雷电灾害管理部门在得到雷电灾害警报后，应及时上报上级气象灾害管理部门和通知下级气象灾害管理部门，并在第一时间对公众发布。

(3)雷电灾情监测和调查

雷电灾情监测包括灾情实时监测和灾情核查。应有当地气象主管机构负责。

雷电灾情实时监测内容主要包括：雷电灾害发生地址、灾情发生时间、灾情持续时间、灾情范围、灾情等级等。

灾情等级按照《国家突发公共事件总体应急预案》中附件《特别重大、重大突发公共事件分级标准(试行)》的规定划分。也可参考中华人民共和国气象行业标准《雷电灾害调查技术规范》(建议稿)简单地将雷电灾害的等级分为A、B、C、D四级：

A级灾害：雷击造成人员死亡、爆炸起火、重要信息系统瘫痪、为公众服务系统瘫痪、企业全面停产，造成经济损失百万元以上或造成重大社会影响。

B级灾害：雷击造成建筑物局部受损，部分设备损坏造成部分通信、网络中断，企业局部停产经济损失在20万～100万元之间。

C级灾害：雷击造成少部分设备损坏，经济损失在20万元以下。

D级灾害：雷击造成轻度损害，经济损失在1万元以下。

雷电灾害调查应由气象主管机构指定的专业防雷机构组成调查组或直接派出调查组负责实施。调查组人员应具有较全面的雷电防护理论与较丰富的实践经验。需要时可聘请相关人员参加调查组。

雷电灾害调查内容和方法包括：

1)雷电发生时的日期及初始和终止时间、雷电移动路径、风向、风速、降水量、云的类型，与发生雷电灾害地点的水平距离、方位、防雷技术人员的描述等。

2)调查气象卫星云图资料、天气雷达回波资料。

3)调查闪电监测定位系统的资料包括雷电灾害发生的时间、位置、强度、极性等。

4)查阅大气电场仪记录的电场强度、电场变化曲线、电场分布曲线、电荷分布的位置等数据。

在进行雷电灾害事故现场调查时，对雷击受损情况拍摄现场照片。对现场熔珠、熔痕导体，应近距离拍照并提取样品留作进行“金相法”检查。对人及其他生物体伤亡应拍摄相关照片，必要时调取医院或公安法医检验报告。应认真听取现场相关人员的口头描述并可取得其笔录，以了解事故发生时现场的情况。

应运用“剩磁法”测量接闪器、引下线、接地装置及现场铁磁体的剩磁。确认雷击点位置。查看受损设备现场状态，拍摄现场照片，对于能在现场观察到的雷击痕迹宜拆开设备外壳观察，对于现场难以判断设备损坏部位的情况，宜运用替换方法判断故障的准确部位。

(4)雷电灾情评估

通过实地调查、抽样调查、典型调查和专项调查等形式对灾情进行专家评估。灾情评估内容包括：

雷电灾情等级；

人员伤亡；

生活供电、供水、供气和通信损失情况；

房屋损毁；

灾区直接经济损失和间接经济损失等。

灾情监测调查评估要求参考表7.3。

表7.3 雷电灾情监测调查评估要求

序号	项目	要求
1	伤亡人数	A. 受伤人数(人)；B. 死亡人数(人)
2	损坏房屋	损坏房屋指近一年内有人居住超过30 d或有人员活动超过90 d的现用房屋损坏。 分倒塌、损坏现用房屋二类： A. 倒塌现用房屋：现用房屋受损程度超过65%及其以上视为倒塌(间数)。 B. 损坏现用房屋：现用房屋受损程度低于65%视为损坏(间数)。
3	牲畜伤亡	牲畜伤亡数(头或只)。
4	电力设施	电力设施包含电力供应和电力设施二部分。 1. 电力供应：电力供应正常、限制供电时间(h)和中断供电时间(h)。 2. 电力设施：发电厂受损(个)、供电线路受损(km)及变电站受损(个)。
5	生产和生活供水状况	分生产供水状况和生活供水状况二部分。 监测内容：供水状况正常、限制供水时间段(h)和中断供水时间(h)。
6	生产供水和生活供气状况	分生产供水状况和生活供气状况二部分。 监测内容：供气状况正常、限制供气时间段(h)和中断供气时间(h)。
7	通信状况	通信状况分电信、移动、网络三类。 每一类以正常、中断(h)两种方式表述。
8	直接经济损失	因雷电灾害所造成的直接经济损失(万元)。
9	间接经济损失	因雷电灾害所造成的间接经济损失(万元)。
10	其他	依据实际情况作记录说明。

7.3.3 突发雷电灾害事件的应急响应

作为一类气象灾害，突发雷电灾害事件由气象主管机构的各级应急气象服务办公室，负责组织、管理、协调本行政区域内的突发公共事件应急气象服务工作。

必须制定雷电灾害应急预案，对可能发生雷电事故的提出合理的预防对策和抢救措施。在雷电突发公共事件发生后，应急气象服务办公室应负责应急气象服务指挥中心的响应。应急气象服务办公室应负责向上、下级应急气象服务办公室和行政辖区内同级地方政府通报突发公共事件应急气象服务的信息。

应急气象服务办公室接到上、下级或本行政区域周边的突发公共事件情况通报后，应及时做好应急气象服务所需人员组织与物资准备工作，服从上级应急气象服务办公室的统一指挥和调度，有必要时支援突发公共事件发生地区的应急气象服务工作。

县(区)以上级应急气象服务办公室应对行政辖区内的下级应急气象服务工作提供技术支持。各级专家组应根据雷电灾害应急预案通过应急气象服务办公室对突发公共事件应急气象服务给予必要的指导，为应急气象服务提供决策建议。例如，中国气象局提出的应急气象服务同级响应流程见图 7.9。

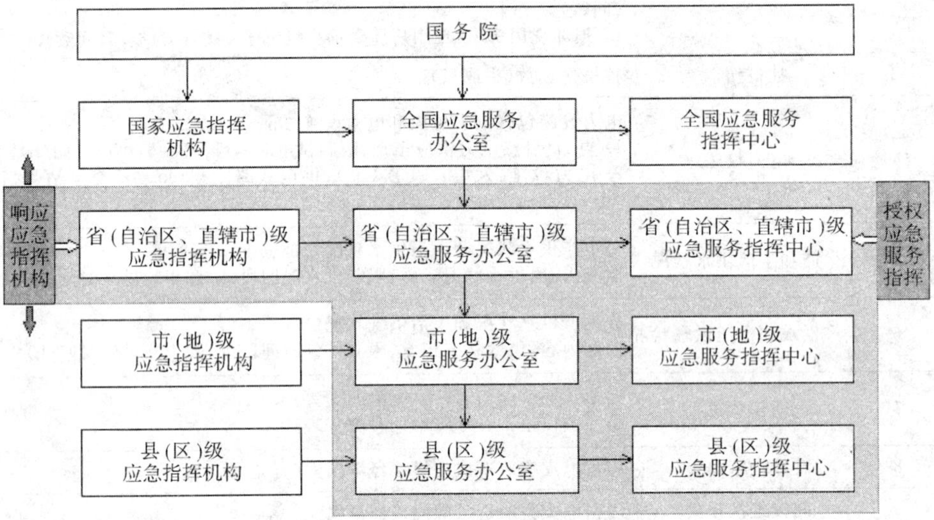

图 7.9 应急气象服务同级响应流程(以省级应急指挥机构响应为例)

深色区域为应急气象服务响应；无色区域为应急气象服务不响应；黑体箭头表示应急指挥机构响应等级的升降。

7.3.4　雷电灾害风险区划

对雷电灾害而言，灾害的发生是由致灾环境的危险性和承灾体的易损性决定的。致灾环境危险性的存在和产生在很大程度上是自然的。雷电灾害的孕育、发生、发展与区域环境状况有密切关系，与地理地貌、地质条件、纬度、海拔高度、气候环境等有关。而承灾体的易损性主要由人为因素支配，与人类活动方式、建筑物或构筑物形状、结构形式、施工质量、使用性质、人文环境以及经济发展水平等有关。相同强度的雷电流作用在不同的承灾体上会造成不同的损失和后果。

(1)灾害风险评价与区划一般方法

1)概率和统计方法

①用概率和统计方法进行雷电事件的频数分布

对于发生频率相对较大的雷电事件，研究其发生频率与强度具有重要的意义。其常用的方法有泊松分布分析法(参见本书第二章2.3.2.2节常见离散型随机变量概率分布)。

②等级排序统计与幂次定律分布分析

幂次定律分布(power law distribution)对复杂的自然和社会现象能够很好地表达。自然灾害损失样本作为一种概率事件满足幂次定律分布。用幂次定律分布来说明灾害损失数据样本达到一定的数量以后，其经济损失与等级排序二者间的对数值呈线性关系。MacDonld等(1997)对美国飓风和洪水灾害的等级规模和幂次定律分布研究中的发现证实了美国飓风灾害和洪水灾害存在着幂次定律分布现象。

等次排列统计的第一步需要将样本进行排序：

$$L_1 > L_2 > L_3 > \cdots > L_x > \cdots > L_{n-1} > L_n$$

其中 L_1 为最大值，L_n 最小值。这种排序统计对分析经济损失的最小值和最大值很有帮助，而我们一般关心最大值的分布。根据一般统计经验，等级为 x 的损失值 L_x 和 x 的大小有关，而且他们之间近似呈指数分布关系，即：

$$L_x \sim Fx^{-\frac{1}{\alpha}}$$

根据Zipf排序法则，两边取对数得：

$$\lg L_x \sim \lg F - \frac{1}{\alpha}\lg x$$

可见，只要能确定参数 α 的大小，就能对样本分布进行一定的评估。幂次函数定律用来分析今天很多的复杂现象。

Mandelbro 等对幂次定律分布尺度的范围进行了分析，发现尺度的改变并不影响其分布的形式，这种形式不变的性质体现了自然界的相关性。

从上面的关系中易知，幂次函数的均值 $E(L)$ 和方差 $Var(L)$ 为：

$$E(L) = \frac{\alpha L_{\min}}{\alpha - 1}$$

$$Var(L) = \frac{\alpha L_{\min}^2}{(\alpha - 1)^2(\alpha - 2)}$$

其中，若 $\alpha<1$，则均值不存在，若 $\alpha<2$，则方差不存在。

2)灾害风险区域评价指数法

自然灾害风险是危险性、暴露性和易损性以及防灾减灾机制和能力相互综合作用的结果。所以，自然灾害风险的程度应该与这四个因素相关：

$$\text{自然灾害风险度} = f(\text{危险性，暴露性，易损性，减灾能力})$$

3) 灾害风险区域综合评价法

综合评价法包括层次分析法、模糊综合评判法、灰色关联度分析法、人工神经网络评价法、灰色综合评价法、加权综合评价法、主成分分析评价法、因子分析法、定量化理论以及最优分割法。

4)LEC 评价法(人间生存环境风险评价法)

LEC 评价法认为，影响环境风险的主要因素有 3 个：灾害事故发生的可能性大小(L)；暴露于危险环境的频繁程度(E)；灾害事故可能造成的后果(C)。

环境风险的大小可用下式表达：

$$R = LEC$$

R 值越大，说明环境的风险越大，需要增加风险防范措施，或减少发生事故的可能性，或减少人体暴露于危险环境的频繁程度，或减轻事故损失，直至调整到允许范围。

5)基于信息扩散理论的风险评价法

信息扩散是为了弥补信息不足而考虑优化利用样本模糊信息的一种对样

本进行集值化的模糊数学处理方法。该方法可以将一个有观测值的样本，变成一个模糊集，也就是将单值样本变成集值样本，最常用的模型是正态扩散模型。

6)基于地理信息系统的风险评价与区划方法

利用 GIS 具有的强大空间分析和图形表达能力可以直接为灾害监测预警、风险评价与区划和减灾工作提供决策服务，本书前几章多次介绍到有关内容。

(2)主成分分析法进行雷电灾害风险评价与区划的主要评价指标

雷电灾害风险区域风险度是雷电风险与处理风险的社会和经济能力的综合量度。根据风险评价与区划方法中常用的主成分分析法，考虑雷电自然发生的危险性、承灾体的暴露性、经济易损性和社会易损性等方面的内容，从雷电灾害发生的自然背景(区域雷电活动规律、雷电灾害的时空分布等)、承灾体属性(结构、用途、抗雷电能力等)、社会经济背景(区域经济发展水平、区域人口分布等)大致可以确定以下几个评价指标：

1)区域雷击大地密度 N_g：是指一定时间内(一年)单位面积上的雷击大地的年平均次数。N_g 可以直接是多年的雷电定位网闪电监测统计数据，也可以根据区域雷暴日换算而得，例如，$N_g=\alpha T_d^{1+c}$。具体使用公式可参考本书第六章 6.3.1 节相关内容。

2)区域强雷击密度 N_y：区域强雷击密度是指一定时间内单位面积上发生超过该区域一般类型建筑物所能承受的最大雷电流强度阈值的地闪次数。这里的一般类型建筑物所能承受的最大雷电流强度与该区域主要的建筑结构有关。一般砖混结构的建筑物可选取 50 kA 为该建筑物所能承受的最大雷电流强度。钢筋混凝土框架结构建筑物可选取 100 kA 为该建筑物所能承受的最大雷电流强度。若重点考虑雷电流对电气电子设备的损害，可以更多地考虑以失效电流 I_a 为可承受的最大雷电流强度。区域强雷击密度 N_y 可用强地闪次数与区域面积的商来确定，即 N_y 等于强地闪次数/区域面积，单位是次/km^2。这里，以 10 km×10 km 或为 5 km×5 km 雷电灾害风险区划基本单元较为合理，因为目前闪电定位系统的定位精度为数千米。

3)雷电灾害频数 N_Z：雷电灾害频数是指区域内发生雷电灾害的年平均次数，可用 N 年区域雷电灾害次数/N 来确定，单位为次/年。应注意发生雷击地闪不一定产生雷电灾害。

4)经济损失指标 L_j：经济损失指标是指一定时期内区域单位区域面积上的雷电灾害经济损失数额，可用区域雷电灾害经济损失数额/区域面积来确定，单位为万元/km²。

5)人员伤亡损失指标 L_r：人员伤亡损失指标是指一定时期内区域单位面积上的雷电灾害中人员伤亡人数，可用区域雷电灾害人员伤亡人数/区域面积来确定，单位为人/km²。

6)人员密度指数 N_r：人员密度反映了雷电灾害发生时的人员伤亡隐患，人口密度越大，社会结构越复杂，雷电灾害发生时可能造成的损失就越大。该指标单位为人/km²。

7)人均国民生产总值指标 N_G：区域人均国民生产总值直接反映了区域经济发展水平的差异，是区域易损性的重要指标，该指标单位为万元/人。

以上指标中前三个指标反映了区域受灾的可能性；第四、第五指标反映历年受灾程度；最后两个指标反映了区域受灾隐患以及抵御灾害的能力。

在确定了评价指标后，可以用灾害风险区域综合评价法中的主成分分析法以及聚类分析法等进行雷电灾害风险评价与区划。主成分分析法以及聚类分析法参见第二章 2.5 节相关内容。

7.3.5　防雷减灾有关法律法规

防雷减灾是我国防灾减灾可持续发展战略的重要内容之一，关系到国民经济建设、社会发展与稳定和人民生命财产安全。为了加强防雷减灾管理工作，国家出台了一系列法律法规来加强防雷减灾的管理，规范雷电灾害风险评估、防雷工程检测、设计、施工、审核验收等工作。

这些法律法规为增强我国气象灾害防御能力，防止和减轻气象灾害损失，提供了有力的法律保障。是完善自然灾害防御体系，积极应对气候变化，实现人与自然和谐相处的一项重大举措。标志着我国气象灾害防御工作进入了法制化、制度化、规范化的新阶段。

(1)中华人民共和国气象法

长期以来，尽管雷电灾害防御工作得到了各级人民政府及其有关部门的高度重视，雷电灾害防御工作取得了明显的成效，但是，也有许多亟待解决的突出问题。为了明确职责，理顺关系，完善法制建设，强化依法管理，有效地防御和减轻雷电灾害造成的损失，1999 年 10 月 31 日，第九届全国人民代表大会常务委员会第十二次会议通过《中华人民共和国气象法》(中华人民共和国主席令第 23 号)，自 2000 年 1 月 1 日起施行。自此，国家首次明确气象部门作为防雷减灾工作的主管机构，负责指导全国防御雷电减灾防灾工作。

雷电管理主要是指对全社会防雷减灾活动的各个方面的规范性管理，主要包括：

组织制定防雷减灾方面的管理法规；

制定全国防雷减灾规划、计划；

组织建立全国雷电监测网；

组织对雷电灾害的研究、监测、预警、灾情调查与鉴定；

对防雷工程的专业设计、施工、检测的监督管理。

此外，为了防御雷电灾害造成的损失，对可能遭受雷击的建筑物、构筑物和其他设施应按规定安装雷电灾害防护装置。但是，这些防护装置是否合格并能真正起到防雷作用，需要定期对其进行检测，为了保证雷电灾害防护装置检测工作的顺利进行，国家要求气象主管机构会同有关部门指导对可能遭受雷击的建筑物、构筑物和其他设施安装的雷电灾害防护装置的检测工作。

气象法同时要求安装的雷电灾害防护装置应当符合国务院气象主管机构规定的使用要求。安装或者使用不符合使用要求的雷电灾害防护装置应承担法律责任。

(2)《防雷减灾管理办法》(中国气象局第 8 号令)

依据《气象法》、《行政许可法》、《国务院 412 号令》，2005 年中国气象局出台了《防雷减灾管理办法》。

该办法要求国务院气象主管机构应当组织有关部门按照合理布局、信息共享、有效利用的原则，规划全国雷电监测网。地方各级气象主管机构应当组织本行政区域内的雷电监测网建设；要求气象主管机构加强雷电灾害预警系统的建设，开展雷电监测、预报业务并及时向社会发布。

办法还提出了防雷专业资质认定制度，由省级气象主管机构负责资质认定，授权省级制定具体办法。实现防雷工程专业设计、施工的三级管理。

办法还提出了防雷装置设计审核和竣工验收制度、防雷装置检测制度、雷电灾害调查、鉴定和评估制度、防雷产品管理制度和专业技术人员管理制度。

其中雷电灾害调查、鉴定和评估制度主要内容是针对大型建设工程、重点工程、爆炸危险环境开展雷击风险评估，向当地人民政府和上级气象主管机构上报本行政区域内的重大雷电灾情和年度雷电灾害情况。有关组织和个人的义务须及时报告，协助调查与鉴定。

7.4 雷电灾害风险控制措施案例

本节我们根据本书中黄山风景区雷击风险评估结论提出初步的防雷技术措施。

根据本书前面对黄山风景区的雷击灾害风险评估内容来看，确定需要加强风景区的防雷工程建设。防雷工程涉及黄山景区重要的名松、奇石的防护，涉及黄山建筑的防护工程实施。必须提出有针对性的防雷设计方案。

7.4.1 控制措施设计依据

控制措施提出的主要依据有：

IEC 62305-2, Protection against lightning— Part 2: risk management 雷电防护——第 2 部分:风险管理

IEC 62305-1, Protection against lightning—Part 1: General principles 雷电防护——第 1 部分:总则

IEC 62305-3, Protection against lightning—Part 3: Physical damages and life hazard in structures 雷电防护——第 3 部分:对建筑物的物理损害和生命危害

GB50057-94(2000 年版),建筑物防雷设计规范

GB-50165《古建筑木结构维护与加固技术规范》

7.4.2 防雷技术方案设计

风险控制对策主要考虑以下几个方面：

1)针对景区名松的防雷；

2)针对景区奇石的雷电防护措施；

3)针对景区建筑物特别是曙光亭一类建筑的雷电防护措施；

4)黄山风景区防雷通用控制措施。

7.4.3 以龙爪松为例的雷电灾害风险控制对策

由于黄山风景区是世界文化遗产和自然遗产，为保护这些珍贵遗产的原样性不被破坏，传统意义上的防雷措施大多无法实施。因此，需要有更适合的雷

电灾害风险控制对策。以下是本书研究提供的可供参考的雷电灾害风险控制对策。

工程控制是一种积极进取的风险控制对策，针对黄山松雷电保护的特殊情况，一般不易采取在龙爪松上直接安装避雷针的传统方法。否则将破坏自然遗产的原样性。可以采取的措施有：

(1)针对类似于龙爪松根部有较多岩土的情况，为防止危险的跨步电压，可以采用类似于防护埋在地下的石油管道、电缆等设施免遭雷害的方法。

闪电落地点会形成半球形的导电域(如果土壤电阻率均匀)，导电域内出现陡峭的电位降。当土壤电阻率为 1000 Ω·m、雷电流为 100 kA 时，导电半球的半径的典型值为 2～3 m，当电阻率为 10000 Ω·m 时，半径将增大 10 倍。所以：

a. 使用隔离栅栏

使用隔离栅栏的方法可以有效防止危险的跨步电压。隔离栅栏距离树干和树根最好在 3 m 以上。

b. 增加表面阻抗

黄山龙爪松树干虽然距离栅栏超过 3 m，但多根树根延伸到了人行道附近，有可能引来雷电流。这种情况下采取的对策是在龙爪松附近的 10 m 范围内，在人行道石板下铺设一层沥青，以增加表面阻抗，防止陡峭的电位降引起的跨步电压威胁。

c. 使用金属消弧线

当地下电缆游览人行道与大树(高度在 6 m 以上)以及地下水出口处的间隔距离太小时，可采用金属消弧线保护。消弧线能使雷电流从消弧线上入地，因而能够降低游道和大树等物之间的电位差，能防止大树被雷击后在树根与游道之间发生电弧击穿现象，从而达到保护游道上游人的目的。

消弧线一般选用镀锌扁钢或圆钢，安装在游道与大树等物体之间，做成半圆弧形包围大树等物的一侧，埋深约为数十厘米。消弧线的两端都要连在接地装置上，接地装置设在远离人行道的一侧，接地电阻阻值应尽量小(图 7.10，表 7.4)。

此种方法的施工必须确保不要伤及树根，由于龙爪松树根沿表土向四周延伸，故消弧线的半径较大，可能不易实施。其他需保护的名松，若条件允许的话，都可采用这种方法。

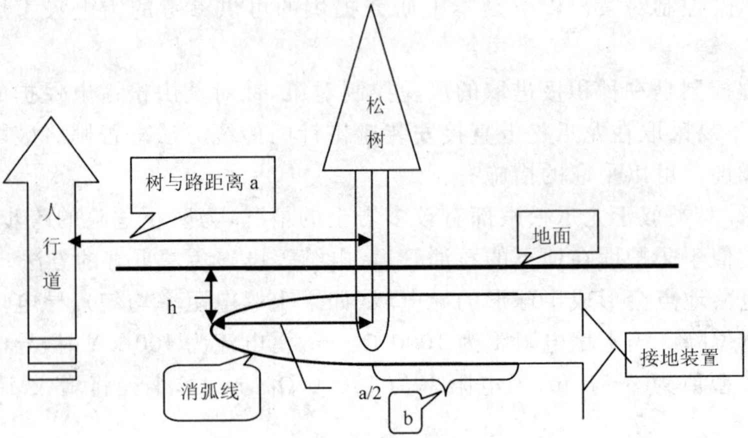

图 7.10 金属消弧线原理图

表 7.4 *ab* 的取值

土壤电阻率 ρ(Ω·m)	距离 a(m)	距离 b(m)
$\rho \leqslant 100$	⩾13	2
	<13	$15-a$
$100<\rho \leqslant 500$	⩾18	2
	<18	$20-a$
$\rho>500$	⩾23	2
	<23	$25-a$

(2)在邻近松树上架设避雷针

采取在龙爪松上直接安装避雷针的传统方法有碍观瞻,它破坏了原有的生态景观。但在龙爪松旁侧 20 m 处远离人行道的地方有松树高约 15 m,若在此松树上安装避雷针的方法可以接受的话,不失为保护龙爪松的有效方法。由于该树本身就较高,离开龙爪松的距离也比较合适且远离人行道游客的视线,如果增加一个涂了绿色油漆的接闪器对自然景观的影响应该不大。

该避雷针的架设方法要考虑接闪器、引线下与松树绝缘,其接地采用多根水平接地带向与龙爪松相反的方向铺设。

该方法的缺点是可能会破坏原有格局,反而增加局地雷击频次,形成新的风险。避雷针的使用使得在避雷针保护范围内的人员、龙爪松等不易遭受直接雷击，消除了直击雷击风险。但由于避雷针的原理是通过尖端放电主动吸引、接闪雷电，通过“牺牲”避雷针本体保护他人或他物。由此带来的问题是，有了避雷针，本地的雷击频次可能反而会增加(避雷针相对较高，尖端电场畸变等原因导致更容易形成大气放电)。

(3)为了保护黄山风景区的原生态，基本上不考虑单独设立类似于防雷避雨亭等的专门防雷设施。但要充分利用已有建筑加强或改造成具有直击雷防护功能的建筑物或避雷亭，以供游人及时疏散避雷。通过本项目现场勘察，发现黄山风景区的许多建筑物或没有防雷设施，或原有防雷设施已损坏不能满足防雷要求，急需整改。

7.4.4　黄山奇石防护措施

根据对飞来石和手机石等进行的雷电风险评估(内容略)结果可知，这些地方的雷击灾害风险都较大，主要是雷电人身安全风险，需要加强雷电防护措施，但这些地方的防雷工程不易实施，或无法实施(破坏景观、接地困难)，故可主要采取行政控制政策减小该风险。如加强黄山景区的雷暴预警水平，完善黄山景区危险天气的实时广播系统，建设短信群发平台，保证景区游客提前疏散，躲避，以此控制人员生命损失的风险。

采取这些措施后，飞来石因子 h_z 降为 1，r_f缩减至少一个数量级，人员伤亡风险 R_1 的值可以降低到 R_T 以下，风险大为降低。

7.4.5　以曙光亭为例的防雷工程改造方案

曙光亭建筑海拔 1625 m，占地 10 m^2，亭体为石质结构，基石主要为花岗岩，石板地表以下数十厘米 左右为岩石风化后形成的颗粒状沙石土层，其水分含量较大。经实测，其土壤电阻率约 3200 Ω · m。在实地勘察的基础上，依据《建筑物防雷设计规范》(G B50057-94)、《古建筑木结构维护与加固技术规范》(GB-50165)等国家标准，并参考《建筑物防雷设施安装》图集中“古建筑物防雷方法”，提出曙光亭建筑防雷改造设计方案。

(1)LPS 的设计

1)接闪器的设计

为不影响曙光亭文物建筑的原貌，并使之具有一定观赏性，在对其进行防雷设计时采用了在建筑物最容易遭雷击的部位安装短避雷针和避雷带作为接闪器的方法。曙光亭建筑的飞檐翘角超出了设计短避雷针的保护范围，容易成为雷电目标，若仍采用避雷针对其进行保护，则必然要增加避雷针高度，这有损文物建筑的外观。为此，可在其局部屋脊和檐角上采用辅助避雷带来达到保护目的。或在屋檐翘角处将避雷带端部向外翘起形成小突针，使针尖到地面的垂线与针尖的保护外缘线之间构成60°保护角。

为了使在文物建筑上的避雷针安装牢固，应尽量将其插入砖墙或水泥中，且其插入砖墙的部分为针高的1/3，插入水泥的部分为针高的1/4（图7.11）。如果已有较厚的混凝土或石板，也可钻孔安装膨胀螺栓的方法固定避雷短针。屋脊上若不能安装避雷针，可选择安装避雷带。在安装避雷带时，可采用40 mm×4 mm镀锌扁钢作为支撑卡子将避雷带连接起来（图7.12），亦可采用更加美观的镀锌圆钢支架。接闪器可参考的各种安装方式有以下几种。

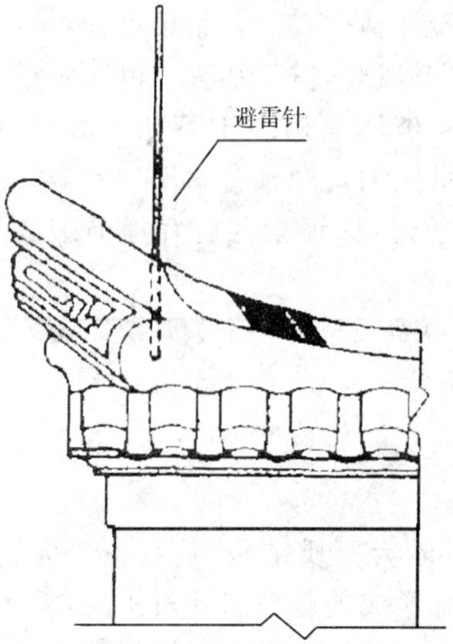

图7.11 避雷针安装示意图

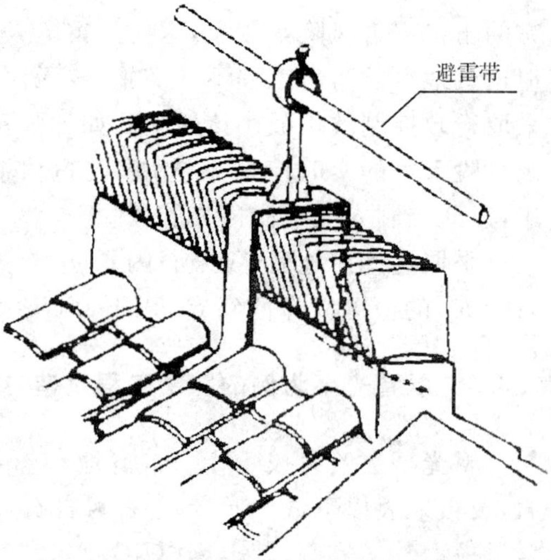

图7.12 避雷带安装示意图

2)引下线的设计

引下线的布设与安装一定要考虑有人在亭下躲雨时离引下线很近的可能性，这会引起接触电压和旁络闪击，一定要加强绝缘。如果亭柱是中空石柱，可以将引下线从中空柱子内部引下。若不然，只能采取带良好绝缘的镀锌圆钢或扁钢引下。若是四方柱，建议一般情况下使用40 mm×4 mm的扁钢紧贴柱面引下，绝缘物的颜色尽量与亭柱一致，以减少对景观的影响。

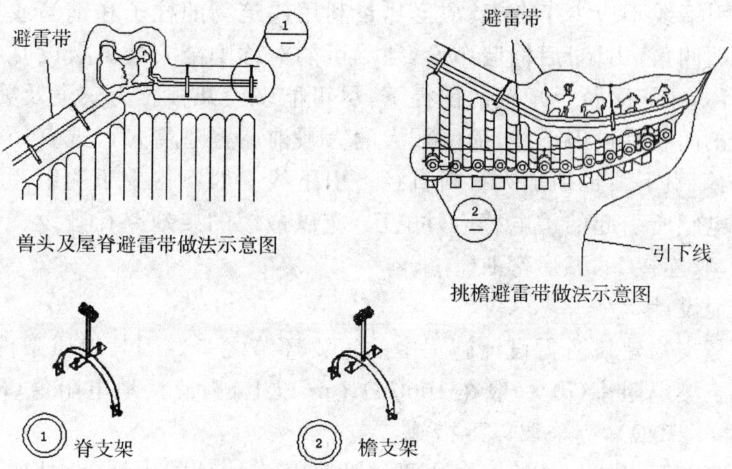

图 7.13　避雷带安装支架示意图

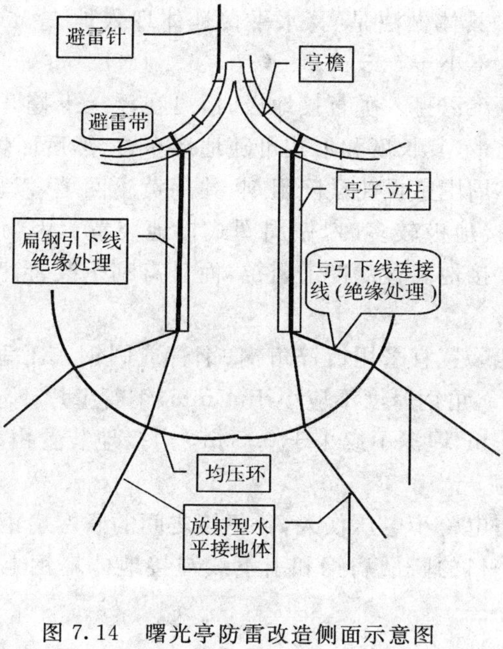

图 7.14　曙光亭防雷改造侧面示意图

防雷引下线不应少于两根，应当尽量利用建筑物的柱子和钢筋或者从古建筑物外立面四角、山墙、后檐墙布设，须尽可能对称隐蔽安装。敷设时应注意引下线要对称，在间距符合规范的前提下，尽可能多设几根。为安全及美观起见，古建筑物正面不宜设引下线，面阔较大的大殿前屋檐避雷带可选直径较粗的材料敷设，两端引下线也须加大材料直径。引下线一般不得少于两组。为减少引下线自身电感所引起的雷电感应过电压，应以最短的接地路径敷设。引下线弯曲应采用“软连接”的弧形弯曲。

3)接地设计

接地是文物建筑防雷设计施工中的重要环节之一。因其地质条件特殊，黄山风景区土壤电阻率(ρ)一般在1000 Ω·m以上，为使接地电阻值(R)达到规范要求($R \leqslant 10$ Ω)，应采取以下措施：

①从两个引下线处外引两条水平接地带至5 m外的山坡(此处的水平接地带必须用沥青包裹或在整个亭子的地砖或石板下敷设50～80 mm厚的沥青层，以防止危险的跨步电压!)，在没有人行道的那一面做放射状水平接地带，末端如果能够埋设垂直接地体最好。外围尽可能采用环形接地，环形包围面积越大，接地电阻越小，具体做法是，将水平接地体埋入地表500 mm以下，垂直接地体埋入地下深度不小于0.5 m。

②在山石地区难以打入垂直接地极时，可在浮土下挖开一层数十厘米深的碎石埋入水平接地带，其长度和形式可随地形布置，然后回填现场筛选的浮土。

也可在接地体周围敷设化学降阻剂，并用黄土回填，以保持土壤湿度；当土壤电阻率大，使用接地极较多时，做周圈式接地装置。因为周圈式接地装置的冲击阻抗小于独立接地装置的冲击阻抗，而且有利于改善建筑物内的地电位分布，减小跨步电压。

古建筑的接地装置宜采用镀锌角钢、钢管或圆钢人工垂直接地体，圆钢直径不应小于10 mm，角钢厚度不应小于4 mm，钢管壁厚不应小于3.5 mm。接地体长度宜为2.5 m，埋深不应小于0.5 m，当接地装置由多根接地体组成时，其接地体间距宜为5m。

③为了防止雷电跨步电压伤人，各建筑之间的联网扁钢埋设深度为1 m，并在距建筑物出(人)口的联网扁钢和引下线与接地体扁钢上包裹上50～80 mm厚的沥青层。

7.4.6　风险控制对策之行政措施——通用风险控制对策

(1)雷电预警、游客疏散

先期消除是最完全彻底的雷电灾害风险消除方法，也是较常见的一种回避方式。防雷技术中的A(Avoiding)即为躲避、消除的意思。为实现该项技术，必须做到以下几点：

1)为风景区决策者提供信息和通讯保障的指挥系统，以期做出有时效性的合理有效的雷电灾害管理决策。

2)建立雷电灾害预警预报系统和应急广播、疏散、避灾系统

黄山管委会应建立与气象部门联动的预警机制，争取做到半小时到一小时的雷电临近预报，在雷电来临之际暂停游客上山、利用应急广播系统或短信及电子屏幕等手段及时由风景区工作人员通知和疏导游客下山或到已建立并符合要求的避雨避雷亭或建筑物中躲雨。

3)加强对游人进行防雷知识的宣传、普及工作，以期提高公众防雷意识

风景区管委会应当在主要景点增加人身防雷安全的警示工作，尤其是在雷雨天气增加电子显示屏中有关人身雷电安全的滚动警示播出。

4)加强对风景区工作人员的防雷安全教育、安全检查

实践证明，仅仅靠实施防雷工程技术，不能完全控制风险。要更多地考虑风险的人为因素。应加强对风景区工作人员的防雷安全教育，防雷知识培训。雷雨天气应主要由分散在景区内的大量工作人员(包括数量较多清洁工)加强防雷避险的引导工作，前提是这些工作人员必须掌握基本的防雷常识。

(2)健全应急机制，完善应急程序

应急程序即制定紧急事态中使用的程序。当突发风险事件已经发生，一个强有力的风险响应应急机制将使得抗灾行动目标明确、组织有序，能极大地减轻风险造成的损失严重程度。

风景区管委会应当制定抗击包括雷电等气象灾害的应急预案。一旦风险事件发生，立刻启动相应级别的灾害应急响应预案。

(3)游道的防雷问题

遍布于整个黄山风景区的上山游道旁一般都有防止游客跌落的用石柱固定的铁链或金属栏杆。由于金属的吸引作用导致雷击的选择性提高，同时由于大多数黄山山道电阻率非常高，故接地电阻无法降低到安全的水平，这对经常

处于拥挤状态的游道上的游客来讲，具有较高的人身雷电安全隐患。此时，应将景区游道四周的铁栏杆或铁链拆除或置换成非金属材料，比如麻绳，这样至少可以减少雷击的几率。

7.4.7 适用于风景区的人身雷电防护常识

中国气象局编写的防雷避险手册适用于黄山人身雷电防护。

(1)自我预估雷电是否来临

a. 仰望天空，当天空中的浓密乌云(积雨云)开始堆积变大变黑时、发展很快时，就有可能发生雷电。

b. 估计距离：判断雷电何时将到达本地的最简单方法是，当看到闪电的一瞬间马上读秒，由于光速为每秒 30 万 km 与空气中的声速 340 m/s 相比有明显的差距，所以，在闪电与伴随的雷声之间，会有一定的时间差。如果看见闪电后和听见雷声之间的时间间隔为 5 s，表示雷闪发生在离自己约 1.5 km 左右的位置；如果是 1 s，也就是一眨眼的时间就会听见雷声，说明雷闪位置就在附近 300 m 左右。当遇到雷雨天气时，可以记住每次听到雷声与看见闪电的时间间隔是越来越长，还是越来越短，以此来判断雷雨是逐渐远离而去，还是越来越近，从而采取一定的防范措施。

c. 自我感觉：当你感觉到自己的头发竖起或皮肤有异样感觉时，那很可能就将受到雷击，此时，要立即采取措施，进行自我保护。

(2) 在旷野无法躲入有防雷装置的建筑物内时，应远离树木等高耸孤立的物体，尽量避开一些特别容易受到雷击的小块区域，如岩石断层处，较大的岩体缝隙处，埋藏的金属管道地面出口处等。

a. 头顶电闪雷鸣时(俗称“炸雷”)，如果找不到合适的避雷场所时，应找一块地势低的地方，尽量降低重心和减少人体与地面的接触面积，可蹲下，双脚并拢，手放膝上，身向前屈，临时躲避，千万不要躺在地上，如能披上雨衣，防雷效果就更好，注意大家不要集中在一起，或者手拉手靠在一起。

b. 在空旷场地不要使用有金属尖端的雨伞。在蹲下避雷时最好将身上金属物摘下，放在几米距离之外，尤其要将戴的金属框眼镜拿下来。

c. 赶路时，如果打雷，切忌狂奔。万一发生不幸的雷击事件，同行者要及时报警求救，同时为伤员或假死者做人工呼吸和体外心脏按摩。

参考文献

蔡锁章.数学建模原理与方法.北京:海洋出版社,2000.

洪锡熙.风险管理[M].广州:暨南大学出版社,1999.

胡政,孙昭民.灾害风险评估与保险[M].北京:地震出版社,1999.

黄崇福.自然灾害风险分析[M].北京:北京师范大学出版社,2001.

李家启.防雷减灾管理及其法律制度研究[M].北京:气象出版社,2006.

刘新立.风险管理[M].北京:北京大学出版社,2006.

陆雍森.环境评价(第二版)[M].上海:同济大学出版社,1999.

罗恩·顿波,安德鲁·弗里曼(黄向阳,孙涛,译).风险规则[M].北京:中国人民大学出版社,2000.

马民书.风险论.北京:军事科学出版社,2000.

南开大学数学系,概率与统计预报及在地震与气象中的应用,北京:科学出版社,1978.

邱菀华.现代项目风险管理方法与实践[M].北京:科学出版社,2003.

苏桂武,高庆华.自然灾害风险的行为主体特性与时间尺度问题[J].自然灾害学报,2003,**12**(1):9—16.

王道洪等.雷电与人工引雷.上海:上海交通大学出版社.2000.

王润.20世纪重大自然灾害评析[J].自然灾害学报,2000(4):10.

王润等.20世纪重大自然灾害评析[J].自然灾害学报,(4):10.2000.

谢季坚等.模糊数学方法及其应用[M].武汉:华中科技大学出版社,2000.

邢文训.现代优化计算方法[M].北京:清华大学出版社,1999.

杨仲江,李玉照.从扬州重宁寺藏经楼雷击事故看古建筑防雷[J].建筑电气,**28**(10):40-42.

杨仲江,唐晓峰.逐步消空法在雷电潜势预报中的应用[J].气象科学,**29**(6):810-814,2009.

杨仲江.热电厂雷电灾害实例与分析[J].灾害学,2008(2).

易丹辉.统计预测——方法与应用[M].北京:中国统计出版社,2001.

于义良,张银生.实用概率统计[M].北京:中国人民大学出版社,2002.

曾维华等.环境灾害学引论[M].北京:中国环境科学出版社,2000.

张春山,吴满路.地质灾害风险评估方法及展望[J].自然灾害学报,2003,**12**(1):96-102.

张继权,李宁.主要气象灾害风险评价与管理的数量化方法及其应用[M].北京:北京师范大学出版社,2007.

张腾飞,尹丽云,许云杰等.2007年5—8月云南省雷电活动特点和致灾因子分析[J].灾害学,2009,24(1):73—79.

中国气象局.雷电灾害调查技术规范(征求意见稿)[S].

中国气象局.防雷手册[M].北京:气象出版社,2005.

钟万强.雷电灾害风险评估的参数研究.硕士学位论文,2007.

朱奎荣,杨仲江.复杂建筑物的等效面积计算——AutoCAD在雷电风险评估中的应用[J].第六届中国国际防雷论坛论文集.

Cagno E, Giulio A Di, Trucoo P. Risk and causes of risk assessment for an effective industrial safety management [J]. *International Journal of Reliability, Quality and Safety Engineering*, **7**(2): 113—128.

Edwin Kessler. The Thunderstorm in Human Affairs[M]. USA: University of Oklahoma Press, Norman, 1983.

Edwin Kessler. Thunderstorm Morphology and Dynamics[M]. USA: University of Oklahoma Press, Norman, 1985. 雷暴形态学和动力学. 包澄澜等译. 北京:气象出版社,1991.

Frank K Reilly, Keith C Brown. Investment Analysis and Portfolio Management (5th ed.)[M]. USA: The Dryden Press, 1997: 6—14.

Golde R H. Lighting 雷电(上卷). 周诗健等译. 北京:电力工业出版社,1982.

IEC 60079-10:2002. Electrical apparatus for explosive gas atmosphere — Part 10:Classification of hazardous areas[S]. 爆炸气体环境中的电气设施——第 10 部分:危险区域的分类.

IEC 61241-10:2004. Electrical apparatus for use in the presence of combustible dust —Part 10:Classification of areas where combustible dusts are or may be present[S]. 有可燃粉尘场合用电气设备,第 10 部分:可燃粉尘场合的分类.

IEC 62305-1, Protection against lightning — Part 1: General principles[S]. 雷电防护——第 1 部分:总则. 2006.

IEC 62305-2,Protection against lightning —Part 2:Risk management[S]. 雷电防护——第 2 部分:风险管理. 2006.

IEC 62305-3, Protection against lightning — Part 3: Physical damages and life hazard in structures[S]. 雷电防护——第 3 部分:对建筑物的物理损害和生命危害.

IEC 62305-4, Protection against lightning —Part 4: Electrical and electronic systems within structures 雷电防护——第 4 部分:建筑物内的电气和电子系统.

Illingworth. Charge Separation in Thunderstorm:Small Scale processes. *J. G. R*,**90**(D4):6027. 1985.

ITU. ITU-T k. 39 标准(建议). 通信局站雷电损坏危险的评估,1996.

ITU-T Recommendation K. 46:2000,Protection of telecommunication lines using metallic symmetric conductors against lightning induced surges.

ITU-T Recommendation K. 47:2000,Protection of telecommunication lines using metallic conductors against direct lightning discharges.

Kirk Stinchcombe,Robert B. Gibson. Strategic environmental assessment as a means of pursuing sustainability: Ten advantages and ten challenges. *Journal of Environmental Assessment Policy and Management*, **3**(3). 2001.

Lo C F, Yuen P H, Hui C H. Option risk measurement with time-dependent parameters[J]. *International Journal of Theoretical and Applied Finance*, **3**(3): 581—589. 2000.

Mansell *et al*. Simulated three-dimensional branched lightning in a numerical thunderstorm model. *J. G. R*,**107**(D9). 2002.

Pillay A, Wang J. Risk assessment of fishing vessels using fuzzy set approach [J]. *International Journal of Reliability, Quality and Safety Engineering*, **9**(2): 163-181. 2002.

Thomas B. Fischer. Strategic environmental assessment performance criteria —The same requirement for every assessment[J]. *Journal of Environmental Assessment Policy and Management*, **4**(1). 2002.

William J Petak, Arthur A. Atkisson(向立云,等译). 自然灾害风险评估与减灾政策 [M]. 北京:地震出版社,1993.

William J. Petak, Arthur A. Atkisson[美]. 自然灾害风险评估与减灾政策[M]. 北京:地震出版社,1993.

Willianms,C. Arthui. Jr. ,Michael L. Smith,and Peter C. Yony:Risk Management and Insurancc,7th Edition,McGraw-Hill,Inc. ,1995.

附录1 “金相法”对雷灾提取物的检测

1 原理

铜铝导线无论是火灾作用熔化还是短路电弧高温熔化，除全部烧失外，一般均能查找到残留熔痕(尤其是铜导线)，其熔痕外观仍具有能代表当时环境气氛的特征。

一次短路熔痕和二次短路熔痕同属于瞬间电弧高温熔化，具有冷却速度快，熔化范围小的特点，但不同的是前者短路发生在正常环境气氛中，后者短路发生在烟火与温度的气氛中，而被通常火灾热作用熔化的痕迹，其时间、温度又均与短路不同，它具有温度持续时间长，火烧范围大，熔化温度低于短路电弧温度。虽然都属于熔化，但由于不同的环境气氛参与了熔痕形成的全过程，所以保留了熔痕形成时的各自特征，其呈现的金相组织亦有各不相同的特点。

2 方法步骤

金相试样的设备包括选取—镶嵌—磨制—抛光—侵蚀等几个步骤，忽视任何一道工序都会影响组织分析和检验结果的正确程度，甚至造成误判。

2.1 试样制备

制备好的试样应具备：组织有代表性，无假象，组织真实，无磨痕，麻点或水迹等。

2.2 试样选取

提取试样时，必须选择有代表性的部位，应根据火灾现场的实际，确保提取有熔痕、蚀坑等可供鉴定的部位和痕迹。

2.3 取样部位

可在导线有熔化痕迹和有蚀坑痕迹处取样及在其附近的正常部位取样进行横、纵截面检验比较；横向截面是观察熔痕的显微组织精粒度情况，纵向截面是观察熔痕与导线间过渡区的显微组织变化情况。

2.4 试样尺寸

试样尺寸：直径为 12 mm，高为 10 mm 的圆柱体或为 12 mm×12 mm×10 mm的方柱体的不同金属材质。对现场中提取的遗留物其形状特殊或尺寸细小不易握持的试样，可进行镶嵌。

2.5 试样提取

对于细小的试样可用钳子切取；较大试样可用手锯或切割机等切取，必要时也可用气割法截取。但烧割边缘必须与试样保持相当距离，不论用哪种方法取样均应注意试样的温度条件，必要时用水冷却，以避免试样因过热而改变其组织。

2.6 清除污垢

若提取的试样表面沾有油渍，可用苯等有机溶剂溶去，生锈的试样可用过硫酸铵$(NH_4)_2S_2O_8$ 或磷酸洗净。至于其他简便去油除锈的方法亦可应用。

2.7 镶嵌

若试样过小或形状特殊时，可采用下列方法之一镶嵌试样。

(1)塑料或电木粉镶嵌法

可用电木粉、透明电木粉或透明塑料粉在镶嵌机上镶。用电木粉时，加压(170～250)×9.8×10^4 Pa，同时加热至 130～150℃保持 5～7 min，随后慢冷至75℃左右，然后水冷却即成透明镶嵌物。用塑料镶嵌时，其温度、压力及保温时间，视采用塑粉的性质而定，保温以不改变试样的原始组织为宜。

(2)快速镶嵌法

用快速自凝牙托水(甲基丙烯酸甲脂)和自凝牙托粉镶嵌法：首先将直径为

12 mm 的圆柱体紫钢管(或其他材质管材也可)置于玻璃板上,然后将试样放在模具底部,再将快速自凝牙托水和自凝牙托粉按一定比例混合调匀,成糊状时,注入模具内;在冬季室温较低时,可用电吹风加热促使快速凝固,夏季室温较高时,可以自然凝固;待凝固后,将模具除掉,即成镶嵌好的试样。

(3)其他方法

除以上两种方法外,亦可将试样镶铸于低熔点的物质中。如硫磺、火漆、焊接合金(50%锡,50%铅)或武氏合金(50%铋,25%铅,12.5%锡,12.5%铬)等,有机塑料以及其他有效而不影响组织改变的镶嵌方法也可以应用。

2.8　试样的研磨

试样在砂纸上磨制时,用力不宜过大,每次磨制的时间也不可过长,以免变形,用预磨机细磨时,必须边磨边用水冷却,以免磨面过热引起变形。

(1)研磨程序

准备好的试样,先在预磨机上依次由粗到细的各号砂纸上磨制。从粗砂纸到细砂纸,每一次换砂纸时,试样均须转 90°与旧磨痕成垂直方向,向一个方向磨至磨痕完全消失,新磨痕均匀一致时为止。同时每次用水将试样洗净吹干,手亦同时洗净,以免将粗砂粒带到细砂纸上。

(2)粗抛光

经粗磨后的试样,可移到有平呢、台呢或细帆布的抛光机上进行粗抛光。磨盘的直径可为 200～250 mm,转速可为 400～500 r/min,抛光粉可用细氧化铝粉或碳化粉等,抛光时间约为 2～5 min,抛光可用水洗净并吹干。

(3)细抛光

经粗磨后的试样,可移至装有天鹅绒或其他纤维细匀的丝绒抛光盘上进行精抛光。抛光盘直径可为 200～250 mm,转速约为 400～1450 r/min,抛光粉用经水选的极细氧化铝粉、氧化镁粉或人造金刚石研磨膏等。一般抛光到试样上的磨痕完全除去而表面像镜面时为止。抛光后除用水冲净外,建议浸以酒精,再用电吹风吹干,使试样的表面不致有水迹或污物残留。

(4)抛光注意事项

试样在抛光盘上精抛时,用力要轻,须从盘的边缘至中心抛光,并不时滴加少许磨粉悬浮液(用氧化镁粉时应用蒸馏水悬浮液)或不时滴加少量煤油。绒布的湿度以将试样从盘上取下观察时,表面水膜能在两三秒钟内完全蒸发消失为宜。在抛光的完成阶段可将试样与抛光盘的转动方向成相反方向抛光。

试样在抛光时，若发现有较粗的磨痕不易去掉或经抛光后的试样在显微镜下观察发现有凹坑等情形而影响检验结果时，试样应重新磨制。

2.9 试样的浸蚀

精抛后经显微镜检查合适的试样，便可浸入盛于玻璃皿之浸蚀剂中进行浸蚀或揩擦一定时间。浸蚀时，试样可不时地轻微移动，但抛光面不得与皿的底面接触。

(1)浸蚀时间

浸蚀时间视金属的性质、浸蚀液的浓度、检验的目的及显微镜的放大倍数而定。通常高倍观察时，应比低倍观察浸蚀略浅一些。一般由数秒至 30 min 不等，以能在显微镜下清晰显出金属组织为宜。

(2)浸蚀

浸蚀完毕后即刻取出，并迅速用水洗净，表面再用酒精洗净，然后吹干。

若浸蚀程度不足时，视具体情形可继续进行浸蚀，或在抛光盘上重抛后再行浸蚀。若浸蚀过度时，则须在磨盘或砂纸上重新磨好后再行浸蚀。

经过浸蚀后试样表面有金属扰乱现象，原组织不能显出时，可在抛光盘上轻抛后再行浸蚀。一般如此重复数次，扰乱现象即可除去。扰乱现象过于严重，用此法不能全部消除时，则试样须重新磨制。

2.10 浸蚀剂

铜导线和铝导线及钢铁金属常用的化学浸蚀剂建议采用下列几种：

金相浸蚀的配比见附表1。

附表 1

品名	浸蚀剂配比		浸蚀时间
铜导线	$FeCl_3$	5 g	6～8 s
	HCl	50 ml	
	H_2O 或(酒精)	100 ml	
铝导线	NaOH	1～2 g	数秒
	H_2O	100 ml	
钢铁类	HNO_3	2～4 ml	数秒
	酒精	98～96 m	

2.11 显微组织检验

金相检验可用各种类型金相显微镜。显微镜应安装于干燥无尘室中，并安置于稳定的桌面或基座上，最好附有减震装置。

(1) 试样检验

试样检验包括浸蚀前的检验及浸蚀后的检验。浸蚀前主要检验试样的光洁度和磨痕，浸蚀后主要检验试样的显微组织。

(2) 试样观察

在显微镜下观察试样时，一般先用50～100倍放大倍率，当观察细微组织情形时，再换用高倍率。

(3)观察试样注意

取用镜头时，应避免手指接触透镜的表面。

取用镜头时应特别小心，用毕即放入盒内原处。

物镜与试样表面接近时，应以细调节器调节。调节时应注意物镜头部不与试样接触。

镜头表面有污垢时，应先用细软毛笔或无脂的羽毛拂试，然后用擦镜纸或软麂皮擦净，必要时可用二甲苯洗擦。

镜头应贮存于干燥洁净的处所，显微镜不使用时需用防尘罩盖起。

2.12 显微照相

准备作显微照相的试样，应精细磨制，保持清洁。试样的浸蚀程度视照相放大倍数而定。

(1) 放大倍数

照相放大倍数一般为50～1500倍。镜头的选择，视所需要放大倍数而定(依照显微镜说明书适当选配)。在低倍放大率(100倍)情况下，显微镜上使用三棱反射光线以增加亮度及衬度；高倍率时，用平玻璃反射镜以增加分辨率。

(2) 光源

照相使用的光源需调整适宜。所发出的光线需稳定和有足够的强度。照相时应调节光源与聚光的位置，使光束恰好能射入垂直照射器进口的中心，使所得到的影像亮度强弱均匀一致。

(3) 滤光镜

滤光镜应依照物镜的种类而定。若为消色差镜头时,用黄绿色滤光片;若为全消色差镜头时,则用黄、绿、蓝色滤光片均可。

(4) 试样放置

试样应平稳地放在显微镜载物台上,使其平面与显微镜光轴垂直。试样放置后,移动载物台,选择样品上合适的组织部位。并调整显微镜焦距,使影像清晰。

(5) 光圈调节

显微镜的孔径光阑(即光圈)须调节至适当大小,使显微镜所见到的像最清晰;显微镜的视场光阑(即光圈)须调节至适当大小,使影像的光亮范围能在底片大小范围内,并得到最佳的调影像反衬。

(6) 曝光时间

底片的曝光时间依试样情况(金属种类及侵蚀与否)、底片性质和光亮强弱等因素而定。必要时可用分段曝光法先行试验,自动曝光则可不用考虑。

2.13 显影和定影

(1)显影

依照底片的种类选择适当的显影液。显影的温度及时间,应按照底片说明书的规定进行,一般的显影温度为20℃左右。

(2)定影

定影的温度应在以下。底片在定影液内停留的时间一般为20～30 min。定影后的底片用流动清水清洗不少于30 min,然后在无尘的室内晾干。若室温超过23℃,为免除底片软化起见,可于显影后定影前经过加硬手续。普通在2%铬明矾:$KCr(SO_4)_2 \cdot 12H_2O$与2%酸性亚硫酸钠:$NaHSO_3$之水溶液中停留3～5 min。底片在显影及定影时,有乳胶的面必须向上。底片须完全浸入溶液内,并时常晃动。

2.14 晒相

晒相时应依照底片的情况,灯光的强弱选择适当号数的相纸及曝光时间。曝光时间应注意不要太短和太长,应使底片上较暗部分的细致影像线条清晰的显出为度。

（1）晒相后显影和定影

按照相纸的种类而选择显影液。显影时间一般为 1～3 min 左右。显影后相纸可在含有 1.5％醋酸水溶液中稍微浸之，以中和碱性显影液制止显影的作用，然后将相纸浸入定影液中进行定影；相纸在显影液及定影液内时，乳胶面均须向上，并使其完全浸入溶液内。相纸在新鲜定影液中停留的时间为 15 min 左右，若为旧定影液则可酌量延长时间。定影后的相片应在流动清水中漂洗 12 次，每次约 5 min，然后烘干。

3 导线熔痕鉴别

3.1 火烧熔痕

火烧熔痕的金相组织呈现粗大的等轴晶，无空洞，个别熔珠磨面有极少缩孔（多股导线熔痕除外）。

3.2 一次短路熔痕与二次短路熔痕区别

一次短路熔痕的金相组织呈细小的胞状晶或柱状晶；二次短路熔痕的金相组织被很多气孔分割，出现较多粗大的柱状晶或粗大晶界。

一次短路熔珠金相磨面内部气孔小而较少，并较整齐；二次短路熔珠金相磨面内部气孔多而大，且不规整。

一次短路熔珠与导线衔接处的过渡区界限明显；二次短路熔珠与导线衔接处的过渡区界限不太明显。

一次短路熔珠晶界较细，空洞周围的铜和氧化亚铜共晶体较少、不太明显；二次短路熔珠晶界较粗大，空洞周围的铜和氧化亚铜共晶体较多、而且比较明显。

在偏光镜下观察时，一次短路熔珠空洞周围及洞壁的颜色不明显，二次短路熔珠空洞周围及洞壁呈鲜红色、橘红色。

在较复杂的情况下判定一次短路熔痕和二次短路熔痕时，须结合宏观法、成分分析法和火灾现场实际情况等综合分析判定。

附录 2　剩余磁场强度的测量

1　定义

1.1　剩余磁感应强度 remnant magnetization

磁体从磁化至技术饱和并去掉外磁场后，所保留的磁感应强度，称为剩余磁感应强度。

1.2　剩磁数据 data of remnant magnetism

铁磁体被导线短路电流及雷电流形成的磁场磁化后所保留的磁性数值，单位为毫特斯拉(mT)。

1.3　短路熔痕 short circuited melted mark

铜铝导线发生短路而形成的熔化痕迹。

1.4　雷电熔痕 melted mark induced by lightning

金属受雷电流高温作用所形成的熔化痕迹。

2　原理

由于电流的磁效应，在电流周围空间产生磁场，处于磁场中的铁磁体受到磁化作用，当磁场逸去后铁磁体仍保持一定磁性。

处于磁场中的铁磁体被磁化后保持磁性的大小与电流的大小和距离有关。通常导线中的电流在正常状态下，虽然也会产生磁场，但其强度小，留在铁磁体上的剩磁也有限。当线路发生短路或雷击或建筑物遭受雷击时，将会产生异常大电流，从而出现具有相当强度的磁场，铁磁体也随之受到强磁化作用，保持较大的磁性。

在雷灾现场中，当怀疑雷灾是由于雷击引起，而又无熔痕可作依据时，则采用对导线及雷击周围铁磁体进行剩磁检测的方法，依据剩磁的有无和大小判定是否出现过短路及雷击现象，为认定雷灾原因提供技术依据。

3 仪器

3.1 在实验室或现场勘查中使用的检测仪器。

3.1.2 特斯拉计:量程为0～100 mT,精度为±2.5%,使用温度为5～40℃。

3.1.3 剩磁测试仪:测量范围为0～200 mT,分辨率为0.1 mT,环境条件为5～40℃。

3.2 工具

3.2.1 取样工具,采样袋,试样封装袋;

3.2.2 清洗工具,毛刷、镊子等;

3.2.3 酒精、丙酮等清洗溶剂。

4 样品

4.1 试样种类

4.1.1 铁钉、铁丝;

4.1.2 穿线铁;

4.1.3 白炽灯、荧光灯灯具上的铁磁材料;

4.1.4 配电盘上的铁磁材料;

4.1.5 人字房架(有线路)上的钢筋、铁钉;

4.1.6 设备器件及其他杂散金属,但以体积小的为宜。

4.2 试样提取

4.2.1 对可能有雷电产生的现场,根据实际情况进行提取,不受部位限制;

4.2.2 在提取试样之前应进行现场拍照,拍照应包含试样方位、状态和形态;

4.2.3 提取试样的注意事项

4.2.3.1 对固定在墙壁或其他物体上的试样,提取时不应弯折、敲打和摔落;

4.2.3.2 宜提取受火烧温度较低的试样;

4.2.3.3 对位于磁性材料附近的试样不应提取;

4.2.3.4　经证实该线路过去曾发生短路时，不应提取；

4.2.3.5　如因不便提取时可以在试样的原位置进行检测。

4.3　应将提取的试样装入采样袋内妥善保管，注明试样名称与提取位置，不应与磁性材料或其他物件混放在一起。

5　方法步骤

5.1　测量前采用水及溶剂清除试样表面的炭灰、污垢。

5.2　按仪器使用说明，接通电源、校准仪器。

5.3　测量操作

5.3.1　根据试样不同选择测量点，如铁钉、铁管、钢筋的两端，铁板的角部，杂散铁件的楞角及尖端部位；

5.3.2　将探头(霍尔元件)平贴在试样上，缓慢改变探头的位置和角度进行搜索式测量，直到仪表显示稳定的最大值为止；

5.3.3　探头与试样接触即可，不应用力按压；

5.3.4　测量后按试样分别做好记录。

6　判据

6.1　数据判定

6.1.1　试样为铁钉和铁丝等；

6.1.1.1　测量的剩磁数据小于 0.5 mT，不作为雷击发生的判据使用；

6.1.1.2　测量的剩磁数据大于 0.5 而小于 1.0 mT，可作为判定雷击的参考值；

6.1.1.3　测量的剩磁数据大于 1.0mT，作为确定雷击的判据。

6.1.1.4　测量的剩磁数据越大，定性越准确，但也不能只依据个别数据判定，只有在较多数据的事实下，才可做出判定。

6.1.2　试样为铁管和钢筋等。

6.1.2.1　测量的剩磁数据小于 1.0 mT，不作为发生雷击的判据；

6.1.2.2　测量的剩磁数据为 1.0～1.5 mT 之间，作为判断雷击发生的参考值；

6.1.2.3　测量的剩磁数据大于 1.5 mT，作为发生雷击的判据。

6.1.3 试样为杂散铁件

6.1.3.1 杂散铁件包含导线附近的铁棒、角铁、金属框架、工具等；

6.1.3.2 量的剩磁数据大于1.0 mT，宜作为发生雷击的判据。

6.2 对比判定：当现场中处于不同部位的相同设施上均有电气线路通过时，测量线路附近设施上金属构件剩磁数据，通过对比所测剩磁数据的有无，判定具有剩磁数据的设施上通过的导线曾发生过短路。

6.3 磁化规律判定

6.3.1 磁化规律：铁磁体磁性的强弱与其距导线（短路点）的距离有关，距导线越近其磁性越强；

6.3.2 判定：测量时如能发现剩磁值由强到弱的变化规律，再结合所测的数据，可进一步判定该导线是否曾发生过短路。

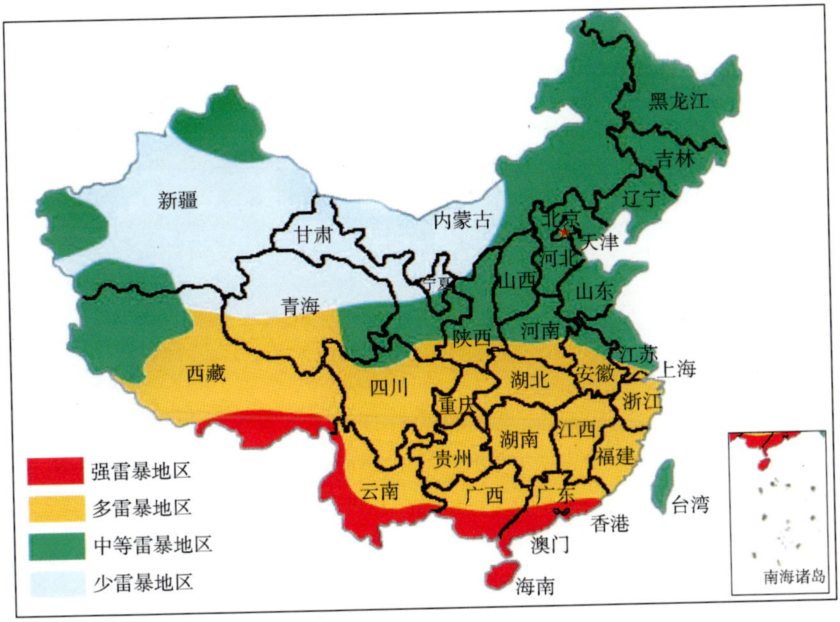

彩图 1.8　中国雷击风险区划图一

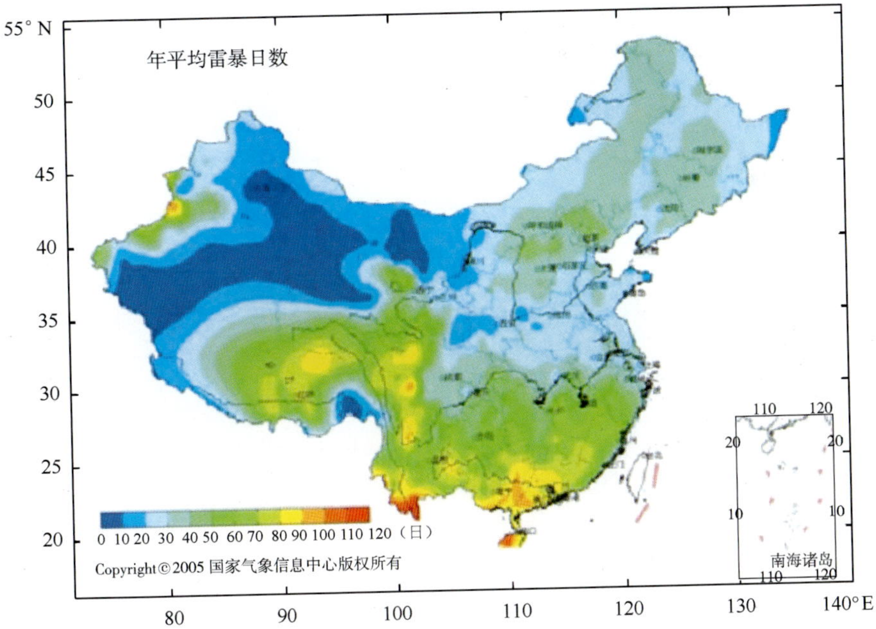

彩图 1.9　中国雷击风险区划图二（中国气象局气象信息中心资料）

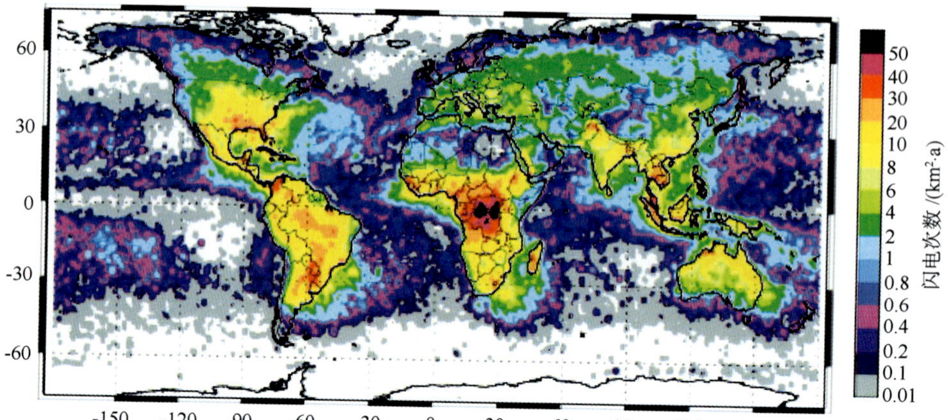

彩图 4.9　全球的全年闪电密度分布图（Christian，2003 ）

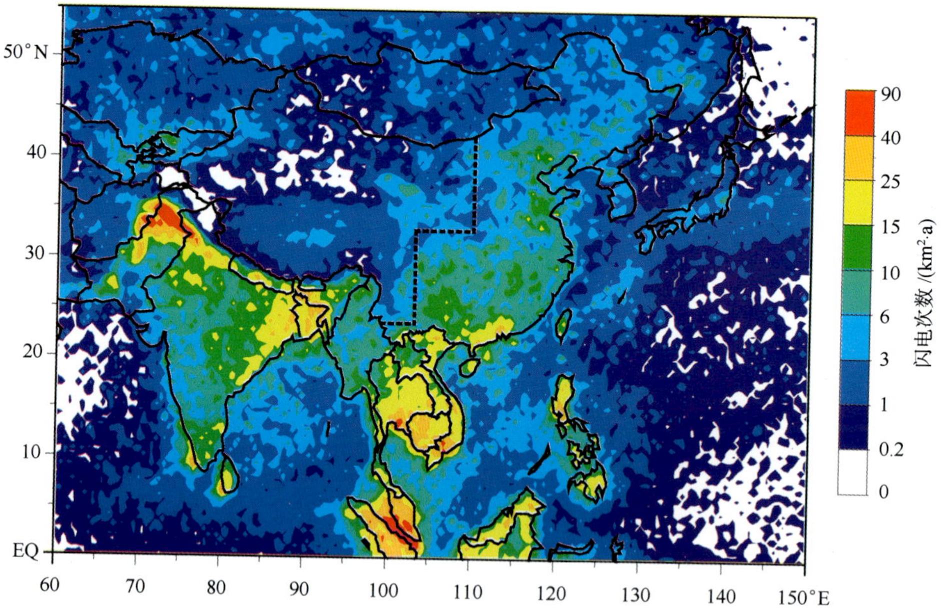

彩图 4.10　中国及周边地区(1995 年 4 月—2003 年 3 月,陶善昌)闪电密度分布图

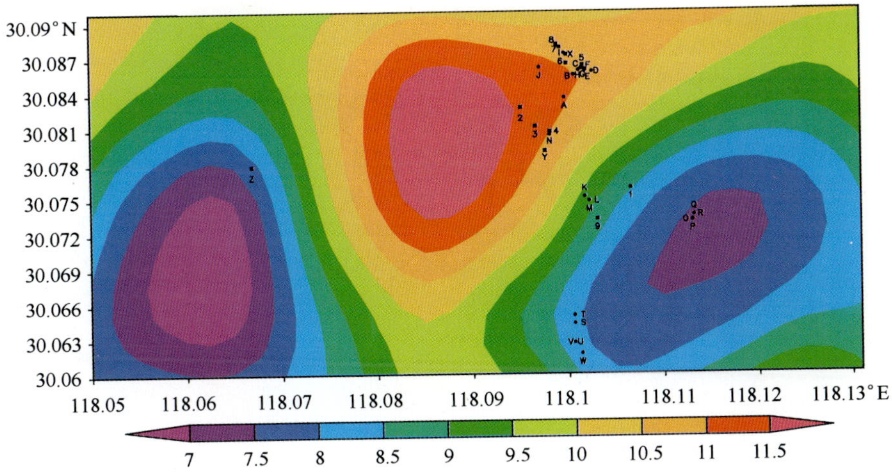

彩图 4.18　闪电频数随空间变化图

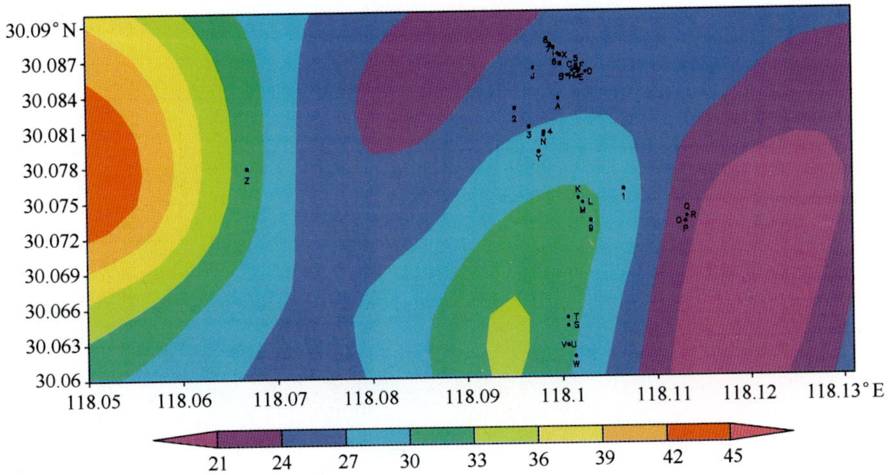

彩图 4.19　闪电强度(单位:kA)随空间变化图

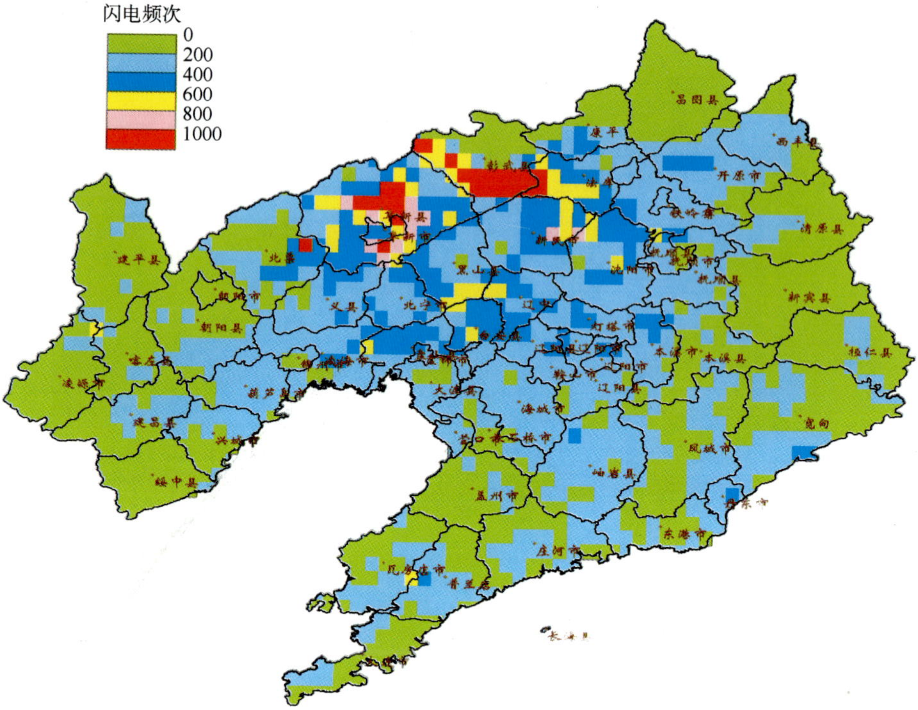

彩图 6.28　辽宁省地区的闪电频次分布图(10 km×10 km,2007—2008 年)

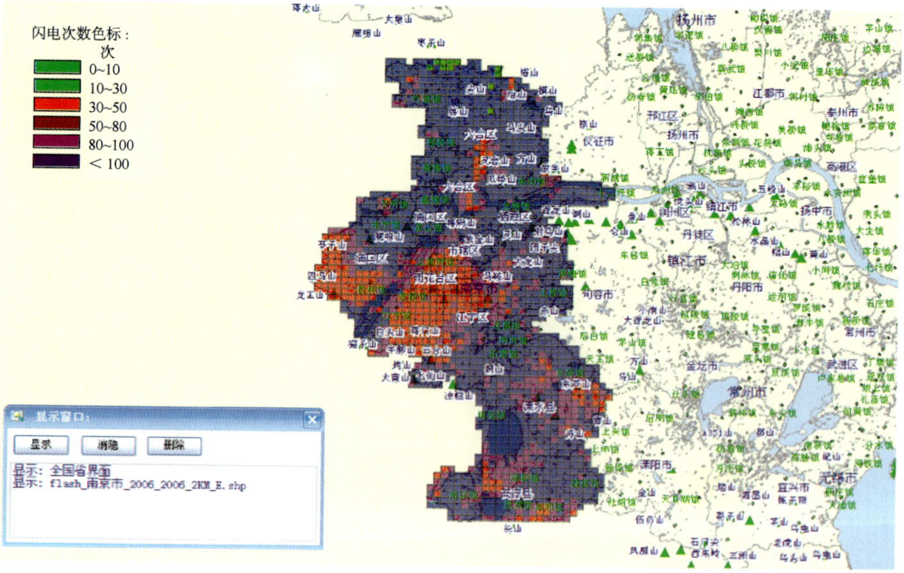

彩图 6.29　南京市 2 km×2 km 网格闪电次数地理分布图(2006 年)